Mit mein schöner Garten durchs Jahr

KOSMOS

mein schöner
Mit **Garten**
durchs Jahr

KOSMOS
GARTEN-KLASSIKER

Herausgegeben von Jürgen Wolff

KOSMOS

Mit **574 Farbfotos** von: Herbert Bischof, Überlingen: 155 (Mre), 196 (Mli); Ursell Borstell, Essen: 2/3, 95 (Mli), 221 (Mre); Rolf Bühl, Stuttgart: 107 (ore, ure), 122 (oli), 191 (oli, ore, Mli); Christl Eberle, Meersburg: 104 (oli, Mli, uli), 222 (oli, Mre), 223 (ore, ure); Fotodienst Fehn, Lage: 14 (ure), 28 (ore), 44 (ure), 62 (ore), 65 (ore, oli), 84 (oli), 95 (ore), 125 (uli), 132 (Mre), 137 (oli, ore), 139 (ure), 140 (Mli), 141 (oli, ure), 150 (uli), 165 (ure), 169 (ore), 183 (ure), 188 (uli), 190 (ure), 215 (uli), 258 (uli, ure), 263 (ore), 271 (ure); Martin Heffer, Hort+Research, Auckland, Neuseeland: 69 (ore), 281 (ore), 282 (ore); Ellen Henseler, Bonn: 31 (ure), 107 (ganz ore, ganz ure), 122 (uli, ganz uM), 126 (uli, ure), 127 (uli), 128 (oli); Werner Hilpert (Archiv), Würzburg: 233 (ore), 280 (oli); Horst Kretschmer, Ober Ramstadt: 67 (Mre), 123 (Mre), 128 (ore); Roland Krieg, Waldkirch: 298 (uli); Kuno Krieger GmbH, Herdecke/Ruhr: 35 (M), 37 (ore, Mre), 38 (uli), 75 (ore), 110 (oli), 111 (M), 153 (ore), 177 (ure), 227 (ure), 255 (ore, uli); Bildarchiv Laux, Biberach/Riss: 15 (ure), 33 (oli), 70 (oli, ore, Mli), 109 (oli, ore, ure), 151 (ore, ure), 173 (ore, Mli), 174 (ore), 176 (oli, M, uli), 200 (oli), 225 (ure), 226 (oli), 253 (oli), 282 (uli), 283 (ore, Mre); Nature+Sciene AG, Vaduz: 224 (uli); Manfred Pforr, Langenpreising: 6 (oli), 11 (Mre), 12 (uli), 27 (Mre), 69 (oli beide), 72 (ure), 77 (Mre), 94 (oli), 117 (Mre), 119 (uli, ure), 122 (ganz oli, M), 123 (oli, uli), 130 (uli), 131 (ore), 132 (oli, uli), 133 (Mre), 134 (ore, Mli), 135 (ore, Mre), 154, 156 (uli), 180 (Mre), 182 (uli), 205 (oli), 238 (uli), 250 (Mre), 280 (Mli), 296 (Mli); Wolfgang Redeleit, Bienenbüttel: 1, 6 (ure), 12 (oli), 13 (ure), 14 (Mli), 15 (ore, Mli), 19 (Mre), 20 (Mli), 21 (Mre), 23 (Mli), 26 (Mre), 27 (uli), 28 (uli), 29 (ore), 32 (Mli, ure), 35 (ore), 40, 45 (ure), 46 (ure), 47 (Mre), 51 (ore), 52 (o, Mre), 56 (u alle vier), 57 (o, Mre, ure), 58 (uli), 59 (M, ure), 63 (uli), 65 (ure), 71 (ure), 77 (uli), 79 (oli), 83 (Mre, ure), 101 (oli), 106 (oli), 112 (uli), 114, 116 (oM), 121 (oli), 128 (uli), 129 (ore, ure), 133 (uli), 144 (oli), 145 (ore, Mre), 149 (ore, ure), 153 (uli), 163 (uli), 164 (ure), 165 (Mli), 168 (oli, Mre), 182 (Mli), 184 (uli), 186 (ure), 187 (ure), 188 (Mre, ure), 193 (oli, Mre), 194 (Mli, Mre), 205 (uli), 207 (M, ure), 212 (ore, Mli), 215 (o, Mre), 216 (ure), 217 (ore), 219 (Mre), 220 (oli), 223 (uli), 230 (ure), 231 (ure), 233 (uli), 234 (oli, Mli), 237 (alle sechs), 243 (Mli), 246 (Mre), 248 (Mli), 249 (oli), 255 (ure), 258 (ore), 260 (uli), 261 (ore, Mre, ure), 266 (oli, Mre, uli), 273 (uli), 277 (oli), 278 (oli, ore, M, ganz uli), 279 (ure), 286 (Mli, ure), 288 (Mli, ure), 290 (ore, uli, ure), 291 (ure), 292 (M, uli), 295 (Mre), 298 (Mli); Hans Reinhard, Heiligkreuzsteinach: Vor- und Nachsatz, 20 (ure), 21 (uli), 26 (oli), 30 (ore), 39 (Mre), 46 (Mli), 49 (oli), 50 (oli), 51 (ure), 55 (ore), 61 (ure), 68 (Mli, Mre), 72 (oli), 74 (uli), 75 (uli), 78 (Mli), 79 (ore), 80 (Mre), 81 (oli), 82 (oli, Mli), 84 (Mli), 85 (Mli), 87 (ore, ure), 89 (oli, ore), 90 (uli, ore), 98 (Mli, uli), 99 (ure), 100 (uli), 101 (ore, ure, Mre), 106 (ore), 111 (ore, u), 115 (uli), 116 (Mli), 117 (oli), 118 (Mre), 121 (uli, u), 126 (ore), 131 (uli), 133 (uli), 135 (Mli), 139 (oli), 140 (ure), 146 (oli, Mli), 148 (ore, uli), 149 (uli), 150 (ore), 161 (oli), 164 (oli), 166 (ure), 169 (uli, ure), 170 (oli, ure), 171 (ore), 172 (Mli), 180 (ure), 182 (ore), 190 (oli), 192 (ure), 195 (uli), 199 (uli), 201 (ure), 204 (uli), 208 (Mli), 211 (ure), 213 (ore, uli), 216 (oli), 218 (oli, ore), 220 (ore), 221 (uli), 228, 230 (Mli), 239 (ore), 240 (ure, uli), 241 (Mli, Mre, ure), 242 (ure), 243 (ore), 245 (uli), 247 (oli, uli, ure), 248 (ure), 250 (Mre), 251 (Mre), 256, 257 (uli), 261 (uli), 262 (ore), 268 (oli),

279 (Mre), 281 (Mre, uli), 291 (oli), 293 (uli, ure), 294, 297 (ore), 298 (ore); Ralf Roppelt (Archiv), Sahara Werbeagentur, Stuttgart: 11 (u), 175 (Mli, Mre), 201 (Mre), 206 (ore, Mli), 217 (ure); Annerose Schatter (Archiv), Stuttgart: 246 (uli); Toni Schneiders, Lindau: 22 (Mli), 25 (Mli), 43 (ore, Mre), 44 (uli), 45 (ore), 53 (ore), 54 (ore), 90 (uli), 116 (ure), 120 (oli), 156 (ure), 159 (ure), 199 (ure), 204 (ore), 205 (Mre), 208 (oli), 231 (ore), 232 (ure), 235 (o), 259 (uli); Ulrike Schneiders, Breitbrunn/Chiemsee: 24 (oli), 48 (Mli, ure), 49 (Mre), 50 (ore), 51 (oli), 56 (ore), 86 (uli), 124 (oli), 264 (uli), 265 (ure); Jutta Schneider und Michael Will, Grenzach: 5, 7 (ure), 9 (u), 19 (uli), 56 (Mli), 76, 115 (Mre), 138 (uli), 140 (ore), 155 (uli), 179 (Mre, uli), 203 (Mre), 229 (Mre), 257 (Mre), 285 (uli), 295 (uli); Ingrid und Peter Schönfelder, Pentling: 176 (ore); Brigitte und Siegfried Stein GbR, Vastorf: 71 (oli), 151 (uli), 152 (ore), 200 (M, uli, ure), 227 (oli, ore); Jürgen Stork, Ohlsbach: 7 (ore), 10, 15 (M), 24 (ure, uli), 29 (M), 41 (Mre), 42 (ure), 45 (Mli), 47 (ore, Mli), 52 (ure), 54 (oli, Mli, uli), 64 (ure), 78 (ure), 87 (uli), 88 (Mre, ure), 93 (oli, Mre, ure), 96 (ganz oli, oli, Mli, Mre), 100 (uli), 103 (ore, Mre, ure, uli), 125 (oli, ure), 126 (Mli), 127 (ore, Mre), 129 (Mre, M), 137 (ure), 141 (Mre), 143 (ure), 144 (Mli), 145 (ure), 146 (ure), 147 (ore), 156 (Mli), 157 (ure), 158 (oli, Mli), 161 (ure), 162 (ore, Mli, uli), 166 (oli, Mli), 167 (oli, ure), 171 (Mli), 178, 181 (oli), 184 (ure), 185 (oli), 187 (ore), 191 (ure), 194 (oli), 196 (uli), 198 (ore), 202, 203 (uli), 206 (ure), 207 (ore), 209 (uli, ure), 210 (ore, oli, Mli, uli), 219 (ore, uli), 229 (uli), 232 (Mli, oli), 245 (ore, oli, Mre), 248 (oli), 249 (ure), 251 (oli), 252 (oli, Mli), 262 (Mli), 263 (Mre), 267 (ore, Mli), 272 (Mli, M, uli), 273 (ure), 277 (Mre), 284, 285 (Mre); Friedrich Strauß, Au/Hallertau: 18, 41 (uli), 97 (alle vier), 254 (oli, Mre); Robert Sulzberger, Freising: 107 (Mre), 127 (ure), 192 (Mli), 196 (ure), 289 (Mre); Wolfgang Willner, Moosburg: 12 (Mli), 13 (ure), 22 (oli, ure), 23 (ore), 131 (ure), 134 (ure), 180 (Mli), 230 (ore), 296 (ore); Jürgen Wolff, Gengenbach: 36 (ore), 73 (oli), 113 (ure), 113 (M), 201 (uli), 283 (ure).

Mit **151 Farbillustrationen** von: Norbert Baasner, Stuttgart: 29 (ure), 58 (ore), 63 (alle drei), 94 (uli), 99 (oli), 119 (ore), 138 (oli), 175 (ore), 181 (ure), 226 (uli), 239 (Mre), 242 (oli), 253 (ure beide), 288 (ore), 293 (ore), 299 (ure); Ruth Fritzsche, Parthenstein bei Grimma: 60 (uli); Marianne Golte-Bechtle, Stuttgart: 150 (ore), 243 (ure), 274 (ore beide); Reinhild Hoffmann, München: 142 (ure), 174 (ure); Reinhild Hofmann, München / Gestaltung Gisela Zinkernagel, Freising: 189 (ure), 269 (ore), 270 (uli); Horst Lünser, Berlin: 21 (ore), 25 (ore), 30 (uli), 31 (ore), 34 (Mre, oli beide, ure), 42 (oli), 55 (uli), 61 (oli), 64 (oli), 66 (ore, uli), 67 (oli, uli), 68 (Mu, oli), 78 (ore), 81 (ore), 83 (oli), 85 (Mre), 94 (ore), 102 (alle vier), 108 (alle vier), 118 (oli), 130 (oli), 136 (li alle vier, uli), 157 (ore), 159 (Mli), 172 (ore), 177 (ore), 185 (ure), 186 (oli), 197 (uli), 198 (uli), 214 (oli), 224 (Mre), 225 (oli), 251 (uli), 252 (ure), 259 (ure), 271 (ore), 273 (ore alle drei), 275 (ure), 291 (Mli), 297 (Mre); Horst Lünser (schwarzweiß), Berlin, koloriert von Marianne Golte-Bechtle, Stuttgart: 13 (oli), 92 (uli), 113 (ure), 197 (ore); Horst Lünser (schwarzweiß) koloriert von Gabriele Hampel, Kelkheim: 26 (uli), 27 (oli), 33 (ure), 39 (ore), 57 (uli), 62 (alle vier), 73 (ure), 74 (oli), 80 (uli), 84 (ure), 85 (o beide), 86 (oli, ore) 89 (uli), 91 (ure), 106 (Mu), 118 (ure), 124 (uli), 131 (uli), 143

(Mli), 152 (Mli), 159 (oli), 160 (u beide), 163 (Mre), 165 (Mre), 170 (ore), 171 (ure), 177 (Mre), 181 (ore), 184 (ore), 187 (oli), 188 (oli), 192 (Mli), 204 (ure), 209 (Mre), 209 (oli), 234 (uli), 245 (ure), 259 (ore), 263 (ure beide), 264 (o beide), 287 (alle vier), 291 (Mre); Johannes-Christian Rost, Stuttgart: 16/17 (M), 105 (alle vier), 276 (uli).

Umschlaggestaltung von Atelier Reichert, Stuttgart. Umschlagvorderseite: Wolfgang Redeleit, Bienenbüttel (Hintergrundbild); Einklinker: Ursel Borstell, Essen (oli, ure), Christl Eberle, Meersburg (ore), Jürgen Stork (uli).

Mit 579 Farbfotos und 151 Farbillustrationen. Gedruckt auf chlorfrei gebleichtem Papier.

Die Deutsche Bibliothek – CIP Einheitsaufnahme
Ein Titelsatz für diese Publikation ist bei
Der Deutschen Bibliothek erhältlich

© 2000, Franckh-Kosmos Verlags-GmbH & Co., Stuttgart
Alle Rechte vorbehalten
ISBN 3-440-080732-2
Lektorat: Angelika Throll-Keller; Markus Wittenzeller
Grundlayout: Atelier Reichert, Stuttgart
Gestaltung: Guido Schlaich, München
Produktion: Martina Gronau; Heiderose Stetter
Satz: Repro Schmidt, A-Dornbirn; Typomedia, Ostfildern
Printed in Germany, Imprimé en Allemagne
Druck und Buchbinder: Neue Stalling, Oldenburg

INHALT

Die Autoren 8
Vorwort 9

JANUAR 11
Blumen 12
  Ein- und Mehrjährige 12
Rosen 12
  Winterpflege der Rosen . . . 12
Ziergehölze 12
  Bäume, Sträucher, Hecken,
  Schnee abschütteln 13
Rasen und Wiese 14
  Rasen im „Winterschlaf" . . 14
Wassergarten 14
  Achtung Temperatur-
  schwankungen 14
Balkon und Terrasse 14
  Optimale Winterpflege . . . 14
Gemüse 15
  Winterliche Ruhe im
  Gemüsegarten 15
Obst 15
  Winterruhe im Obstgarten . 15
Kräuter 15
  Winterliche Arbeiten 15
Gewächshaus und Frühbeet . . 16
  Welches Gewächshaus ist
  das richtige? 16

FEBRUAR 19
Blumen 20
  Sommerblumen 20
  Stauden 21
  Zwiebelblumen 23
Rosen 24
  Schone und robuste Rosen
  mit Auszeichnung 24
Ziergehölze 24
  Bäume und Sträucher 24
  Kletterpflanzen und
  Hecken 26
Rasen und Wiese 27
  Rasenmäher kontrollieren 27
Wassergarten 27
  Erste Pflegearbeiten 27
Balkon und Terrasse 28
  Pflegearbeiten 28
Gemüse 28
  Start in die neue Saison . . 28

Obst 30
  Winterschnitt am
  Baumobst 30
Kräuter 33
  Planen und säen 33
Gewächshaus und Frühbeet . . 34
  Frühbeete verlängern die
  Saison 34
  Gewächshäuser 36
  Die Pflanzenanzucht 38

MÄRZ 41
Blumen 42
  Sommerblumen 42
  Stauden 45
  Zwiebelblumen 46
Rosen 48
  Wichtige Pflegearbeiten . . . 48
  Die Rosengruppen 49
Ziergehölze 52
  Bäume und Sträucher 52
  Gehölze pflanzen 52
  Hecken 56
  Kletterpflanzen 57
Rasen und Wiese 58
  Start in die Rasensaison . 58
Wassergarten 60
  Teichpflege nach dem
  Winter 60
Balkon und Terrasse 61
  Frühlingsarbeiten 61
Gemüse 63
  Aussäen, pflanzen,
  pflegen 63
Obst 66
  Baumobst 66
  Beerenobst 69
Kräuter 70
  Erste Frühlingsarbeiten . . 70
Gewachshaus und Fruhbeet . . . 72
  Technisches 72
  Pflanzenanbau im Gewächs-
  haus 74

APRIL 77
Blumen 78
  Sommerblumen 78
  Stauden 80
  Der Steingarten 83
  Zwiebelblumen 84
Rosen 85
  Rosen schneiden und
  pflegen 85

Ziergehölze 87
  Bäume und Sträucher 87
  Gehölzpflege 87
  Hecken 88
  Kletterpflanzen 89
Rasen und Wiese 91
  Pflege und Neuanlage 91
Wassergarten 94
  Pflanzzeit 94
Balkon und Terrasse 95
  Die Saison beginnt 95
  Sommerblühende Zwiebel-
  und Knollenpflanzen
  pflanzen 98

Gemüse 99
  Wichtige Arbeiten für die
  einzelnen Gemüse 99
  Allgemeine Pflegearbeiten 101
Obst 104
  Baumobst 104
  Beerenobst 106
Kräuter 108
  Säen, pflanzen, teilen . . . 108
Gewächshaus und Frühbeet 110
  Bewässerung leicht
  gemacht 110
  Viel zu tun 111

MAI 115
Blumen 116
  Sommerblumen 116
  Stauden 118
  Zwiebelblumen 120
Rosen 122
  Wichtige Pflegearbeiten . . 122
Ziergehölze 125
  Bäume, Sträucher und
  Hecken 125
  Kletterpflanzen 128
Rasen und Wiese 129
  So bleibt der Rasen schön 129

Wassergarten 130
  Pflegearbeiten im und am
  Teich 130
Balkon und Terrasse 136
  Jetzt darf alles nach
  draußen 136
  Die zehn schönsten
  Balkonpflanzen 137
  Die Kübelpflanzen-
  Hitparade 140
Gemüse 143
  Arbeiten für die einzelnen
  Gemüse 143
  Allgemeine Pflegearbeiten 145
Obst 149
  Baumobst und
  Beerenobst 149
Kräuter 151
  Fast alles kann nach
  draußen 151
Gewächshaus und Frühbeet 153
  Saisonwechsel im
  Gewächshaus 153

JUNI 155
Blumen 156
  Sommerblumen 156
  Stauden 157
  Zwiebelblumen 159
Rosen 160
  Die Pflegearbeiten 160
Ziergehölze 161
  Bäume, Sträucher,
  Kletterpflanzen und
  Hecken 161
Rasen und Wiese 163
  Sommerpflege 163
Wassergarten 164
  Den Teich gesund
  erhalten 164
Balkon und Terrasse 165
  Leichte Sommerpflege . . . 165
Gemüse 167
  Arbeiten für die einzelnen
  Gemüse 167
Obst 171
  Baumobst und Beerenobst 171
Kräuter 173
  Ernten und pflegen 173

Gewächshaus und Frühbeet 177
  Tomaten, Melonen,
  Gurken und Co. 177

JULI 179
Blumen 180
  Sommerblumen 180
  Zwiebelblumen 183
Rosen 184
  Hacken, kontrollieren,
  ausputzen 184
Ziergehölze 184
  Bäume und Sträucher, Hecken,
  Kletterpflanzen 184
Rasen und Wiese 186
  So kommt der Rasen gut über
  den Sommer 186
Wassergarten 187
  Pflanzenpflege und
  Schädlingskontrolle 187
Balkon und Terrasse 188
  Allgemeine Sommerpflege 188
  Typische Schaderreger . . . 189
Gemüse 191
  Arbeiten für die einzelnen
  Gemüse 191
  Allgemeine Pflegearbeiten 194

Obst 195
  Baumobst 195
  Beerenobst 197
  Pflanzenschutz 199
Kräuter 200
  Sommerliche Pflege-
  arbeiten 200
  Ausdauernde Kräuter . . . 200
Gewächshaus und Frühbeet 201
  Kühles Klima schaffen . . . 201

AUGUST 203
Blumen 204
  Sommerblumen 204
  Stauden 205
  Sträuße 206
  Zwiebelblumen 208
Rosen 209
  Rosen vermehren 209
Ziergehölze 209
  Bäume, Sträucher und
  Kletterpflanzen 209
  Hecken 211
Rasen und Wiese 212
  Die Pflegearbeiten 212
Wassergarten 213
  Hochsommerliche
  Teichprobleme 213

Balkon und Terrasse 214
  Pflegen und kontrollieren 214
Gemüse 217
  Arbeiten für die einzelnen
  Gemüse 217
Obst 221
  Baumobst 221
  Beerenobst 222
  Pflanzenschutz 224
Kräuter 225
  Pflegen, ernten und
  vermehren 225
Gewächshaus und Frühbeet 227
  Erntezeit 227

SEPTEMBER 229

Blumen 230
  Sommerblumen 230
  Stauden 232
  Zwiebelblumen 234
Rosen 238
  Düngung und
  Bodenvorbereitung 238
Ziergehölze 239
  Bäume und Sträucher . . . 239
Rasen und Wiese 242
  Pflegen und neu anlegen 242
Wassergarten 242
  Pflegearbeiten zum
  Herbstbeginn 242
Balkon und Terrasse 244
  So langsam wird es
  Herbst 244
Gemüse 246
  Arbeiten für die einzelnen
  Gemüse 246
Obst 249
  Baumobst 249
  Beerenobst 251
Kräuter 253
  Der Herbst beginnt 253
**Gewächshaus und
Frühbeet** 255
  Herbstarbeiten 255

OKTOBER 257

Blumen 258
  Sommerblumen 258
  Stauden 258
  Zwiebelblumen 261
Rosen 262
  Kauf und Pflanzung von
  Rosen 262

Ziergehölze 266
  Bäume, Sträucher, Hecken und
  Kletterpflanzen 266
Rasen und Wiese 268
  Herbstarbeiten 268
Wassergarten 269
  Herbstarbeiten 269
Balkon und Terrasse 271
  Farbenfrohe Herbst-
  gestaltung 271
  Herbstliche Pflegearbeiten 273
Gemüse 275
  Allgemeine Arbeiten 275
  Arbeiten für die einzelnen
  Gemüse 276
Obst 278
  Baumobst 278
  Beerenobst 281
Kräuter 282
  Erste Winter-
  vorbereitungen 282
Gewächshaus und Frühbeet 283
  Wintervorbereitungen . . . 283

NOVEMBER 285

Blumen 286
  Sommerblumen 286
  Stauden 286
  Zwiebelblumen 286
Rosen 287
  Frostschutz 287
Ziergehölze 288
  Winterruhe 288
Rasen und Wiese 289
  Letzte Arbeiten im Herbst 289
Wassergarten 289
  Wintervorbereitungen . . . 289
Balkon und Terrasse 289
  Ab ins Winterquartier . . . 289
Gemüse 290
  Das Gemüsejahr geht zu
  Ende 290
Obst 291
Kräuter 291
  Wintervorbereitungen . . . 291
Gewächshaus und Frühbeet 292
  Das Gartenjahr
  verlängern 292

DEZEMBER 295

Blumen 296
  Ein- und mehrjährige
  Blumen 296

Rosen 296
  Rosen schützen und
  düngen 296
Ziergehölze 296
  Bäume, Sträucher, Hecken,
  Kletterpflanzen 296
Rasen und Wiese 297
  Betreten unerwünscht! . . 297
Wassergarten 297
  Den Teich nicht zufrieren
  lassen 297
Balkon und Terrasse 297
  Idealer Winterschutz 297
Gemüse 297
  Der Gemüsegarten im
  Winter 297
Obst 298
  Baumobst und
  Beerenobst 298
Kräuter 298
  Winter im Kräutergarten 298
Gewächshaus und Frühbeet 299
  Bodenpflege im Gewächs-
  haus 299

Anhang 300
Bezugsquellen und Adressen 300
Register 302

DIE AUTOREN

Jürgen Wolff, 1947 in Hamburg geboren, ist der Herausgeber des vorliegenden Buches. Nach dem Soziologiestudium in Hamburg war er mehrere Jahre Ressortleiter beim Hamburger Abendblatt. Seit 1984 im Redaktionsteam von MEIN SCHÖNER GARTEN, ist er heute Chefredakteur der auflagenstärksten Gartenzeitschrift in Europa. Jürgen Wolff veröffentliche mehrere Bücher, u.a. die Bestseller „Mein schöner Garten" und „Mein schöner Biogarten".

Sabine A. Balgar, geboren 1967 in Mönchengladbach, hat das Kapitel „Wassergarten" verfasst. Von 1987 bis 1994 studierte sie Biologie mit Schwerpunkt Botanik in Münster. Der Redaktion von MEIN SCHÖNER GARTEN gehört sie seit 1996 an. Sie betreut dort seit Herbst 1999 die neue Gestaltungs-Rubrik „Gartenträume".

Wolfgang Bohlsen, geboren 1963 in Leer / Ostfriesland, hat die Kapitel „Gemüse" und „Rasen und Blumenwiese" verfasst. Im Anschluss an eine Ausbildung zum Zierpflanzengärtner studierte er Gartenbauwissenschaften an der Universität Hannover. Seit 1995 gehört er dem Redaktionsteam von Mein Schöner Garten an, wo er seit 1998 als Textchef für den Inhalt der Zeitschrift verantwortlich ist.

Ursula Braun-Bernhart, 1958 in Gengenbach / Baden geboren, ist Autorin des Kapitels „Kräuter".

Seit 1983 gehört sie der Redaktion von MEIN SCHÖNER GARTEN an. Dort betreut sie schwerpunktmäßig das Spezialgebiet Kräuter. Ihre Vorliebe gilt neuen und ungewöhnlichen Kräuterarten.

Kornelia Brixner, 1972 in Mutlangen geboren, hat das Kapitel „Rosen" geschrieben. Sie studierte Landschaftsarchitektur an der Fachhochschule Nürtingen und volontierte bei der Zeitschrift „mosaik".
Seit 1999 arbeitet sie als Redakteurin bei MEIN SCHÖNER GARTEN.

Karin Heimberger-Preisler, 1967 in München geboren, hat das Kapitel „Gewächshaus und Frühbeet" verfasst. Seit dem Abschluss ihres Biologiestudiums 1993 ist sie im Sachbuchbereich tätig. Zu ihren Schwerpunkten zählen der Zier- und Nutzgarten.
Als Freie Autorin schreibt sie seit 1998 regelmäßig Beiträge für MEIN SCHÖNER GARTEN.

Beate Leufen, 1963 in Sinzing / Rhein geboren, ist Verfasserin des Kapitels „Balkon und Terrasse". Nach dem Abitur und einer Ausbildung zur Staudengärtnerin sammelte sie mehrere Jahre Berufserfahrung. Von 1986 bis 1992 studierte sie Gartenbauwissenschaften in Hannover.
Nach einem Volontariat beim Landbuch-Verlag gehört sie seit 1995 dem Redaktionsteam von MEIN SCHÖNER GARTEN an.

Ulrike Pfeifer, 1971 in Neustadt an der Weinstraße geboren, ist Autorin des Kapitels „Obstgarten". Nach dem Gartenbaustudium in Hannover und Freising / Weihenstephan war sie zunächst als Trainee zur Gartencenterleiterin tätig. Nach einem Volontariat beim Gartenlektorat des Kosmos Verlags arbeitet sie seit 1999 im Redaktionsteam von MEIN SCHÖNER GARTEN.

Tanja Ratsch, 1970 in Korbach geboren, hat die Kapitel zum Thema „Gehölze" verfasst. Nach dem Studium der Landespflege in Freising / Weihenstephan absolvierte sie das Burda-Volontariat und arbeitete in der Redaktion MEIN SCHÖNER GARTEN. Seit 1999 ist sie als freie Redakteurin mit einer eigenen Kübelpflanzengärtnerei in Ulm.
Über ihr weiteres Spezialgebiet, mediterrane Kübelpflanzen, findet man nützliche Informationen auf ihrer Homepage http://www.flora-toskana.de.

Antje Sommerkamp, 1973 in Wuppertal geboren, hat das Kapitel „Blumen" verfasst. Nach dem Abitur studierte sie Diplom-Biologie in Tübingen mit den Schwerpunkten Botanik / Pflanzenphysiologie, Biologischer Pflanzenschutz und Geologie. Seit 1998 gehört sie zum Redaktionsteam von MEIN SCHÖNER GARTEN, wo sie schwerpunktmäßig das Ressort „Ziergarten" bearbeitet.

VORWORT

Wann und wie muss ich meine Kletterrosen schneiden, wann darf ich den Rasen im Frühjahr wieder mähen, wann kann ich Stauden am besten teilen? Welche Fragen Hobbygärtner am meisten interessieren und wann sie am dringlichsten sind, das erfahren die Redakteurinnen und Redakteure von Europas größtem Gartenmagazin MEIN SCHÖNER GARTEN täglich in der Leserpost.

Die Briefe an die Redaktion – bis zu tausend pro Monat – stellen die Grundlage für diesen immerwährenden Arbeitskalender durchs Gartenjahr. Dadurch ist gewährleistet, dass die entscheidenden Fragen der täglichen Hobby-gärtner-Praxis im Vordergrund stehen.

Das Buch gibt aber nicht nur Tipps für die in jedem Monat anfallenden Pflegearbeiten. Ausführlich werden alle Bereiche des Gartens behandelt und Hintergründe erläutert. So erfahren Sie beispielsweise nicht nur, welche Handgriffe wann und wie ausgeführt werden. Die Experten der Redaktion haben außerdem höchsten Wert darauf gelegt, Zusammenhänge darzustellen, so dass die Notwendigkeit von Kompostieren, Düngen, Mulchen und anderen Praxisarbeiten deutlich wird. Entstanden ist daraus ein Buch, das etwas völlig Neues bietet: einen Ratgeber für den ganzen Garten und gleichzeitig einen praxisorientierten Arbeitskalender.

Wenn Sie die Ratschläge des Autorenteams befolgen, werden Sie mit Sicherheit Erfolg und damit auch mehr Vergnügen im Garten haben. Ich wünsche Ihnen zusätzlich das, was wir nicht garantieren können: ideales Gartenwetter!

Jürgen Wolff

JANUAR

Zu Jahresbeginn, wenn die Nächte noch lang und die Temperaturen frostig sind, ist die ideale Zeit, sich über die Planung des vor uns liegenden Gartenjahres Gedanken zu machen. Eingelagertes und Eingemachtes aus eigenem Anbau verkürzen dabei die Wartezeit auf die neue Ernte.

AUCH ein Garten ohne Schnee kann seine Reize haben. Den Blättern und Früchten der Kornelkirsche steht der morgendliche Raureif jedenfalls gut.

WER einen Früh-beetkasten besitzt, kann den ganzen Winter die vitaminreichen Blätter des Feldsalates ernten.
Die genügsame Salatart ist eine Verwandte des Baldrians und, im Gegensatz zu ihrem Artgenossen, zur Erntezeit nur wenige Zentimeter hoch.

BLUMEN

EIN- UND MEHRJÄHRIGE

CHRISTROSEN *(Helleborus niger)* kann der Winter nichts anhaben. Sie blühen zuverlässig von Dezember bis März.

Noch sind die Beete kahl, doch schon bald werden Sommerblumen, Stauden und Zwiebelblumen den Garten in ein buntes Blütenmeer verwandeln. Sie haben die freie Auswahl: Sommerblumen sind dankbare Gartengäste, die uns eine Saison lang mit ihren unermüdlichen Blüten erfreuen. Sie müssen jedes Jahr neu gepflanzt werden. Man nennt sie auch „Einjährige". „Zweijährige"

Sommerblumen blühen hingegen erst im Jahr nach der Aussaat. Im ersten Jahr bilden sie lediglich eine Blattrosette. Stauden erfreuen uns viele Jahre lang. Sie treiben nach jedem Winter neu aus und werden mit den Jahren oft immer schöner.

Zwiebel- und Knollenblumen haben spezielle unterirdische Speicherorgane entwickelt, mit denen sie ungünstige Zeiten überstehen können. So ziehen sich Narzissen oder Tulpen nach der Blüte im Frühjahr zurück und sind erst im nächsten Jahr wieder zu sehen. Sommerblühende Zwiebel- und Knollenblumen wie Dahlien ruhen den Winter über. Die meisten Zwiebelblumen haben ihren Hauptauftritt im Frühjahr und bringen so als erste Farbe in den Garten.

SCHON ab Januar schnuppert das Adonisröschen *(Adonis amurensis)* mit seinen gelben Blütenköpfchen „Frühlingsluft".

ROSEN

WINTERPFLEGE DER ROSEN

In den Wintermonaten besteht nach starken Schneefällen Schneebruchgefahr. Vor allem schweren, nassen Schnee auf Strauch- oder Kletterrosen sollten Sie baldmöglichst entfernen. Bedenken Sie,

dass auch von Dächern oder Bäumen Schnee herabfallen und Ihre Rosen beschädigen kann. Am besten schützen Sie sie davor mit zeltartig über der Pflanze angeordneten Holzstäben. Kontrollieren

Sie außerdem regelmäßig die Winterschutzmaßnahmen, da Abdeckungen aus Nadelreisig, Sackleinen oder Stroh durch Schnee und Windböen verrutschen können.

ZIERGEHÖLZE

BÄUME, STRÄUCHER, HECKEN, KLETTERPFLANZEN

NAGETIERE können die Rinde junger Gehölze empfindlich verletzen. Vorbeugend helfen Schutzmanschetten um die Stämme oder Maschendrahtzaun um die einzelnen Pflanzen. Sie sollten mindestens 80 cm hoch sein und nach Möglichkeit 20 bis 30 cm in den Boden eingegraben werden.

Der Januar ist eine scheinbar stille Zeit im Garten. Doch Vorsicht: Der Schnee entpuppt sich oft nur als Deckmäntelchen, unter dem sich allerlei bewegt. Viele Tiere sind unterwegs und suchen nach Essbarem für ihren knurrenden Magen. Da kommt für Hase und Reh ein Stück saftige Baumrinde gerade recht. Zur Vorbeugung von Fraßschäden sollten Sie deshalb Kunststoffmanschetten um die Baumstämme legen oder Wildvergrämungsmittel verwenden.

Dazu werden mit Duftstoffen

getränkte Behälter in die Baumkronen gehängt oder die Stämme mit einer Lösung bestrichen. Das hält die Tiere mehrere Wochen auf Distanz. Sind einem die Nagezähne von Hase und Kaninchen dennoch zuvor gekommen, werden die Wundränder sofort glatt geschnitten und die Wunden sorgfältig mit Baumwachs verstrichen.

Der Wind kann in rauen Lagen kräftig an den Winterschutz-Abdeckungen rütteln. Deshalb sollte man immer wieder nachsehen und Schadstellen ausbessern.

LINKS: Auf Nadelgehölzen bleibt Schnee oft lange haften. Wenn es tagsüber taut und nachts friert, bildet sich bald ein dicker Eispanzer. Deshalb den Schnee immer wieder abfegen, solange er noch locker ist.

RECHTS: Raureif verziert die immergrünen Blätter der Mahonie.

Schnee abschütteln

Während Schnee für die Pflanzenwurzeln wie eine wärmende Decke wirkt, kann er den Baumkronen ganz schön zu schaffen machen. Gerade Nadelgehölze mit ihrem dichten Kleid geben unter der Last oft nach und brechen ab. Deshalb sollte man spätestens dann, wenn sich Tauwetter ankündigt, den Schnee von den Kronen schütteln oder abfegen. Denn nasser Schnee ist besonders schwer und haftet selbst bei Windböen fest auf den Zweigen und Nadeln. Auch nach längeren Schneefällen sollte man einen Teil abschütteln oder Stützen anbringen.

Wildtriebe entfernen

In den Januartagen kann man zudem gut auf die Pirsch nach Wildtrieben gehen: Bei veredelten Gehölzen kann es vorkommen, dass die Unterlagen erneut austreiben. Sie treten in Konkurrenz zur Edelsorte und kosten die Pflanzen unnötig Kraft, ohne die erwünschte Blütenfülle zu zeigen. Deshalb schneidet man sie so nah wie möglich am Stamm ab. Oft hilft es, den Ansatz ein wenig freizugraben, um die Schere so tief wie möglich ansetzen zu können. Wer regelmäßig durch den Garten geht, entdeckt die Wildtriebe, bevor sie allzu kräftig geworden sind.

AN langen Winterabenden lassen sich herrlich Pläne für das kommende Gartenjahr schmieden. Man blättert in Büchern und studiert Kataloge, um Pflanzen auszusuchen, die einem zum Traumgarten noch fehlen. Je besser man dabei Blütenfarben, Blütezeitpunkte und Wuchseigenschaften aufeinander abstimmt, desto abwechslungsreicher präsentiert sich der Ziergarten.

RASEN IM „WINTERSCHLAF"

Der Rasen hält im Januar seinen wohlverdienten Winterschlaf. Wenn man ihn bei Frostwetter betritt, brechen schnell die Halme; mit dem nächsten Frühjahr können an den Stellen, die im Winter häufig begangen wurden, leicht Faulstellen auftreten. Auch nach starken Schneefällen sollten Sie den Rasen möglichst in Ruhe lassen. Der Schnee soll einfach liegen bleiben und wird nicht weggeräumt. Falls Sie Wege im Garten von Schnee freiräumen, bitte nicht auf den Rasen schaufeln: Der stark verdichtete, geräumte Schnee erstickt den Rasen unter sich. Wenn die Kinder allerdings einen Schneemann auf dem Rasen bauen wollen, dann lassen Sie ihnen diesen Spaß. Ein gut gepflegter Rasen erholt sich im kommenden Frühjahr schnell von dieser winterlichen Belastung.

ACHTUNG TEMPERATURSCHWANKUNGEN

WENN es langanhaltend kalt ist, werden selbst große Teiche, wie der rechts im Bild, zufrieren. Wenn das passiert, sollte man den Teichlebewesen zuliebe das Eis lieber nicht betreten.

Für Teichbesitzer gibt es jetzt wenig zu tun. Winterschutzmaßnahmen sollte man schon im November vornehmen. Regelmäßige Kontrolle ist jedoch sinnvoll. Bei Tauwetter nach einer Frostperiode sollte man darauf achten, dass eventuell freiliegende Folie am Teichrand nicht durch die Kanten der Eisdecke beschädigt wird.

OPTIMALE WINTERPFLEGE

Auch im Winterquartier müssen Kübelpflanzen und ausdauernde Balkonblumen gepflegt werden. So sollte man sie regelmäßig auf Befall mit Schädlingen wie Blattläusen, Schildläusen, Thrips und Pilzen untersuchen. Da welke Blätter und vertrocknende Pflanzenteile leicht von Pilzen und Bakterien infiziert werden, sollte man sie entfernen. Die Infektionsgefahr wird außerdem durch stehende Luft erhöht, daher ist im Überwinterungsraum häufig zu lüften. Achten Sie jedoch darauf, dass nirgendwo Zugluft entsteht. Am besten fühlen Sie mit dem Finger wöchentlich in den Töpfen nach, ob die Erde noch feucht genug ist. Ansonsten gießen Sie mit lauwarmem Wasser vorsichtig nach. Vor allem immergrüne Pflanzen im Topf, wie zum Beispiel Buchs (*Buxus* spec.), Eibe (*Taxus* spec.) oder Rhododendron, die geschützt draußen überwintern, benötigen Wasser. Sie verdunsten an kalten sonnigen Tagen viel Feuchtigkeit. Vergisst man das Gießen, trocknen die Pflanzen aus. Wenn der Ballen einmal durchgefroren ist, können Sie versuchen, ihn durch Gießen mit warmem Wasser aufzutauen.

VOR allem an trockenen und sonnigen Tagen müssen Pflanzen in Töpfen gewässert werden.

WINTERLICHE RUHE IM GEMÜSEGARTEN

Draußen trotzen nur noch die winterharten Gemüse wie Rosenkohl, Grünkohl, Porree oder Feldsalat (unter Folie) der Kälte. Hier wird nach Bedarf geerntet. Kontrollieren Sie im Lagerkeller das Gemüse auf Fäulniserreger; faulende Früchte werden sofort entfernt, damit der Befall nicht um sich greift. Nutzen Sie die Zeit zum Planen. Wer seinen Nutzgarten systematisch bewirtschaften will, führt Plan, wie die einzelnen Parzellen in der kommenden Saison bepflanzt werden sollen und berücksichtigt dabei die Regeln von Fruchtfolge und Mischkultur. Versandgärtnereien bringen jetzt ihre neuen Kataloge auf den Markt. Schauen Sie sich dort nach Saatgut von neu gezüchteten oder ungewöhnlichen Gemüsearten um.

KOPFÜBER am Strunk aufgehängt, hält sich Kopfkohl im Winterlager besonders lange. Bis zum Verzehr ab und zu auf eventuell auftretende Fäulnis kontrollieren.

ZU den Gemüsearten, die bei guter Lagerung besonders lange halten, gehören Kohlarten wie Weißkohl, Rotkohl und Wirsing, dazu kommen Kartoffeln, Rote Bete, Knollensellerie und Möhren.

WINTERRUHE IM OBSTGARTEN

FRISCH verschneite Obstbäume sind ein wunderschöner Anblick. Bei drohendem Schneebruch sollten Sie die weiße Pracht jedoch herunterschütteln.

Während der kalten Jahreszeit bei Temperaturen unter dem Gefrierpunkt ruht die Arbeit im Obstgarten weitgehend. Anfallende Schnittarbeiten sollten erst ab Anfang Februar durchgeführt werden (siehe S. 31), denn der Baumschnitt hinterlässt am gefrorenen Holz raue Schnittflächen. Diese verwachsen meist nur unzureichend und werden leicht von Schaderregern befallen.

WINTERLICHE ARBEITEN

Winterportulak wird im Spätsommer breitwürfig ins Freie gesät und dünn mit Erde bedeckt. Die Saat feucht halten. Damit sich die Pflanzen gut entwickeln, die Sämlinge auslichten. Das Kraut im Winter mit Reisig abdecken. Im Frühbeetkasten oder Kalthaus kann bis zum Herbst ausgesät werden.

WINTERPORTULAK kann bei frostfreier Witterung den Winter über mehrmals geschnitten werden. Die Pflanzen treiben immer wieder neu aus.

WELCHES GEWÄCHSHAUS IST DAS RICHTIGE?

Ein Kleingewächshaus bietet dem Hobbygärtner alle Möglichkeiten, das ganze Jahr über frisches Gemüse anzubauen und in prachtvoller Blütenfülle zu schwelgen. Je nachdem für welche Bauart und Heizung man sich entscheidet, ergeben sich die unterschiedlichsten Nutzungsarten.

Unbeheizte Gewächshäuser

Zu den kostengünstigsten Varianten gehört ein völlig unbeheiztes Gewächshaus. Ohne nennenswerte Kosten kann man bei geschickter Planung sogar im Winter Frisches ernten. Zu den Nutzpflanzen, die frostigen Temperaturen trotzen, gehören Spinat und Feldsalat. Sie können während der Wintermonate geerntet werden. Allerdings sollte man bei starken, lang anhaltenden Minustemperaturen und sonnigem Wetter vorsorglich Maßnahmen zum Schutz vor Winterschäden ergreifen. Am besten eignet sich dazu eine Abdeckung aus Folie oder Vlies, die verhindert, dass die Blätter der Pflanzen mehr Wasser verdunsten, als ihre Wurzeln aus dem gefrorenen Boden aufnehmen können. Wer robuste Kübelpflanzen besitzt, kann den freien Platz im Gewächshaus als Überwinterungsort, z. B. für Hortensien, robuste Kamelien, Hanfpalmen oder Feigenbäumchen nutzen.

Beheiztes Gewächshaus

Ideale Überwinterungsbedingungen finden die meisten Kübelpflanzen aus dem Mittelmeerraum im frostfrei gehaltenen Kalthaus. Eine Heizung sorgt dafür, dass die Temperatur auch im Winter nicht unter 5 °C absinkt. Egal, ob man eine Elektroheizung oder eine sparsame Propangasheizung wählt, wichtig ist ihr Anschluss an einen Thermostat, der die Heizung bei sinkenden Temperaturen automatisch anschaltet. Schon eine Frostnacht könnte schwere Schäden an den Überwinterungsgästen verursachen. Wer bereits jetzt in die Nutzpflanzenkultur starten möchte, kann mit der Anzucht der verschiedenen Kohlarten beginnen. Für die zeitige Aussaat von Sommerblumen bietet das temperierte Gewächshaus schon im Januar genügend Wärme. Nachts sollte es nicht unter 10 °C abkühlen, als Tageswerte gelten 15 bis 17 °C als Richtwert. Da Elektroöfen für diese Nutzung sehr unwirtschaftlich sind, empfiehlt sich die Anschaffung einer Gasheizung oder der Anschluss an eine Warmwasserheizung. Neben Sommerblumen mit langen Vorkulturzeiten kann man auch schon Salat aussäen. Wärmeliebende Kräuter wie Basilikum und Majoran liefern frische Würze für die Küche. Ihnen sollte man unbedingt einen der hellsten Plätze zuweisen. Vor allem für Liebhaber wärmebedürftiger Kübelpflanzen lohnt sich die vergleichsweise teure Instandhaltung eines temperierten Hauses. Orangenbäumchen, Wandelröschen, Papaya und Kaffeestrauch sorgen als Überwinterungsgäste für südliches Flair inmitten einer frostigen Winterlandschaft. Um aus dem Gewächshaus ein Warmhaus für tropische Pflanzen wie Orchideen, Bromelien und Farne zu machen, sind ganzjährig Temperaturen um die 25 °C, nachts mindestens 17 °C erforderlich. Damit es auch wirtschaftlich betrieben werden kann, ist auf jeden Fall der Anschluss an die Hausheizung zu empfehlen.

Im Januar ist die beste Gelegenheit, den Bepflanzungsplan für die kommende Saison aufzustellen und das entsprechende Saatgut bzw. Zubehör wie Pflanzschalen und

5
2
20
21
7
11
12
10
9
6
Rost 00

Aussaaterde zu bestellen. Außerdem kann über eine Optimierung der Gewächshauseinrichtung nachgedacht werden. Solange nicht alle freien Flächen von Pflanzen belegt werden, ist noch genügend Platz für eventuelle Installations- oder Verbesserungsarbeiten.

Zu den grundlegenden Installationen gehören ein Elektro- und Wasseranschluss. Für eine sichere Installation sollte man dazu am besten einen Fachmann zu Rate ziehen. Um möglichst wenig Fläche zu verschenken, lässt man im Nutz-Gewächshaus nur einen schmalen Mittelweg frei. Links und rechts davon bietet sich die Anlage von Grundbeeten an.

Spezielle Kulturtische, die entweder auf stabilen Füßen stehen, oder in den Stehwandsprossen befestigt werden, erschließen zusätzliche Abstellflächen für Pflanztöpfe und Anzuchtschalen. Ihr Boden besteht in der Regel aus rostfreiem Aluminiumgitter, wodurch die Luftzirkulation im Gewächshaus nicht gestört wird. Darüber hinaus bleibt der Lichteinfall zur unteren Pflanzebene gewährleistet. Auch die Giebelsprossen eignen sich zur Befestigung von schmalen Hängetischen, so dass man sogar noch unter dem Dach Platz für Pflanztöpfe findet. Zu den unverzichtbaren Utensilien gehört ein stabiler Arbeitstisch mit einer robusten Tischfläche. Sehr praktisch ist eine seitliche und hintere Verblendung, die verhindert, dass beim Eintopfen Erde hinunterrieselt. Unter dem Tisch bleibt noch genügend Stellfläche für Töpfe, Erde, Gießkanne und anderes Gärtnerwerkzeug.

Für allzeit gutes Klima im Gewächshaus sorgen in die Wand eingebaute Luftumwälzer und leicht zu bedienende Lüftungsklappen im Wand- und Giebelbereich. Noppenfolie als Frostschutz und Schattiergewebe für die heißesten Tage des Jahres sollten zur Grundausstattung eines jeden Gewächshauses gehören. Neben einer gewöhnlichen Beleuchtung, empfehlen sich zur Jungpflanzenanzucht spezielle Wachstumsleuchten, die einen Lichtmangel im zeiti-gen Frühjahr ausgleichen. Wer tropische Gewächse hält, sollte einen elektrischen Luftbefeuchter anschaffen, da während der winterlichen Heizperiode die Luftfeuchtigkeit oft drastisch absinkt.

UMFASSENDE EINRICHTUNG

(1) Außenschattierung mit Führungsschienen – macht das Schattieren im Sommer besonders leicht (2) Fensterheber mit Sturmsicherung – sorgt für eine sichere Feststellung der Fenster auch im offenen Zustand (3) Lüftungsklappen im Dach – warme Luft kann hier entweichen (4) Stegdoppelplatten aus UV-durchlässigem Plexiglas – streuen das Licht und verhindern Blattverbrennungen (5) Konstruktion aus Aluminium – die gängigste Stützkonstruktion für Gewächshäuser (6) Streifenfundament (7) Vermehrungsbeet mit elektrischer Bodenheizung – optimale Wachstumsbedingungen für „junges Gemüse" (8) Leuchtstofflampe – wichtig in der lichtarmen Jahreszeit (9) Gießwasserbecken mit Heizkabel (10) Gießwasserpumpautomat (11) Gießgerät mit langem Gießrohr, Tropfbrause und Sprühdüse (12) Rippenrohrheizung – verteilt die Wärme in unmittelbarer Pflanzennähe (13) Seitliche Lüftungsklappe – frische Luft strömt hier herein (14) Luftumwälzer – verhindert zu hohe Luftfeuchtigkeit (15) Hochleistungs-Luftbefeuchter – vor allem im Warmhaus zur Kultur von Orchideen und Bromelien unerlässlich (16) Automatische Tröpfchenbewässerung – erleichtert das Gießen enorm (17) Erdheizkabel – warme Füße für optimales Pflanzenwachstum (18) Bodenthermometer – unerlässlich zur Überwachung der Wachstumsbedingungen von Jungpflanzen (19) Universal-Temperaturregler (20) Minima-Maxima-Thermometer – damit hat man die Temperaturverhältnisse unter Kontrolle (21) Hygrostat (22) Wärmedämmung aus Hartschaumplatten – verringert die Heizkosten

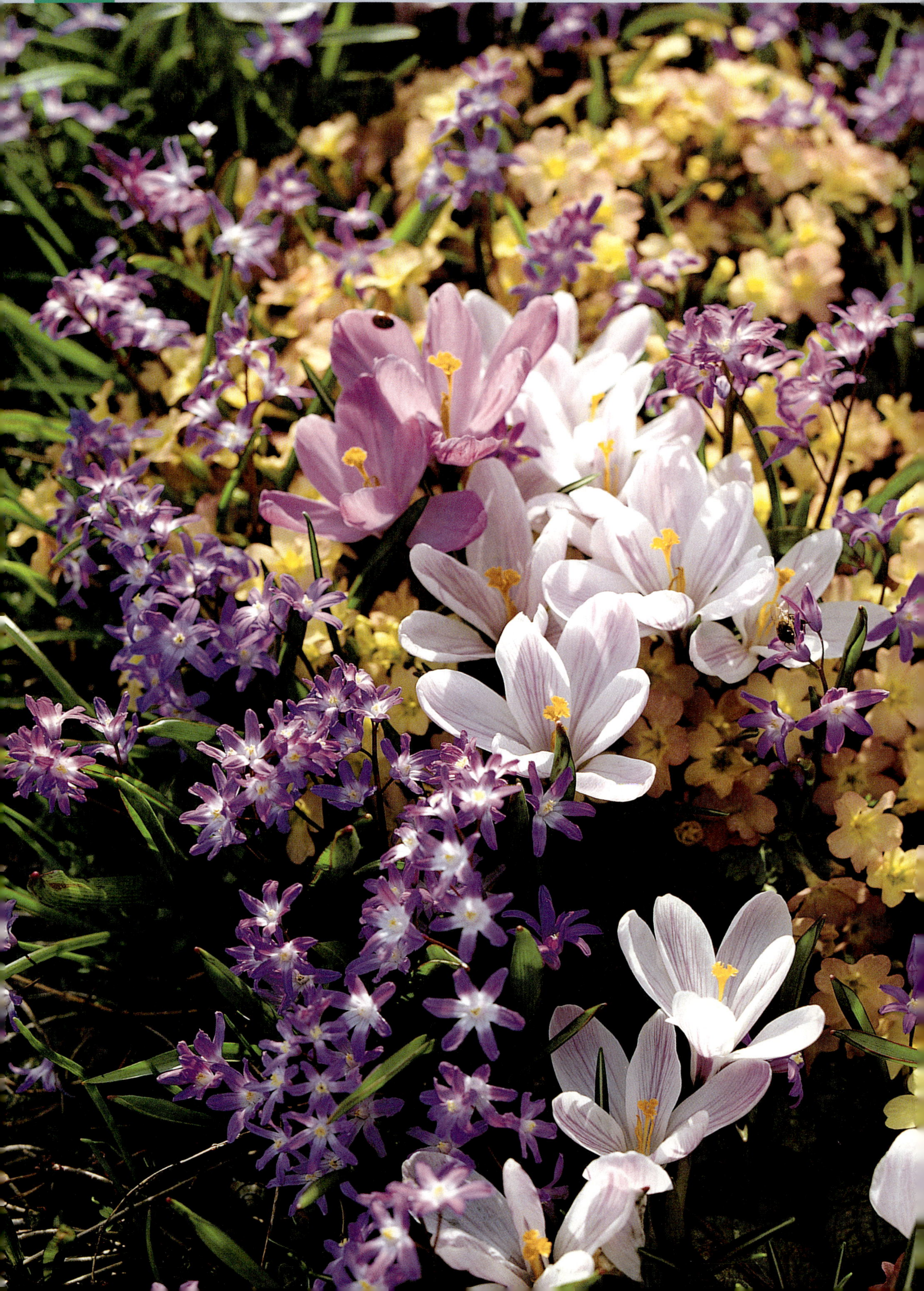

FEBRUAR

In geschützten Lagen erblühen oft schon Wochen vor Frühlingsbeginn erste Krokusse und Primeln. Bereits im Herbst werden die Zwiebeln und Wurzelstöcke unter dem Schutz von Sträuchern und Bäumen im Garten vergraben. Einmal gesetzt, entwickeln sie sich, je nach Sortenwahl, zu einem Jahr für Jahr wachsenden Blütenteppich.

ABGEHÄRTET und mit einem erheblichen Vorsprung gegenüber der Aussaat im Freiland, wachsen diese Salatjungpflanzen in wenigen Wochen zu prächtigen Köpfen heran.

SELBST dort, wo Eis und Schnee den Boden noch lange zudecken, kommen an den ersten warmen Tagen die filigranen Blüten der Zaubernuss zum Vorschein.

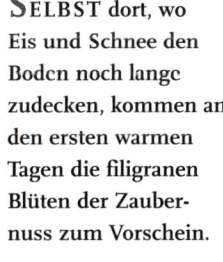

B L U M E N

SOMMERBLUMEN

Für alle Sommerblumenfreunde ist die lange Wartezeit jetzt endlich vorbei. Ab Februar kann die Blütenpracht des Sommers mit viel Spaß und wenig Geld selbst herangezogen werden. Obwohl die Haupt-Aussaatzeit erst im März beginnt, ist es möglich, auch jetzt schon Sommerblumen, vor allem solche mit langer Wachstumsperiode oder feinem Saatgut auf der Fensterbank auszusäen. Die staubfeinen Samen des Löwenmäulchens sind in Schalen oder Töpfen besser aufgehoben als im Beet.

RECHTS: Damit der Traum vom blütenreichen Sommer wahr wird, geben Sie ihren Lieblingsblumen durch die Vorkultur einen Vorsprung.

LINKS: Schmuckkörbchen säen sich leicht selber aus.

Alles, was Sie zur Vorkultur brauchen, ist ein heller Fensterplatz, Aussaatschalen mit lichtdurchlässigem Deckel, Aussaaterde oder Torfquellscheiben, einen Wasserzerstäuber und natürlich das Saatgut. Aussaaterde enthält wenig Dünger und ist keimfrei.

Verteilen Sie das Saatgut gleichmäßig auf dem Substrat, decken es dünn mit Erde oder Sand ab (Achtung Dunkelkeimer, siehe März, S. 43) und befeuchten das Ganze. Die Saatschale wird anschließend mit einem durchsichtigen Deckel oder einer Folie abgedeckt. Was bei der Vorkultur der einzelnen Arten und Sorten besonders zu beachten ist, kann auf den Samentüten nachgelesen werden. Wichtig ist, die Saat vor und nach der Keimung nie austrocknen, aber auch nicht zu feucht werden zu lassen. Sorgen Sie für ausreichend helles Licht.

Zweijährige Blumen

Gekaufte oder im Reservebeet überwinterte Zweijährige können nun bei frostfreiem Boden und milder Witterung ab der zweiten Monatshälfte ausgepflanzt werden. So dürfen jetzt Königskerze, Fingerhut, Stiefmütterchen, Vergissmeinnicht und Maßliebchen mit einer Reisigabdeckung ins Beet.

SOMMERBLUMEN, DIE MAN IM FEBRUAR AUF DER FENSTERBANK VORZIEHT

Deutscher Name (Botanischer Name)	Blütezeit	Wuchshöhe	Farbe	Standort
Leberbalsam (*Ageratum houstonianum*)	VI bis X	20 bis 80 cm	blau, violett	Sonne, warmer, nährstoffreicher Boden
Löwenmäulchen (*Antirrhinum majus*)	VI bis X	20 bis 100 cm	versch. Farbtöne	Sonne, warmer, nährstoffreicher Boden
Begonie (*Begonia x tuberhyrida*)	V bis X	10 bis 40 cm	rot, rosa, weiß	Sonne, Halbschatten, Einfassungen
Sommeraster (*Callistephus chinensis*)	VII bis X	20 bis 90 cm	verschiedene Farbtöne	lockerer Boden
Schmuckkörbchen (*Cosmos* spec.)	VI bis X	bis 130 cm	rot, rosa, weiß	Sonne, Halbschatten, nährstoffreicher Boden
Männertreu (*Lobelia erinus*)	VI bis X	10 bis 25 cm	blau, weiß	Sonne, Halbschatten, Beetränder
Ziertabak (*Nicotiana alata*)	VII bis X	50 bis 80 cm	rot, weiß, Mischungen	Sonne, geschützt, lockerer Boden
Bartfaden (*Penstemon barbatus*)	VII bis X	30 bis 40 cm	rot, rosa, Mischungen	Sonne, warmer, frischer Boden
Salvie (*Salvia splendens*)	VI bis X	20 bis 40 cm	rot, purpur, rosa	Sonne, durchlässiger Boden
Eisenkraut (*Verbena*-Hybriden)	VI bis X	30 bis 40 cm	verschiedene Farbtöne	volle Sonne, durchlässiger Boden

AUSSAAT auf der Fensterbank: (1) Saatschalen bis knapp unter den Rand mit Anzuchterde füllen und anfeuchten. (2) Samen gleichmäßig ausstreuen und (3) sehr dünn mit Erde abdecken. (4) Übersprühen oder fein überbrausen. (5) Mit einer Abdeckhaube bedecken.

STAUDEN

Stauden, die Sie im letzten Herbst nicht zurückgeschnitten haben, sollten jetzt gestutzt werden. Drücken Sie vom Frost hochgehobene Stauden wieder fest in den Boden. Im Februar gibt es noch starke Fröste, und hohe Temperaturschwankungen zwischen Tag und Nacht führen leicht zu Frostschäden. Schützende Lagen aus Reisig oder Laub verringern die Temperaturdifferenzen erheblich. Streuen Sie jetzt einen organisch-mineralischen Volldünger in Ihre Beete. Bei feuchter Witterung gelangt er in den Boden und wird von den Wurzeln beim Austrieb aufgenommen.

Bodenverbesserung

Für Bodenverbesserungsmaßnahmen ist das zeitige Frühjahr der richtige Zeitpunkt. Schwere, tonige Böden gilt es, durch Sand und Rindenhumus aufzulockern. Sandige Böden verbessern Sie mit fei-

DER Eisenhut (*Aconitum* x *ardensii*) ist eine dankbare Staude auf nährstoffreichen Böden. Sorgen Sie jetzt für eine organische Düngung mit Hornspänen oder Kompost. Die Staude lässt sich im Frühjahr bei frostfreiem Boden leicht durch Teilung vermehren. Vorsicht: Eisenhut ist giftig.

SOWOHL als einjährige Sommerblume als auch als mehrjährige Staude bereichert Mohn jedes Gartenbeet. Mit seinen kräftigen Farben setzt er auffällige Akzente.

BLUMEN

PRIMELN gehören zu den ersten Blumen, die mit ihren frischen Blütenfarben den Frühling begrüßen. Schon im Februar werden sie in voller Blüte von den Gärtnereien angeboten. Sie machen sich gut an einem überdachten Plätzchen.

Wurzeln von Kissenprimel *(Primula denticulata)*, Flammenblume *(Phlox-Ardensii-*Hybriden), Mohn *(Papaver orientale)*, Kornblume *(Centaurea montana)* oder Storchschnabel *(Geranium* spec.) in fingerlange Stücke und stecken diese in einem separaten Beet in die Erde. Das obere Ende sollte sich in Bodenhöhe befinden. Es dauert bis zu zwei Jahren, bis sich die Pflanzen entwickelt haben.

BEI diesem Anblick hat sich die lange Wartezeit gelohnt. Die ersten Krokusse blühen schon im Februar und verwandeln die Wiese in ein Blütenmeer. Die Blütezeit ist zwar nicht lang, dafür kommen die Kleinen aber dem ersten Rasenschnitt nicht in die Quere.

nem Gesteinsmehl und lehmhaltiger Erde. Kompost ist für alle Bodentypen unverzichtbar und sollte mit eingearbeitet werden. Auf keinen Fall sollten Sie im Frühjahr tief umgraben, denn dadurch werden die Bodenstruktur und das Bodenleben nachhaltig gestört.

Wurzelstecklinge

Einige Pflanzen können jetzt gut durch Wurzelstecklinge vermehrt werden, vorausgesetzt der Boden ist frostfrei. Schneiden Sie starke

KISSENPRIMEL, Kugelprimel oder Etagenprimel fühlen sich auf humosem Boden bei ausreichender Feuchtigkeit pudelwohl. Nimmt die Blühfreudigkeit mit den Jahren ab, hilft meistens eine Teilung nach der Blüte.

ZWIEBELBLUMEN

Es sind die Kleinen unter den Zwiebelblumen, die schon im Februar Frühlingsgefühle aufkommen lassen. Der unermüdliche Winterling *(Eranthus hyemalis)* und das Schneeglöckchen *(Galanthus nivalis)* sind die ersten, die ihre Blüten der Wintersonne entgegenstrecken. Schnee und frostige Nächte scheinen ihnen nichts anzuhaben und doch blühen sie erst so richtig schön, wenn es etwas wärmer wird.

Beobachten Sie jetzt, wo im Garten der Schnee als erstes schmilzt und setzen Sie an diesen geschützten Stellen im Herbst die kleinen Zwiebeln und Knollen. Mit Krokussen lassen sich bunte Blütenteppiche zaubern, da sie sich mit ihren Brutknollen leicht ver-

DER Winterling *(Eranthis hyemalis)* trotzt Eis und Kälte und blüht oft schon, wenn es im Februar noch einmal schneit. Er ist ein gern gesehener Gast im Garten und bildet dank seiner Brutknollen gelbe Blütenteppiche.

etwas später entwickelt. Ist der Boden nicht zu nass, können auch noch Lilien gesetzt werden.

Zwiebelblumen für den Sommer

Für zeitige Blüten von nicht winterharten, sommerblühenden Zwiebelblumen können Sie jetzt schon

nach oben, die runde Seite nach unten). Decken Sie die Knollen fingerdick mit Erde zu und halten Sie diese an einem warmen Platz feucht. Wenn die ersten Triebe zu sehen sind, brauchen die jungen Begonien einen hellen, etwas kühleren Platz. Knollenbegonien und Canna können im Mai nach den Eisheiligen ihren Platz im Beet einnehmen.

Winterlagerkontrolle

Vergessen Sie nicht, die nicht winterharten Knollen (z. B. Dahlien) im Winterlager zu kontrollieren. Faule Stellen deuten auf einen zu feuchten Platz hin und müssen rechtzeitig entfernt werden.

Achtung Gefahr duch Wühlmäuse!

AB Ende Januar zeigen sich Schneeglöckchen *(Galanthus nivalis)* und kündigen das Ende des Winters an. Die weißen Blütenglöckchen kommen zusammen mit dem gelben Winterling *(Eranthis hyemalis)* besonders schön zur Geltung.

mehren. Nicht ganz so häufig ist in winterlichen Gärten die Zwiebeliris zu sehen, unter denen es sehr früh blühende Arten gibt: *Iris bakeriana* oder *Iris histrioides* leuchten mit blauen Blüten. Bei relativ milder Witterung zeigen sich bereits die ersten Triebe von Tulpen und Narzissen. Ein Schutz aus Reisig bewahrt sie vor Frostschäden. Bei frostfreiem Boden ist jetzt noch Zeit, winterharte, im Sommer blühende Zwiebelblumen zu setzen. Dazu gehört auch der Zierlauch, der sich dann allerdings

sorgen. Das Indische Blumenrohr *(Canna-Indica-Hybriden)* wird in nicht zu kleinen Topfen mit lockerer, nähstoffhaltiger Erde am Zimmerfenster vorgetrieben. Bei ausreichenden Temperaturen und mäßiger Feuchtigkeit beginnen die Knollen zu treiben. Haben sich die ersten Blätter entwickelt, wird mehr gegossen und wöchentlich gedüngt. Auch Knollenbegonien werden im Februar vorgetrieben. Die Knollen können zu mehreren in Töpfe mit Blumenerde gesetzt werden (die vertiefte Stelle der Knolle zeigt

Haben Sie Ärger mit Wühlmausen im Garten, sollten Sie die Nager im Februar bekämpfen. Wenn nach den Wintermonaten ihre Nahrungsvorräte zu Ende gehen, vergreifen sie sich gerne an Tulpenzwiebeln und machen manchen Traum einer reichen Blüte im Frühjahr zunichte.

Eine Bekämpfung der Wühler mit beköderten Fallen ist jetzt erfolgreich.

Pflanzen wie Knoblauch, Narzissen oder Kaiserkronen sollen Wühlmäuse übrigens aus dem Garten fernhalten.

ROSEN

SCHÖNE UND ROBUSTE ROSEN MIT AUSZEICHNUNG

DIE Rose 'Alexander' mit ihren großen, locker gefüllten Blüten und ihrem leichten Duft wurde 1972 von Harkness eingeführt und 1974 als ADR-Rose ausgezeichnet.

Wenn Sie im Frühjahr neue Rosen pflanzen möchten, dann sollten Sie sich bereits jetzt über verschiedene Sorten informieren. Durch neue, immer widerstandsfähigere Züchtungen wird das Rosensortiment laufend erweitert. Eine Hilfe bei der Beurteilung der zahlreichen Neuzüchtungen bietet die 1950 ins Leben gerufene Allgemeine Deutsche Rosenneuheitenprüfung (ADR). Zahlreiche Experten beobachten hierfür neue Sorten über einen Zeitraum von drei Jahren und bewerten zum Beispiel ihre Winterhärte, ihre Reichblütigkeit, die Wirkung der Blüte, den Duft und ihre Wuchsform. Besonderes Augenmerk gilt der Widerstandsfähigkeit der Rose gegenüber Krankheiten und Schädlingen, da durch robuste Neuheiten der Einsatz von Pflanzenschutzmitteln verringert werden kann. Nur den besten Rosensorten wird das Qualitätszeichen „ADR-Rose" verliehen.

DIE NEUESTEN ADR-ROSEN

Sorte/Züchter	Rosengruppe	Farbe	Blütenform
1998			
Estima/Noack	Bodendeckerrose	rosa	mittelgroß, gefüllt
Rote Apart/Uhl	Strauchrose	lilarosa	groß, halb gefüllt
Saremo/Noack	Bodendeckerrose	hellrosa	mittelgroß, gefüllt
(Eine weitere ADR-Rose von Noack ist noch nicht im Handel)			
1999			
Celina/Noack	Beetrose	gelb	mittelgroß, halb gefüllt
Ravenna/Noack	Strauch-/ Bodendeckerrose	rosa	mittelgroß, einfach
Rotfassade/Noack	Kletterrose	rot	mittelgroß, einfach
Neon/Kordes	Beetrose	karminrosa	klein bis mittel, halb gefüllt
Kronjuwel/Noack	Beetrose	dunkelrot	mittelgroß, halb gefüllt
Brautzauber/Noack	Beetrose	weiß	klein, halb gefüllt

ZIERGEHÖLZE

BÄUME UND STRÄUCHER

Gehölzschnitt

Wenn die wärmende Wintersonne ein paar frostfreie Tage ankündigt, ist die beste Zeit, um nach Bedarf Laubgehölze im Ziergarten zu schneiden. Während die meisten Bäume keine regelmäßigen Kronenkorrekturen benötigen, ist bei vielen Blütensträuchern ein jährlicher Rückschnitt von Vorteil, um die Blühkraft und Vitalität der Pflanzen zu erhalten. Die Schneidewerkzeuge werden noch einmal gründlich gereinigt, desinfiziert und, wenn nötig, nachgeschliffen. So stellt man sicher, dass saubere Schnitte entstehen, die rasch verheilen.

MIT zunehmendem Alter lässt bei vielen Blütensträuchern die Blütenfülle nach. Die Äste stehen zu dicht und bilden ein undurchdringliches Gewirr. Bei dieser Weigelie (rechts ungeschnitten) wird es Zeit, einige der ältesten Triebe herauszunehmen (ganz rechts). Schneiden Sie diese Äste bodennah mit einer Astschere ab und achten Sie darauf, dass keine Stummel stehen bleiben.

So beliebte Gartensträucher wie das Goldglöckchen *(Forsythia x intermedia)* oder die Kätzchen-weide *(Salix caprea)* werden erst nach der Blüte im Frühsommer geschnitten. Sommerblühende Sträucher dagegen, die erst im Laufe des Frühlings ihre Blüten-anlagen bilden, kann man getrost jetzt im Februar zurücknehmen. Dazu zählen neben Spiersträu-chern *(Spirea x bumalda)* und Weigelie *(Weigelia florida)* auch Gartenjasmin *(Philadelphus corona-rius)* und Ginster *(Cytisus spec.)*.

Betrachten Sie die Kronen zu-nächst eingehend, um ein Gefühl für den natürlichen Wuchs zu be-kommen. Die Schere soll ein Ge-

NICHT alle Gehölze, die den Weg in unsere Gärten gefunden haben, sind absolut frosthart. Viele, wie der Schmetter-lingsstrauch *(Buddleja davidii)*, frieren jedes Jahr stark zurück. Doch das macht gar nichts: Sommerflieder blühen ohnehin nur an den Ästen, die im gleichen Jahr gewachsen sind. Schneiden Sie deshalb die Triebe beherzt auf et-wa 30 cm Länge zurück und im Sommer wird Sie das gewohnte Blü-tenspektakel erwarten.

DIE Zaubernuss macht ihrem Namen alle Ehre. Sie zaubert schon ab Februar leuchtend gelbe Blüten in den Winter-Garten. Und im Herbst trumpft sie mit gold-gelbem Laub noch ein-mal so richtig auf. Die Schere braucht man bei der Zaubernuss nur, um schwaches und krankes Holz auszu-schneiden. Doch auch wer sie ungestört wach-sen lässt, kann sich bald über eigensinnig ge-formte, charakterstarke Exemplare freuen.

hölz nicht verändern, sondern das natürliche Aussehen bewah-ren. Anschließend hält man Aus-schau nach krankem und abge-storbenem Holz und schneidet es ganz heraus. Sind die Äste nur leicht beschädigt, nimmt man sie so weit zurück, bis das Gewebe wieder gesund und saftig grün aussieht. Viele Sträucher wie die Blauraute *(Perovskia abrotanodes)* oder der Sommerflieder *(Buddleja*

davidii) frieren zum Teil jedes Jahr stark zurück, doch nur, um alljähr-lich erneut mit frischer Kraft aus den unbeschadeten Wurzeln aus-zutreiben. Deshalb: Keine Sorge, wenn man diese Sträucher bis auf kurze Stummel zurücknehmen muss.

Als nächstes werden quer wachsende und zu dicht stehende Äste identifiziert. Belässt man sie, gelangt mit den Jahren nur noch

wenig Sonnenlicht in das Kronen-innere und die Gefahr von Krank-heiten nimmt zu. Quer treibende Äste können zudem Schürfwun-den verursachen - Eintrittspforten für Krankheiten. Danach nimmt man sich einige der jeweils ältes-ten Äste vor. Sie werden ganz dicht am Boden entfernt. Dieser Schnitt ist nicht jedes Jahr notwen-dig. Es genügt, wenn man ältere Sträucher alle drei bis vier Jahre

LINKS: Der Winterjasmin zählt zu den frühesten Blütengehölzen überhaupt.

RECHTS: Efeu überzieht auch im Winter mit seinen immergrünen Blättern ganze Hauswände. Unter den vielen Efeusorten gibt es neben absolut frostharten Vertretern einige, die über eine dicke Laubschicht zu ihren Füßen und einen Winterschutz über den Blättern froh sind.

KLETTERPFLANZEN UND HECKEN

Auch einigen Kletterpflanzen rückt man im Februar mit der Schere zu Leibe, um abgestorbene Triebe einzukürzen und ein zu dichtes Triebge-

verjüngt. Oft entstehen dabei Schnittwunden, die größer als ein Fünf-Mark-Stück sind. Man streicht solche Wunden vorsichtshalber mit Baumwachs ein, damit sich keine Krankheiten einnisten und die Wunden schneller verheilen.

Wenn diese grundlegenden Schnittarbeiten erledigt sind, tritt man einen Schritt zurück und betrachtet die Kronen. Fallen einem dabei weitere störende Äste auf, wird noch einmal nachkorrigiert. Gehen Sie dabei immer Schritt für Schritt vor. Auf keinen Fall die Schere in Hüfthöhe ansetzen und alle Äste in gleicher Höhe kappen. Die meisten Sträucher haben eine halb-

kugelige Form, die es zu bewahren gilt. Gehen Sie deshalb ganz nah an die Äste heran, um gesunde, zum Kronenäußeren zeigende Knospen zu identifizieren, die auf einem gedachten Halbbogen angeordnet sind. Die Schere setzen Sie dazu jeweils 3 bis 5 mm oberhalb dieser Knospen schräg an und trennen den Zweig glatt durch, ohne die Knospen zu verletzen. Auf diese Weise erhält man gut aufgebaute Kronen.

wirr zu lichten. Dazu zählen bestimmte Clematis-Sorten (siehe Abbildung unten).

Mit Hecken hat der Gärtner in diesen Wochen nur wenig zu tun. Bei Immergrünen sollte man darauf achten, dass nicht zu viel Schnee auf den Ästen zu Astbruch führt. Zeigt sich die Wintersonne häufig, werden südexponierte Hecken an frostfreien Tagen gewässert, damit keine Trockenschäden entstehen.

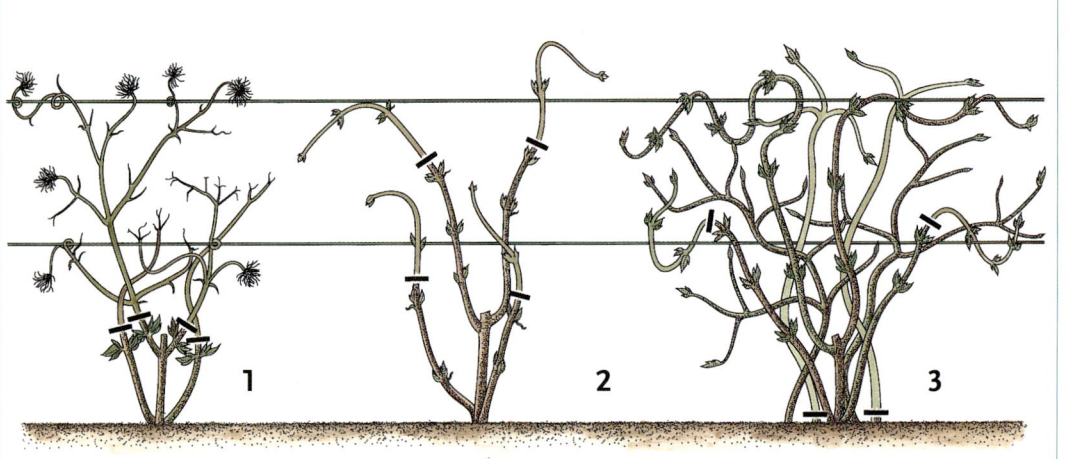

1   **2**   **3**

WALDREBEN

schneiden. Arten wie *Clematis viticella* (1) werden jetzt im Februar kräftig gestutzt. Viele der großblumigen Hybriden wie 'Nelly Moser' (2) schneidet man dagegen alljährlich nur leicht zurück, alle drei bis vier Jahre kräftig. Arten wie *Clematis montana* (3) sind erst im Sommer nach der Blüte dran.

JE nach Rasengröße kann man verschiedene Mähertypen empfehlen. Hier ein paar Richtwerte: (1) Spindelmäher (bis 100 m²), (2) Elektromäher, hier ein Luftkissenmäher, (100 bis 500 m²), (3) Benzinmäher (500 bis 1000 m²), (4) Aufsitzer (ab 1000 m²).

RASENMÄHER KONTROLLIEREN

Der Rasen wird im Februar nach Möglichkeit nicht betreten. Falls Sie ihn für Gartenarbeiten mit der Schubkarre befahren, legen Sie Holzbretter über den Rasen. Wer im vergangenen Herbst nicht dazu gekommen ist, führt jetzt die entsprechenden Reinigungs- und Wartungsarbeiten am Rasenmäher durch. Ist das Gerät stark veraltet oder kaputt, ist jetzt ein günstiger Zeitpunkt für die Neuanschaffung.

ERSTE PFLEGEARBEITEN

Sonnige Tage verlocken jetzt schon zu Pflegearbeiten am Teich. Abgestorbene Pflanzenstängel von Rohrkolben, Schilf und anderen grasartig wachsenden Pflanzen sollten jedoch unbedingt noch bis März stehen bleiben. Sie bieten vielen Kleinlebewesen Unterschlupf, solange der Winter noch nicht vorbei ist. Erste Probleme mit dem Sauerstoffgehalt können jetzt auftreten, wenn die Sonne das Wasser unter dem Eis wärmt. Deshalb ist es wichtig, für einen geregelten Gasaustausch zu sorgen. Mit einer Luftpumpe oder einem Sauerstoffspender (Oxidator) lässt sich das Teichwasser mit Sauerstoff anreichern. Wenn das Eis auftaut, können tote Fische im Wasser liegen. Sie müssen sofort entfernt werden. Die Ursachen können ein zu flacher, durchgefrorener Teich, schlechte Sauerstoffversorgung oder auch schlechtes Wasser sein (Wasser testen: pH-Wert (Soll 7 bis 7,5), Karbonathärte (mind. 5°dKH) und Sauerstoff (mind. 60% Sättigung über 4 mg/l).

WIE Zuckerkrusten wirkt der Reif an den Blättern der Poleiminze *(Mentha pulegium)*. Die Ausläufer bildende Staude gedeiht in der Sumpfzone des Teichs gut. Von Juli bis September erscheinen ihre zartlila Blüten.

SCHNEE sollte man so weit wie möglich vom Eis fegen, damit Licht durch die Eisdecke fallen kann und die Unterwasserpflanzen Sauerstoff produzieren können.

BALKON UND TERRASSE

PFLEGEARBEITEN

Stellen Sie nun Balkon- und Kübelpflanzen in einem möglichst hellen, etwas wärmeren Raum, damit sich keine langen Geiltriebe bilden. Verwelkte, kranke und schwache Pflanzenteile ausputzen, eventuell Triebe zurückschneiden. Wenn nötig, können Sie die Pflanzen ab Ende des Monats schon umtopfen, auf jeden Fall muss häufiger gegossen werden.

Pflanzen vermehren

Bereits jetzt können Sie mit der Aussaat der ersten Balkon- und Kübelpflanzen (z. B. Pelargonie, Petunie, Heliotrop, Lobelie, Zierbanane) auf der Fensterbank oder im Gewächshaus beginnen. Ideal sind Plätze an einem Ost- oder Westfenster, wo keine pralle Sonne scheint und die Samen genug Licht und Wärme bekommen. Auf kalten Steinfensterbänken

MIT einer Essig-Kochsalzlösung und einer Scheuerbürste lassen sich Kalkausblühungen an Tongefäßen entfernen.

empfiehlt es sich, eine isolierende Unterlage für die Saatgefäße auszulegen oder heizbare Schalen zu verwenden.

Außerdem können jetzt Knollenbegonien angetrieben werden. Dazu die Knollen nebeneinander in Kisten mit Pikiererde legen, hell und warm (20 °C) stellen und vorsichtig wässern. Sobald die ersten Triebe erscheinen, lassen sich die Knollen in Balkonkästen und Ampeln umpflanzen. Erst wenn sich die ersten Blätter bilden, kann man die Pflanzen draußen abhärten. Endgültig ins Freie kommen die Jungpflanzen erst nach den Eisheiligen im Mai.

START IN DIE NEUE SAISON

GEMÜSE

PORREE übersteht die kalte Jahreszeit auch draußen im Beet und kann je nach Bedarf den ganzen Winter über geerntet werden. Günstig ist eine Vliesabdeckung.

Von den Gemüsebeeten sind auch die frostharten Kulturen des Vorjahres bis Ende des Monats endgültig abgeerntet. Wo der Bodenzustand es zulässt, kann man bereits mit der Bodenbearbeitung beginnen. Gerade schwere Tonböden nehmen es allerdings schnell übel, wenn sie zu früh im Jahr bearbeitet werden. Die Erde muss soweit abgetrocknet sein, dass sie nicht mehr in dicken Klumpen am Stiefel kleben bleibt, wenn man das Beet betritt. Zu den Bodenbearbeitungsmaßnahmen gehört jetzt das Lockern der obersten Bodenschicht. Liegen gebliebene Äste und Blätter werden vorher abgerecht. Bodenverbesserungsmittel wie Sand (auf schweren Böden) oder Gesteinsmehl (auf leichten Böden) sowie Kalk werden

flach in den Boden eingearbeitet.
Kompost verbessert leichte, mittelschwere und schwere Böden gleichermaßen; er wird Ende Februar
auf freien Beeten fingerdick ausgebracht.

Bodenprobe schafft Klarheit

Gerade im Gemüsegarten, wo einzelne Beete teilweise mehrmals im
Jahr neu bepflanzt und häufig gedüngt werden, kann eine Bodenprobe sehr aufschlussreich sein.
Untersuchungen haben gezeigt,
dass zahlreiche Böden in privaten
Gärten zum Teil dramatisch über-
düngt sind und einen viel zu hohen Gehalt an Kalium, Stickstoff
oder Phosphor aufweisen.

Entnehmen Sie aus dem Ge-
müsebeet an 10 verschiedenen
Stellen mit einem Spaten oder einer Handschaufel etwas Erde; die
zehn Erdproben in einem Eimer
gut vermischen, 250 g davon in
einem Plastikbeutel abwiegen und
ans Untersuchungslabor verschi-
cken. Es gibt staatliche Einrichtun-

DER Februar ist ein
günstiger Monat für
eine Bodenprobe. Dazu
an zehn verschiedenen
Stellen im Gemüsebeet
etwas Erde entnehmen,
in einem Eimer gut
durchmischen, 250
Gramm davon abwie-
gen und an ein
Bodenuntersuchungs-
labor versenden.

WENN der Boden
bereits soweit abge-
trocknet ist, dass man
ihn bearbeiten kann,
wird das Gemüsebeet
jetzt auf die Bepflan-
zung vorbereitet. Nach
dem Abrechen entsteht
ein feinkrümeliges
Pflanzbeet.

gen; in der Regel sind das die
Landwirtschaftlichen Untersu-
chungs- und Forschungslabors

(LUFA) der einzelnen Bundeslän-
der. Erkundigen Sie sich bei der
zuständigen Landwirtschaftskam-

WER Gemüsejung-
pflanzen auf der Fens-
terbank heranzieht,
sollte dafür ein helles,
sonniges Fenster wäh-
len. Der Heizkörper (4)
sorgt für gleichmäßige
Wärmezufuhr von un-
ten. Wo Lichtmangel
herrscht, schaffen
Energiesparlampen
(1 bis 3) oder Wachs-
tumsleuchten aus dem
Fachhandel (5) Abhilfe.
Normale Glühbirnen
sind für die Zusatzbe-
lichtung von Jungpflan-
zen nicht geeignet.

GEMÜSE

mer. Es gibt auch zahlreiche privatwirtschaftlich geführte Untersuchungslabors.

Fragen Sie auf jeden Fall vorher nach den entstehenden Kosten. In der Regel wird eine Grundanalyse erstellt, bei der die Hauptnährstoffe und der pH-Wert bestimmt werden. Dazu gibt es in der Regel eine Düngerempfehlung und Tipps zur Bodenverbesserung. Selbst durchgeführte Bodenanalysen mit kleinen Teströhrchen aus dem Fachhandel ergeben in der Regel nur ungenaue Ergebnisse.

Aussaat und Keimtest

Ende des Monats sind die Lichtbedingungen bereits so günstig, dass Sie die ersten Gemüsekulturen auf der Fensterbank schon vorziehen können. Die einzelnen Arbeitsschritte, die Sie dabei beachten müssen, sind bei der Anzucht von Sommerblumen beschrieben (siehe S. 20). Zu den Arten, die jetzt ohne Zusatzbelichtung auskommen, gehören Kohlrabi, Frühkohl sowie Kopf- und Pflücksalat.

Häufig hat man vom Vorjahr noch angebrochene Saattüten und weiß nicht genau, ob die Samen

VIELERORTS präsentiert sich der Gemüsegarten im Februar als verschneites Beet, das noch nicht bearbeitet werden kann. Lediglich das überwinterte Gemüse aus dem Vorjahr wird noch abgeerntet.

noch ausreichend keimfähig sind. In diesem Fall können Sie zehn Samen aus der Packung nehmen und auf einem angefeuchteten Papiertaschentuch auslegen. Je nachdem, wie viele Samen von der Saatprobe keimen,

können Sie entscheiden, ob Sie das Saatgut der getesteten Art noch verwenden wollen, oder ob Sie neues anschaffen müssen.

Als Faustregel gilt: Mindestens zwei Drittel der getesteten Samen sollten noch keimfähig sein.

OBST

WINTERSCHNITT AM BAUMOBST

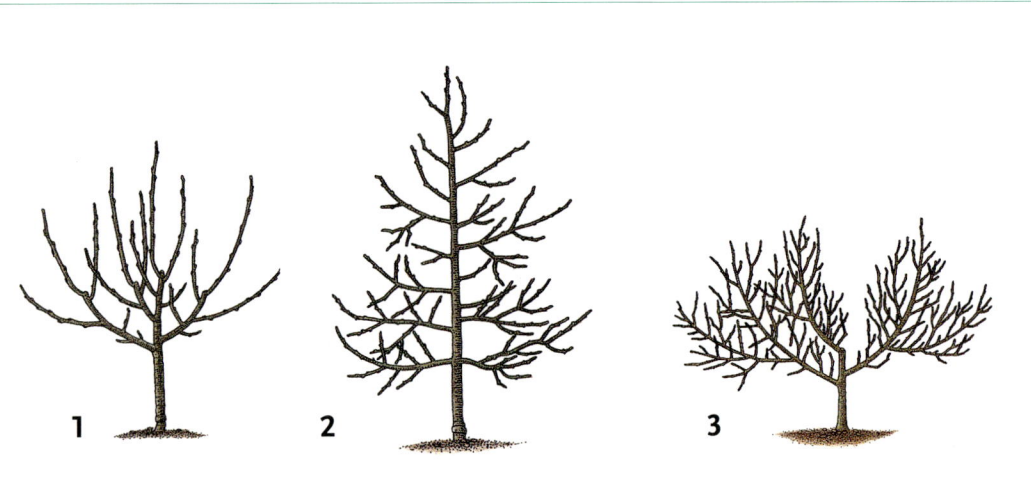

DREI wichtige Kronenformen im Seitenprofil: Pyramidenkrone (1), Spindelkrone (2) und Hohlkrone (3).

ERZIEHUNGS-
SCHNITT zum Auf-
bau einer Pyramiden-
krone: im ersten Jahr
Mitteltrieb zurück-
schneiden (1); im zwei-
ten und den folgenden
Jahren Mitteltrieb und
Leitäste regelmäßig
einkürzen (2 und 3), so
dass die Krone schließ-
lich eine pyramidale
Form (4) erhält.

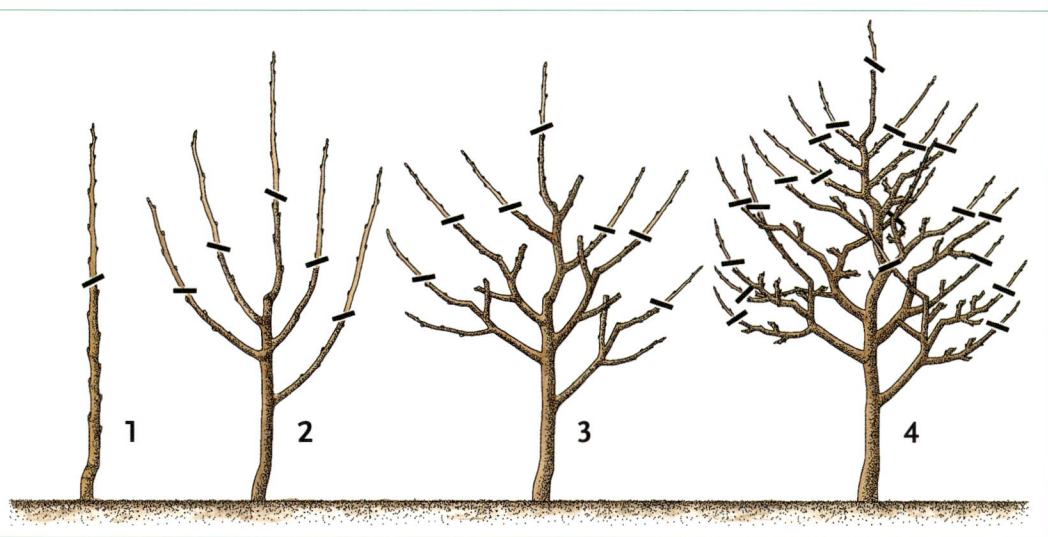

Obstbäume können sowohl im Winter als auch nach Triebabschluss im Sommer geschnitten werden. Der Winterschnitt hat den Vorteil, dass im unbelaubten Zustand eine bessere Beurteilung der Krone möglich ist. Erfahrene Gärtner legen dagegen mehr Wert auf einen mehrmaligen Schnitt der Bäume im Sommer, da sich auf diese Weise die Blütenbildung der Obstgehölze gezielter anregen lässt.

Sobald die Temperaturen über den Gefrierpunkt steigen, können Sie mit dem Schneiden der Bäume beginnen. Frostempfindliche Gehölze wie Pfirsich- und Aprikosenbäume sollten allerdings erst dann geschnitten werden, wenn keine Spätfröste mehr zu erwarten sind (siehe S. 66).

Je nach Alter des Baumes unterscheidet man zwischen dem Erziehungsschnitt, dem Erhaltungsschnitt und dem Verjüngungsschnitt (Pflanzschnitt siehe auf der Seite 66).

Der Erziehungsschnitt legt den Aufbau des Kronengerüstes fest. Der Erhaltungsschnitt sichert ein gleichmäßiges Wachstum und eine optimale Verteilung der fruchttragenden Äste. Bei älteren Bäumen dient schließlich der Verjüngungsschnitt der Erneuerung abgetragener Kronenpartien.

Kronenerziehung

Bevorzugte Kronenformen sind die Pyramidenkrone, die Hohlkrone, die Tellerkrone sowie die Schlanke Spindel.

Bei der Kronenerziehung der **Pyramidenkrone** werden die Äste so eingekürzt, dass der Baum von der Spitze bis zu den untersten Ästen einen pyramidalen Aufbau erhält. Vier bis fünf im gleichmäßigen Abstand um den Mitteltrieb herum angeordnete Äste bilden die Krone. Ziehen Sie lieber wenige Fruchttriebe heran als zu viele, die später gegenseitig konkurrieren und nur wenige Früchte tragen.

Zu steil wachsende sowie ins Kroneninnere ragende Äste sind auf jeden Fall zu entfernen. Anschließend werden die verbleibenden Äste sowie der Mitteltrieb um ein Drittel eingekürzt. Schneiden Sie die Triebe dabei jeweils etwa 1 cm schräg oberhalb einer

nach außen gerichteten, gesunden Knospe.

Der Kronenaufbau der **Hohlkrone** ähnelt dem der Pyramidenkrone. Zusätzlich wird der Mitteltrieb entfernt, um ausreichend Licht ins Innere des Baumes zu führen.

Das Kronengerüst der **Tellerkrone** bildet sich aus sechs bis acht gleichmäßig um den Mitteltrieb verteilten, nicht zu steil wachsenden Ästen. Der Mitteltrieb wird soweit eingekürzt, dass er den restlichen Leitästen untergeordnet bleibt.

Besonders auf kleinen Grundstücken hat sich die Baumform der **Schlanken Spindel** bewährt. Der Mitteltrieb wird nicht eingekürzt. Wächst er zu dominant, ersetzen Sie ihn durch einen schwächer wachsenden Konkurrenztrieb. Die Seitentriebe bleiben unbeschnitten, zur waagrechten Formierung dienen kleine Gewichte, die mit Klammern an den Ästen befestigt werden.

UM den Stamm
befestigte Leimringe
fangen die Raupen
des schädlichen
Frostspanners.

O B S T

Erhaltungsschnitt

Diese Schnittmaßnahmen dienen dazu, das Obstgehölz möglichst lange in seiner Vollertragsphase zu halten. Obwohl der Zuwachs an Neutrieben mit zunehmendem Alter der Bäume nachlässt, wachsen einzelne Triebe zu sehr ins Kroneninnere oder treten in Konkurrenz zu den Leitästen und dem Mitteltrieb des Baumes. Zur besseren Belichtung und Belüftung werden diese Äste vollständig entfernt. Ältere Triebe mit nachlassender Fruchtbarkeit werden ebenfalls herausgeschnitten. Beachten Sie stets die unterschiedliche Fruchtholzbildung der verschiedenen Obstarten: Aprikosen-, Pfirsich- und Sauerkirschbäume tragen überwiegend an einjährigen Trie-

ben. Ohne jährlichen Rückschnitt lässt der Ertrag stark nach und die Bäume verkahlen. Apfel-, Birnen-, Süßkirschen- und Zwetschgenbäume fruchten dagegen gewöhnlich am zwei- bis vierjährigem Holz. Zur Erhaltung der Spindelkrone werden die mehrjährigen, nicht mehr ertragreichen Triebe regelmäßig bis auf eine Knospe zurückgeschnitten.

Verjüngung der Baumkronen

Nach Jahren mit regelmäßigen, ertragreichen Ernten lässt die Fruchtbarkeit der Obstgehölze nach. Schneiden Sie alle mehrjährigen, abgetragenen Äste vollständig heraus. Nur ein radikaler Rückschnitt bis zu einem Drittel der Krone kann den Alterungsprozess der Bäume aufhalten.

Achtung Frostrisse

Das Zusammenspiel von Frost und Sonneneinstrahlung kann zu Spannungen im Holz führen und einen Abriss der pflanzlichen Leitungsbahnen hervorrufen. Risse im Holz sind unbedingt zu vermeiden (siehe auch Seite 298), da dadurch ganze Astpartien im kommenden Frühjahr absterben können.

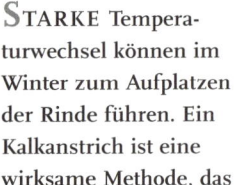

STARKE Temperaturwechsel können im Winter zum Aufplatzen der Rinde führen. Ein Kalkanstrich ist eine wirksame Methode, das Holz vor Frostrissen zu bewahren.

FÜR eine längerfristige Lagerung sollten Sie nur makellose Früchte auswählen. Da Äpfel beim Nachreifen das Reifungshormon Ethylen abgeben, lagern Sie sie am besten getrennt von anderen Früchten.

ALANT ist eine sehr attraktive, alt bewährte Heilpflanze, die sehr viel Platz braucht, immerhin wird das gelb blühende Kraut 2 m hoch und wächst sehr ausladend.

das große Kräuter-Sortiment. Ist das Beet zu klein, wird das eine oder andere Kraut einfach mit in den Ziergarten oder in Rabatten integriert oder zur Beeteinfassung genutzt. Eine Vielzahl fühlt sich auch im Topf sehr wohl.

Aussaat im Warmen

Die Aussaatgefäße fürs Zimmer sind jetzt herzurichten und mit frischer Aussaaterde zu befüllen. Kerbel und Kresse können bereits ab Mitte des Monats auf der hellen, warmen Fensterbank herangezogen werden. Ende des Monats kommt dann die Salatrauke *(Eruca sativa)* hinzu. Die Rauke, vielleicht besser als Ruccola bekannt, gleich in einen Balkonkasten säen. Dazu nährstoffreiche Erde in das Gefäß geben. Das Saatgut aussäen und leicht mit Erde bedecken. Danach gut andrücken. Das Gefäß erst einmal ins helle Treppenhaus oder ins beheizte Gewächshaus stellen. Von der Aussaat bis zur Ernte vergehen etwa fünf Wochen. Die Blätter möglichst jung schneiden, dann schmecken sie am besten. Ruccola wächst das ganze Jahr über immer wieder nach und kann somit laufend geerntet werden.

PLANEN UND SÄEN

Im Garten selbst ist noch recht wenig zu tun. Deshalb sollten Sie die Zeit nutzen, um Beete zu planen und zu überlegen, wie viele Kräuter Sie anbauen möchten, Kataloge studieren, Samen besorgen und gegebenenfalls Jungpflanzen bestellen. Wer regelmäßig mit Kräutern kocht und gelegentlich ein Hausmittel ansetzen möchte, muss natürlich einen höheren Pflanzen- und Platzbedarf einplanen. Zum Standardsortiment gehören neben Petersilie, Schnittlauch,

Maggikraut, Thymian und Dill auch ausgefallenere Arten wie die Verveine *(Lippia citriodora)*, köstlich für Tees, Griechisches Oregano *(Origanum heracleoticum)*, ein wundervolles Pizzagewürz, Zitronen-Bergbohnenkraut *(Satureja montana* var. *citriodora)*, lecker für Gemüsegerichte, Thüringer-Minze *(Mentha* x *piperita* 'Multimentha') für Tee oder Schokoladenminze *(Mentha* x *piperita* 'chocolate') für die Verwendung in der Dessertküche. Dies ist nur ein kleiner Einblick in

RUCCOLA keimt schnell. Man kann das vitaminreiche Salatkraut mit dem etwas scharfen Geschmack jetzt auf der hellen Fensterbank oder im Warmhaus aussäen. Dazu Saatgut über nährstoffreicher Erde aussäen und leicht mit Erde bedecken (1). Andrücken und angießen (2). Von der Aussaat bis zur Ernte vergehen ca. fünf Wochen (3).

GEWÄCHSHAUS UND FRÜHBEET

FRÜHBEETE VERLÄNGERN DIE SAISON

1

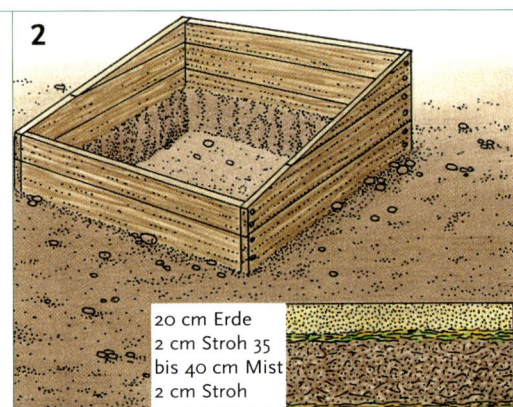

2

20 cm Erde
2 cm Stroh 35
bis 40 cm Mist
2 cm Stroh

EIN klassisches Frühbeet wird mit Stroh und Mist gepackt. Eine Schicht aus 2 cm Stroh, 35-40 cm abgelagertem Mist (1), nochmals 2 cm Stroh und 20 cm Erde bilden zusammen (2) die Füllung der Mulde im Frühbeet.

Das Frühbeet, oft auch als „Kalter Kasten" bezeichnet, bietet ähnliche Kulturvorteile wie ein Gewächshaus. Durch die Abdeckung aus Glas oder Kunststoff heizt sich das Innere des Kastens auf, so dass schon einige Wochen vor dem eigentlichen Saisonbeginn mit dem Gemüseanbau begonnen werden kann.

Für eine optimale Nutzung der Sonnenenergie richtet man das Frühbeet nach Süden aus, wobei die Abdeckung schräg auf dem Unterbau sitzen sollte. Die Sonnenstrahlen haben dadurch einen besseren Einfallswinkel. Aus diesem Grund ist die Rückwand des Kastens auch etwa 20 cm höher als die Vorderseite. Vom Fachhandel angebotene Frühbeetkästen bestehen meist rundum aus Stegdoppelplatten, die gute Isolierung und hohen Lichtdurchtritt zugleich bieten. Ihr entscheidender Vorteil gegenüber Glas-Abdeckungen ist außerdem ihr geringeres Gewicht.

Wer sein Frühbeet als „Wanderkasten" konzipiert, der an verschiedenen Stellen des Gartens zum Einsatz kommen soll, wird auf diese Eigenschaft sicher Wert legen.

IM zeitigen Frühjahr sind die kleinen Pflänzchen im Frühbeetkasten extremen Temperaturschwankungen ausgesetzt. Tagsüber heizt sich die Luft unter den geschlossenen Glasplatten schon stark auf, während es in sternenklaren Nächten auch unter dem Glas frostig werden kann. Lüften am Tag (rechts) und Abdecken in der Nacht (rechts unten) gehört daher zu den wichtigsten Vorsichtsmaßnahmen. Wer Freude am Basteln hat, kann sich aus Brettern und alten Fensterscheiben einen Frühbeetkasten selber bauen. Die Bretter werden ein paar Zentimeter in der Erde versenkt. Diesen Tiefgang sollte man bei der Bemaßung berücksichtigen.

Selbstbau

Handwerklich geschickte Gärtner können einen Frühbeetkasten auch ohne großen Aufwand selbst bauen. Als Seitenwände sägt man Bretter zurecht, die mit Winkeln und Schrauben zu einem stabilen Kasten verbunden werden. In der Breite gelten maximal 80 cm als noch bequem zu bearbeitende Fläche, in der Länge kann man das Beet nach dem eigenen Bedarf gestalten. Da ein Fundament nicht unbedingt nötig ist, genügen vier längere Kanthölzer an den Ecken der Konstruktion zum sicheren Aufstellen im Boden. Um die Haltbarkeit des Holzkastens zu erhöhen, sollte man ihn mit pflanzenverträglichem Holzschutzmittel imprägnieren. Die früher als Abdeckung verwendeten Sprossenfenster aus Abbruchhäusern lassen Sonnenstrahlen nahezu ungehindert durch, was schnell Verbrennungen an den Pflanzen hervorrufen kann. Besser eignet sich da schon eine Eigenkonstruktion aus einem Holzrahmen, der mit einer UV-stabilisierten Folie bespannt wird.

Warmer Kasten

Während man den kalten Kasten erst nutzen kann, wenn die Sonneneinstrahlung als natürliche Heizung ausreicht, kann der warme Kasten praktisch während des gesamten Winters genutzt werden. Traditionell wird der warme Kasten mit einer dichten Lage Pferdemist gepackt, dessen Verrottungsenergie als natürliche Wärmequelle fungiert. In modernen Frühbeetkästen übernehmen Bodenheizkabel diese Funktion. Wegen des damit verbundenen hohen Energieaufwands greifen ökologisch wirtschaftende Gärtner jedoch noch heute auf die Pferdemist-Heizung zurück. Bereits im Herbst, solange der Boden noch nicht gefroren ist,

EIN Frühbeetkasten aus stabilen Aluminiumprofilen und Stegdoppelplatten ist eine ideale Alternative oder Ergänzung zum Gewächshaus. Für die ganzjährige Nutzung sollte man ein festes Fundament vorsehen, in das bei Bedarf Bodenheizkabel verlegt werden können.

FRÜHBEETE gibt es in verschiedenen Formen und Qualitäten. Achten Sie beim Kauf auf die Transparenz des Plexiglases. Gute Materialien zeichnen sich durch eine hohe Lichtdurchlässigkeit bei gleichzeitiger Isolierwirkung aus.

empfiehlt es sich, in der Größe des Frühbeets eine 50 cm tiefe Grube auszuheben. Mitte Februar wird dann etwa 35 bis 40 cm hoch der Pferdemist eingefüllt. Zuvor sollte man jedoch den Untergrund mit Maschendraht als Schutz vor Wühlmäusen und einer Lage Stroh als Isolierung auslegen. Nachdem der Pferdemist gut festgetreten wurde, feuchtet man ihn an. Innerhalb kürzester Zeit beginnen die Rottebakterien zu arbeiten und lassen die Temperatur auf 70 °C ansteigen. Erst nach einigen Tagen, wenn das Thermometer nur noch 25 °C Bodentemperatur anzeigt, wird das Beet fertiggepackt. Dazu den Mist nochmals gut festtreten, mit einer Lage Stroh abdecken und etwa 20 cm hoch mit Gartenerde bedecken.

Gemüsesorten, die sich für die frühe Kultur im warmen Kasten eignen, sind Salat, Kohlrabi, Rettich sowie Kräuter. Um die Wärme möglichst lange im Inneren des Kastens zu speichern, sollte man ihn von außen mit Noppenfolie oder Strohmatten zusätzlich isolieren.

Dient eine Bodenheizung als Wärmequelle für das Frühbeet, ist das Errichten eines Fundaments sinnvoll. Als unterste Schicht bringt man Kies zur Drainage aus, darüber wird eine Isolierschicht gegen Wärmeverluste angepasst. Solche Dämmplatten werden z.B. als Styrodurplatten von 4 bis 6 cm Dicke im Fachhandel angeboten. Inmitten der daran anschließenden Lage Sand verlegt man die Bodenheizkabel.

NACH Schneefällen sollte man das Dach des Gewächshauses möglichst bald von der weißen Last befreien. Dadurch wird Scheibenbruch vermieden und sichergestellt, dass die Pflanzen hinter dem Glas genügend Tageslicht bekommen.

GEWÄCHSHÄUSER

Aussaatbeginn im Gewächshaus

Im Februar beginnt die arbeitsintensive Zeit im Gewächshaus, denn jetzt steht die Aussaat der meisten Gemüsearten an. Auch Sommerblumen können schon zum Keimen gebracht werden, dann wachsen sie bis zum Auspflanztermin im Mai zu kräftigen Jungpflanzen heran. Während man im ungeheizten Gewächshaus noch einen Monat warten sollte, fällt im Kalthaus und temperierten Haus der Startschuss zur Aussaat schon Anfang Februar. Wer im späteren Frühjahr den Platz im Gewächshaus für wärmeliebende Gemüse benötigt, sollte jetzt nur so viel Pflanzen vorziehen, wie später auf den Beeten im Freiland

Platz finden. Oder man kultiviert Gemüsearten, die im Gewächshaus in relativ kurzer Zeit ihre Erntereife erreichen. Dazu gehören insbesondere Salat, Kohlrabi, Radieschen, Rettich und Frühkohl. Auf jeden Fall ist es sinnvoll, vor dem Saisonbeginn einen detaillierten Anbauplan zu erstellen, damit es später keine Überschneidungen und Platzprobleme gibt.

Frühkulturen von Gemüse

Salate stellen mit 12 und 15 °C tagsüber und 6 bis 8 °C nachts eher bescheidene Temperaturansprüche. Allerdings sind hohe Lichtintensitäten erforderlich, damit das Blattgemüse richtig ausreifen kann und der Nitratgehalt keine bedenklichen Werte erreicht.

Für die Treibhauskultur im Herbst und Winter werden spezielle Salatsorten angeboten, die mit besonders wenig Nährstoffen auskommen. Bekannte Vertreter sind z.B. früher Kopfsalat, früher Eissalat sowie Schnitt- und Pflücksalate.

Kohlrabi wird ab Februar ausgesät, Folgesaaten sind bis Anfang April üblich. Ab April können die Jungpflanzen ins Freiland gesetzt werden, wo zwei bis drei Monate später die Ernte beginnt.

Radieschen lassen sich sehr gut zusammen mit Kopfsalat kultivieren. Für die Unter-Glas-Kultur werden spezielle, frühe Sorten angeboten. Sie besitzen eine sehr kurze Entwicklungszeit und keimen bei Temperaturen zwischen 12 und 15 °C. Später reichen 10 bis 12 °C aus, aber nachts sollte das Thermometer nicht unter 8 °C sinken. Bei luftigem Stand kann ab April geerntet werden. Rettich wächst unter ganz ähnlichen Kulturbedingungen wie Radieschen und kann nach sechs bis acht Wochen geerntet werden. Neben Freilandsorten werden sowohl frühe Sorten zur Gewächshauskultur sowie Wintersorten mit guten Lagereigenschaften angeboten.

Kohl gehört zu den Gemüsearten, die gerne im Gewächshaus vorkultiviert werden, damit bereits ab Juni erste Ernten im Freiland möglich sind.

AUSSAATEN IM MONAT FEBRUAR

Gemüse	Auspflanztermin	Erntetermin
Blumenkohl	ab IV	ab Mitte VII
Brokkoli	ab IV (unter Folie)	VI bis VII
Kohlrabi	ab IV	VI bis VII
Rotkohl/Weißkohl	ab Ende III	VI
Wirsing	ab Ende III	VII
Porree	IV	VII bis VIII
Radieschen	Direktaussaat	4 Wochen nach Aussaat
Rettich	Direktaussaat	6 bis 8 Wochen nach Aussaat
Salat	III bis IV	8 bis 10 Wochen nach Aussaat
Zwiebeln	Ende V	ab VIII

Frühjahrsputz

Bevor Saatschalen und Töpfe mit Jungpflanzen die Hängeregale und -tische füllen, empfiehlt sich ein gründlicher Frühjahrsputz im Gewächshaus. Niederschläge und Staub haben über die Wintermonate ihre Spuren auf den Scheiben hinterlassen. Und auch von innen legt sich eine Staubschicht an die Gläser. Oft unterschätzt man, wie stark die Lichtintensität durch schmutzige Scheiben abgeschwächt wird. Damit die frisch keimenden Jungpflanzen in der ohnehin lichtarmen Jahreszeit genügend Helligkeit bekommen, sollten deshalb alle Scheiben gründlich gereinigt werden.

Vor der Verwendung scharfer Reinigungsmittel ist es wichtig, sich beim Hersteller des Eindeckmaterials danach zu erkundigen, ob die Glasscheiben oder Stegdoppelplatten diese vertragen. Scheuermittel können beispielsweise die empfindliche Oberfläche von Kunststoffen zerkratzen! Einmal mit dem Putzen begonnen, sollten Sie gleich auch Laub und Schmutz aus den Dachrinnen entfernen, sowie die Scharniere der Lüftungsklappen und das Türschloss ölen. Spätestens jetzt gilt es auch alle elektrischen Geräte wie Heizung, Frostwächter oder Luftbefeuchter auf ihre Funktionsfähigkeit hin zu überprüfen.

Spezielle Heizsysteme

Die Jungpflanzenanzucht gelingt besonders gut, wenn die Bodentemperatur etwas höher als die Raumtemperatur ist. Verschiedene Hersteller bieten Bodenheizkabel an, die dafür sorgen, dass die Pflänzchen „warme Füße" bekommen und gut anwurzeln. Gleiche Wirkung erzielt man mit Bodenheizrohren. Sie sind aus Kunststoff und werden direkt mit der Warmwasserheizung verbunden.

BODENHEIZKABEL besitzen eine spezielle Kunststoffummantelung, die es erlaubt, sie im Sandbeet zu verlegen. Je nach Watt-Leistung können sie die Bodentemperatur um bis zu 12 °C erhöhen.

RIPPENROHRHEIZKÖRPER werden an der Gewächshauswand aufgestellt, wo sie sehr gleichmäßig die Wärme abgeben. Sie eignen sich vor allem für die Dauerbeheizung in der Übergangszeit.

Speziell für Gewächshäuser wurden auch Rippenrohrheizungen entwickelt. Ihre Oberflächenstruktur aus zahlreichen Lamellen strahlt die Wärme besonders gleichmäßig ab.

Diese Heizkörper sind dafür vorgesehen, unmittelbar neben den Pflanzen im Beet aufgestellt zu werden. Eine gute Lösung für exotische Warmhauspflanzen sowie für Wärme liebende Gemüsearten in der Übergangszeit.

Kübelpflanzen

Im geheizten Haus überwinternde Kübelpflanzen müssen regelmäßig gegossen und auf Schädlingsbefall kontrolliert werden. Die langsam zunehmende Lichtintensität beendet ihre Ruhephase. Mit beginnendem Neuaustrieb steigt der Was-

serbedarf. Allerdings sollte man sehr behutsam gießen, denn ein nasser Wurzelballen bei gleichzeitig kalten Temperaturen wird von keiner Pflanze vertragen.

Sommerblumen und Zwiebelblumen

Zusammen mit der Gemüseaussaat werden auch die Samen von Sommerblumen ausgebracht. Im unbeheizten Gewächshaus wartet man damit jedoch noch bis Ende Februar oder stellt die Anzuchtschalen im Haus auf der geheizten Fensterbank auf. Wer sich bereits in den kommenden Wochen mit früh blühenden Zwiebelblumen, wie beispielsweise Tulpen, Narzissen oder Hyazinthen, umgeben möchte, treibt ihre Zwiebeln jetzt im Gewächshaus vor.

GEWÄCHSHAUS UND FRÜHBEET

DIE PFLANZENANZUCHT

Zur Aussaat und Weiterkultur benötigte Gefäße bestehen heute in der Regel aus stabilem, leicht zu reinigendem Kunststoff mit Wasserabzugslöchern im Boden. Bevor mit der Aussaat begonnen wird, sollte man sich vergewissern, ob genügend Anzuchtschalen bereitstehen. Schon einmal benutzte Gefäße aus der vergangenen Saison werden zuvor selbstverständlich von Erd- und Wurzelresten gereinigt. Was das Substrat betrifft, sollte man auf keinen Fall gewöhnliche Blumenerde oder Komposterde verwenden. Ihr Nährstoffgehalt ist für die zarten Keimlinge zu hoch. Aussaat- oder Pikiererde ist weniger stark aufgedüngt und gewährleistet eine angepasste Versorgung der Keimlinge. Wenn man aus Platzgründen die Samen verschiedener Arten in einer Schale aussäen möchte, erleichtern kleine Holz- oder Plastiksticker, auf die man

den Namen der jeweiligen Art notieren kann, später das Auseinanderhalten der Keimlinge. Weitere hilfreiche Utensilien bei der Aussaat sind ein kleines Holzbrett, das zum Festdrücken der Erde dient, ein Sieb, mit dem sich die Erde dünn und gleichmäßig über den Samen verteilen lässt, sowie eine Blumenspritze zum Anfeuchten der Aussaat. Bereits in dieser Phase der Anzucht ist genügend Bodenwärme sehr wichtig, damit die Samen erfolgreich keimen. Vor allem im ungeheizten Gewächshaus empfiehlt es sich, die Saatschalen gegen Kälte von unten zu isolieren. Die einfachste Methode ist es, die Schalen auf dämmendes Material wie Styropor- oder Holzplatten zu stellen. Gute Dienste erweisen auch spezielle Wärmeunterlagen. Sie werden wie ein Heizkissen unter die Schale gelegt und über einen Stromanschluss auf die gewünschte Temperatur erhitzt.

Regelmäßiges Gießen verhindert, dass die Saat austrocknet. Um die Luftfeuchtigkeit in der Anzuchtschale zu erhöhen, deckt man sie mit der zugehörigen Kunststoffhaube, einer Glasplatte oder Folie ab. Sobald die ersten Keimlinge zu sehen sind, sollte man zum Lüften die Abdeckung jedoch einen Spalt breit öffnen. Zeigt sich, dass zu dicht ausgesät wurde, müssen die Keimlinge auf ausreichenden Abstand vereinzelt werden. Wenn sich nach den Keimblättern das erste richtige Blattpaar gebildet hat, beginnt die zweite Phase der Anzucht. Die Pflänzchen werden nun mit Hilfe eines Pikierstabs einzeln in Töpfe oder Topfplatten gesetzt. Hier kultiviert man sie bis zum Auspflanzen ins Grundbeet oder Freiland weiter. Wurden die Samen gleich zu Beginn in so genannte Multitopfplatten ausgebracht, spart man sich den Arbeitsschritt des Pikierens.

WENN sich im Februar der Winter noch einmal zurückmeldet, sollte man Styroporplatten und Noppenfolie bereithalten, um das Gewächshaus von außen gegen Kälte zu isolieren. Die empfindlichen Aussaaten werden dadurch zusätzlich geschützt und Heizkosten minimiert.

Lichtbedarf

Neben Wärme ist das Licht der wichtigste Wachstumsfaktor für Keimlinge und Jungpflanzen. Die frühe Aussaat im Februar hat zur Folge, dass die Lichtmenge an trüben Tagen oft nicht ausreicht, um ein gesundes Wachstum zu gewährleisten. Aus diesem Grund wird empfohlen, isolierende Materialien wie Noppenfolie und Styropor-Dämmplatten von den Gewächshauswänden abzunehmen, sobald man mit der Jungpflanzenanzucht beginnt. Andererseits kann es im Februar nochmals empfindlich kalt werden, was wiederum eine gute Wärmeisolierung dringend erforderlich macht. Am besten räumt man deshalb die abgenommenen Dämmmaterialien nicht zu weit weg, sondern hält sie für mögliche Einsätze griffbereit. Um zu gewährleisten, dass die Neuaussaaten dennoch genügend Licht bekommen, ist die Anschaffung einer Pflanzenleuchte sinnvoll. Es handelt sich dabei in der Regel um Hochdruck-Natriumdampflampen, die eine sehr hohe Lichtausbeute im Verhältnis zum Stromverbrauch aufweisen. Unabhängig vom Tageslicht sorgen sie im Gewächshaus für optimalen Lichtgenuss. Bei der Anbringung sollte man unbedingt den angegebenen Mindestabstand zu den Pflanzen beachten, um Blattverbrennungen zu vermeiden.

Kontrollstation

Vor allem in der Übergangszeit hat man oft Schwierigkeiten, die tatsächlichen Wachstumsbedingungen im Gewächshaus unter Kontrolle zu halten. Sonnenlicht heizt das Innere im Nu auf, beim Öffnen der Lüftungsklappen kann eisige Luft von außen schnell wieder zu empfindlicher Abkühlung führen, ebenso wie frostige Außentemperaturen in der Nacht. Statt

KEIMLINGE und Jungpflanzen brauchen Bodenwärme. Als kostengünstige Alternative zu Bodenheizung oder beheizbarem Anzuchtkasten, stellt man die Aussaatschalen auf isolierende Styropor- oder Korkplatten.

ANZUCHTSCHALEN gibt es in verschiedenen Größen und Ausführungen. Meist ist gleich die passende Abdeckhaube aus Kunststoff dabei. Falls nicht, kann man sich mit einer Glasplatte oder Folie behelfen.

einfacher Temperaturmesser, kommen im Gewächshaus so genannte Minima-Maxima-Thermometer zum Einsatz. Sie zeigen nicht nur den gerade aktuellen Wert an, sondern auch die höchste und niedrigste Temperatur innerhalb eines bestimmten Zeitraums. Da sich im Gewächshaus ein Temperaturgradient von oben nach unten bildet, empfiehlt sich zusätzlich ein Bodenthermometer. Sein Messstab lässt sich in den Boden stecken, wodurch man die fürs Pflanzenwachstum wichtige Bodentemperatur ermitteln kann.

Auch der Wachstumsfaktor „Licht" ist subjektiv nur sehr schwer zu erfassen. Wenn einem selbst der Raum relativ hell vorkommt, kann der Wert fürs Pflanzenwachstum schon unterschritten werden. Wer sicher gehen will, benutzt deshalb ein Luxmeter, das

zum Ermitteln der Lichtstärke dient. Moderne Ausführungen besitzen eine präzise Digitalanzeige.

Im Handel werden elektronische „Wetterstationen" angeboten, in denen Thermometer mit einem Hygrometer kombiniert sind. Letzteres misst die Luftfeuchtigkeit, die sich ebenfalls entscheidend auf das Wohlergehen der Pflanzen auswirken kann.

Im Warmhaus kommt es im Winter durch die ständig betriebene Heizung oft zu niedriger Luftfeuchte. Wenn sie unter einen Wert von 50 % absinkt, kann das tropische Gewächse bereits schädigen. Abhilfe schafft hier ein elektrischer Luftbefeuchter. Umgekehrt hilft rechtzeitiges Lüften, die steigende Luftfeuchtigkeit bei sonnigem Wetter im ungeheizten Gewächshaus zu senken.

MÄRZ

In verschwenderisch üppiger Blütenpracht werden uns schon bald die Frühlingsbeete erfreuen. In gut geplanten Rabatten sind vor allem die unterschiedlichen Blühabfolgen und ihr farbliches Zusammenspiel perfekt aufeinander abgestimmt.

Es ist Aussaatzeit für viele Gemüse und einjährige Sommerblüher. Nach dem Motto jedem Pflänzchen sein Töpfchen gibt es mittlerweile eine Unzahl an Anzuchtgefäßen.

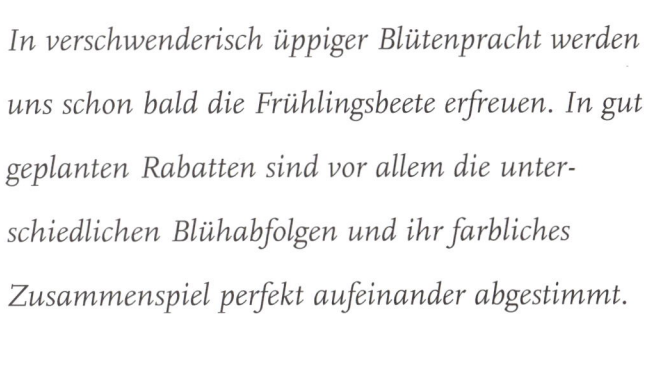

Die Viola ist ein Klassiker unter den Frühblühern. Bei den Pflanzenzüchtern ist seit einigen Jahren ein wahrer Wettstreit um immer schönere und prächtigere Stiefmütterchen entbrannt.

BLUMEN

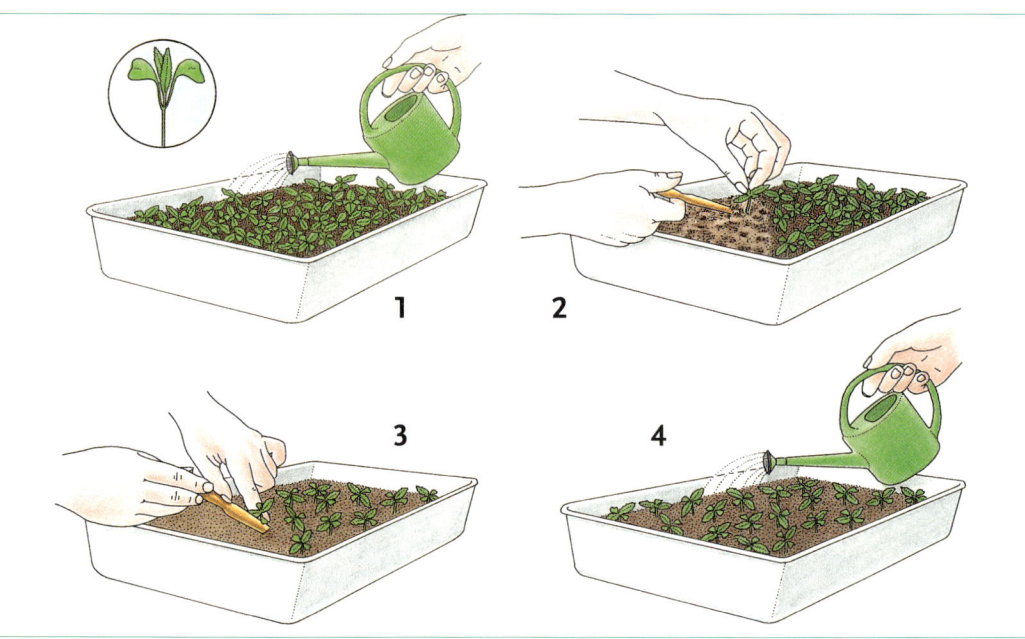

1 2

3 4

ZEIT zum Pikieren: Wenn neben den beiden Keimblättern die ersten „richtigen" Blättchen zu sehen sind (1), werden die Sämlinge vereinzelt (2), sie bekommen mehr Platz. Manche Pflänzchen haben relativ große Blätter, die man leicht fassen kann. Bei kleineren Sämlingen verwendet man zum Umsetzen am besten einen Pikierstab (3) oder ein Pikierhölzchen. Angießen (4) nicht vergessen.

SOMMERBLUMEN

Die Vorkultur von Sommerblumen geht weiter. Zu den im Februar genannten Arten gesellt sich nun der größte Teil der Einjährigen (siehe Tabelle S. 20). Temperaturen zwischen 10 und 18 °C sind für eine erfolgreiche Keimung Voraussetzung.

Wenn sich die ersten zartgrünen Keimblätter zeigen, ist der erste Schritt der Anzucht gelungen. Jetzt heißt es, den kleinen Pflanzchen die richtige Pflege zukommen zu lassen. Bei Trockenheit beginnen die jungen Pflanzen zu welken, bei Nässe zu faulen und

bei Lichtmangel in die Höhe zu schießen. Lassen Sie sich von anfänglichen Fehlversuchen nicht abschrecken. Es dauert nicht lange, bis man den Bogen raus hat.

Sind bei den in den letzten Wochen gesäten Pflänzchen außer den Keimblättern die ersten Folgeblätter zu sehen, ist Zeit zum **Pikieren**. Das heißt, die einzelnen Sämlinge müssen in größere Gefäße umgesetzt werden, damit sie sich zu kräftigen Pflanzen entwickeln können. Vor dem Pikieren wird die Erde noch einmal gut befeuchtet, denn dann lösen sich die

Jungpflanzen besser aus dem Substrat. Eine Hilfe beim Pikieren ist ein Pikierstab, mit dem man die kleinen Pflanzen vorsichtig aus der Erde holt. Halten Sie die Pflänzchen dabei mit Daumen und Zeigefinger vorsichtig an den Blättchen, nie jedoch am Stiel, denn dadurch könnte das empfindliche Leitsystem zerstört werden. Zu lange Wurzeln werden mit der Schere eingekürzt. Im neuen Gefäß werden die Pflanzen in kleine Erdlöcher gesetzt, angedrückt und schließlich überbraust. Bewährt haben sich beim Gießen der Säm-

PRAKTISCHES
Zubehör erleichtert die Aussaat auf der Fensterbank. Sie brauchen Saatschalen mit Deckel, Töpfe, Aussaaterde, Wasser-Zerstäuber, Torfquellscheiben, Messerchen, Pikierstab und natürlich keimfähiges Saatgut.

linge Sprühbälle oder Zerstäuber, da durch den Wasserstrahl einer Gießkanne die zarten Jungpflanzen leicht umknicken würden.

Wichtig ist, bei der Aussaat zwischen Licht- und Dunkelkeimern zu unterscheiden. Saatgut von **Lichtkeimern** benötigt zur Keimung unbedingt Licht und darf bei der Aussaat nicht von Erde bedeckt werden. Zu den Lichtkeimern gehören beispielsweise Fingerhut und Fleißiges Lieschen. Bei **Dunkelkeimern** wie Stiefmütterchen oder Vergissmeinnicht werden die Saatschalen zusätzlich mit Pappe abgedeckt, aber nur bis zur Keimung. **Kaltkeimer** wie die Glockenblume benötigen zur Keimung Minusgrade. Deshalb sät man sie im Herbst oder Winter aus (siehe November, S. 286). Meistens ist auf den Saattüten ein Hinweis zu den Keimbedingungen zu finden.

Zweijährige Blumen

Sollten Sie Ihre vorgezogenen Zweijährigen vom letzten Jahr noch nicht aus den Anzuchtbeeten an ihren endgültigen Platz gesetzt haben, ist der März der letzte Termin dafür.

Farbgestaltung

Wenn Sie Lust haben, Ihr Sommerblumenbeet einmal „Ton-in-Ton" zu gestalten, steht Ihnen eine breite Farbpalette der schönsten Sommerblumen zur Verfügung. **Gelb** bringt sonnige und heitere Stimmung in ihr Blumenbeet. Besonders dankbar sind die goldgelben Ringelblumen (*Calendula officinalis*). Nicht wegzudenken aus dem Sommerblumenbeet sind die orange-gelben Tagetes und die Sonnenhut-Sorten (*Rudbeckia hirta*). Auch Löwenmäulchen (*Antirrhinum* spec.) wie die Sorte 'Sonnet Yellow' oder die gelb-orange Kapuzinerkresse

SONNENBLUMEN sind die Stars unter den Sommerblumen. Aufgrund der handlichen Saatkörner lassen sie sich gut ab April direkt ins Beet aussäen.

KLATSCHMOHN (*Papaver rhoeas*) zaubert leuchtende Farbtupfer ins Beet. Zusammen mit Kornblume, Malven und Kamille sorgt er für Wildblumencharakter.

SOMMERBLUMEN, DIE IM MÄRZ AUF DER FENSTERBANK AUSGESÄT WERDEN

Name	Blüte-zeit	Wuchs-höhe	Farbe	Standort/Besonderheiten
Wucherblume (*Chrysanthemum frutescens*)	VII bis IX	20 bis 70 cm	verschiedene Farbtöne	sonnig bis halbschattig
Rittersporn (*Delphinium*-Hybriden)	XI bis IX	40 bis 80 cm	blau, rot, weiß, Mischungen	Direktsaat ab März, sonnig, schwere Böden
Kapkörbchen (*Dimorphotheca* spec.)	XI bis IX	20 bis 40 cm	orange, weiß, Mischungen	sonnig, durchlässiger Boden
Mittagsblume (*Dorotheanthus bellidiformis*)	VII bis X	10 bis 30 cm	verschiedene Farbtöne	sonnig, durchlässiger Boden
Kokardenblume (*Gaillardia*-Hybriden)	XI bis X	20 bis 70 cm	verschiedene Farbtöne	sonnig, nährstoffreicher Boden
Strohblume (*Helichrysum bracteatum*)	VII bis X	30 bis 70 cm	verschiedene Farbtöne	sonnig, warm, nährstoffarmer Boden

(Tropaeolum-Hybriden) bereichern Ihr Beet. **Rot** wie Feuer leuchten der Feuersalbei (Salvia splendens) oder Zinnien, die auch in Rosarot oder Weinrot begeistern. Begleitet werden sie beispielsweise von einjährigem Mohn (Papaver rhoeas), Sommerastern (Callistephus chinensis) oder rosaroten Schmuckkörbchen (Cosmos spec.). Auch der Bartfaden (Penstemon barbatus) und der Ziertabak (Nicotiana alata) zeigen sich im roten Blütenkleid.

Für bezaubernde **Blau**töne sorgen Lobelien, die unermüdlich bis weit in den Herbst hinein blühen. Das Eisenkraut (Verbena rigida), die grazile Jungfer im Grünen (Nigella damasca) und der Leberbalsam (Ageratum houstonianum) bilden ein blaues Blütenmeer. Blauviolett blühen die Vanilleblume (Heliotropium arborescens) und die Kornblume (Centaura cyanus).

SOMMERBLUMEN, DIE IM MÄRZ AUF DER FENSTERBANK AUSGESÄT WERDEN

Name	Blüte-zeit	Wuchs-höhe	Farbe	Standort/Besonderheiten
Schleifenblume (Iberis spec.)	X bis IX	20 bis 40 cm	weiß, rosa, lila, rot, Mischungen	sonnig, Direktsaat ab März
Levkoje (Matthiola spec.)	XI bis IX	30 bis 60 cm	verschiedene Farbtöne	sonnig, kalkhaltige Böden
Gauklerblume (Mimulus tigrinus)	VII bis X	10 bis 20 cm	rot, Mischungen	sonnig bis halbschattig, durchlässiger Boden
Nemesia (Nemesia-Hybriden)	XI bis IX	10 bis 20 cm	rot, orange, blau, Mischungen	sonnig bis halbschattig
Flammenblume (Phlox drummondii)	X bis IX	20 bis 50 cm	verschiedene Farbtöne	volle Sonne, warm, humoser Boden
Sonnenhut (Rudbeckia hirta)	VII bis X	30 bis 70 cm	gelb, gold, Mischungen	sonnig, frischer Gartenboden
Skabiose (Scabiosa atropurpurea)	VII bis X	40 bis 70 cm	verschiedene Farbtöne	sonnig bis halbschattig, Schnittblume
Studentenblume (Tagetes-Hybriden)	X bis X	20 bis 60 cm	orange, gelb	sonnig, mäßig nährstoffreicher Boden
Zinnie (Zinnia elegans)	XI bis IX	30 bis 70 cm	verschiedene Farbtöne	volle Sonne, lehmiger, nährstoffreicher Boden

WAS wäre ein Bauerngarten ohne Sommerblumen! Tagetes lassen sich schön mit Dahlien kombinieren. Nicht fehlen sollten außerdem Levkojen, Sommerastern, Zinnien und Schleifenblumen.

Weiße Töne im Sommerblumenbeet wirken erfrischend. Unter den Sommerastern gibt es besonders auffallende weiße Schönheiten. Duftend weiße Blüten präsentieren die Levkojen (Matthiola incana). Einen schöner Hintergrund bilden die großen Glocken der weißblühenden Marienglockenblume (Campanula medium). Für kleine, weiße Farbtupfer sorgt die Goldkamille (Chrysanthemum parthenium).

ENDE März wird es Zeit, die hohen Ziergräser zurückzuschneiden. Vorsicht: Oft schiebt sich schon der neue Austrieb nach oben. Bei immergrünen Gräsern werden nur die alten Halme entfernt.

GRÄSER erreichen den Höhepunkt ihrer Blüte und Färbung erst im Herbst, doch gepflanzt werden sie im Frühjahr. Nach drei bis vier Jahren können Grashorste, wie das Lampenputzergras, zum ersten Mal geteilt werden.

STAUDEN

Der Frühling liegt in der Luft. Doch Vorsicht Nachtfrostgefahr! Nur bei milder Witterung darf der Winterschutz weggenommen werden, da die Pflanzen sonst zu schnell austreiben. Lockern Sie vorerst die Reisigdecke und halten Sie Laub und Reisig weiterhin griffbereit. Abgetrocknete Staudenreste werden dicht über dem Boden oder über dem jungen Austrieb abgeschnitten. Pflanzzeit für herbstblühende Stauden ist das Frühjahr (siehe April, S. 80). Es wird Zeit, die Beete für die Neupflanzungen vorzubereiten: Der Boden wird gelockert, Unkräuter müssen entfernt werden, auch Bodenverbesserungsmaßnahmen sind noch möglich (siehe Februar, S. 21 f.). Die meisten Stauden schätzen humusreichen Boden.

Stauden, die im April oder Mai blühen, können vor der Blüte noch geteilt und versetzt werden (zum Beispiel Blaukissen, Gemswurz, Tränendes Herz). Wurzeln die Pflanzen noch vor der Blütezeit ein, fällt die Blütenpracht reicher aus.

Gräser und Farne

Der März ist die richtige Pflanzzeit für Gräser und Farne. Ziergräser gibt es für fast jeden Standort im Garten. Pflanzen Sie in gut gelockertem Boden und vergessen Sie nicht, gut zu wässern. Gedüngt wird entsprechend der Größe und Blattmasse. Jetzt werden Gräser außerdem geschnitten und geteilt. Farne lieben den kühlen Schatten. Sie gedeihen unter Bäumen, an Gehölzrändern, an der Nordseite von Gebäuden und im Schattenstaudenbeet. Lockern Sie vor dem Pflanzen den Boden und verbessern ihn mit Komposterde, angerottetem Laub und Reisigstücken. So schaffen Sie waldbodenartige Verhältnisse.

FARNE entwickeln sich am schönsten, wenn sie ungestört an einem schattigen Ort gedeihen. Sie harmonieren mit allen Schattenstauden. Im Frühjahr passen sie auch zu Buschwindröschen oder Schneeglöckchen.

DIE Blütenwedel des Chinaschilfs (Miscanthus sinensis) schmücken den Garten ab dem Spätsommer. Die herbstfarbenen Schönheiten gibt es in zahlreichen Varianten.

BLUMEN

ZWIEBELBLUMEN

Früh blühende Krokusse, Narzissen und Tulpen zaubern Frühlingsstimmung in den Garten. Zu ihnen gesellen sich Schneeglöckchen, Winterling, Blaustern, Schneestolz, Hundszahn, Strahlenanemone und Märzenbecher. Zeitig blühende Zwiebelblumen haben den Vorteil, später nicht dem Rasenmäher in die Quere zu kommen, denn es ist wichtig, ihr Blattlaub vor dem Mähen vollständig verwelken zu lassen. So kann die Zwiebel Nährstoffe für das nächste Jahr speichern; man spricht auch

mindestens vier Jahre ungestört am selben Ort gewachsen sein. Wenn die Blätter gelb werden, holt man die kleinen Horste vorsichtig mit einer Gabel aus dem Boden und zieht sie mit der Hand auseinander. Pflanzen Sie die Schneeglöckchen wieder in kleinen Gruppen. Die Zwiebeln sollten etwa 4 cm tief in den Boden.

Oft gibt es im zeitigen Frühjahr vorgetriebene Zwiebelblumen wie Narzissen oder Krokusse für die Wohnung zu kaufen. Sie verkürzen mit ihren bunten Blütenköpfen im

Haus die lange Wartezeit auf den farbenfrohen Frühling. Vielleicht haben Sie auch selbst einige Pflanzen vorgezogen, deren Blütezeit im Haus nun zu Ende geht. Jetzt ist es Zeit, die Zwiebelblumen aus dem Haus ins Freie zu pflanzen. Nur so können die Pflanzen ungestört verblühen und Kraft für den Austrieb im nächsten Jahr speichern. Warten Sie mit dem Auspflanzen, bis der Boden nicht mehr gefroren ist, und setzen Sie die Zwiebelblumen samt Substrat zwischen Sträucher und Stauden.

Zeigen sich an den vorgezogenen Knollenbegonien und Canna erste Triebe und Blätter, kann mehr gegossen werden (siehe Februar, S. 23). Stellen Sie die Töpfe hell, aber nicht zu warm (um 15 °C). Vermeiden Sie die volle Sonne.

ZWIEBELBLUMEN machen auch in Töpfen eine gute Figur. Sie sorgen überall für einen besonderen Blickfang. Wurden die Schätze im Herbst in Töpfe und Schalen versteckt, schicken sie uns ab März bunte Frühlingsgrüße.

Sommerblühende Zwiebelblumen

Bei günstiger Witterung können sommerblühende Zwiebelblumen jetzt ausgepflanzt werden. Dazu gehören Montbretien, Gladiolen und Lilien. Für alle im März gesetzten sommerblühenden Zwiebelblumen gilt: Schützen Sie die Zwiebeln in kalten Nächten mit Vlies- oder Reisigabdeckungen vor Frostschäden.

vom Einziehen des Blattlaubs. Entfernen Sie später verblühte Blütenköpfe von Zwiebelblumen regelmäßig, denn so erspart man der Pflanze die Kraft für die Samenbildung.

Entfernen Sie jetzt Reisig oder Laub vom Zwiebelblumenbeet und lockern Sie den Boden mit der Handharke. Ausgetriebene Zwiebelblumenspitzen dürfen dabei nicht verletzt werden. Es lohnt sich, Zwiebelblumen während des Austriebs mit Kompost zu düngen, dann blühen sie besonders schön. Wenn die Schneeglöckchen sich im Laufe der Jahre eifrig vermehrt haben, kann man sie teilen. Sie sollten jedoch zuvor

PRIMELN sind charmante Begleiter für Zwiebelblumen. Im Frühjahr blühen sie mit Krokus, Narzisse und Tulpe um die Wette.

Montbretien

Setzen Sie die Montbretien etwa 6 cm tief im Abstand von 15 cm in den Boden. An einem sonnigen, aber nicht zu trockenen Standort zeigen sich die ersten Blüten im August. Montbretien können einige Jahre am selben Standort bleiben, denn die Zwiebeln sind winterhart.

TULPEN begrüßen den Frühling mit vielen Gesichtern. Edel wirken Sorten mit weißen Blütenrändern.

VERWILDERN erwünscht: Narzissen bilden schon in kurzer Zeit dank ihrer Vermehrung durch Brutzwiebeln einen gelben Blütenteppich. Voraussetzung: ein ungestörter Standort und nährstoffreicher Boden.

WIE eine frische Frühlingsbrise duftet der Märzenbecher (Leucojum vernum). Er blüht von März bis April und gedeiht am besten in nährstoffreichem Boden an einem sonnigen bis halbschattigen Standort.

Gladiolen

Wenn keine stärkeren Fröste mehr zu erwarten sind, können auch Gladiolenzwiebeln ins Freie ausgepflanzt werden. Gladiolen sind nicht so kälteempfindlich wie Dahlien, können aber anhaltenden Frost schlecht vertragen. Die großblumigen Gladiolen eignen sich hervorragend als Schnittblumen. Setzen Sie die Knollen in Reihen etwa 10 bis 15 cm tief mit 10 cm Abstand in die Erde. Bei schweren Böden empfiehlt es sich, eine Hand voll Sand unter die Zwiebel zu geben.

Zwerggladiolen sind in gemischten Rabatten ein schöner Blickfang. Pflanzen Sie die Zwiebeln in Gruppen im Abstand von 10 cm in ein gemeinsames Pflanzloch. Sie können die Blütezeit für Gladiolen verlängern, indem Sie die Zwiebeln jeweils im Abstand von zwei Wochen ab Ende März setzen.

Lilien

Lilien können Ende März gesetzt werden (siehe auch Oktober, S. 261). Sie benötigen humosen Boden ohne Staunässe. Verbessern Sie schwere, nasse Böden mit Sand und düngen nährstoffarme Beete mit gut verrottetem Kompost. Lilienzwiebeln werden doppelt so tief in den Boden gelegt, wie die Zwiebeln groß sind.

Dahlien

Von den im Sommer blühenden Zwiebelblumen gehören Dahlien zu den kälteempfindlichen Arten.

Sie sollten vor Mitte Mai nicht ins Freie kommen. Ab April können sie im Haus in Töpfen vorgezogen werden (siehe April, S. 84). Überprüfen Sie die Knollen vom letzten Jahr im Winterlager auf faule oder schimmlige Stellen. Diese sollten mit einem scharfen

Messer entfernt werden. Auf der Fensterbank können Dahlien jetzt auch ausgesät werden. Gekaufte oder selbst geerntete Samen zieht man in Schalen oder Töpfen mit Deckel heran. Sandige Aussaaterde hat sich dafür am besten bewährt. Säen Sie die Samen aus und bedecken Sie diese mit einer dünnen Erdschicht. Mit einem Wasserzerstäuber wird die Erde befeuchtet. Sind die Sämlinge groß genug, wird pikiert.

ROSEN

WICHTIGE PFLEGEARBEITEN

Wenn im März Tauwetter einsetzt, können Sie die Tannen- und Fichtenzweige oder andere Winterschutzmaßnahmen von Ihren Rosen entfernen. Halten Sie sie aber in den nächsten Wochen unbedingt noch griffbereit, da die Temperaturen zu dieser Jahreszeit vor allem nachts immer noch sehr stark absinken können. Die Rosen müssen in diesem Fall unbedingt wieder geschützt werden, auch wenn es etwas Mühe macht.

Ende März können Sie auch mit dem Abhäufeln beginnen und die Erde um die Rose verteilen. Lockern Sie den Boden rund um den Rosenstock vorsichtig etwa 10 cm tief und achten Sie darauf, dass Sie dabei keine Wurzeln verletzen. Auch die ersten Unkräuter sollten Sie jetzt entfernen, da sie

Sorte	Züchter	Blüte	Höhe
Edelrosen			
Aachener Dom	Meilland 1982	rosa, gefüllt, leichter Duft	70 cm
Banzai '83	Meilland 1983	goldgelb, gefüllt, duftend	90 cm
Erotika	Tantau 1968	rot, gefüllt, stark duftend	70 cm
Gloria Dei	Meilland 1945	gelb mit Rosa, gefüllt, duftend	90 cm
Ingrid Bergmann	Poulsen 1984	rot, gefüllt, leicht duftend	70 cm
Memoire	Kordes 1992	weiß, gefüllt, duftend	70 cm
Polarstern	Tantau 1982	weiß, gefüllt, duftend	90 cm
Silver Jubilee	Cocker 1978	rosa, gefüllt	70 cm
Whisky	Tantau 1967	orange, gefüllt, stark duftend	70 cm
Beetrosen			
Bernstein Rose	Tantau 1987	orange, gefüllt	50 cm
Bonica '82	Meilland 1982	rosa, gefüllt	50 cm
Duftwolke	Tantau 1963	rot, gefüllt, stark duftend	70 cm
Edelweiß	Poulsen 1969	weiß, gefüllt	50 cm
Escapade	Harkness 1967	rosa, halb gefüllt	90 cm
Friesia	Kordes 1973	gelb, gefüllt, duftend	50 cm
Goldmarie '82	Kordes 1984	gelb, gefüllt, leicht duftend	50 cm
La Sevillana	Meilland 1978	rot, halb gefüllt	70 cm
Schneeflocke	Noack 1991	weiß, halb gefüllt	50 cm

SONNIGE Rabatten, gestaltet mit Rosen und Stauden, verwandeln sich im Sommer in ein duftendes Blütenmeer.

kann bis zum Frühjahr genügend Wurzeln bilden, um ihre frischen Triebe optimal mit Wasser und Nährstoffen zu versorgen. Hinweise zur richtigen Pflanzung von Rosen finden Sie daher im Monat Oktober ab S. 262 f. Containerrosen können Sie übrigens ohne Probleme nicht nur im Frühjahr und Herbst, sondern auch in voller Blüte im Sommer pflanzen.

der Rose Nährstoffe entziehen und außerdem Krankheiten übertragen können.

Wollen Sie im Frühling Rosen pflanzen, so ist der März ein guter Zeitpunkt. Optimal für Rosen ohne Ballen ist jedoch der Herbst bis zum ersten Frost: Die Pflanze

DIE halb gefüllte Beetrose 'Playboy' bezaubert mit ihrer orangegelben Farbe und den roten, leicht gewellten Rändern ihrer Blütenblätter.

AN roten Samt erinnert die große, dicht gefüllte und herrlich duftende Blüte der Edelrose 'Burgund 81'.

DIE ROSEN-GRUPPEN

DIE Strauchrose 'Fritz Nobis' blüht zwar nur einmal, aber dafür um so kräftiger. Sie kann bei günstigem Standort bis zu 2 m hoch und breit werden.

Edelrosen, auch Teehybriden genannt, stammen von chinesischen Rosen ab. Ihre großen, gefüllten, häufig duftenden Blüten stehen meist einzeln auf langen Stielen. Die bekannteste Edelrose ist 'Gloria Dei'. Sie wurde 1945 vom Züchter Meilland eingeführt und ist inzwischen mit über 100 Millionen Pflanzen die meistverkaufte Rose aller Zeiten.

Unter dem Begriff **Beetrosen** werden Polyantha- und Floribundarosen zusammengefasst. Durch Kreuzungen mit der japanischen *Rosa multiflora* entstanden im 19. Jahrhundert die ersten Polyantharosen, deren relativ kleine Einzelblüten in Büscheln angeordnet waren. Der dänische Züchter Poulsen kreuzte 1920 eine Polyantharose mit einer Edelrose und schuf so die Floribundarose, die sich durch mehr Frosthärte und auch größere Einzelblüten auszeichnet.

Strauchrosen können bis zu 2 m hoch und breit werden und überragen mit dieser Größe die Edel- und Beetrosen bei weitem.

Sorte	Züchter	Blüte	Höhe
Strauchrosen			
Astrid Lindgren	Poulsen 1989	rosa, gefüllt	130 cm
Dirigent	Tantau 1956	rot, halbgefüllt	180 cm
Eden Rose '85	Meilland 1985	rosa, gefüllt, duftend	130 cm
Grandhotel	McGredy 1975	rot, gefüllt	180 cm
Lichtkönigin Lucia	Kordes 1966	gelb, gefüllt, duftend	130 cm
Schneewittchen	Kordes 1958	weiß, gefüllt, duftend	130 cm
Westerland	Kordes 1969	orange, halb gefüllt, duftend	130 cm
Alte Rosen (1 = kletternde Teerose; 2 = Portlandrose; 3 = Damaszenerrose; 4 = Moosrose; 5 = Remontantrose)			
Gloire de Dijon (1)	Jacotot 1853	orange, gefüllt, duftend	250 cm
Jacques Cartier (2)	Moreau-Robert 1868	rosa, gefüllt, duftend	130 cm
Madame Zoetmans (3)	Marest 1830	weiß-rosé, gefüllt, duftend	130 cm
Marie de Blois (4)	Robert 1852	rosa, dicht gefüllt, duftend	130 cm
Frau Karl Druschki (5)	Lambert 1901	weiß, gefüllt	90 cm
Englische Rosen			
Charles Austin	Austin 1973	apricot, gefüllt, duftend	180 cm
Chaucer	Austin 1970	hellrosa, gefüllt, duftend	120 cm
Fair Bianca	Austin 1982	weiß, gefüllt, stark duftend	90 cm
Othello	Austin 1986	scharlachrot, gefüllt, duftend	130 cm
The Squire	Austin 1977	rot, stark gefüllt, duftend	120 cm

ROSEN

'GERTRUDE Jekyll', eine Strauchrose, zählt zu den modernen Englischen Rosen.

Die kleinsten Vertreter sind die **Zwergrosen**. Sie werden selten höher als 30 cm. Sie sind zwar winterhart, aber relativ krankheitsanfällig und eignen sich daher besser für die Kultur in Töpfen auf Balkon oder Terrasse.

Bodendeckerrosen verbinden Schönheit und Nutzen: Blühende Teppiche breiten sich aus und hindern Unkräuter am Wachsen. Bodendecker gibt es mit den unterschiedlichsten Wuchsformen von sehr flach, zum Beispiel kriechende Kletterrosen, bis hin zu hohen, aufrechten Formen, wie zum Beispiel Strauch- oder Beetrosen. Sie lassen sich sehr schön mit Kleingehölzen und Stauden kombinieren.

Kletterrosen erobern Wände, Pergolen oder Bäume und verzaubern sie mit ihren Blüten. Je nach Wuchsart wird unterschieden zwischen den einmal blühenden „Ramblern" mit ihren dünnen, weichen Trieben, die eine Stütze benötigen, und den starktriebigen, steifen, öfter blühenden „Climbern", die mit Hilfe ihrer Stacheln in die Höhe wachsen.

Sorte	Züchter	Blüte	Höhe
Zwergrosen			
Baby Masquerade	Tantau 1956	gelb, später rosa, gefüllt	40 cm
Guletta	de Ruiter 1976	gelb, gefüllt	40 cm
Peach Meillandina	Meilland 1991	apricot, gefüllt	40 cm
Pink Symphonie	Meilland 1987	rosa, gefüllt	40 cm
Schneeküsschen	Kordes 1993	weiß, gefüllt	30 cm
Sonnenkind	Kordes 1986	gelb, gefüllt	40 cm
Zwergenfee	Kordes 1979	rot, gefüllt	40 cm
Zwergkönig '78	Kordes 1978	rot, gefüllt	50 cm
Bodendeckerrosen			
Fairy Dance	Harkness 1979	rot, dicht gefüllt	50 cm
Heideschnee	Kordes 1990	weiß, einfach	70cm
Heidetraum	Noack 1988	rosa, halb gefüllt	70 cm
Knirps	Kordes 1997	rosa, dicht gefüllt	30 cm
Lavender Dream	Interplant 1985	hell-lila, halb gefüllt	50 cm
Rosy Carpet	Interplant 1984	karminrosa, einfach	90 cm
Rote Max Graf	Kordes 1980	rot, einfach	50 cm
Royal Bassino	Kordes 1991	rot, halb gefüllt	50 cm
Snow Ballet	Clayworth 1978	weiß, gefüllt	50 cm
The Fairy	Bentall 1932	rosa, dicht gefüllt	50 cm
Yellow Fleurette	Interplant 1994	gelb, halb gefüllt	70 cm

Eine Ähnlichkeit besteht jedoch bei der Blütenform, da Strauchrosen zum Teil mit Teehybriden gekreuzt wurden. Strauchrosen sind relativ frosthart und viele blühen bis in den Herbst hinein. Sie eignen sich für Einzelstellung und für lockere Hecken.

Immer beliebter werden in der letzten Zeit **Alte Rosen**. Sie zeichnen sich meist durch einen herrlichen Duft und nostalgische, dicht gefüllte Blütenformen aus. Der englische Züchter Austin versucht seit einigen Jahren mit großem Erfolg diesen Charme der Alten Rosen mit den Eigenschaften moderner Strauchrosen zu kombinieren. Die dabei entstehenden **Englischen Rosen** sind bei Rosenfreunden ebenfalls sehr beliebt.

LINKS: Kleine, weiße Blüten in großen Rispen zeichnen die Kletterrose 'Kiftsgate' aus. Der Rambler eignet sich auch zum Beranken von Bäumen.

RECHTS: 'Bourbon Queen' ist eine historische Strauchrose von 1834. Sie blüht nur einmal, verströmt dabei aber einen herrlichen Duft.

Wildrosen sind der Ursprung aller Rosen und werden bei der Gartengestaltung wieder häufiger berücksichtigt. Ihre natürliche Wuchsform, die einfachen Blüten und nicht zuletzt der Hagebuttenschmuck im Herbst machen sie sehr beliebt. Leider blühen die meisten Wildrosen nur einmal im Jahr. In lockeren Hecken, kombiniert mit Ziersträuchern, kommen sie schön zur Geltung.

DIE Kletterrose 'Super Excelsa', ein Rambler, eignet sich besonders für Pergolen und Spaliere. Die Triebe mit den dicht gefüllten, kleinen Blüten und dem glänzenden Laub können über 3 m lang werden.

Sorte	Züchter	Blüte	Höhe
Kletterrosen			
Rambler:			
Bobbie James	Sunningdale N. 1961	weiß, einfach, duftend	400 cm
Raubritter	Kordes 1936	rosa, gefüllt, leicht duftend	250 cm
Super Dorothy	Hetzel 1986	rosa, gefüllt, öfter blühend	250 cm
Climber:			
Dortmund	Kordes 1955	rot, einfach, duftend	350 cm
Goldener Olymp	Kordes 1984	goldgelb, gefüllt, duftend	250 cm
Golden Showers	Lammerts 1956	gelb, gefüllt, duftend	250 cm
Ilse Krohn Superior	Kordes 1964	weiß, gefüllt, duftend	250 cm
New Dawn	Somerset N. 1930	hellrosa, gefüllt, duftend	250 cm
Rosarium Uetersen	Kordes 1977	dunkelrosa, gefüllt, duftend	250 cm
Sympathie	Kordes 1964	rot, gefüllt, duftend	300 cm
Wildrosen			
Rosa arvensis	(Kriechrose)	weiß, einfach	130 cm
Rosa canina	(Hundsrose)	hellrosa, einfach, duftend	250 cm
Rosa gallica	(Essigrose)	rosa, einfach, duftend	90 cm
Rosa hugonis	(Seidenrose)	gelb, einfach	250 cm
Rosa majalis	(Mairose)	rosa, einfach	180 cm
Rosa moyesii		rosa, einfach	250 cm
Rosa pimpinellifolia	(Dünenrose)	weiß, einfach, duftend	100 cm
Rosa rubiginosa	(Schottische Zaunrose)	rosa, einfach	250 cm
Rosa rugosa	(Kartoffelrose)	rosa, auch weiß, einfach	160 cm

'HEIDESOMMER' lockt mit ihren duftenden Blüten und den leuchtend gelben Staubgefäßen Bienen und andere Insekten an. Sie ist ein hervorragender Bodendecker.

ZIERGEHÖLZE

BÄUME UND STRÄUCHER

Gehölze pflanzen

Die Ausstellungsflächen in den Baumschulen sind randvoll mit neuen Pflanzen, die nur darauf warten, einen Platz in Ihrem Garten zu bekommen. Doch bevor Sie sich von dem überreichen Angebot überrollen lassen, sollten Sie sich die Zeit nehmen, um sich

men. Containerpflanzen wachsen das ganze Jahr über sehr zuverlässig an, haben aber auch ihren Preis. Bei wurzelnackten Pflanzen kann es schon einmal zu Ausfällen kommen, dafür sind sie aber auch preiswerter. Für Neuanlagen oder großflächige Pflanzungen sowie für Hecken ist Wurzelware zu empfehlen. Bei Nachpflanzungen

greift man eher zu Containerpflanzen, da sie sich besser durchsetzen können.

Vorbereitung

Zu Hause angekommen, werden die Neuankömmlinge in den Schatten gestellt und die Wurzeln mit Jute abgedeckt, damit sie nicht austrocknen. Eine halbe Stunde vor dem Pflanzen, das am leichtesten zu zweit geht, stellt man die Ballen in ein Gefäß mit Wasser. Während die Wurzeln ihre Wasservorräte auffüllen, wird mit dem Spaten das Pflanzloch ausgehoben. Es sollte bei Containerpflanzen doppelt so groß sein wie der Wurzelballen, bei wurzelnackten Pflanzen so, dass die ausgebreiteten Wurzeln gut darin Platz haben. In gut vorbereiteten Böden kann das Pflanzloch etwas kleiner, in schweren, lehmigen Böden sollte

SEIDELBAST erfreut in milden Lagen oft schon im Januar mit seiner Blütenpracht. Doch Vorsicht: Alle Teile der Pflanze sind stark giftig und können schon bei Berührung Hautreizungen verursachen.

gründlich zu informieren und beraten zu lassen. Denn schließlich wirkt am Ende nicht die einzelne Pflanze, und sei sie auch noch so schön, sondern das Zusammenspiel aller Pflanzen, ihre Blütezeit und Wuchshöhe. Deshalb will schon der Einkauf wohl überlegt sein.

Der Einkauf

Prüfen Sie die Qualität. Kaufen Sie nur Pflanzen mit kräftigen Wurzeln oder gut durchwurzelten Ballen, die nicht auseinander fallen. Achten Sie darauf, dass die oberirdischen Triebe gesund sind. Sie dürfen nicht schwarz verfärbt, beschädigt oder abgebrochen sein. Eine schwierigere Entscheidung ist die Wahl der Kulturform. Soll man Containerpflanzen im Topf oder Pflanzen ohne Erdballen, so genannte wurzelnackte Ware, neh-

BUCHS kann mehrere hundert Jahre alt werden. Umso wichtiger ist es, für den Buchs einen optimalen Standort zu suchen. Halbschatten und ein mäßig, aber konstant feuchter Boden sind optimal.

BODEN aufrauen und leichtes Hacken tut den Sträuchern wohl. Es lockert die nach dem Winter verkrustete Bodendecke und verbessert den Sauerstoffaustausch im Boden. Gleichzeitig kann Kalk in den Boden eingearbeitet werden.

HORTENSIEN sind mit ihrem großen Laub und den variantenreichen Blüten ein Muss für jeden Garten. Auch ohne viel Pflege blühen sie an einem halbschattigen, feuchten und windgeschützten Platz jedes Jahr zuverlässig und reichlich. Tipp: Mit basischen Düngern wie Kali-Alaun lässt sich die Blütenfarbe von Rot nach Blau verändern.

es dagegen etwas größer ausfallen, um den Gehölzen einen guten Start zu ermöglichen. Der Grund des Pflanzlochs wird zusätzlich durch kräftige Spatenstiche gelockert. Darauf streut man die erste Schicht Erde. Eine gute Rezeptur ist ein Gemisch aus je einem Drittel gutem Gartenboden, Kompost und grobem Sand.

Die Pflanzung – so geht es

Dann nimmt man die Pflanze aus dem Wasserbad, schneidet beschädigte Wurzeln zurück oder lockert verfilzte Wurzelballen. Anschließend wird die Pflanze in das Pflanzloch gestellt und möglichst senkrecht ausgerichtet.

Benötigt man später einen

Holzpfahl als Stütze, stellt man diesen jetzt mit ins Pflanzloch. Während eine Person nun Pflanze und Pfahl festhält, füllt die zweite das Pflanzloch mit der vorbereiteten Erde auf. Dabei die Pflanze immer wieder leicht rütteln, damit sich auch eventuelle Hohlräume im Pflanzloch füllen. Die Erde mit den Füßen vorsichtig festtreten. Dabei hält eine Hand den Stamm fest, damit der Ballen nicht einsinkt, während man den Stamm mehrmals umrundet. Am Ende muss der Ballen exakt genauso tief im Erdreich sitzen wie zuvor in der Baumschule.

Zum Schluss formt man rund um das Pflanzloch einen Gießrand aus Erde und wassert das Gehölz kräftig.

Zur Stabilität wird der Stamm mit einem Sisalseil in Form einer Achterschlaufe am Holzpfahl festgebunden und noch einmal die Krone kontrolliert. Sollten während des Pflanzens Zweige abgebrochen sein, werden sie zurückgeschnitten.

Äste, bei denen jetzt schon ersichtlich ist, dass sie den Kronenaufbau stören, werden entfernt oder zumindest auf eine Knospe eingekürzt, die zum Kronenäußeren zeigt.

KLEINE BÄUME FÜR KLEINE GÄRTEN

Deutscher Name (Botanischer Name)	Höhe	Bemerkung
Japanischer Feuerahorn (Acer japonicum 'Aconitifolium')	3 bis 4 m	attraktives Laub, leuchtend rote Herbstfärbung
Rotahorn (Acer rubrum)	5 bis 7 m	intensive rosafarbene bis kirschrote Herbstfärbung
Felsenbirne (Amelanchier lamarckii)	6 bis 8 m	Früchte essbar, leuchtende Herbstfärbung
Japanischer Blumen-Hartriegel (Cornus kousa)	6 bis 8 m	Blüten von Brakteen (Hochblättern) eingerahmt
Apfeldorn (Crataegus x lavallei)	5 bis 7 m	bis 2 cm große, rote, langhaftende, essbare Früchte
Goldblasenbaum (Koelreuteria paniculata)	5 bis 7 m	interessanter Fruchtschmuck
Goldregen (Laburnum watereri 'Vossii')	4 bis 5 m	Blütentrauben bis 50 cm lang
Tulpen-Magnolie (Magnolia x soulangiana)	8 bis 10 m	auffällige, duftende Blüten
Pfennigbuche (Nothofagus antarctica)	5 bis 7 m	filigranes Laub, Äste fischgrätenartig verzweigt
Zierkirsche (Prunus serrulata in Sorten)	2 bis 10 m	Blüten erscheinen vor dem Laub
Amerikanische Eberesche (Sorbus americana)	7 bis 9 m	scharlachrote Früchte

ZIERGEHÖLZE

Vermehrung

Sobald mit den steigenden Temperaturen die Lebensgeister in den Bäumen und Sträuchern erwachen, beginnt auch die Zeit der Vermehrung. Steckhölzer, die man im vergangenen Herbst geschnitten und in feuchtem Sand überwintert hat (siehe S. 298), holt man jetzt hervor. Sie sollten 20 bis 30 cm lang, kräftig und dicht besetzt mit gesunden Knospen sein. Schneiden Sie das untere Ende gerade nach, das obere Ende schräg, damit man die Wuchsrichtung nicht verwechselt. Dann sucht man sich ein Fleckchen lockeren, humosen, leicht beschatte-ten Boden im Garten, sticht mit dem Spaten so tief wie möglich hinein und drückt das Spatenblatt leicht nach vorne. So entsteht ein Spalt, in den die Steckhölzer im Abstand von 15 bis 20 cm senkrecht hinein gestellt werden. Der schräge Anschnitt zeigt nach oben.

Möchte man mehrstämmige Gehölze heranziehen, sollten die Steckhölzer am Ende 2 bis 3 cm aus dem Boden ragen. Für einstämmige Gehölze sollte die oberste Knospe dagegen knapp unterhalb der Bodenoberfläche liegen, damit nur ein einzelner Trieb heranwächst. Den Erdspalt mit den Füßen leicht zudrücken und kräftig angießen.

FÜR Rhododendron und andere Gehölze mit besonderen Bodenansprüchen ist es wichtig, die Bodenqualität zu kennen. Entnehmen Sie deshalb an der künftigen Pflanzstelle eine Handschaufel voll Erde.

DIE Erde wird zerkrümelt und eine den Angaben des bodenuntersuchenden Instituts entsprechende Menge abgewogen. In einen Plastikbeutel geben und gut verschließen.

JE frischer die Probe beim Labor ankommt, desto besser sind die Ergebnisse. Legen Sie die Proben deshalb gleich in ein stabiles Paket und schicken es ab.

BLÜTEZEIT-KALENDER

Januar:	Zaubernuss *(Hamamelis mollis)*, Jasmin *(Jasminum nudiflorum)*
Februar:	Haselnuss *(Corylus avellana)*, Winterschneeball *(Viburnum farreri)*
März:	Kornelkirsche *(Cornus mas)*, Sternmagnolie *(Magnolia stellata)*, Schattenglöckchen *(Pieris* spec.*)*
April:	Zierkirschen *(Prunus serrulata* in Sorten*)*, Goldglöckchen *(Forsythia x intermedia)*, Mahonie *(Mahonia* spec.*)*
Mai:	Maiblumenstrauch *(Deutzia gracilis)*, Prachtspiere *(Exochorda racemosa)*, Flieder *(Syringa vulgaris)*
Juni:	Ginster *(Cytisus* spec.*)*, Hortensie *(Hydrangea* spec.*)*, Goldregen *(Laburnum* spec.*)*
Juli:	Perückenstrauch *(Cotinus coggygria)*, Gartenjasmin *(Philadelphus* spec.*)*, Spieren *(Spirea* spec.*)*
August:	Schmetterlingsstrauch *(Buddleja davidii)*, Roseneibisch *(Hibiscus syriacus)*, Blauraute *(Perovskia abrotanoides)*
September:	Bartblume *(Caryopteris x clandonensis)*, Fingerstrauch *(Potentilla fruticosa)*
Oktober:	Säckelblume *(Ceanothus* spec.*)*
November:	Herbstblühende Zaubernuss *(Hamamelis virginiana)*
Dezember:	Japanische Blütenkirsche *(Prunus subhirtella* 'Autumnalis'*)*

LINKS: Auch der prächtigste Flieder beginnt irgendwann zu verblühen. Schneiden Sie dann die welken Blüten aus. Das fördert den Floransatz fürs nächste Jahr, denn Flieder blüht am zweijährigen Holz. Wer jedes Jahr ein bis zwei ältere Grundtriebe entfernt, sorgt zusätzlich für eine stetige Verjüngung ohne Blühpause.

RECHTS: Magnolien sind wunderschöne Frühjahrsblüher. Streicht jedoch der Frost über die zarten Blüten, ist der Zauber rasch vorbei.

Eine zweite Vermehrungsmethode ist das Absenken. Es funktioniert besonders gut bei Sträuchern, deren Zweige weit um Boden herabreichen (zum Beispiel Zierquitte, Scheinhasel, Skimmie, Federbusch, Berglorbeer).

Dazu sucht man sich junge, biegsame Triebe am unteren Kronenrand aus und ritzt sie 30 bis 45 cm von der Triebspitze entfernt mit dem Messer leicht ein. In den Schnitt wird ein kleines Steinchen eingeklemmt, damit sich die Wunde nicht wieder schließt. Dann biegt man den Trieb zu Boden und drückt ihn in eine flache Mulde. Mit einer

Drahtklammer fixieren und mit einem Gemisch aus Humus und Kies auffüllen. Da die Triebspitze so senkrecht wie möglich aus dem Boden ragen sollte, bindet man sie zusätzlich an einem Stab fest. Im Folgejahr sieht man nach, ob sich am Einschnitt Wurzeln gebildet haben. Wenn ja, wird der Absenker von der Mutterpflanze getrennt und einzeln eingepflanzt.

DIE Wurzeln müssen im Pflanzloch reichlich Platz haben. Zur Nährstoffversorgung gibt man nicht nur Kompost mit ins Pflanzloch, sondern auch organischen Dünger wie Hornspäne oder Langzeitdünger. Ein Gießrand aus Erde erleichtert das anschließende Wässern.

Weitere Pflegemaßnahmen

Sind im März keine strengen Frostperioden mehr zu erwarten, kann bei allen Gehölzen der Winterschutz entfernt werden. Größere Laubmengen, die dabei anfallen, werden kompostiert. Fichtenreisig wird geschreddert und ebenfalls kompostiert. Jute muss gründlich trocknen, bevor man sie bis zum nächsten Winter einlagert. Bretter, die als Schutz gegen Rindenrisse gegen Baumstämme gelehnt wurden, können in milden Lagen bereits wieder entfernt werden. Anfang des Monats alle Nistkästen noch einmal gründlich reinigen. Zu diesem Zweck das Nistmaterial vom Vorjahr entfernen, da sich hier allerlei Ungeziefer tummelt. Zusätzlich wird das Holz mit einer heißen Schmierseifenlösung ab- und ausgeschrubbt. Beim Aufhängen der Kästen sollten Sie ein geschütztes Plätzchen in den Baumkronen wählen, das vor streunenden Katzen und Vögeln sicher ist.

IN einer frei wachsenden Hecke dürfen Wildrosen in keinem Fall fehlen. Auch wenn sie oft nur einmal blühen, sind ihre vielen, zum Teil betörend duftenden Blüten, Grund genug, gleich mehrere Arten an den Grundstücksrand zu setzen.

BUCHS ist das Universalgenie unter den Heckenpflanzen. Er passt in den ländlichen Bauerngarten ebenso wie in die feudale Parkanlage. Ob klein oder groß – er macht geschnitten und ungeschnitten überall eine gute Figur, die sich mit zwei bis drei Schnittdurchgängen im Jahr in Form halten lässt.

HECKEN

Pflanzzeit

Auch für Hecken bricht im März die Zeit des Pflanzens an. Bei Wildhecken und mehrreihigen Hecken geht man exakt so vor wie bei einem Einzelgehölz. Bei einreihigen Hecken, die wurzelnackt ohne Ballen gesetzt werden, gibt es dagegen einige Unterschiede.

Zunächst hebt man hier statt einzelner Pflanzlöcher einen zusammenhängenden Graben aus. Er sollte 50% tiefer und breiter sein als die ausgebreiteten Wur-

HECKE pflanzen: Hierbei ist eine exakt gespannte Schnur (1) hilfreich. Die jungen Pflanzen in Reihe setzen, ohne dass sich die Wurzeln gegenseitig bedrängen. Sind nicht alle Pflanzen gleich kräftig, wechselt man schwache und starke ab (2). Alle Triebe um ein Drittel einkürzen (3). Mit einem 1:1 Gemisch aus Gartenboden und Kompost auffüllen und angießen (4).

zeln. Damit die Hecke am Ende auch gerade verläuft, spannt man eine Maurerschnur zwischen zwei Holzpflöcken an beiden Enden des Grabens. Dann wird der Grabenboden mit einer Schicht Kompost bedeckt und die Heckensträucher hineingestellt. Richtiges Ausrichten in einer Linie ist jetzt besonders wichtig. Dann wird der Graben Stück für Stück aufgefüllt und die Erde um jede Pflanze vorsichtig festgetreten, während man immer wieder leicht an den Pflanzen rüttelt, damit sich eventuelle Zwischenräume im Boden schließen. Entscheidend ist, dass die Stammbasis jeweils bündig mit der Bodenoberfläche bleibt, die Pflanzen also wieder genauso hoch stehen wie zuvor in der Baumschule. Zum Schluss einen Gießrand bilden und gründlich wässern.

Bei frisch gepflanzten Hecken greift man danach noch einmal zur Schere und kürzt die Triebe um ein Drittel ein, auch wenn es schwer fällt. Doch dadurch verzweigen sich die Pflanzen von unten ab wesentlich besser und wachsen so zu dichteren Sträuchern heran – ein Effekt, der bei Sicht- oder Lärmschutzhecken nur willkommen ist.

KLETTER-PFLANZEN

Ob Wein, Waldrebe oder Baumwürger – für alle winterharten Kletterpflanzen ist die Pflanzzeit eingeläutet, sobald der Boden frostfrei ist und keine längere Kälteperiode mehr zu erwarten ist. Bevor man sich jedoch ans Pflanzen macht, muss man bei Kletterpflanzen an das Gerüst denken. Während Kletterrosen und Clematis gerne einen alten Baum hinauffranken, ist für Jelängerjelieber (*Lonicera* spec.), Akebie (*Akebia quinata*) und Trompetenblume (*Campsis radicans*) eine Kletterhilfe aus Holz oder gespanntem Draht angebracht. Praktisch ist es, wenn diese Kletterhilfen abnehmbar montiert sind. Dann lassen sie sich, ohne die Pflanze zu beschädigen, entfernen oder wegkippen, wenn die Hauswand wieder einmal einen neuen Anstrich braucht. Nicht zu unterschätzen ist das Gewicht der Pflanzen. Knöterich (*Fallopia aubertii*) oder Blauregen (*Wisteria sinensis*) bringen in belaubtem Zustand viele Dutzend Kilo auf die Waage.

KLETTERPFLANZEN setzen: (1) Das Pflanzloch wird im Abstand von 30 bis 50 cm zur Wand ausgehoben. Es sollte mindestens doppelt so breit und tief wie der Ballen sein. Der ausgetopfte Wurzelballen sollte vorher in einen Eimer Wasser gestellt werden.

(2) DIE Pflanze wird schräg in das Pflanzloch gesetzt und die Triebe zum Gerüst hin orientiert. Optimal ist es, wenn die längsten Zweige bereits die Sprossen berühren und sogleich festgebunden werden können.

(3) MIT einem Stab, über das Pflanzloch gelegt, lässt sich die Pflanztiefe überprüfen. Liegt der Ballen darüber, wird er tiefer eingegraben. Zum Schluss die Erde antreten und wässern.

DIE A-Form (2) ist der Universalschnitt für fast alle Hecken. Hier bekommen beide Heckenflanken viel Licht. Für buschige Hecken aus Berberitzen oder Zierquitten bietet sich eine halbkugelige Form (1) an. Die Kastenform (3) eignet sich gut für Hainbuchen.

1   2   3

START IN DIE RASENSAISON

Während in den anderen Gartenteilen noch relativ wenig zu tun ist, können Sie sich jetzt im März intensiv um Ihren Rasen kümmern. Mit dem Aufblühen der Forsythien (je nach Region schon ab Anfang März) sollte der Mäher startklar sein. Das erste Mähen dient dabei gleichzeitig als Räumschnitt für liegen gebliebene kleine Zweige und Blätter. Größere Äste werden vor dem Mähen vom Rasen entfernt. Während in den folgenden Monaten mindestens wöchentliches Mähen angesagt ist, reicht jetzt noch ein größerer Abstand aus (10 bis 14 Tage). Der regelmäßige Rasenschnitt ist eine der wichtigsten Pflegemaßnahmen. Das Abschneiden der Halme fördert den Neuaustrieb, auch Bestockung genannt. Es regt zu buschigem Wuchs und zur Bildung einer dichten Grasnarbe an. Die optimale Schnitthöhe liegt bei 4 bis 5 cm, in Schattenlagen bei 6 cm. Der Rasen wird immer dann geschnitten, wenn er ungefähr 6 bis 7 cm lang geworden ist (in Schattenlagen 7 bis 8 cm). Falls Sie nicht sicher sind, scheuen Sie sich nicht, die durchschnittliche

RASENPFLEGE: (1) Wenn Sie mit selbst gebauten oder gekauften „Nagelschuhen" über den Rasen laufen, wird die Grasnarbe einige Zentimeter tief belüftet. (2) Eine Aerifiziergabel dringt in den Boden ein und hinterlässt kleine Luftröhrchen. (3) Die Stachelwalze kann man bequem über den Rasen schieben. (4) Aerifizierer mit Elektromotor kämmen Filz und Moos aus der Grasnarbe, dringen aber nicht in den Boden ein. (5) Einfaches Gerät zur Rasenbelüftung: die Grabegabel.

Länge der Halme an einigen Stellen mit einem Lineal nachzumessen. Gerade an den Rasengrenzen ist es schwierig, mit dem Mäher zu arbeiten. Eine optimale Lösung sind befestigte Rasenkanten. Sie halten wuchernde Gräser im Zaum und ermöglichen das Befahren mit dem Mäher. Es gibt Begrenzungen aus Kunststoff oder kostspieligere

Varianten aus Granit oder gebranntem Ton. Jetzt im März ist ein guter Zeitpunkt, um Rasenkanten anzubringen beziehungsweise einzugraben.

Kein Mähen = Blumenwiese?

Der Übergang vom Zierrasen zur Blumenwiese ist fließend. Wenn Sie bei einer extrem hohen Schnitteinstellung gerade so oft mähen, dass es der Mäher noch packt, entwickelt sich im Lauf der Zeit ein Blumenrasen. Bei dieser Kompromissform werden Gänseblümchen, Löwenzahn, Ehrenpreis, Klee oder Günsel als belebendes Element im Rasen begrüßt. Aufs Düngen sollten Sie bei dieser Variante auf jeden Fall verzichten, weil sonst die Rasengräser wieder überhand gewinnen. Wer eine „echte" Blumenwiese bevorzugt, legt diese im April / Mai neu an.

MAULWÜRFE stehen unter Naturschutz und dürfen nicht getötet werden. Die beste Abwehr ist reger Betrieb: Häufiges Begehen des Rasens mag das sensible Tier nicht. Manchmal sind Vertreibungspräparate (Fachhandel) mit abschreckenden Gerüchen wirksam.

Raus mit dem Rasenfilz

Nach dem ersten oder zweiten Mähen des Rasens im März ist ein guter Zeitpunkt zum Vertikutieren verfilzter Flächen. Für kleinere Flächen bis 50 m² gibt es Handgeräte, auf größeren Flächen ist ein Motor betriebener Vertikutierer zu empfehlen (auch als Leihgerät erhältlich, zum Beispiel beim Landhandel oder bei Baumärkten). Die scharfen Messer des Vertikutierers dringen vertikal in die Grasnarbe ein und ritzen die oberste Bodenschicht 2 bis 3 mm tief ein. Dabei holen sie eine große Menge Filz und Moos aus der Grasnarbe – der Rasen wird gut durchgelüftet und kann wieder atmen. Erschrecken Sie nicht, wenn der Rasen kurz nach dem Vertikutieren völlig zerrupft aussieht; in der Regel erholt er sich schon nach ein bis zwei Wochen. Stark verkahlte Stellen säen Sie

Günstig ist das Einarbeiten von Sand. Verteilen Sie den Sand (für wenig Geld erhältlich beim nächsten Kieswerk) nach dem Vertikutieren mit einer Schaufel auf dem Rasen und harken Sie ihn dann gleichmäßig ein. Außerdem kann es günstig sein, den Rasen jetzt mit entsprechendem Gerät zu aerifizieren. Dazu verwendet man eine einfache Grabegabel oder einen speziellen Aerifizierer aus dem Fachhandel. Der Rasen wird in regelmäßigen Abständen „perforiert"; es kommt mehr Luft in den Wurzelbereich der Gräser und nach starken Regenfällen kann das Wasser besser abfließen.

Die erste Düngung

Nach dem Vertikutieren wird der Rasen das erste Mal gedüngt. Gerade beim Rasen ist das Düngen sehr wichtig, weil dem grünen Teppich durch das ständige Mä-

hen Pflanzensubstanz entzogen wird, die neu gebildet werden muss. Wenn Sie gar nicht oder zu selten düngen, werden die Nährstoffreserven im Boden mit der Zeit aufgebraucht; der Rasen verliert seine sattgrüne Farbe, Unkräuter können sich stärker ausbreiten und verdrängen die Rasengräser.

Verwenden Sie ausschließlich spezielle Rasendünger aus dem Fachhandel und keine „normalen" Gartendünger. Die Nährstoffzusammensetzung muss den Bedürfnissen des Rasens entsprechen. Beim Kauf beachten: Es gibt auch Rasendünger, die gleichzeitig Wirkstoffe gegen Unkraut und Moos enthalten. Lassen Sie sich vom Fachverkäufer beraten. Beim Dosieren sollten Sie die Herstellerangaben auf der Packung befolgen. Nach dem Ausstreuen löst sich der Dünger entweder mit dem nächsten Regenguss auf oder Sie müssen bei anhaltend trockener Witterung mit künstlicher Bewässerung nachhelfen. Empfehlenswert sind Langzeitdünger, die ihre Nährstoffe kontinuierlich freisetzen. Grundsätzlich gilt: Je häufiger gemäht wird, desto mehr Nährstoffe braucht der Boden. Falls Sie den aktuellen Nährstoffgehalt im Boden nicht einschätzen können, schafft eine Bodenprobe (siehe S. 54) Klarheit.

ENDE März, Anfang April wird der Rasen das erste Mal gedüngt. Auf kleinen Flächen verteilt man den Dünger von Hand oder mit einem Handstreuer; auf größeren Rasenflächen kommt der Streuwagen zum Einsatz.

mit einer geeigneten Rasenmischung nach. Die herausgekämmten Filz- und Moosreste zersetzen sich auf dem Kompost nur relativ langsam. Verrottungsfördernd ist auf jeden Fall eine Kalkgabe sowie stickstoffhaltige Zusatzstoffe wie Blutmehl. Wem das zu aufwendig ist, der sollte die Vertikutierreste in den Hausmüll geben.

Eine häufige Ursache für Mooswachstum im Rasen ist eine verdichtete obere Bodenschicht.

GRASSCHNITT ist ein hervorragender Zuschlagstoff für den Komposter. Lassen Sie das Schnittgut nach dem Mähen ein paar Tage antrocknen und geben Sie es dann auf den Komposter – möglichst vermischt mit gröberen Kompostzutaten wie Laubblättern oder Holzhäcksel.

TEICHPFLEGE NACH DEM WINTER

Nach dem Winter ist eine sorgfältige Teichpflege nötig. Falls das Wasser noch immer von einer Eisschicht bedeckt ist, sollte sie vorsichtig entfernt werden. Besser: Für Bewegung der Wasseroberfläche mit Filterpumpe und Durchlüfter sorgen. Das ist jetzt wichtig, damit das Teichwasser ungehindert Sauerstoff aufnehmen und Faulgase abgeben kann.

Wenn im Vorjahr Probleme mit trübem, nährstoffreichem Wasser aufgetreten sind, sollten Sie die Zahl der Fische verringern. Ansonsten Fischbestand kontrollieren und krank aussehende Tiere entfernen. Mit dem Füttern erst wieder beginnen, wenn die Wassertemperatur über 12 °C liegt.

Führen Sie vor dem Start in die Teichsaison eine Wasseranalyse durch. So können Sie frühzeitig eingreifen, bevor später größere

Probleme wegen der Wasserqualität auftreten. Kontrollieren Sie pH-Wert, Nitratgehalt und Wasserhärte.

Sobald der Teich eisfrei ist und bevor in ihm das Leben richtig erwacht, können Reparaturarbeiten vorgenommen werden. Kontrollieren Sie den Rand der Teichfolie und die Kapillarsperre. Prüfen Sie gründlich, ob während des Winters durch die scharfen Kanten der Eisdecke Löcher im Folienrand entstanden sind. Falls Teichfolie am Rand frei liegt, legen Sie die Ufermatten neu an oder decken Sie blanke Stellen mit Kieselsteinen ab. Wenn der Teichrand noch nicht Ihren Wunschvorstellungen entspricht, können Sie ihn jetzt umgestalten. Ebenfalls geeignet dafür ist der September. Hat der Teich einen Überlauf, sollte er gereinigt werden. Testen Sie, ob

Pumpen und Filter noch einwandfrei funktionieren.

Pflanzenpflege

Mit Beginn des Neuaustriebs werden alle abgestorbenen Pflanzenteile abgeschnitten. Achten Sie darauf, dass dabei möglichst wenig ins Teichwasser fällt. Auch die Winterschutzabdeckungen für frostempfindliche Pflanzen können jetzt entfernt werden. Pflanzen, die ihre Winterruhe schon beendet haben, kann man bereits durch Teilung vermehren.

Bei starkwüchsigen Pflanzen wie Schilf, Rohrkolben, Seggen und Binsen kann ein Ausdünnen nötig sein. Holen Sie sie dazu mit Ihrem Pflanzkorb aus dem Wasser und teilen Sie den Wurzelstock. Anschließend nur eine Hälfte wieder einpflanzen.

WER einen Teich neu anlegen oder umgestalten möchte, kann jetzt die Planung und die Erdarbeiten vornehmen. Hier ein Bepflanzungsvorschlag: **(1)** *Magnolia liliiflora* 'Nigra', **(2)** *Pontederia cordata*, **(3)** *Pistia stratiotes*, **(4)** *Nymphaea* 'Marliacea Rosea', **(5)** *Nymphaea* 'Escarboucle', **(6)** *Butomus umbellatus*, **(7)** *Helianthus salicifolia*, **(8)** *Hemerocallis*-Hybride, **(9)** *Lysichiton camtschatensis*, **(10)** *Carex pseudocyperus*, **(11)** *Mimulus lutea*, **(12)** *Nymphaea* 'Richardsonii', **(13)** *Nymphaea* 'Hermine', **(14)** *Typha angustifolia*

FRÜHLINGSARBEITEN

PELARGONIEN können jetzt vermehrt werden. Die weichen Triebspitzen oder Triebteile ohne Spitzen unterhalb eines Blattansatzes mit einem scharfen Messer abschneiden (1), die untersten Blätter entfernen (2) und den Steckling bis zum nächsten Blattansatz in einen Topf oder eine Schale mit ungedüngter Anzuchterde stecken (3).

Nun ist die optimale Zeit, überwinterte Kübel- und Balkonpflanzen zurückzuschneiden, damit sie in der neuen Saison kompakt austreiben. Vor allem Fuchsien und Pelargonien werden auf drei bis fünf Knospen oder Augen gestutzt, altes Laub und trockene Triebe entfernt. Auch die Wurzeln werden eingekürzt und die so verjüngten Pflanzen in saubere, passende Töpfe mit frischer Erde eingetopft. Hochstammkronen schneidet man etwa um ein Drittel zurück. Bei Oleander nur bei Bedarf schneiden, sonst entfernt man zu leicht die Blütentriebe. Es wird stets über einer Knospe geschnitten, aus der die Pflanze neu austreibt. An frostfreien Tagen können Sie auch dauerhafte Gewächse wie Stauden und Gehölze in ausreichend große Gefäße pflanzen. Klein bleibende Koniferenarten wie Kiefern (*Pinus* spec.), Wacholder (*Juniperus* spec.), Lebensbaum (*Thuja* spec.) und Eibe (*Taxus* spec.) sind ebenso zu empfehlen wie Felsenmispel (*Cotoneaster* spec.), Buchs (*Buxus* spec.), Kirschlorbeer (*Prunus laurocerasus*), Efeu (*Hedera helix* ssp.) und

Japanischer Ahorn (*Acer palmatum*). Dazu passen Polster- und Steingartenstauden wie Blaukissen (*Aubrieta* spec.), Schleifenblume (*Iberis* spec.), Porzellanblume (*Saxifraga* spec.), Heidenelke (*Dianthus deltoides*), Glockenblume (*Campanula* spec.), Gänsekresse (*Arabis* spec.), Alpenaster (*Aster alpinus*), Sonnenröschen (*Helianthemum* spec.), Katzenminze (*Nepeta* spec.) oder Islandmohn (*Papaver nudicaule*). So bepflanzte Gefäße bleiben ganzjährig an ihrem Platz stehen. Je nach Jahreszeit können Lücken mit Saisonpflanzen gefüllt werden.

Farbenfrohe Blumengrüße

Überall in Gärtnereien gibt es nun blühende Pflanzen, denen die kühlen Frühlingstemperaturen nichts anhaben. Neben Primeln in allen Farben des Malkastens buhlen Stiefmütterchen, Hornveilchen, Bellis und Vergissmeinnicht um unsere Gunst. Zu den klassischen Frühlingsboten gehören natürlich Zwiebel- und Knollengewächse wie Narzissen, Tulpen, Traubenhyazinthen, Krokusse und Ranunkeln, die man in Blumenkästen, Kübeln, Schalen oder in vorhandene Dauerbepflanzung als Farbtupfer setzt.

DIE fröhlich bunten Blütenbälle von sonnenliebenden Ranunkeln bereichern Schalen, Kästen und Töpfe.

BALKON/TERRASSE

MIT Primeln, Narzissen und Hyazinthen hält der Frühling seinen farbenfrohen Einzug auf Balkon und Terrasse.

ZEIT zum Umtopfen: **(1)** Überwinterte Kübelpflanzen haben ein stark verfilztes Wurzelwerk, das sich oftmals schwer vom Topfrand lösen lässt.

(2) SCHNEIDEN Sie mit einem Küchenmesser die äußere verfilzte Schicht ab, damit sich wieder neue Haarwurzeln bilden können.

(3) DIE Pflanze in ein gut gewässertes, ein Drittel größeres Tongefäß stellen. Über das Abzugsloch Scherben legen und so viel Substrat auffüllen, dass der Wurzelballen 2 cm unter dem Topfrand liegt.

(4) DIE Seiten mit Substrat auffüllen und Topf und Pflanze dabei ein paar Mal behutsam rütteln, um das Substrat zu verdichten.

Aussäen, teilen, vortreiben

Nun werden die meisten Balkon- und Kübelpflanzen, die eine Vorkultur benötigen, auf der Fensterbank oder im Gewächshaus ausgesät. Außerdem lassen sich verschiedene Zwiebel- und Knollengewächse wie Begonie, Tagblume (*Commelina* spec.), Blumenrohr (*Canna* spec.) und Dahlie durch Teilung vermehren. Bis zum Auspflanzen ins Freiland die Tochterpflanzen trocken und kühl lagern oder in Töpfe pflanzen und vortreiben.

Wer eine frühe Blüte des Indischen Blumenrohrs (*Canna-Indica*-Hybriden) wünscht, kann jetzt die knolligen, dunkelbraunen Rhizome eintopfen und warm vortreiben. Normalerweise setzt man die Rhizome erst ab Mitte Mai ins Freie. Die Blütezeit des nicht winterharten Exoten, der bis zu 150 cm hoch werden kann, erstreckt sich dann je nach Sorte von Juni bis Oktober.

Stecklinge schneiden

Mehrjährige Kübelpflanzen wie Schönmalve (*Abutilon* spec.), Zy- linderputzer (*Callistemon citrinus*), Kassie (*Cassia* spec.), Engelstrompete (*Brugmansia* spec.), Veilchenstrauch (*Iochroma* spec.), Strauchmargerite (*Argyranthemum frutescens*), Wandelröschen (*Lantana-Camara*-Hybriden), Bleiwurz (*Plumbago* spec.), Tibouchine (*Tibouchina urvilleana*), Fuchsie und Pelargonie lassen sich durch krautige Frühjahrsstecklinge vermehren. Dazu die weichen Triebspitzen oder Triebteile ohne Spitzen unterhalb eines Blattansatzes mit einem Messer abschneiden.

Der Steckling sollte etwa fingerlang sein und ca. vier ausgebildete Blätter besitzen; festdrücken und mit einem feinen Wasserstrahl angießen. Wenn Sie zu oberst eine Schicht Sand auffüllen, kann das Gießwasser stets gut ablaufen. Durch Eintauchen der Schnittflächen in Bewurzlungspulver und Platzieren der Töpfe oder Schalen auf einer warmen Unterlage fördern Sie die Stecklingsbewurzelung. Die Abdeckung mit einer durchsichtigen Kunststoffhaube schafft ein günstiges, luftfeuchtes Kleinklima. Haben sich die ersten Wurzeln gebildet, kann die Haube entfernt werden.

AUSSÄEN, PFLANZEN, PFLEGEN

Erstes Gemüse auspflanzen

Endlich können die ersten Gemüsearten draußen im Beet ausgepflanzt werden. Wer im Februar noch nicht dazu gekommen ist, bereitet jetzt den Boden so vor, dass ein feinkrümliges Pflanzbeet entsteht. Grobe Erdschollen werden mit der Hacke zerkleinert; bei der Gelegenheit entfernt man gleichzeitig liegen gebliebene Äste oder Blätter vom Beet. Danach Bodenverbesserer wie Kompost, Sand oder Gesteinsmehl sowie – je nach Anspruch der Gemüsekultur – Dünger auf dem Beet ausbringen und leicht einarbeiten. Bei Bedarf wird noch kohlensaurer Kalk oder Algenkalk ausgestreut.

Nach dem Pflanzen werden die Setzlinge mit einem nicht zu festen Wasserstrahl angegossen, damit sie einen guten Bodenschluss bekommen. In der Startphase sind die Jungpflanzen gerade bei der häufig noch recht kühlen Märzwitterung sehr empfindlich. Deswegen das Beet anfangs häufiger kontrollieren, faulende Blätter ausputzen sowie verfaulte Pflanzen sofort aus dem Beet entfernen.

Salat

Bereits ab Anfang März können Sie vorgezogenen Kopf- und Pflücksalat in die Beete setzen (Pflanzabstand 30 mal 30 cm). Salate sind Schwachzehrer, haben also einen geringen Nährstoffbedarf. Oft reichen die Düngervorräte des Vorjahres noch aus, vor allem, wenn sie im Frühjahr durch Kompost ergänzt werden, der ebenfalls zahlreiche Nährstoffe enthält. Gehen Sie besonders vorsichtig mit den zarten Salatpflänzchen um. Die Blätter brechen beim Pflanzen leicht ab. Wichtig: Salat nie zu tief pflanzen, sonst fault er.

Kohlgewächse

Von den zahlreichen Kohlvarianten können Sie frühe Sorten von Wirsing, Rot- und Weißkohl ab Ende März ausplanzen. Der Pflanzabstand beträgt 40 mal 40 cm. Die genannten Arten sind allesamt Starkzehrer, haben also einen hohen Nährstoffbedarf. Deshalb vor der Pflanzung ausreichend Dünger einarbeiten und später während der Kultur zwei- bis dreimal nachdüngen. Außerdem bevorzugt

JUNGPFLANZEN setzen: (1) Zuerst das Beet durchhacken und dabei einebnen. Das Holzbrett verhindert, dass der Boden verdichtet wird.

(2) DANACH das Beet mit einem Rechen glätten und dabei kleine Äste, Steine und Unkräuter entfernen. Gleichzeitig können Sie Dünger einarbeiten.

(3) JETZT kann das Gemüsebeet mit gut gewässerten Jungpflanzen neu bepflanzt werden. Eine straff gespannte Kordel dient als „Lineal".

IM März können die ersten Salate ausgepflanzt werden. Die Vielfalt ist beeindruckend: Besonders beliebt sind Kopfsalate und Pflücksalate, zu denen auch die bekannte Sorte 'Lollo Rosso' gehört.

GEMÜSE

GEMÜSE

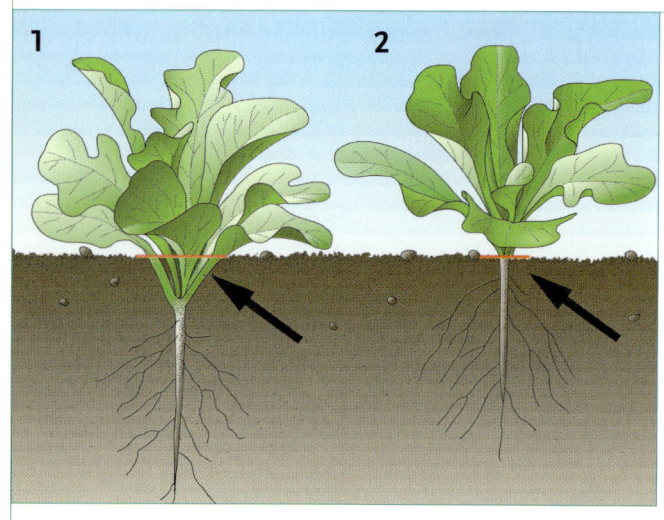

SALAT niemals zu tief (1) in die Erde einsetzen. Blätter und Stängel werden sonst von Pilzen befallen, die das Faulen und „Umfallen" der Jungpflanzen bewirken. Abbildung (2) zeigt die richtige Pflanztiefe.

Schädlinge von den Pflanzen fern. Man legt die Folie oder das Vlies direkt nach der Pflanzung über das Beet und gräbt die Enden am Beetrand leicht ein oder fixiert sie mit Steinen beziehungsweise Holzlatten. Noch komfortabler sind halbrunde Metall- oder Kunststoffbügel, die ins Beet gesteckt und mit den Abdeckmaterialien überzogen werden. Für Pflegearbeiten wie Gießen, Hacken oder Düngen kann das „Zelt" dann leichter geöffnet werden.

Kohl einen kalkhaltigen Boden. Wer im vorherigen Herbst nicht dazu gekommen ist, kann zur Kohlpflanzung im Frühjahr kohlensauren Kalk oder Algenkalk auf das Beet streuen und leicht einarbeiten.

Zwiebelgemüse

Steckzwiebeln werden Anfang März in die Erde gesteckt. Der Reihenabstand beträgt 10 cm.

Mehrjähriges Gemüse

Im März kann Rhabarber gepflanzt werden. Ein bis zwei Pflanzen reichen für den Bedarf eines durch-

schnittlichen Haushalts aus. In warmen Gegenden ist auch schon die Spargelpflanzung möglich. Mehr dazu auf S. 100.

Folie und Vlies zum Abdecken

Frühgemüse entwickelt sich schneller, wenn man es unter einer Folien- oder Vliesabdeckung heranzieht. Die lichtdurchlässigen Abdeckmaterialien sind im Gartenfachhandel erhältlich. Sie schützen die Jungpflanzen vor kalten Temperaturen, starkem Wind oder starken Regenfällen und halten erfreulicherweise auch zahlreiche

Aussaat im Freiland

Die Bodenvorbereitung entspricht dem Herrichten eines Pflanzbeetes, allerdings sollte der Boden noch feinkrümliger sein, damit die Samen einen guten Bodenschluss bekommen (siehe S. 63 „Erstes Gemüse auspflanzen"). Als Orientie-rungshilfe gilt: Sobald die Kätzchen der Salweide pollengelb sind, ist der Boden warm genug für die Freilandaussaat. In der Regel wird in Reihen gesät, der empfohlene Reihenabstand ist bei den jeweiligen Arten genannt. Die Aussaattiefe variiert von Art zu Art; beachten Sie die Angaben auf der Saattüte. Bei vielen Arten ist es üblich, die Pflänzchen später nach dem

GEMÜSEARTEN, die erst im Mai nach den Eisheiligen ausgepflanzt werden, können Sie jetzt auf der Fensterbank vorziehen. Tomaten, Paprika oder Sellerie keimen recht problemlos und entwickeln sich schnell zu wüchsigen Jungpflanzen.

LINKS: Eissalat ist beliebt, weil er so knackig ist. Er gehört zu den wenigen Salatvarianten, die sich auch einige Zeit lagern lassen.

RECHTS: Salate mit roter Blattfarbe (hier: *Lactuca sativa* 'Manio') werden nicht so stark von Schnecken befallen wie die grünblättrigen Salatvarianten.

Keimen in der Reihe zu vereinzeln, damit sie nicht zu dicht stehen. Nach dem Aussäen vorsichtig mit feiner Gießbrause angießen, damit der Boden nicht verschlämmt. Bei der Aussaat im Freiland kann eine Abdeckung aus Vlies oder Folie nützlich sein. Hilfreich, gerade bei feinem oder langsam keimendem Saatgut, sind käufliche Saatbänder, auf denen die Gemüsesamen bereits im richtigen Abstand präpariert sind. Die Bänder werden einfach mit dem richtigen Reihenabstand im Beet ausgelegt, leicht mit Erde bedeckt und angegossen. Hier eine Übersicht über die Arten, die man jetzt direkt aussäen kann.

Salat: Pflücksalat (Reihenabstand 25 cm); Schnittsalat (Reihenabstand: 15 cm); Eissalat (im März nur unter Folie, Reihenabstand 15 cm).

Blattgemüse: Feldsalat (breitwürfig oder mit 15 cm Reihenabstand), Spinat (Reihenabstand 25 cm).

Hülsenfrüchte: Schalerbsen (zwei Reihen mit 30 cm Abstand, dazu Reisig oder Maschendraht als Stütze), Dicke Bohne (60 cm Reihenabstand, 10 bis 15 cm Abstand in der Reihe).

Wurzelgemüse: Möhre (Reihenabstand 15 bis 25 cm), Radieschen (Reihenabstand 15 bis 20 cm), Rettich (Reihenabstand 20 cm), Schwarzwurzel (30 cm Reihenabstand).

Aussaat auf der Fensterbank

Zahlreiche Gemüsearten werden jetzt auf der Fensterbank vorkultiviert, damit man sie im April / Mai im Garten auspflanzen kann. Dazu gehören: alle Salate, Blumenkohl, Brokkoli, Kohlrabi, mittelfrühe Sorten von Rot-, Weiß- und Wirsingkohl, Sellerie, Fenchel, Tomate, Paprika, Aubergine und Porree. Kartoffeln werden jetzt in Kisten ausgelegt und zum Vorkeimen bei etwa 15 °C aufgestellt.

Wertvolle Gründüngung

Im März gibt es eventuell noch einige Beete, die erst später im Jahr bepflanzt werden sollen. Der „nackte" Boden leidet, wenn er der Witterung ungeschützt ausgesetzt ist. Säen Sie deshalb auf entsprechenden Flächen Gründünger aus.

Zu den Arten, die bereits im März ausgesät werden können, gehören Puffbohne, Persischer Klee und Luzerne. Alle drei genannten Arten sind Stickstoffsammler, das heißt, Bakterien in und an ihren Wurzeln reichern Stickstoff im Boden an, der später den nachfolgenden Gemüsekulturen zur Verfügung steht.

Wenn das Beet bepflanzt werden soll, werden die Gründünger einfach gehackt und leicht in die oberste Bodenschicht eingearbeitet, wo sie sich schnell zersetzen und die Nährstoffe wieder freigeben. Wer keinen Gründünger aussäen will, kann freie Beete bis zur Bepflanzung mit einer Mulchschicht bedecken.

KARTOFFELN werden ab Mitte April im vorbereiteten Beet gepflanzt. Um die Ernte zu verfrühen, kann man die Knollen ab Mitte März in flachen Kisten hell aufstellen und bei etwa 15 °C vorkeimen.

O B S T

BAUMOBST

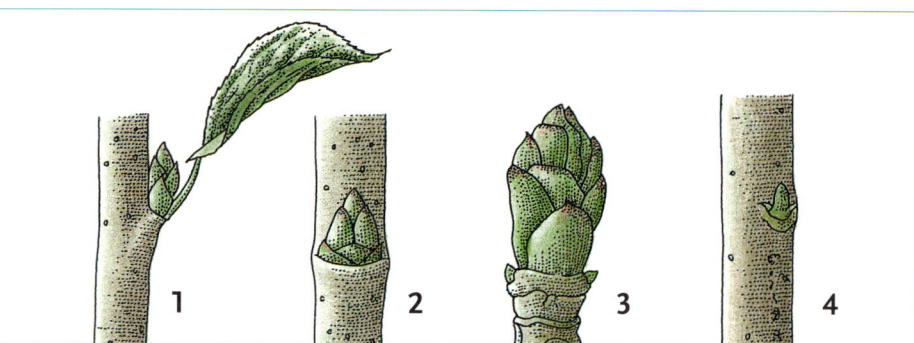

FÜR einen erfolgreichen Baumschnitt sollte man das Aussehen der Knospen gut kennen: (1) Blütenknospe in einer Blattachsel, (2) Laubknospe, (3) Terminalknospe und (4) „Schlafende Knospe".

Pflanzzeit für Obstgehölze

Im Frühjahr ist ideale Pflanzzeit für Obstgehölze mit Wurzelballen, da die Pflanzen bei den steigenden Bodentemperaturen schnell anwachsen. Ballenlose, wurzelnackte Obstbäume werden dagegen nur im unbelaubten Zustand im Herbst gesetzt. Containergehölze mit gut ausgebildetem Wurzelballen können das ganze Jahr über gepflanzt werden – vorausgesetzt der Boden ist frostfrei. Was Sie beim Pflanzen genau beachten sollten, lesen Sie auf S. 278. Be-

sonders wichtig ist das Antreten der neu gepflanzten Obstgehölze sowie das anschließende gründliche Wässern. Somit bekommen die Wurzeln einen guten Bodenschluss und wachsen schnell an.

Der richtige Pflanzschnitt

Um von Beginn an die gewünschte Kronenform (siehe S. 31) festzulegen und ein ausgewogenes Gleichgewicht zwischen den oberirdischen Sprosspartien und dem Wurzelsystem herzustellen, sollte das Astwachstum gleich zum Zeit-

punkt der Pflanzung korrigiert werden. Auch im Herbst gepflanzte Gehölze schneiden Sie ebenfalls erst jetzt im Frühjahr, wenn keine Spätfrostgefahr mehr droht.

Beim Pflanzschnitt der **Pyramidenkrone** reduzieren Sie den Jungbaum auf drei bis vier gleichmäßig um den Stamm verteilte Äste. Wachsen die ausgewählten Fruchttriebe zu steil, können Sie diese mit kleinen, an den Ästen befestigten Gewichten zu waagrechtem Wuchs formieren. Zu steil stehende Triebe werden entfernt, da sie später leicht ausbrechen. Kürzen Sie die Äste und die Astspitze um ein Drittel der Länge ein. Genauso gehen Sie beim Pflanzschnitt der **Hohlkrone** vor, jedoch kürzt man dabei den Mitteltrieb bis zum höchst stehenden Seitenast ein. Beim Pflanzschnitt der **Tellerkrone** lassen Sie vier oder fünf möglichst flach wachsende Triebe stehen. Der Mitteltrieb wird stark gekürzt. Bei der **Schlanken Spindel** wird der Mitteltrieb des Jungbaumes auf etwa 40 cm reduziert. Zu steil wachsende Äste werden entfernt, die restlichen Triebe mit kleinen Gewichten waagrecht erzogen.

Schnitt empfindlicher Obstarten

Sobald keine Spätfrostgefahr mehr zu erwarten ist, werden empfind-

TRIEBE aus dem Wurzelstock, so genannte Wurzelschosser, sind regelmäßig zu entfernen. Dazu legt man die Ausläufer bis zur Austriebsstelle vorsichtig frei, schneidet oder reißt sie sauber ab und füllt danach die Erde wieder auf.

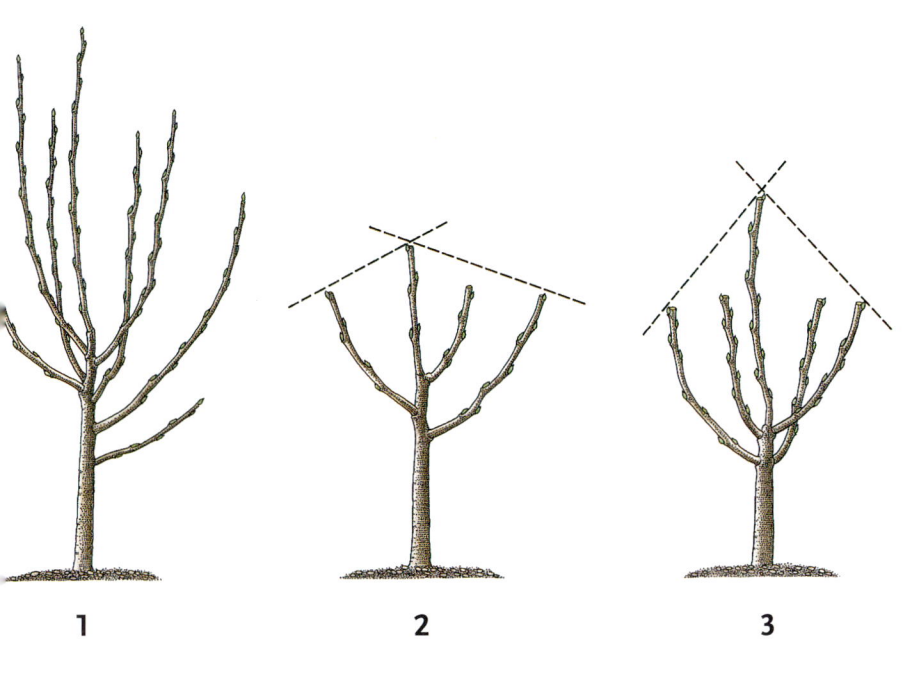

1   2   3

kommen dem natürlichen Wuchs der Obstbäume am nächsten: (1) Vor dem Schnitt. (2) Der ideale Pflanzschnitt an einem Baum, dessen Leitäste optimal um die Stammverlängerung verteilt sind. (3) Ein zu langer Mitteltrieb mit Leitästen, die zu dicht aufeinander am Stamm angewachsen sind und damit das Wachstum der Mitte behindern.

liche Obstarten wie **Pfirsich-** oder **Aprikosenbäume** zurückgeschnitten. Da die wärmeliebenden Gehölze viel Sonne zum Ausreifen der Früchte benötigen, sollten Sie die Baumkronen zur Hohlkrone formen (siehe S. 31). Vier bis fünf gleichmäßig um den Stamm verteilte Äste bilden dabei das Kronengerüst, der Mitteltrieb wird entfernt. Achten Sie beim Schnitt vor allem auf den Knospenansatz der Obstgehölze. So bildet der Pfirsich neben reinen Blatt- und Blütentrieben ertragreiche „echte Fruchttriebe" (Zeichnung S. 68), die auf unterschiedliche Weise geschnitten werden. Triebe, die nur Blattknospen tragen, sowie solche, die fast ausschließlich aus Blütenknospen bestehen, werden aus der Baumkrone entfernt, da sie keinen zufriedenstellenden Fruchtbehang entwickeln. Besonders wertvoll sind dagegen die wahren Fruchttriebe, an denen jeweils Blatt- und Blütenknospen beisammen sitzen. Sie sorgen für eine reiche Ernte und sind in der Baumkrone zu belassen. Da Aprikosenbäume leicht zur Verkahlung neigen, benötigen sie regelmäßig einen starken Rückschnitt.

Sämtliche Schnittarbeiten am Kern- und Steinobst sollten nun rasch abgeschlossen werden.

APFELSCHORF zählt zu den am häufigsten auftretenden Obstkrankheiten. Neben den Blättern (olivbraune Flecken) werden auch die Früchte infiziert.

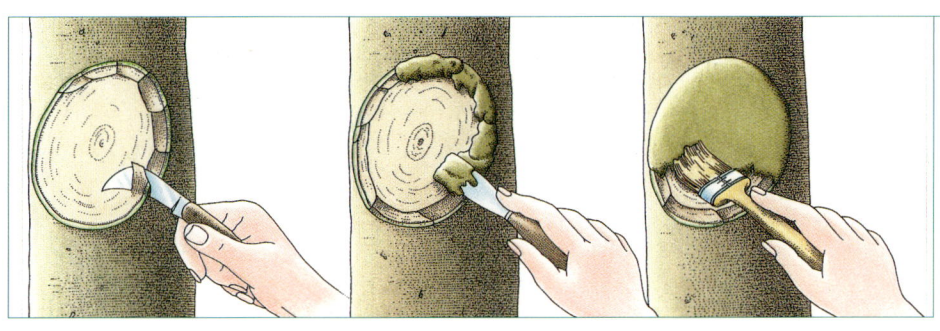

BEHANDLUNG von Schnittwunden: die Ränder mit scharfem Messer glatt schneiden (links), danach vom Rand her alles mit Wundverschlussmittel verstreichen (Mitte; rechts).

OBST

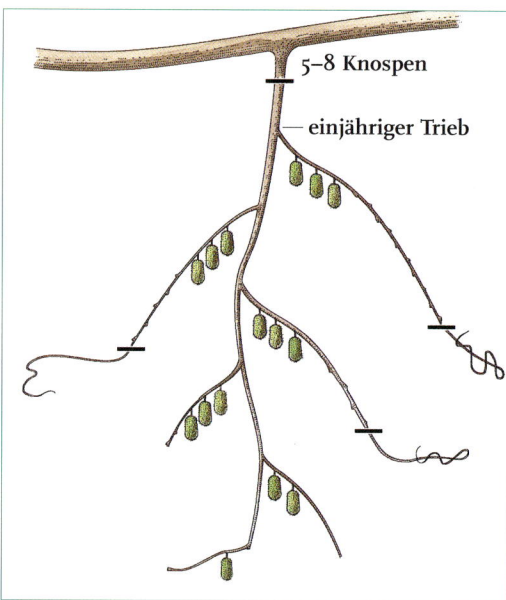

PROFESSIONEL-LER Kiwischnitt: Kiwis *(Actinidia deliciosa)* fruchten am diesjährigen Trieb, der von einer Knospe des einjährigen Holzes (Vorjahrestrieb) gebildet wurde. Sobald die Pflanzen das erste Mal Früchte getragen haben, wird daher im März der fruchttragende Trieb des Vorjahres auf 5 bis 8 Knospen an der Triebbasis zurückgenommen.

Pflege der Baumscheibe

Bodentrockenheit gefährdet den Knospenansatz der Obstgehölze. Wässern und mulchen Sie die Baumscheiben bei anhaltend trockener Witterung. Besonders hübsch ist auch eine Unterpflanzung der Baumscheiben. Um jedoch die Wasser- und Nährstoffversorgung des Baumes nicht zu gefährden, sollte die Wahl auf anspruchslose, einjährige Sommerblumen oder Gründüngungspflanzen fallen. Der Boden unterhalb der Krone darf zur Aussaat der Unterpflanzung nur flach bearbeitet werden, um dem Wurzelwerk der Obstgehölze nicht zu schaden.

LINKS: Im Frühjahr zieren zarte, weiße Blüten die kahlen Aprikosenbäume.

RECHTS: Offene Baumscheiben lassen sich mit der einjährigen Kapuzinerkresse wunderschön unterpflanzen.

DIE „echten Fruchttriebe" des Pfirsichs erkennt man an den dicken Knospenständen aus Blatt- und Blütenknospen. Die so genannten „falschen Fruchttriebe" bilden nur Blüten-Knospen aus und verkahlen schnell.

Echter Fruchttrieb

Falscher Fruchttrieb

Pflanzenschutz

Aufgeblähte Knospen der schwarzen Johannisbeere weisen auf **Gallmilben** hin, die in den Knospen überwintern und sie zum Absterben bringen. Stachelbeersträucher neigen zu **Mehltaubefall**. Infizierte Äste werden über den Hausmüll entfernt. Ratsam ist auch das Abbürsten der Obstbaumrinden. Es entfernt Schädlingseier und vernichtet überwinternde **Blutläuse**. Dürre Zweige mit Anzeichen von **Monilia** (Spitzendürre) oder **Rotpusteln** und Fruchtmumien des Vorjahres sind aus den Baumkronen zu entfernen.

LINKS: Um die Blütenbildung (hier Apfel) zu fördern, sollte der Wurzelbereich der Bäume im Frühjahr nicht austrocknen.

RECHTS: Die weißen Kiwiblüten öffnen sich erst ab Mai.

VOM Blütenansatz darf man sich bei Steinobst (hier Zwetschen) nicht täuschen lassen. Erst nach der Befruchtung entscheidet sich, an welcher Blüte ein Früchtchen wächst.

BEERENOBST

Beerenobst-Schnitt

Johannisbeersträucher werden beim Pflanzen auf drei bis fünf starke Triebe, die auf eine Länge von 20 bis 30 cm eingekürzt werden, reduziert. Hochstämmchen auf vier bis fünf, etwa 25 cm lange Äste auslichten. Johannisbeeren fruchten am besten am zwei- und dreijährigen Holz.

Stachelbeersträucher schneiden Sie auf vier bis fünf etwa 20 bis 30 cm lange Äste zurück. Lichten Sie Hochstämmchen auf etwa fünf 20 cm lange Triebe aus. Auch Stachelbeeren tragen am besten am zwei- und dreijährigen Holz.

Himbeerruten werden nach der Pflanzung auf 40 bis 50 cm Länge gekürzt. Im Laufe des Wachstums an einem Spalier aufleiten und auf etwa zehn bis zwölf Ruten pro laufendem Meter reduzieren.

Brombeerpflanzen werden am besten an ein Rankgerüst gepflanzt und zunächst nicht zurückgeschnitten. Um bei **Heidelbeeren** einen guten Austrieb zu fördern, schneidet man die Sträucher auf drei bis fünf Haupttriebe zurück. Abgetragene Äste werden alle paar Jahre bodentief entfernt.

BLÜTEZEIT UND FRUCHTREIFE VERSCHIEDENER BAUM- UND BEEREN-OBSTARTEN

Deutscher Name (Botanischer Name)	(Haupt-) Blütezeit	(Haupt-) Fruchtreife
Kernobst		
Apfel (Malus domestica)	V	VII bis XI
Birne (Pyrus communis)	IV bis V	VII bis XI
Quitte (Cydonia oblonga)	V	IX bis XI
Steinobst		
Aprikose (Prunus armeniaca)	III bis IV	VII bis VIII
Mirabelle (Prunus domestica ssp. syriaca)	IV bis V	VII bis IX
Pfirsich (Prunus persica)	IV	VI bis X
Pflaume (Prunus domestica)	IV	VII bis IX
Reneklode (Prunus domestica ssp. italica)	IV bis V	VII bis IX
Sauerkirsche (Prunus cerasus)	IV bis V	VII bis VIII
Süßkirsche (Prunus avium)	IV bis V	V bis VII
Mandel (Prunus dulcis)	II bis IV	IX bis X
Beerenobst		
Brombeere (Rubus finticosus)	V	VII bis XI
Himbeere (Rubus idaeus)	V	VI bis VII
Jostabeere (Ribes x nidigrolaria)	IV	VI bis VII
Rote Johannisbeere (Ribes rubrum)	IV bis V	VI bis VIII
Schwarze Johannisbeere (Ribes nigrum)	V	VI bis VIII
Kiwi (Actinidia deliciosa)	V bis VI	XI
Kulturheidelbeere (Vaccinium corymbosum)	V	VII bis IX
Stachelbeere (Ribes uva-crispa)	IV bis V	VII
Erdbeere (Fragaria ananassa)	V bis VIII	VI bis VIII

KRÄUTER

ERSTE FRÜHLINGSARBEITEN

DIE Mariendistel *(Silybum marianum)* ist eine sehr dekorative Heilpflanze.

Frühe Kräuter

Zu den frühen Kräutern gehört z.B. das **Löffelkraut** *(Cochlearia officinalis)* – ein wenig spektakuläres, aber gesundes Kraut mit kres-

FENCHEL *(Foeniculum vulgare)* ist ein vielseitiges Würzkraut.

AUCH Beinwell *(Symphytum officinale)* kann sich sehen lassen. Er gehört zu den ausdauernden Kräutern und gedeiht am besten auf feuchtem, nahrhaftem Boden. Beste Erntezeit der heilkräftigen Wurzeln: März, April und im Herbst.

seartigem Geschmack. Es gedeiht völlig unproblematisch. Ernten sind das ganze Jahr über möglich. In Reihen aussäen und das Beet immer gut feucht halten.

Bei **Petersilie** *(Petroselinum crispum)* ist nahrhafter, humusreicher und durchlässiger Boden Voraussetzung für gutes Wachstum. Es gibt glattblättrige und gekrauste Sorten. Am besten wird in Reihen ausgesät. Das Kraut wächst zweijährig und ist mit sich selbst unverträglich, was bedeutet, dass die nächste Saat auf ein anderes Beet ausgebracht werden muss.

Borretsch *(Borago officinalis)* wird vor allem wegen seiner blauen, essbaren Blüten geliebt. Das einjährige Raublattgewächs wird 50 bis 70 cm hoch, gedeiht sowohl in der Sonne als auch im Halbschatten in nahrhafter, leicht sandiger Erde. Neben dieser bekannten Variante, gibt es auch die ausdauernde Art *Borago laxiflora*. Sie wird nicht höher als 20 cm und ist

Aussäen und Rückschnitt

Die Aussaat im Freien wie unter Glas kann bereits Anfang des Monats beginnen. Sobald der Boden nicht mehr gefroren ist, wird er mit gut ausgereiftem Kompost bearbeitet. Das heißt: Den verrottenden Humus locker darauf verteilen

und dann so flach wie möglich einhacken. Bis zur Aussaat noch mal zwei bis drei Wochen verstreichen lassen. Erst wenn sich der Boden auf mindestens 5 °C erwärmt hat, können die ersten Aussaaten vorgenommen werden. Topfkräuter im Winterquartier werden jetzt zurückgeschnitten.

SALBEI *(Salvia officinalis)* ist eine altbekannte Duft-, Würz- und Heilpflanze. Besonders hübsch ist die hier gezeigte Auslese 'Icterina' mit gelbpanaschierten Blättern. Diese Sorte eignet sich auch gut zur Ampelbepflanzung.

daher sehr geeignet für eine Kultur im Topf.

Kerbel *(Anthriscus cerefolium)* spätestens Ende des Monats aussäen. Diese aromatische Würzpflanze ist mit einem halbschattigen Platz zufrieden, bevorzugt lockere und nur mäßig feuchte Erde. Die Erntezeit kann bereits sechs Wochen nach der Aussaat beginnen. Verwendet werden nur die jungen Blätter vor der Blüte. Da das Kraut recht schnell zu blühen beginnt, empfiehlt es sich für Kerbel-Fans, das Kraut alle drei Wochen auf einem kleinen Beet neu auszusäen.

Sauerampfer *(Rumex acetosa)* ist uns mehr als Wiesenkraut vertraut. Doch das Knöterichgewächs ist durchaus gartentauglich und besonders für Suppen und Frühlingssalate zu empfehlen. Sauerampfer wächst mehrjährig und braucht humusreiche, stets feuchte Erde. Ob in der Sonne oder im Schatten ist ihm egal. Empfehlenswert sind Sorten mit großen Blättern.

Knoblauch setzen

Jetzt kann Knoblauch *(Allium sativum)* gesteckt werden. Knoblauch liebt einen sonnigen Platz in lockerer, humusreicher Erde. Man pflanzt in Reihen mit ca. 20 cm Abstand zur nächsten oder verteilt die Zehen querbeet. Besonders gut bekommt ihm die Nachbarschaft von Gurken, Kartoffeln, Kopfsalat, Rote Bete, Spinat, Tomaten und Erdbeeren.

Im Warmen vorziehen

Unter Glas, im geheizten Gewächshaus oder am hellen warmen Zimmerfenster werden jetzt Basilikum *(Ocimum basilicum)*, Salbei *(Salvia officinalis)*, Majoran *(Origanum majorana)*, Zitronenmelisse *(Melissa officinalis)* und Schnittlauch *(Allium schoenoprasum)* in der Aussaatschale vorkultiviert. Achten Sie auch auf die vielen attraktiven Auslesen, die es von Salbei, Basilikum und Zitronenmelisse gibt. So ist zum Beispiel die *Melissa officinalis* 'Variegata' besonders hübsch: Sie treibt gelbgrüne Blätter.

Ein attraktives Trio geben die Salvien 'Icterina', 'Purpurascens' und 'Tricolor' ab. Wer Basilikum sehr mag, sollte sich neben dem klassischen 'Genoveser' auch Busch-Basilikum *(Ocimum basilicum minimum)* zulegen. Es ist eine kleinblättrige Variante, die sich besonders gut für die Topfkultur eignet. Ein positiver Nebeneffekt: Im Topf ist das Kraut nicht so stark den Schnecken ausgesetzt wie im Beet.

GENOVESER Basilikum gehört zu den sehr Wärme bedürftigen Kräutern, die man jetzt im Warmen vorziehen kann. Wenn Sie das Jahr über viel davon verwenden wollen, ist es praktisch, jetzt die Aussaat gleich in so genannten Multitopfplatten vorzunehmen. Säen Sie pro Vertiefung mehrere Samen. Sie erhalten so später kräftigere Pflanzen.

TECHNISCHES

JEDES Gewächshaus sollte über genügend Lüftungsmöglichkeiten verfügen, damit eine gute Luftzirkulation im Inneren des Hauses entsteht. Warme, verbrauchte Luft kann über Lüftungsklappen im Dach entweichen, während frische Luft durch Öffnungen in den Seitenwänden nachströmt.

temperatur automatisch in Betrieb gesetzt werden.

Da kaum jemand den ganzen Tag zu Hause und im Garten verbringt, empfiehlt sich die Installation automatischer Fensteröffner. Die ausgeklügelten Systeme öffnen und schließen die Fenster je nach Temperatur ganz automatisch und ohne Stromanschluss. Eine Überhitzung des Gewächshauses wird dadurch ebenso wirkungsvoll verhindert wie ein Auskühlen durch zu lange offen stehende Fenster.

Besonders jetzt im Frühjahr, wenn die Temperatur für ein längeres Offenhalten der Lüftungsklappen oft noch nicht hoch genug ist, leistet ein Luftumwälzer gute Dienste. Er wird in etwa 1,50 m Höhe so aufgehängt, dass man sich nicht daran stößt. Durch seinen Betrieb bleibt die Luft im Gewächshaus ständig in Bewegung. Wärme und Luftfeuchtigkeit werden dabei gleichmäßig im Haus verteilt. Die benötigte Leistung des Luftumwälzers kann anhand des Rauminhalts und der kultivierten Pflanzen berechnet werden. Am besten zieht man den Fachberater zu Rate.

Lüften ist außerordentlich wichtig

Auch wenn es die oft noch recht frischen Außentemperaturen nicht vermuten lassen: Lüften gehört im zeitigen Frühjahr zu den wichtigsten Maßnahmen im Gewächshaus und im Frühbeet. Das Treibhausklima im Inneren fördert zwar das Wachstum der Pflanzen, begünstigt jedoch auch die Entstehung von Pilzkrankheiten. Um dies zu verhindern, ist rechtzeitiges Lüften die geeignetste Maßnahme. Als Richtlinie gilt, dass mindestens 10 % der Glasfläche eines Gewächshauses zu öffnen sein sollten. Aber nicht nur die Menge, sondern auch die Lage der Lüftungsklappen ist von Bedeutung. Damit die Luft durch das Innere des Hauses gut zirkulieren kann, ist es wichtig, dass sowohl in den Seitenwänden als auch im Dach Fenster vorhanden sind. Natürlich stellt auch die Tür zum Gewächshaus eine große Lüftungsöffnung dar. Manche Modelle bestehen aus einem Ober- und Unterteil, die sich je nach Bedarf einzeln oder zusammen öffnen lassen. Man sollte darauf achten, offenstehende Türen immer mit einem Feststellhaken zu fixieren, damit Zugluft nicht zu unnötigem Scheibenbruch führt.

Zusätzlich zu den Lüftungsmöglichkeiten hilft ein Ventilator im Giebelbereich dabei, die warme, verbrauchte Luft nach draußen zu transportieren. Er kann über einen Thermostat bei Erreichen einer eingestellten Höchst-

SELBSTLÜFTENDE Frühbeetfenster werden über eine stromlose Automatik betrieben. Sobald die Temperatur im Inneren des Kastens zunimmt, dehnt sich das in den Lüftungsklappen befindliche Öl aus, was ein Öffnen der Fenster bewirkt.

EINE preiswerte Alternative zum Glasgewächshaus ist ein Foliengewächshaus. Über leicht zu montierende Stahlrohre wird eine UV-stabilisierte Folie aus Polyethylen gespannt. Trotz ihrer guten Haltbarkeit, müssen die Folien etwa alle fünf Jahre erneuert werden.

sende nur schemenhaft erkennen. Wer auch im Nutzgewächshaus nicht auf den nötigen Durchblick verzichten möchte, kann ohne weiteres verschiedene Eindeckmaterialien kombinieren. Durchsichtiges Gartenblankglas für die Stehwände ermöglicht freie Sicht, während die Verwendung von genörpeltem Gartenklarglas für die Dachschrägen pflanzenverträglicher ist. Neulinge in der Gewächshauskultur können mit einem vergleichsweise preiswerten Foliengewächshaus erste Erfahrungen sammeln.

Eindeckmaterialien im Vergleich

Wer sich ein Gewächshaus anschafft, steht vor der Qual der Wahl, was das Material betrifft. Während für das Grundgerüst heutzutage meist eine leichte, nicht rostende Aluminiumkonstruktion bevorzugt wird, haben die verschiedenen Eindeckmaterialien alle ihre Vor- und Nachteile. Unter dem Begriff „Gartenblankglas" wird durchsichtiges Fensterglas angeboten. Es ist beidseitig glatt und lässt Sonnenstrahlen ungehindert durchtreten. Dem gegenüber steht das Gartenklarglas, bei dem die nach innen zu verlegende Seite genörpelt ist, d.h. sie weist eine unregelmäßige Oberflächenstruktur auf. Dies führt dazu, dass durchtretende Lichtstrahlen gebrochen werden und die Pflanzen hinter der Scheibe vor Verbrennungen geschützt sind. Beide, sowohl Gartenblankglas als auch Gartenklarglas, sind Einfachverglasungen, die nicht besonders gut isolieren. Für Warmhäuser, die den ganzen Winter über beheizt werden, sollte man, um Heizkosten zu senken, unbedingt Isolierglas verwenden. Allerdings weisen solche Doppelverglasungen auch das Doppelte an Gewicht auf und

brauchen eine besonders stabile Dachkonstruktion. Für reine Nutz-Gewächshäuser erfreuen sich hingegen Eindeckungen aus Kunststoff großer Beliebtheit. So genannte Stegdoppel- oder Stegdreifachplatten verbinden hervorragende Lichtdurchlässigkeit mit guter Isolierwirkung und geringem Gewicht. Schattierungen werden überflüssig, da das Licht gut gestreut wird. Andererseits kann man das hinter den Platten Wach-

Beschädigte Scheiben auswechseln

Oft stellt man erst bei einer genaueren Inspektion des Gewächshauses fest, dass die Schneelast des Winters oder schwere Stürme Sprünge in den Scheiben verursacht haben. Um Verletzungen vorzubeugen, sollte man die beschädigten Scheiben umgehend auswechseln. Das lässt sich durch Lösen der heutzutage standardmäßig verwendeten Federstahlklammern leicht bewerkstelligen.

FÜR eine richtige Durchlüftung sollten sowohl in den Seitenwänden (1), als auch in den Dachschrägen (3) Lüftungsklappen vorhanden sein. Einfache Modelle müssen per Hand geöffnet werden. Wichtig ist dabei ein Feststellhebel, der sichere Fixierung garantiert. Bequemer sind temperaturabhängige, vollautomatisch funktionierende Fensteröffner (4). Ein Ventilator in der Giebelwand (2) verhindert stauende Luft auch bei geschlossenen Fenstern.

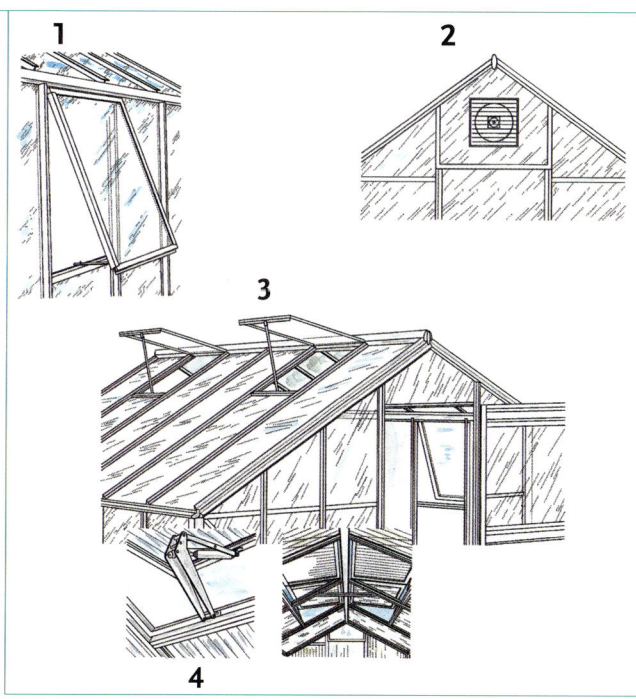

MANCHE Gemüse-arten mit kurzer Kulturzeit wie Salate und Radieschen kann man auch direkt ins Grundbeet säen.

PFLANZENANBAU IM GEWÄCHSHAUS

Anbaubeginn im ungeheiz-ten Gewächshaus

Nachdem im geheizten Gewächs-haus schon im Februar mit der Aussaat begonnen wurde, kann man in diesem Monat auch im ungeheizten Haus damit loslegen. Zu den frühen Gemüsearten, de-ren Samen man jetzt ausbringt, gehören Kopfsalat, Eissalat, Ra-dieschen, Rettich, Kohlrabi, Blu-menkohl, Sellerie und Frühmöh-ren. Mit der Aussaat von Kohlrabi ist es jedoch besser, noch bis zum Ende des Monats zu warten, um ein Schossen durch Kälte zu ver-meiden. Ähnlich wie im Freiland, können die meisten Gemüsearten auch direkt ins Grundbeet ausge-sät werden. Allerdings halten viele Gärtner den Platz darauf für wär-meliebende Arten wie Gurken und

Tomaten frei und kultivieren das im Gewächshaus vorgezogene Frühgemüse anschließend im Freiland weiter. Wer jetzt Früh-möhren ins Grundbeet aussät, sollte ein paar Radieschensamen untermischen. Sie dienen als Mar-kiersaat für die Reihen, da die Möhren selbst eine relativ lange Keimdauer von zwei bis vier Wochen haben.

Pikieren der Februar-Aussaaten

Die Anfang Februar im geheizten Kalthaus und im temperierten Haus ausgesäten Gemüsepflänz-chen sind schon weit genug ent-wickelt, um in einzelne Töpfe pi-kiert zu werden. Auch für ihre Weiterkultur sind Wärme, Licht und gute Wasserversorgung die

besten Garanten für einen An-zuchterfolg.

Sommerblumen-Aussaat

Während sich aus den Samen der Sommerblumen im geheizten Ge-wächshaus bereits erste Jung-pflänzchen entwickelt haben, be-ginnt im ungeheizten Haus erst jetzt die Aussaat. Da die Saat vor allem zur Keimung höhere Tem-peraturen benötigt, kann man bei genügend Platz im Haus die An-zuchtschalen zunächst für einige Tage auf dem warmen Fensterbrett aufstellen. Anschließend kommen sie wieder auf die Gewächshaus-borde. Die Tageslichtmenge reicht im März meist aus, so dass man in der Regel ohne Zusatzbeleuch-tung auskommt. Zu den beliebtes-ten Sommerblumen für Beete und Balkonkästen gehören Leber-balsam (Ageratum houstonianum), Duftsteinrich (Lobularia maritima), Pantoffelblume (Calceolaria integri-folia), Vanilleblume (Heliotropium arborescens), Männertreu (Lobelia erinus), Feuersalbei (Salvia splen-dens), Husarenknopf (Sanvitalia procumbens) und Studentenblume (Tagetes-Hybriden). Damit sich die Mühe der eigenen Anzucht auch

DER einjährige, schnell keimende Duft-steinrich (Lobularia maritima) gehört zu den Sommerblumen, die sich sehr gut im Gewächshaus vorzie-hen lassen.

lohnt, sollte man ausschließlich Qualitätssaatgut mit Keimgarantie erwerben.

Stecklingsvermehrung von Sommerblumen

Einige der beliebtesten Balkonblumen wie Fuchsien (*Fuchsia*-Hybriden), Fleißiges Lieschen (*Impatiens walleriana*), Wandelröschen (*Lantana-Camara*-Hybriden) und Pelargonie (*Pelargonium*-Hybriden) keimen nur schlecht und lassen sich besser durch Stecklinge vermehren. Dazu schneidet man von den frostfrei überwinterten Mutterpflanzen ausgereifte, etwa 15 cm lange Kopfstecklinge. Nachdem die untersten Blätter entfernt wurden, drückt man die Stecklinge vorsichtig in Anzuchtschalen oder Töpfe mit nährstoffarmer Aussaaterde. Um die Luftfeuchtigkeit zu erhöhen, kann man ähnlich wie bei den Aussaaten mit einer Abdeckhaube oder Abdeckfolie ein günstiges Kleinklima herstellen.

Schutz vor kühlen Nachttemperaturen

Solange die empfindlichen Aussaaten und Jungpflanzen im Glashaus heranwachsen, sollte man den täglichen Wetterbericht aufmerksam verfolgen. Sinken die Außentemperaturen unter −5 °C ist das unbeheizte Gewächshaus

IN die Vertiefungen der so genannten Quickpott-Anzuchtplatten werden die Radieschensamen einzeln hineingedrückt. Damit ist gewährleistet, dass jedes Samenkorn auch ohne Vereinzeln und Pikieren genügend Platz hat, sich zur erntereifen Pflanze zu entwickeln.

nicht mehr frostsicher. Deshalb rückt man bei der Ankündigung von Nachtfrösten die Anzuchtschalen vorsichtshalber von den Scheiben weg. Zusätzlichen Schutz geben einfache Pappkartons oder Strohmatten, die an den Innenscheiben befestigt eine isolierende Wirkung aufbauen. Diese Maßnahme empfiehlt sich übrigens auch für das beheizte Kalthaus. Allerdings sollte man bei wieder steigenden Temperaturen nicht vergessen, die Isolierung umgehend zu entfernen, damit die Pflänzchen sofort wieder in den vollen Lichtgenuss kommen.

Kübelpflanzen auswintern

Kübelpflanzen, die dunkel und kühl überwintert wurden, müssen jetzt wieder ins Helle geräumt werden. Das Gewächshaus ist

dafür der ideale Ort, da die Temperaturen im März in der Regel unter denen des Wohnhauses liegen. Die Pflanzen haben so Gelegenheit, sich langsam wieder an die neue Umgebung zu gewöhnen. Falls der alte Topf zu klein geworden ist, werden sie umgetopft. Gleiches gilt auch für Kübelpflanzen, die im Gewächshaus überwintert wurden. Das frische Substrat regt den Neuaustrieb zusätzlich an. Exemplare, deren alter Topf noch groß genug ist bzw. ältere Kübelpflanzen, die erst im vergangenen Jahr umgesetzt wurden, belässt man in ihrem Gefäß. Allerdings sollte man etwas frische Erde auffüllen und den ersten, noch niedrig dosierten Dünger verabreichen. Bei zu hohen Temperaturen kann es vorkommen, dass die Pflanzen übermäßig lange Triebe ausbilden. Um ein harmonisches Wuchsbild zu erzielen, sollte man sie gleich zurückschneiden.

Frühbeet

Wie im ungeheizten Gewächshaus, kann ab März auch der Kalte Kasten zur Anzucht von frühen Gemüsesorten und Sommerblumen genutzt werden.

Sobald Minustemperaturen drohen, sollte man geeignetes Abdeckmaterial wie Noppenfolie oder Hartschaumplatten zur Isolierung bereithalten.

ENDE des Monats sind die vorgezogenen Jungpflanzen des Blumenkohls meist so weit entwickelt, dass man sie ins Grundbeet pflanzen kann. Schon in wenigen Wochen bilden sie die weißen, dicht gepackten Köpfe.

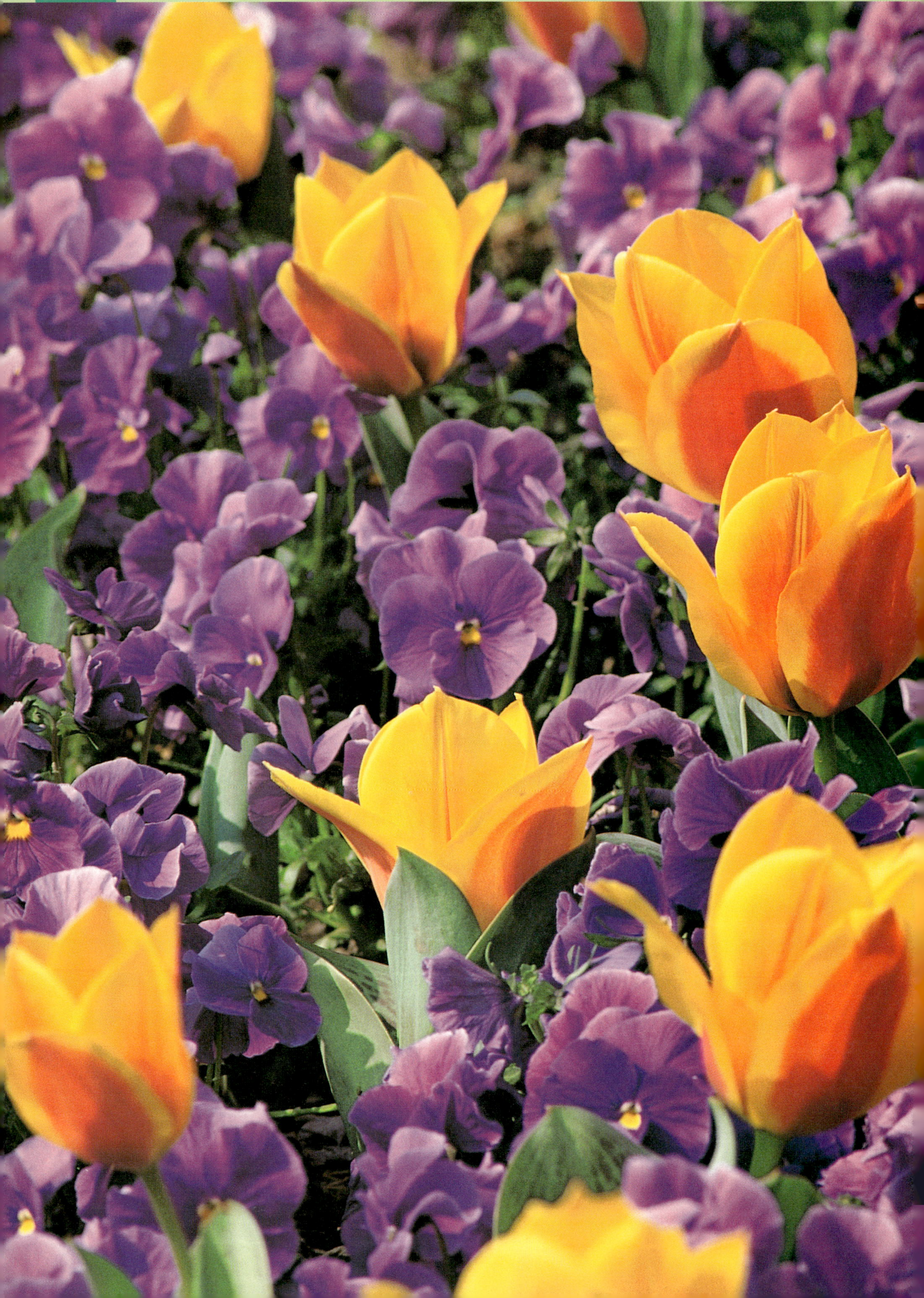

APRIL

Im Monat April laufen die Gartenarbeiten auf Hochtouren. Beete werden bepflanzt, Gemüse gesät, Kübelpflanzen umgetopft und dem Rasen wird mit dem Vertikutierer seine alljährliche Frühjahrskur verpasst. Schöne Aussichten, so wie die auf das Meer aus Tulpen links, laden dabei immer wieder zu kleinen Verschnaufpausen ein.

WENN die ersten Knospen der Apfelbäume ihre weißen Blütenblätter ganz entfaltet haben, beginnt nach dem phänologischen Kalender der Vollfrühling.

AUCH vor Balkonen und Dachterrassen macht das Erwachen der Natur nicht Halt. Zur Grundausstattung eines Terrassengärtners gehören neben Handschaufel und Gießkanne auch eine Pflanzschere und eine Auswahl an passend großen Pflanzgefäßen.

BLUMEN

SOMMERBLUMEN

Unempfindlichere Sommerblumen können jetzt direkt ins Beet ausgesät werden. Dazu gehören Ringelblumen, Kornblumen, der einjährige Rittersporn oder der Sonnenhut. Die Direktsaat ist einfacher als die Vorkultur, doch nur mit bestimmten Pflanzen möglich (siehe Tabelle S. 80). Wichtig ist die richtige Bodenbearbeitung vor der Aussaat. Im Idealfall sollte der Boden bereits im vergangenen Herbst umgegraben und verbessert worden sein. Im Frühjahr wird

Den richtigen Abstand können Sie den Hinweisen auf der Samentüte entnehmen.

Leichter gelingt die Freilandaussaat mit Pillensamen: Hier sind die einzelnen Samenkörner von einer zersetzbaren Hülle umgeben, damit die Samen einen größeren Durchmesser aufweisen. Pillensamen können weitläufiger ausgestreut werden und dadurch entfällt die spätere Arbeit des Vereinzelns. Die Saattiefe beträgt etwa 1 cm. Außerdem werden auch

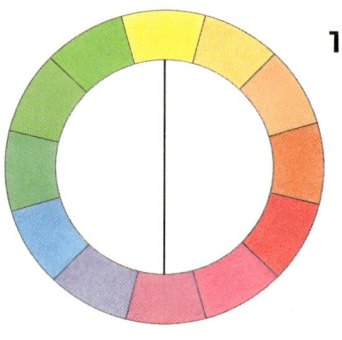

1

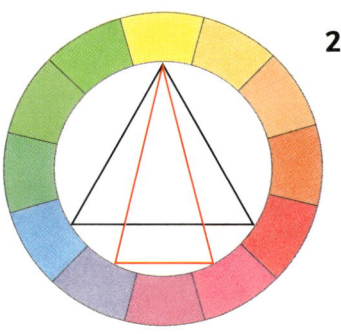

2

KRÄFTIGE Farben, wie hier das satte Rot, erscheinen lebhafter als zarte Töne.

MIT den Farbkreisen kann man gute Farbkombinationen leicht selbst bestimmen: Es passen immer die Farben gut, die auf den Spitzen des schwarzen oder des roten Dreiecks (2) liegen. Komplementärfarben, das sind solche, die sich im Farbkreis (1) gegenüber stehen, harmonieren ebenfalls gut.

die Erde dann nur noch oberflächlich gelockert. Warten Sie danach noch etwa zwei Wochen ab, bis sich der Boden gesetzt hat, und ebnen die Fläche noch einmal mit der Harke ein. Entfernen Sie außerdem gründlich das Unkraut aus den Beeten. Erst dann kann gesät werden. Mischen Sie feines Saatgut mit Sand und säen dann per Hand breitwürfig aus. So wird verhindert, dass die Samen zu eng fallen. Für gerade Linien behilft man sich mit einer Pflanzschnur, die zwischen zwei Stöckchen gespannt wird. Ziehen Sie entlang der Schnur eine Rille. Die Samen werden einzeln im richtigen Pflanzabstand in die Rillen gelegt.

DIREKTSAAT oder Vorkultur? Robuste und anspruchslosere Sommerblumen können, wie hier, direkt ins Freie gesät werden. Sommeraster, Kornblume oder Sonnenblume keimen auch bei ungünstigen Witterungsbedingungen.

LINKS: Der einjährige Rittersporn *(Delphinium drummondii)* wird direkt ausgesät. An einem sonnigen Standort auf schwerem, nährstoffreichem Boden blüht er von Juni bis September.

RECHTS: Die Färberkamille *(Anthemis tinctoria)* wird als einjährige Sommerblume im April in den Beeten ausgesät. Sie blüht von Mai bis September.

Saatbänder mit Sommerblumensamen angeboten. Die Samen sind hier zwischen Zellstofflagen im bereits richtigen Abstand eingebettet. Es gibt auch breitere Saatbänder, sogenannte Saatteppiche, die im Sommer bunte Blütenmuster auf Beete und Rabatten zaubern. Saatbänder werden in 1 bis 2 cm tiefe Rillen gelegt, mit einer dünnen Schicht Erde bedeckt und leicht angedrückt. Eine weitere Aussaatmethode bieten sogenannte „Quick-Sticks". Sie werden wie Streichhölzer in die Erde gesteckt, die Samen befinden sich am unteren Ende. Auf den Quick-Sticks ist die richtige Pflanztiefe genau markiert. An Beeträndern und für Beeteinfassungen aus Sommerblumen sollte immer in Reihen gesät werden.

Egal, mit welcher Methode Sie aussäen, am wichtigsten ist, die Saat nie austrocknen zu lassen. Wässern Sie die Beete mit feinem Wasserstrahl. Eine Abdeckung mit Vlies oder Folie sorgt dafür, dass Feuchtigkeit und Wärme im Boden bleiben und die Saat nicht austrocknet. Nach der Keimung können zu dicht gesäte Pflänzchen mit der Hand herausgezogen und an anderer Stelle in Lücken gesetzt werden. Dabei werden gleichzeitig keimende Unkräuter entfernt.

Vorgezogene Sommerblumen

Die im März als Vorkultur auf der Fensterbank gesäten Sommerblumen können jetzt pikiert werden (siehe März). Raus dürfen die Sommerblumen aber erst, wenn kein Frost mehr zu erwarten ist, also erfahrungsgemäß erst ab Mitte Mai. Bis dahin halten Sie den Nachwuchs feucht und gönnen den Pflanzen einen hellen Platz am Fenster.

Jungpflanzen zukaufen

Wer die Aussaattermine in den letzten Monaten verpasst hat oder sich nicht die Mühe machen möchte, selbst auszusäen, kann jetzt fertige Jungpflanzen beim Gartenversandhandel bestellen. Ihr Wurzelballen ist gerade mal fingerdick. Die Pflänzchen lassen sich problemlos in Töpfen auf der Fensterbank weiter kultivieren. Vorteil: Weniger Arbeit und so gut wie keine Ausfälle beim Heranziehen.

Achtung Ameisen!

Mit den ersten warmen Sonnenstrahlen kommen auch die Ameisen wieder in den Garten. Sie sind keine Schädlinge, können aber durch ihre aufgeworfenen Erdnester in Beeten und Rabatten lästig werden. Mitunter kommen Sie auch vom Garten auf die Terrasse oder ins Haus. Leider beschützen Ameisen auch Blattlauskolonien vor natürlichen Feinden, denn Ameisen ernähren sich unter anderem von den süßlichen Ausscheidungen der Blattläuse. Bekämpfungsmaßnahmen sind nur erforderlich, wenn die Ameisen deutlich überhand nehmen. Köderdosen enthalten Wirkstoffe, die von den Arbeiterinnen an die Larven verfüttert werden. Es gibt außerdem spezielle Verwirrstoffe im Handel, durch welche die Tiere nicht ins Nest zurückfinden können. Alte Hausmittel wie ausgestreuter Zimt oder Zitronenschalen sollen eine ähnliche Wirkung haben.

BLUMEN

SOMMERBLUMEN, DIE MAN IM APRIL DIREKT INS FREILAND SÄT

Deutscher Name (Botanischer Name)	Blüte- zeit	Wuchs- höhe	Farbe	Standort
Ringelblume (Calendula officinalis)	VI bis IX	40 bis 60 cm	gelb, orange, Mischungen	sonnig, nährstoff- reicher Gartenboden
Einjähriger Rittersporn (Delphinium drummondii)	VI bis IX	30 bis 70 cm	rot, rosa, blau, orange	sonnig, schwerer, nährstoffreicher Boden
Goldmohn (Eschscholzia californica)	VI bis VIII	30 bis 40 cm	weiß, gelb, orange, rot	sonnig, trockener, nährstoffreicher Boden
Kokardenblume (Gaillardia-Hybriden)	VI bis X	40 bis 60 cm	verschiedene Farbtöne	sonnig, durchlässiger Boden
Atlasblume (Clarkia amoena)	VI bis IX	25 bis 40 cm	verschiedene Farbtöne	sonnig, warmer, frischer, nährstoffreicher Boden
Schleierkraut (Gypsophila elegans)	VI bis IX	20 bis 40 cm	weiß, rot, rosa, Mischungen	sonnig, durchlässiger, nährstoffreicher Boden
Sonnenblume (Helianthus annuus)	VII bis IX	über 75 cm	gelb, Mischungen	volle Sonne, nährstoff- reicher, trockener bis frischer Boden
Schleifenblume (Iberis spec.)	V bis IX	20 bis 40 cm	weiß, rosa, lila, rot, Mischungen	sonnig, normaler, frischer Gartenboden
Bechermalve (Lavatera trimestris)	VII bis IX	40 bis 75 cm	rosa, weiß	Sonne bis Halbschatten, frischer Gartenboden
Jungfer im Grünen (Nigella damascena)	V bis VIII	40 bis 60 cm	blau, rosa, weiß, Mischungen	volle Sonne, mittelschwerer, nährstoffreicher Boden

Bodentyp und Nährstoffgehalt. Achten Sie beim Pflanzenkauf auf die jeweiligen Bedürfnisse der Stauden und vergleichen Sie diese mit den Gegebenheiten an ihrem zukünftigen Standort (siehe Tabelle, S. 81 und S. 82). Sonnenhungrige Pflanzen fühlen sich im Schattenbeet nicht wohl, Kalk liebende Pflanzen können auf saurem Boden nicht gedeihen. Wichtig für eine erfolgreiche Pflanzung ist außerdem die richtige Bodenvorbereitung (siehe Februar, S. 21). Die Frühjahrspflanzung hat den Vorteil, dass die jungen Pflanzen keinen Winterschutz brauchen, sondern sich problemlos etablieren können. Damit Ihr Staudenbeet jahrelang prächtig blüht, ist ein Pflanzplan ratsam. Stellen Sie Pflanzen zusammen, die gleiche Ansprüche stellen und

STAUDEN

Hauptpflanzzeiten für Stauden sind das Frühjahr und der Herbst. Die im Sommer und im Herbst blühenden Stauden werden im Frühjahr gepflanzt. Auch wärmebedürftige Pflanzen wie das Tränende Herz, Margeriten oder Lupinen wachsen im Frühjahr am besten an. Im April, wenn der Boden frostfrei bleibt, kann es losgehen. Wichtig ist, dass Sie die Beschaffenheit des Bodens in ihren Beeten genau kennen. Eine Bodenprobe gibt Auskunft über pH-Wert,

DIE Jakobsleiter *(Polemonium caeruleum)* zeigt sich ab Mai im blauen Blütenkleid. Die etwa 60 cm hohe Staude liebt feuchte Standorte und verträgt sich gut mit Mohn *(Papaver* spec.), Chrysanthemen oder Taglilien.

SETZEN Sie Ihre neuen Stauden in ausreichend große Pflanzlöcher. Bei schweren Böden empfiehlt es sich, mit einer Dränageschicht aus Kies Staunässe vorzubeugen.

LINKS: Leuchtend gelbe Blütenrispen zeigt die Waldsteinie *(Waldsteinia ternata)* in milden Gegenden schon ab Anfang April. Sie bildet immergrüne Teppiche und ist daher auch als Bodendecker geeignet. Am schönsten gedeiht sie an einem sonnigen Standort.

RECHTS: Kleine Stauden lassen sich problemlos mit der Hand teilen; die einzelnen Teilstücke werden einfach auseinandergezogen.

gute Nachbarn sind. Achten Sie auch auf Blütezeit und Blütenfarbe (siehe Tabelle). Am schönsten ist eine Staudenrabatte, in der zu jeder Jahreszeit etwas blüht. Platzieren Sie große Prachtstauden hinten und reservieren Sie kleinen Stauden einen Platz in der ersten Reihe.

Pflanzung und Anordnung

Vor dem Pflanzen wird der Boden gelockert. Oft lässt es sich bei der Pflanzarbeit nicht vermeiden, auf den frisch bearbeiteten Boden zu treten. Um die Erde nicht wieder zu verdichten, legen Sie Holzbretter, auf die Sie beim Pflanzen treten können, quer über das Beet.

Es ist ratsam, die Pflanzen erst einmal samt Topf auf dem Beet oder der Rabatte aufzustellen, um Wirkung, Blütenfarbe und Standortansprüche aufeinander abzustimmen. Wählen Sie den Abstand der Pflanzen so, dass sich jede Pflanze in den nächsten Jahren ungestört entfalten kann. Oft wird der Fehler gemacht, Stauden zu dicht nebeneinander zu setzen, denn ein frisch angelegtes Staudenbeet wirkt auf den ersten Blick oft etwas kahl. Es braucht einige Zeit, bis die Pflanzen an Ihrem Standort eingewachsen sind. Farbenfrohe Sommerblumen schließen in der ersten Zeit die Lücken.

Ist die richtige Anordnung gefunden, nehmen Sie die Stauden vorsichtig aus dem Topf heraus, möglichst ohne die Feinwurzeln zu verletzen. Sie erleichtern den Stauden das Anwachsen, wenn Sie den Pflanzenballen, bevor er in die Erde kommt, in einen Eimer Wasser tauchen. Der Ballen hat sich voll-

BLUMEN

PFLANZZEIT: STAUDEN FÜR DIE SONNE

Deutscher Name (Botanischer Name)	Blütezeit	Wuchshöhe	Farbe	Boden
Frauenmantel (Alchemilla mollis)	VI	40 cm	grün-gelb	lehmig, humos
Färberkamille (Anthemis tinctoria)	V bis IX	50 bis 70 cm	gelb-weiß	locker, humusarm
Bergflockenblume (Centaurea montana)	V bis VII	40 cm	blau	anspruchslos
Bärenklau (Acanthus spinosus)	VI bis VIII	90 cm	weiß-rosa	durchlässig
Lavendel (Lavandula angustifolia)	VII bis VIII	40 bis 50 cm	lila, blau	trocken, lehmig, humos
Prachtscharte (Liatris spicata)	VII bis IX	80 cm	lila	nicht zu nass
Nachtkerze (Oenothera tetragona)	VII bis X	80 cm	gelb	anspruchslos
Salbei (Salvia nemerosa)	VI bis VII, IX	50 cm	blau	kalkhaltig
Goldrute (Solidago-Hybriden)	VII bis IX	60 bis 80 cm	gelb	anspruchslos

BLUMEN

TAGPFAUEN-AUGEN sind häufige Gäste im Garten. Sie nutzen attraktive Blüten wie die des Sonnenhutes nicht nur zum Nektartrinken, sondern oft auch als willkommenes Ruheplätzchen.

HAT Ihr Garten eine größere Auswahl an Schmetterlingspflanzen zu bieten, tanzt auch der Perlmuttfalter zwischen den bunten Blumen im Garten. Gerne laben sich Schmetterlinge an einer Schale mit Zuckerwasser.

ständig mit Wasser vollgesogen, wenn keine Luftblasen mehr aufsteigen. Das Pflanzloch sollte etwa doppelt so tief und doppelt so breit wie der Wurzelballen der Staude sein. Ist bei schwerem Boden Staunässe zu befürchten, denken Sie an Drainagematerial wie Sand und Kies als unterste Schicht. Darauf geben Sie Pflanzerde, setzen die Staude in den Boden und umgeben sie mit Erde. Die Pflanze sollte nicht tiefer gepflanzt werden, als sie im Topf war. Andrücken und Wässern nicht vergessen.

Stauden teilen

Der April ist ein günstiger Monat, um zu groß gewordene oder blühfaule Stauden zu teilen. Eingewachsene Stauden brauchen eine Frühjahrskur. Graben Sie die Pflanze vorsichtig aus dem Boden. Dazu umstechen Sie die Staude mit

einem Spaten und heben sie vorsichtig heraus. Schütteln Sie die anhaftende Erde ab, bis das Wurzelwerk sichtbar wird. Kleine Stauden und solche mit einem lockeren Wurzelballen lassen sich mühelos mit der Hand auseinander ziehen. Nehmen Sie den Spaten bei Stauden wie Fetthenne, Sonnenhut oder Herbstastern zu Hilfe, denn sie haben einen starken und verfilzten Wurzelballen. Auch eine Säge tut hier gute Dienste. Nach dem Teilen kommen die getrennten Pflanzen an ihrem neuen Standort in gelockerte, mit Kompost angereicherte Erde. Drücken Sie die Stauden fest in den Boden und gießen Sie gut an. Einige Stauden nehmen Ihnen das Ausgraben und Teilen allerdings übel. Tränendes Herz oder Pfingstrosen entwickeln sich am schönsten, wenn man sie jahrelang am selben Platz gedeihen lässt.

Pflegemaßnahmen

Denken Sie daran, junge Stauden schon beim Austreiben mit Stützhilfen zu versehen, da sich Stäbe und Drähte im Nachhinein oft schwer anbringen lassen. Stauden

wie Rittersporn oder Pfingstrose können Sie jetzt locker an einen Stützstab anbinden oder mit Drahtstäben umfassen.

Damit die Stauden nicht von Schnecken kahl gefressen werden, stülpen Sie ein Plastikhütchen aus der Gemüseanzucht über gefährdete Pflanzen wie Funkie oder Rittersporn.

Übrigens können Stauden jetzt auch ausgesät werden. Beachten Sie hier die Angaben zu den Aussaatbedingungen und Standortansprüchen auf den Samentüten. Die Stauden werden direkt an Ort und Stelle ausgesät.

Denken Sie bei der Auswahl Ihrer Stauden auch an die Schmetterlinge, denn was wäre ein Garten ohne die bunten Gaukler, die mit den Blüten um die Wette leuchten? Schmetterlinge ernähren sich mit ihrem langen Rüssel ausschließlich von Nektar. Sie sind deshalb auf nektarspendende Pflanzen angewiesen. Am besten geeignet dafür sind heimische Pflanzen und Wildstauden. Mit Astern, Wiesensalbei, Blaukissen, Lavendel, Luzerne, Thymian oder Glockenblume locken Sie Schmetterlinge in Ihr Staudenbeet.

STAUDEN FÜR DEN SCHATTEN

Deutscher Name (Botanischer Name)	Blütezeit	Wuchshöhe	Farbe	Boden
Eisenhut (Aconitum × ardensii)	VI bis IX	bis 150 cm	blau, selten gelb	nährstoffreich
Herbstanemone (Anemone hupephensis var. japonica)	IX bis X	60 bis 80 cm	rosa, weiß, rot	nährstoffreich, humos
Prachtspiere (Astilbe-Hybriden)	VI bis VIII	30 bis 80 cm	rot, weiß, rosa	leicht feuchter Boden
Silberkerze (Cimicifuga spec.)	IX bis X	bis 200 cm	weiß, creme	frisch, humos
Tränendes Herz (Dicentra spectabilis)	Mai bis VII	60 bis 80 cm	rosa, weiß	feucht, humos
Christrose (Helleborus niger)	XII bis II	30 bis 40 cm	weiß, rosa, hellgrün	frisch, humos
Funkie (Hosta spec.)	VIII bis IX	50 bis 60 cm	violett bis weiß	frisch, humos
Goldfelberich (Lysimachia punctata)	VII bis IX	60 bis 80 cm	gelb	feucht, anspruchslos

OFT werden Steingärten als Hügel angelegt. Schichten Sie zu unterst einen kleinen Hügel aus grobem Kies als Drainage auf. Darüber geben Sie eine dicke Schicht gute Gartenerde. Darauf folgt eine Mischung aus Erde und Feinsplitt, der für lockeren Boden sorgt. Ganz oben schließt man mit einer dünnen Erdschicht ab.

DER STEINGARTEN

Die richtige Zeit für die Anlage eines Steingartens ist das Frühjahr, bevor die Blüte einsetzt, oder auch der Herbst, nach der Blütezeit. Was Größe, Anzahl der Pflanzen oder die Anordnung der Steine betrifft, gibt es keinerlei Vorschriften. Auch eine Lage am Hang ist nicht unbedingt erforderlich. Wichtig ist, dass Sie einen sonnigen Platz auswählen; die meisten Steingartenpflanzen sind wahre Sonnenanbeter. Auch für durchlässigen Boden muss gesorgt sein, denn Steingartenpflanzen vertragen keine Staunässe.

Die Anlage

Befindet sich an der Stelle Ihres zukünftigen Steingartens noch Rasen, müssen Sie erst einmal die Rasensoden entfernen. Insgesamt sollte etwa 40 cm Oberboden abgetragen werden. Füllen Sie dann etwa 20 cm groben Kies in die Aushubfläche, um einen guten Wasserabfluss zu gewährleisten. Darauf wird der Erdaushub ausgebracht. Wichtig ist, die Erde dabei gründlich von Unkrautwurzeln zu befreien. Schwere Böden sollen

mit Sand vermischt, leichte Sandböden mit Lehmboden und Kompost angereichert werden. Beim Aufbringen der Erde können Sie die Fläche nach Ihren Vorstellungen modellieren, beispielsweise zu einem Hügel, mehreren kleinen Hügeln oder einem leichten Gefälle. Danach platzieren Sie die Steine, zum Schluss wird gepflanzt.

Pflanzen und Steine auswählen

Bei der Pflanzenwahl sollten Sie darauf achten, dass zu jeder Jahreszeit Pflanzen blühen. Im Frühling haben Kuhschelle, Steinkraut oder Adonisröschen ihren Auftritt. Im Sommer blühen Thymian, Steintäschel oder Sonnenröschen. Für den Herbst können Sie Kissenaster, Herbststeinbrech oder Enzianbleiwurz pflanzen. Vergraben Sie im September Knöllchen von Schneeglöckchen oder Winterling, blüht Ihr Steingarten sogar im Winter. Am schönsten wirkt es, wenn Sie sich bei der Auswahl der Steine nur auf eine Gesteinsart beschränken.

STEINKRAUT (*Alyssum saxatile*) ist eine dankbare Steingartenstaude. Es blüht ab April und breitet sich an einem sonnigen Standort ohne Staunässe schnell aus.

BLAUE Akzente setzt das Blaukissen (*Aubrieta*-Hybriden) zwischen hellen Steinen. Im Frühjahr bildet die Polsterstaude prächtige Blütenteppiche.

BLUMEN

AB Ende April zeigen sich die farbenfrohen Ranunkeln *(Ranunculus asiaticus)* im Garten. Mit gelben, orangen, rosa und weißen Blütenköpfchen vertreiben sie endgültig den Winter.

KRONENANEMONEN *(Anemone coronaria)* sind winterhart und begrüßen den Frühling von April bis Mai. An einem halbschattigen Platz fühlen sie sich besonders wohl.

Boden bleiben, können Sie zum Verwelken auch aus dem Beet nehmen und an einem unauffälligen Platz vergilben lassen.

Dahlien

Dahlien werden ab April in Töpfen an einem hellen Platz im Haus vorgezogen werden. Dadurch kommen sie schneller zur Blüte und der junge Austrieb bleibt von Schnecken verschont. Teilen Sie große Dahlienknollen, bevor sie gepflanzt werden (siehe Bild). Auf der Fensterbank kann man Dahlienknollen jetzt auch zur Stecklingsvermehrung heranziehen. Man pflanzt sie in Töpfe mit humoser Erde und hält sie feucht. Sind die Triebe etwa 10 cm lang, werden sie mit einem scharfen Messer an der Basis abgeschnitten. Entfernen Sie die unteren Blätter. Die Triebe bewurzeln besser, wenn man sie vor dem Einpflanzen in Bewurzelungspulver taucht. Verwenden Sie kleine Töpfe mit sandiger Gartenerde, gießen Sie die Stecklinge gut an und vermeiden Sie die volle Sonne.

ZWIEBELBLUMEN

Haben Sie im letzten Herbst vorgesorgt (siehe September), erwartet Sie jetzt ein wahres Blütenfeuerwerk im Zwiebelblumen-Garten. Damit Sie nächstes Jahr das gleiche bunte Schauspiel erwartet, soll den Zwiebelblumen nach der Blüte genug Zeit gewährt werden, um neue Kräfte zu tanken: Die Blätter müssen vollständig verwelken können, denn die Zwiebel speichert die Nährstoffe, die beim Vergilben der Blätter frei werden. Durch Zusammenflechten der Blätter schaffen Sie Platz im Beet und sorgen für einen ungewöhnlichen Blickfang. Kommt jetzt der Rasenmäher schon zum Einsatz, sollte um die Zwiebelblumen herum gemäht werden. Diejenigen, die nicht im

GROSSE Dahlienknollen teilt man am besten mit einem sauberen, scharfen Messer. Teilen Sie die Knollen so, dass jede Hälfte mindestens eine kräftige Knolle aufweist.

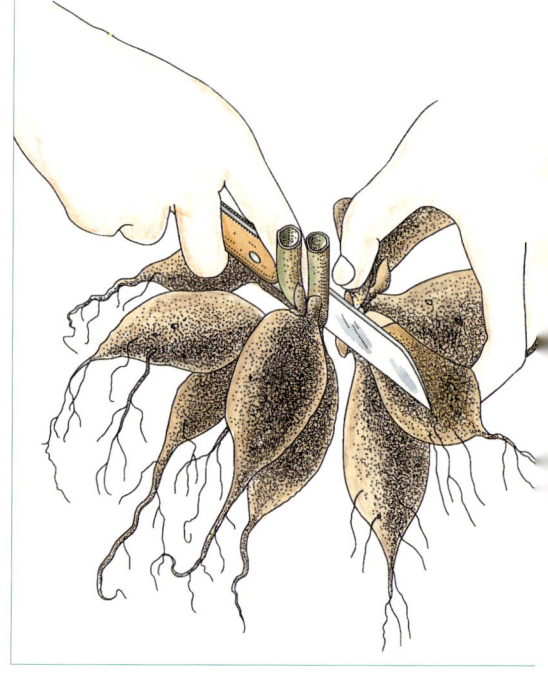

ROSEN SCHNEIDEN UND PFLEGEN

RECHTS: Beet- und Edelrosen kräftig zurückschneiden. Schwachwüchsige Sorten werden auf 3 bis 4 Augen (ca. 10 bis 15 cm), starkwüchsige auf 4 bis 6 Augen (15 bis 25 cm) eingekürzt. Ganz rechts: Alte Triebe von Strauchrosen direkt über dem Boden entfernen. Restliche bei öfter blühenden auf die Hälfte kürzen. Einmal blühende nicht zurückschneiden, nur nach der Blüte auslichten.

DIE Stacheldrahtrose (Rosa omeiensis f. pteracantha) fällt weniger durch ihre einfachen, weißen Blüten, sondern eher durch ihre flügelartigen, feuerroten Stacheln auf.

nach innen wachsende Triebe sollten Sie entfernen. Schneiden Sie immer direkt oberhalb eines Auges, der Triebknospe in der Blattachsel, und verwenden Sie dazu eine scharfe Gartenschere, damit Sie die Triebe nicht quetschen. Wichtig: Das Auge unterhalb des Schnittes sollte nach außen zei-

DER richtige Schnitt erfolgt etwa 5 bis 10 mm über einem nach außen gerichteten Auge. Dabei leicht schräg vom Auge weg nach unten schneiden, damit Regenwasser besser ablaufen kann.

falsch — richtig

Rosenschnitt

Um Wachstum und Blütenbildung anzuregen und die Wuchsform zu erhalten, ist im Frühjahr bei den meisten Rosen ein kräftiger Rückschnitt angebracht. Der richtige Zeitpunkt für diesen Hauptschnitt ist Anfang April, bei mildem Wetter, wenn die Knospen bereits anfangen zu schwellen, zum Teil auch schon ein bis zwei Wochen früher. Grundsätzlich werden alle kranken, schwachen und erfrorenen Triebe bis ins gesunde Holz zurückgeschnitten. Auch quer und gen, um eine schöne Wuchsform zu erhalten.

Alle zwei bis drei Jahre kann ein Verjüngungsschnitt angebracht sein. Dabei lässt man einjährige Triebe stehen und schneidet ältere, verholzte Triebe, die kaum noch Blüten hervorbringen, zurück. Ge-

ROSEN

LINKS: Triebe von Stammrosen auf 3 bis 6 Augen (ca. 10 bis 25 cm) zurückschneiden, Krone dabei kompakt halten. Kaskadenrosen werden nur ausgelichtet.

RECHTS: Bei öfter blühenden Kletterrosen lange Haupttriebe nicht schneiden. Kurze Seitentriebe auf 2 bis 4 Augen einkürzen. Einmal blühende direkt nach der Blüte auslichten, neue Triebe stehen lassen.

nerell gilt: Schwache Triebe werden stark, kräftige Triebe weniger stark gekürzt. Nicht geschnitten werden in der Regel Wildrosen. Nur alte und kranke Triebe müssen entfernt werden.

Schnittabfälle sollten Sie unbedingt in die Mülltonne werfen oder verbrennen. Bleiben sie auf dem Beet liegen oder gelangen sie in den Kompost, können sich dadurch Pilzkrankheiten ausbreiten.

Wichtige Pflegearbeiten

Auch im April sollte der Boden rund um die Rosenstöcke wieder gelockert und Unkraut entfernt werden. Wenn die Augen auszutreiben beginnen und der Boden nicht mehr gefroren ist, können Sie mit der Düngung beginnen. Allerdings sollten Rosen im ersten Jahr nach ihrer Pflanzung grundsätzlich nicht gedüngt werden. Rosen be-

nötigen in erster Linie Stickstoff (N) für das Blattwachstum, Phosphor (P) für die Blütenbildung und Kalium (K) für den Wasserhaushalt und die Entwicklung der Holztriebe. Außerdem sind zum Beispiel Eisen, Magnesium und Kalzium für die Entwicklung der Pflanzen wichtig. Organischer Dünger wird im Spätherbst und Winter ausgebracht. Jetzt im Frühjahr ist ein mineralischer Volldünger erforderlich, der den Pflanzen sofort zur Verfügung steht. Damit sich der Dünger gut lösen kann, sollten Sie den Boden vorher und hinterher kräftig wässern. Vorsicht: Streuen Sie den Dünger nicht auf Blätter oder Blüten, das kann zu Verbrennungen führen! Nach Schnitt und Düngung können Sie mulchen, das heißt, Sie decken den Boden rund um die Rosenstöcke mit organischem Material wie Rindenmulch, Stroh, Laub oder Kompost ab. Dadurch verdunstet das Wasser in der Erde nicht so schnell, Unkraut kann nicht mehr wachsen und auch das Hacken bleibt Ihnen so weitgehend erspart.

ROSEN und antike Figuren passen wunderbar zusammen und verleihen dem Garten romantisches Flair.

BÄUME UND STRÄUCHER

GELB ist die Farbe der Sonne und genauso strahlend lacht dem Betrachter dieser Garten entgegen. Wer Gelb liebt, sollte auf Blütensträucher wie Goldglöckchen *(Forsythia intermedia)*, Ginster *(Cytisus)*, Dotter-Berberitze *(Berberis x stenophylla)*, die Scheinhasel *(Corylopsis pauciflora)*.

Gehölzpflege

Unter den wärmenden Strahlen der Frühlingssonne brechen in diesen Wochen immer mehr Blatt- und Blütenknospen auf. Felsenbirne *(Amelanchier lamarckii)*, Zierquitte *(Chaenomeles* spec.), Mahonie *(Mahonia aquifolium)*, Zierkirsche *(Prunus serrulata* in Sorten) und Goldglöckchen *(Forsythia x intermedia)* stehen in voller Blüte. Doch mit dem Frühlingsfeuerwerk sprießen auch die ersten Unkräuter. Hier heißt es den Anfängen wehren. Eine Mulchschicht erleichtert jedoch nicht nur das Unkrautjäten. Sie verringert die Verdunstung und der Boden bleibt darunter länger feucht – optimal für die im Vormonat frisch gepflanzten Gehölze. Bleibt der April sehr trocken, sollte man gelegentlich gründlich wässern. Testen Sie mit den Fingern die Bodenfeuchtigkeit unter der Mulchschicht.

Bereits eingewachsene Gehölze werden im März oder April auf Vorrat gedüngt. Die zum Teil großflächigen Wurzelgeflechte nehmen an ihren Rändern die meisten Nährstoffe auf, da hier feine Faserwurzeln sitzen. Da Wurzel und Krone stets im Gleichgewicht stehen, liegt dieser Bereich in der Regel unterhalb der Kronentraufe. Rauen Sie hier kreisförmig den Boden auf und verteilen Sie eine 5 bis 8 cm dicke Schicht Kompost darauf. Leicht in den Boden einarbeiten. Zusätzlich kann man organische Dünger wie Hornspäne oder Knochenmehl untermischen. Wer mineralischen Dünger verwendet, sollte eine Wetterphase mit Regenfällen abpassen. Der Regen löst die Volldüngerkörner auf und wäscht die Nährstoffe in tiefere Bodenschichten. Gerade deshalb ist es wichtig, wohl dosiert zu düngen. Alles, was die Wurzeln nicht fassen und speichern können, gelangt sonst ins Grundwasser und kann hier zu unerwünscht hohen Nitratwerten im Trinkwasser führen.

Je nachdem, wie Ihre Bodenprobe vom Vormonat ausgefallen ist (siehe S. 54), werden die Pflanzbeete mit Dünger oder Kalk bestreut und das Granulat oberflächlich eingearbeitet.

LINKS: Eine Schicht Rindenmulch hält Unkräuter fern und den Boden länger feucht.

RECHTS: Beim Freikratzen der Baumscheibe kann man gleichzeitig düngen.

ZIERGEHÖLZE

GEHÖLZE FÜR GESCHNITTENE HECKEN

Deutscher Name (Botanischer Name)	Höhe	Stück/m²	Schnittzeitpunkt
Immergrüne			
Buchs (Buxus sempervirens)	30 bis 60 cm	3 bis 4	2 bis 3-mal; III bis VIII
Scheinzypresse (Chamaecyparis lawsoniana)	100 bis 250 cm	2	2-mal; IV und IX
Leylandzypresse (Cupressocyparis leylandii)	200 bis 400 cm	1 bis 2	2 bis 3-mal; III bis VIII
Stechpalme (Ilex aquifolium)	100 bis 300 cm	2	1-mal; IX
Lavendel (Lavandula angustifolia)	50 bis 100 cm	3 bis 4	1-mal; nach der Blüte
Liguster (Ligustrum ovalifolium)	150 bis 300 cm	3 bis 4	2 bis 3-mal; III bis VIII
Heckenkirsche (Lonicera nitida)	100 bis 120 cm	3 bis 4	2 bis 3-mal; III bis VIII
Eibe (Taxus baccata)	150 bis 400 cm	2	2-mal; VI bis VIII und X bis XI
Lebensbaum (Thuja plicata)	150 bis 300 cm	2	2-mal; III bis V und IX bis X
Sommergrüne			
Hecken-Berberitze (Berberis thunbergii)	50 bis 150 cm	2	1-mal VI bis VIII
Hainbuche (Carpinus betulus)	150 bis 500 cm	2	1-mal VI bis VIII
Feuerdorn (Pyracantha coccinea 'Red Column')	150 bis 300 cm	2 bis 3	2-mal; VI bis VIII und IX bis XI
Buche (Fagus sylvatica)	100 bis 600 cm	2 bis 3	1-mal; IX

gestutzt werden. Eingekürzt werden dabei nur die frischen Triebe. Ins alte Holz schneidet man nur, wenn man die Sträucher verjüngen möchte.

Frei wachsende Blütenhecken werden meist etwas dichter angepflanzt, als tatsächlich Pflanzen darin Platz haben. Damit möchte man erreichen, dass die Sträucher durch den Konkurrenzdruck schneller heranwachsen. Im vierten bis fünften Jahr nach der Pflanzung sollte man diese Hecken auslichten. Man nimmt die schwächsten Exemplare heraus und auch solche, die sich aufgrund von Krankheiten nicht bewährt haben. Achten Sie darauf, dass Sie dabei bereits brütende Vögel nicht stören. Sonst wartet man mit dem Auslichten bis zum Spätsommer oder Herbst.

Die Wurzeln können, wo sie nicht stören, im Boden bleiben. Sie werden bald überwachsen.

HECKEN

War der März noch recht frostig, lässt man sich bis zum April Zeit mit der Anlage neuer Hecken. Bei immergrünen Laub- und Nadelgehölzen wartet man in jedem Fall bis Mitte April. Denn die immergrünen Blätter würden sonst zu viel Wasser verdunsten, ohne dass die jungen Wurzeln schon für ausreichend Nachschub sorgen könnten. Der beste Monat, um Immergrüne zu pflanzen, ist und bleibt jedoch der August (siehe S. 209 f.).

Bei frisch gepflanzten Hecken wird laufend kontrolliert, ob die Pflanzstellen in Ordnung sind. Der Wind kann die Wurzelballen leicht hochdrücken, solange sie noch nicht eingewurzelt sind. Treten Sie die gelockerte Ballen erneut fest, damit sie nicht austrocknen.

Immergrüne Hecken aus Buchs (Buxus sempervirens) können Ende des Monats zum ersten Mal

ZIERQUITTEN zieren den Garten nicht nur im Frühjahr mit ihren leuchtend roten Blüten. Bis zum Herbst reifen an vielen Sorten apfelgroße Früchte heran, die sich wunderbar zu Marmeladen und Gelees verarbeiten lassen.

ÜPPIGE Blütenfülle zeigt Ginster nur am zweijährigen Holz. Nach der Blüte schneidet man deshalb zwei Drittel des Längenzuwachses vom Vorjahr weg. Knospen am alten Holz lassen sich leider nicht mehr zum Leben erwecken.

LINKS: Auch Nadel-
gehölze wie die Sichel-
tanne *(Cryptomeria
japonica)* 'Hungarian
Gold' bringen Farbe in
den Frühlingsgarten.

RECHTS: Latschen-
kiefern erhalten erst
durch Schnee und
Wind ihre knorrige bi-
zarre Form. Im Garten
muss man mit Draht
und Schere nachhelfen.

KLETTERPFLANZEN

In den ersten Wochen nach der Pflanzung dürfen die jungen Kletterpflanzen nicht unter Trockenheit leiden. Fällt mehrere Tage kein Regen, wird kräftig gewässert. Viele Kletterpflanzen stammen ursprünglich aus den überschwemmten Auengebieten der Flüsse und sind von daher nasse Füße gewohnt. Eine Mulchschicht hilft, die Feuchtigkeit länger im Boden zu halten. Wenn Sie dazu Rindenmulch verwenden, sollte dieser stets gut abgelagert sein. Frische Rindenhäcksel, gerade solche von Nadelbäumen, können sehr viel Gerbstoffe freisetzen, die in den Boden gelangen und den Wurzeln schaden können. Im Verlauf des Sommers sollte man die Mulchschicht deshalb mit Rasenschnitt vermischen. Bei empfindlichen Kletterpflanzen wie Kiwi *(Actinidia arguta, A. kolomikta)*, Akebie *(Akebia quinata)* oder Trompetenblume *(Campsis radicans)*, die im Winter einen Schutz getragen haben, wird dieser bei mildem Wetter entfernt. Die Fichtenzweige, Jutesäcke oder

**KLETTERPFLAN-
ZENGRUPPEN: (1)**
Rankpflanzen entwickeln durch Umwandlung von Blättern oder Sprossachsen Rankorgane, z.B. Waldrebe und Wein. **(2)** Spreizklimmer, dazu zählen Kletterrosen, verhaken sich mit ihren Trieben im Klettergerüst. **(3)** Wurzelkletterer wie Efeu und Kletterhortensien tragen an ihren Zweigen Haftwurzeln, mit denen sie sich ohne Kletterhilfe an Wänden und Mauern festhalten. **(4)** Schlingpflanzen, wie z.B. Jelängerjelieber und Akebie, winden sich ohne Haftorgane spiralförmig an den Kletterhilfen empor.

ZIERGEHÖLZE

Schilfmatten werden jedoch noch nicht ganz weggepackt. Kündigen sich noch einmal Nachtfröste an, kommen sie noch einmal zum Einsatz. Die Winterschutzabdeckung über den Wurzeln wird durch eine Mulchschicht ersetzt.

WER Clematis liebt, hat die Qual der Wahl. Die Hybriden-Sorten 'Lasurstern', 'Dr. Ruppel' und 'Nelly Moser' sind am beliebtesten.

EINJÄHRIGE Kletterpflanzen wie die Schwarzäugige Susanne werden jetzt aus Samen herangezogen, damit sich bis zum Sommer kräftige, reich blühende Exemplare entwickeln.

schlungen sein, so dass Schürfwunden entstehen. Bei älteren Exemplaren wird kontrolliert, ob die alten Befestigungen nicht bereits einschneiden.

Einjährige Kletterpflanzen

Ende März, Anfang April beginnt die Aussaat einjähriger Kletterpflanzen (z. B. Schwarzäugige Susanne, Prunkwinde, Sternwinde, Schönranke). Gesät wird in Töpfe oder Schalen mit Anzuchterde. Hell und warm im Zimmer oder Gewächshaus aufstellen und stets feucht halten. Zeigen die Sämlinge die ersten Laubblätter, setzt man sie jeweils einzeln in Töpfe. Hier bekommen sie gleich zu Anfang eine Kletterhilfe, die zunächst aus aneinander gelehnten Bambusstäben (Tonkin-Stäben) bestehen kann. Achten Sie darauf, dass benachbarte Pflanzen nicht ineinander wachsen.

Schutz vor Kaninchen

In außerhalb gelegenen Gärten knabbern Kaninchen zuweilen auch die Rinde von Kletterpflanzen an. Um die Jungpflanzen vor Verbiss zu schützen, wird ein Stück Kaninchendraht halbrund gebogen und gegen die Pflanze gelehnt. Diese Drahthosen sollten so großzügig im Durchmesser sein, dass die Pflanzen ungehindert weiterwachsen können.

Triebe festbinden

Im Verlauf des April legen starkwüchsige Kletterpflanzen wie Schlingknöterich (*Polygonum aubertii*), Blauregen (*Wisteria sinensis*) oder *Clematis montana* ein beachtliches Längenwachstum vor. Die frischen Triebspitzen werden am Gerüst entlang nach oben geleitet und festgebunden. Der Bindedraht sollte dabei weder zu stramm sitzen noch zu locker ge-

BLAUREGEN (*Wisteria* spec.) ist nur dann so reichblühend, wenn er aus Stecklingen besonders blühwilliger Pflanzen herangezogen wurde. Zwar setzen die prachtvollen Kletterer auch in unseren Breiten Samen an, doch die Keimlinge halten nicht immer, was sie versprechen.

PFLEGE UND NEUANLAGE

Rasenpflege im April

Wer im März den Rasen noch nicht vertikutiert und gedüngt hat (siehe S. 59), sollte das jetzt tun. Ansonsten wird der Rasen mit den wärmer werdenden Tagen wöchentlich gemäht, damit eine dichte Grasnarbe entsteht. Eine zusätzliche Bewässerung ist jetzt in der Regel noch nicht erforderlich, weil der Boden noch genug Wasser gespeichert hat und weil die Witterung im April vielerorts eher feucht ist.

Sie können jetzt außerdem etwas „Rasenkosmetik" betreiben und die Rasenränder mit einem Kantenstecher oder einem Spaten bearbeiten. Als Lineal für eine schnurgerade Rasenkante dient ein langes Holzbrett oder eine mit zwei Holzpflöcken straff gespannte, stabile Kordel.

Ein neuer Rasen muss her

Die feucht-warme Witterung im April, oder in kühleren Regionen im Mai, ist ideal für die Neuaussaat eines Rasens. Die Samen keimen relativ schnell und der Rasen kann zwei bis drei Monate nach der Neuanlage schon wieder genutzt werden.

Das Wichtigste bei der Neuanlage ist die gründliche Bodenvorbereitung. Der Grund muss feinkrümelig, unkrautfrei, frei von kleinen und größeren Steinen und gut eingeebnet sein.

Auf kleineren Flächen ist die Bodenvorbereitung mit Handgeräten gut zu bewältigen. Leichter ist die Arbeit mit einer Motorfräse zur tiefgründigen Bodenlockerung. Oft gibt es die Geräte bei Bau- und Gartenmärkten zu mieten. Danach wird die Fläche mit einem

Rechen glatt geharkt; gleichzeitig können Sie dabei Pflanzenreste und Steine entfernen. Die Struktur schwerer Böden können Sie durch Einharken von gewöhnlichem Bausand (erhältlich beim nächsten Kieswerk) verbessern. Leichte Böden werden mit reifem Kompost bindiger gemacht. Nach dem Einarbeiten der Bodenverbesserer können Sie verbliebene Unebenheiten mit einem langen Holzbrett glatt ziehen.

Ob ein Rasendünger auf Ihrer Fläche nötig ist, erfahren Sie durch eine Bodenanalyse.

Nach der Düngung wird das Saatgut ausgebracht. Am besten lassen sich die feinen Grassamen mit einem Streuwagen gleichmäßig verteilen. Die Aussaat von Hand erfordert viel Konzentration und sollte nur an windstillen Tagen stattfinden, weil die feinen, leichten Grassamen sonst leicht

NEUANLAGE: Wichtig ist eine optimale Bodenvorbereitung; mit einer Fräse oder einer Motorhacke (1) wird der Boden tiefgründig gelockert. (2) Schwere Böden werden mit Sand verbessert, leichte Böden mit reifem Kompost. (3) Danach Saatgut und Dünger auf der Fläche gleichmäßig verteilen. (4) Walzen oder Andrücken der Samen sorgt für einen guten Bodenschluss. (5) Bis zum ersten Mähen muss bei trockener Witterung regelmäßig beregnet werden.

verweht werden. Je nach Saatgut-mischung sind 20 bis 40 g pro m² erforderlich.

Die Wahl der Saatmischung richtet sich nach der späteren Nutzung der Rasenfläche: Es gibt Spiel- und Sportrasen, die selbst starke Beanspruchungen weg-stecken, den weit verbreiteten Gebrauchsrasen oder den emp-findlichen Zierrasen mit höchsten Pflegeansprüchen.

Für einen guten Bodenschluss werden die Rasensamen nach der Aussaat gut angedrückt. Das schafft man mit einer kleinen Walze oder auf nicht allzu großen Flächen mit Holzbrettern, die man sich wie kleine Skier unter die Schu-he bindet und mit denen man über die frisch ausgesäte Fläche läuft.

Zuletzt wird die gesamte Flä-che gründlich gewässert, am bes-ten mit einem Regner. Auch in den folgenden Wochen bis zum ersten Mähen des frischen Grüns müs-sen Sie bei trockener Witterung regelmäßig den Regner einsetzen: Frisch gekeimter Rasen reagiert extrem empfindlich auf Trocken-

heit. Vier bis sechs Wochen nach der Keimung wird das erste Mal gemäht. Acht Wochen nach der Keimung hat sich bereits ein dich-ter grüner Teppich entwickelt.

Schnell und einfach: Rollrasen

Wem die herkömmliche Rasenaus-saat zu aufwändig oder zu lang-wierig ist, der entscheidet sich für einen Rollrasen. Diese in den letz-ten Jahren immer beliebter gewor-dene Rasenart wird von Spezialfir-men vorproduziert und in der Regel vom Fachbetrieb verlegt. Ein Rollrasen kann im Prinzip das ganze Jahr über verarbeitet wer-den, am günstigsten sind jedoch wie bei der Neuaussaat die Mona-te April oder Mai. Auch beim Roll-rasen ist eine gründliche Boden-vorbereitung das A und O. Die ge-lieferten Rasensoden sind in der Regel 1,5 m lang, 0,5 m breit und werden wie Teppich-Auslegware Stück für Stück verlegt. Besonders wichtig ist eine schnelle Verarbei-tung nach der Anlieferung: Bleiben

die Soden zu lange liegen, begin-nen die Gräser zu faulen. Die Stücke müssen nach dem Verle-gen dicht anliegen; überstehende Ränder werden mit dem Spaten abgestochen und an anderer Stelle verarbeitet. Schon kurze Zeit nach dem Verlegen kann der Rasen be-treten werden. Die Qualität lässt in der Regel keine Wünsche offen. Die Rasenteppiche sind sehr dicht und unkrautfrei. Allerdings kostet ein Quadratmeter Rollrasen zirka 15 Mark plus Transportkosten für die Anlieferung.

Rasen renovieren

Der Rasen ist in die Jahre gekom-men, aber Sie möchten die kom-plette Fläche nicht neu anlegen? Dann können Sie eine bestehende Rasenfläche wieder auffrischen. Man beginnt mit dem Mähen. Wählen Sie eine möglichst niedri-ge Schnitthöheneinstellung am Rasenmäher. Danach wird in Längs- und Querrichtung vertiku-tiert. Die entstehenden Schlitze belüften den Boden und verhelfen

ROLLRASEN verlegen: Rollrasen (3) wird wie ein Teppich auf der vorbereiteten Fläche ausgerollt. Zunächst ist noch eine schonende Begehung erforderlich. Bretter (1) verteilen den Druck. Mit einem Kanten-stecher (2) lassen sich die Rasensoden zuschneiden. Schon nach kurzer Zeit kann der Rasen voll genutzt werden.

RASEN renovieren:
(1) Vertikutieren:
Nachdem der Rasen ganz kurz gemäht wurde (niedrigste Schnitthöhenein-stellung am Mäher), vertikutiert man den Rasen in Längs- und Querrichtung.

Aussaat liegt je nach Witterung zwischen April und Mai. Dann ist es ausreichend warm und feucht, das Saatgut keimt schnell und übersteht die kritische Startphase. Nach dem gleichmäßigen Vertei-len wird das Saatgut etwa 0,5 cm tief eingerecht und gut ange-drückt. Bei trockener Witterung bis zum Heranwachsen einer ge-schlossenen Pflanzendecke den Regner einsetzen. Beachten Sie beim Kauf des Saatgutes, dass es Spezialmischungen für jeden Gar-tenstandort gibt (sonnig, schattig, saurer Boden, kalkreicher Boden).
Noch ein Gartentipp: Sie kön-nen zusätzlich mehrjährige Stauden in die ausgesäte Fläche pflanzen, um die Blütenvielfalt zu erhöhen.

später Saatgut und Dünger zu gutem Bodenkontakt. Auf schwe-ren Böden wird Bausand ausge-streut, um die Durchlüftung der obersten Bodenschicht langfristig zu verbessern. Danach wird mög-lichst mit dem Streuwagen Dünger und frisches Saatgut ausgebracht. Die Aufwandmengen sind genau-so hoch wie bei der herkömm-lichen Aussaat. Das Saatgut ist eine spezielle Mischung schnell keimender, robuster Rasengräser. Sie sollten die Fläche nach der Aussaat mit Gartenerde oder rei-fem Kompost abdecken. Danach ist regelmäßiges Bewässern wich-tig, damit die keimenden Gräser gut mit Wasser versorgt werden.

(2) AUSSÄEN und düngen: Danach Saat-gut und Dünger aus-bringen; der in Längs- und Querrichtung auf-geschlitzte Boden nimmt beides gut auf.

Blumenwiese neu anlegen

Die Bodenvorbereitung bei der Anlage einer Blumenwiese ähnelt der Anlage einer neuen Rasenflä-che. Der Boden muss feinkrümelig gelockert, möglichst eben und frei von Unkräutern sein. Im Unter-schied zum Rasen brauchen Blu-menwiesen allerdings einen eher mageren, also nährstoffarmen Bo-den. Der beste Zeitpunkt für die

(3) BEWÄSSERN: Wie bei der herkömmlichen Aussaat gilt auch bei der Rasenrenovierung: bis zum ersten Mähen regelmäßig beregnen! Hier eine Auswahl verschiedener Regner für den Rasen.

WASSERGARTEN

PFLANZZEIT

RECHTS: Seerosen-rhizome werden mit einem scharfen Messer dort geteilt, wo sich bewurzelte Tochterpflanzen gebildet haben.

LINKS: Zwergseerosen sind besonders zierlich. Sie sollten nicht tiefer als 50 cm stehen und eignen sich deshalb besonders für kleine Teiche.

Je nach Witterung kann ab Mitte des Monats bereits gepflanzt werden. Achten Sie beim Kauf von Seerosen unbedingt darauf, dass die Art bzw. Sorte zur Wassertiefe und Größe Ihres Teichs passt.

Für kleine Teiche gibt es z.B. extra schwachwüchsige Sorten. Für die Vermehrung von Seerosen ist jetzt ein guter Zeitpunkt. Später behindern ihre Schwimmblätter die Arbeit. Zum Teilen der verdickten, wurzelartigen Gebilde (Rhizome) ist ein scharfes Messer und etwas Holzkohlenstaub nötig, der zum Schutz vor Fäulnis auf die

Schnittstellen gestreut wird. Holen Sie jetzt die gesamte Pflanze aus dem Wasser. Seerosenrhizome dürfen nur geteilt werden, wenn sie sich verzweigen. Faule Stellen werden gründlich abgeschnitten. An den Verzweigungen schneidet man das Rhizom auseinander und trägt auf die Schnittstellen Holzkohlenstaub auf. Anschließend können die Teilstücke eingepflanzt werden (am Korb festbinden, sonst schwimmen die Teilstücke auf).

Seerosen-Pflanzung

Seerosen pflanzt man nicht frei in den Teichboden, sondern in einen speziellen engmaschigen

Gitterkorb für Wasserpflanzen. Der Korb hält ihr Wachstum in Grenzen und erleichtert Pflegearbeiten, da man ihn dafür einfach aus dem Wasser holen kann.

Zum Pflanzen werden Gitterkörbe mit Pflanzvlies oder Jutematten (Fachhandel) ausgekleidet, damit das Substrat nicht herausfallen kann. Anschließend füllt man das Vlies mit sogenannter Teicherde aus dem Fachhandel und setzt die Rhizome möglichst waagerecht hinein.

Damit das Substrat nicht an der Oberseite fortgespült werden kann, deckt man es mit einer etwa 5 cm dicken Schicht aus Sand oder feinem Kies ab. Jetzt kann man den Korb einsetzen.

1

2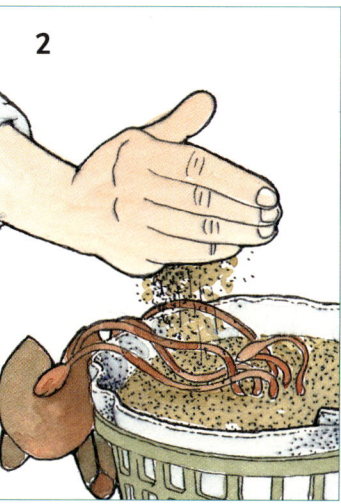

3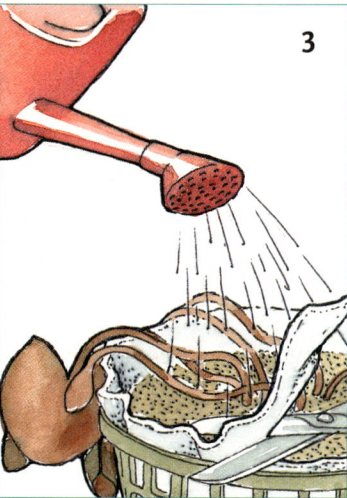

SO pflanzt man Seerosen: (1) Gitterkorb mit Jutematten oder grobmaschigem Pflanzvlies auskleiden und mit Substrat aus dem Fachhandel befüllen, Rhizom waagerecht einsetzen. (2) Substrat mit feinem Kies bedecken. (3) Substrat gut angießen.

DIE SAISON BEGINNT

Der Frühling läuft auf Hochtouren und für Balkon- und Terrassengärtner gibt es einiges zu tun. Bei den draußen überwinterten Pflanzen in Töpfen und Schalen kann der Winterschutz entfernt werden. Vor allem Stauden, Gräser und Farne, die in Gefäße getopft sind, sollten nun zurückgeschnitten, umgetopft, und wenn nötig geteilt werden. Ein neues Gefäß muss ausreichend groß sein und eine Drainageschicht besitzen, um Staunässe zu verhindern. Beim Bummel durch die Gärtnerei haben Sie sicherlich auch einige neue Pflanzen wie Immergrüne, Rosen oder Rhododendren mitgebracht, die Sie in Töpfen halten wollen. Auch die können Sie jetzt pflanzen, damit sie rasch anwachsen. Das

ZAHLREICHE Rosenarten gedeihen auch im Topf, wenn man sie richtig pflegt. Der frostfeste Topf sollte mindestens 30 cm Durchmesser haben und tief genug sein, damit die Wurzeln ausreichend Platz finden. Die Pflanzerde gleich beim Eintopfen mit Langzeitdünger versorgen.

gleiche gilt für Laubgehölze, die nun so schön blühen und den Frühlingsbalkon oder die Terrasse bereichern. Hübsche Blickfänge sind zum Beispiel niedrige Zierkirschen (*Prunus* spec.), Sternmagnolie (*Magnolia stellata*), Schneeball (*Viburnum farreri*), Kornelkirsche (*Cornus mas*), Forsythie (*Forsythia x intermedia*), Mandelbäumchen (*Prunus triloba*), Blutjohannisbeere (*Ribes sanguineum*), Zaubernuss (*Hamamelis x intermedia*) sowie die Hänge-Kätzchen-Weide (*Salix caprea* 'Pendula').

PRIMELN und Narzissen in den Farben der Sonne vertreiben trübe Gedanken. Das Korbgefäß vor dem Pflanzen mit einer Folie auskleiden, damit das Gießwasser nicht ungenutzt abläuft.

Entscheidend für gutes Wachstum: Die richtige Erde

Da in Gefäßen gehaltene Pflanzen nur einen begrenzten Wurzelraum haben, sollten Sie bei der Auswahl der Pflanzerde auf Qualität achten. Der einfachste Weg, an gutes Substrat zu gelangen, ist der Erwerb von fertig gemischten Spezialerden für Balkon- und Kübelpflanzen. So ist Geranienerde stark vorgedüngt und für nährstoffbedürftige Pflanzen zu empfehlen. Pal-

menerde enthält einen besonders hohen Lehmanteil und in Rhododendron- oder Azaleenerde mit einem pH-Wert von 4 bis 4,5 fühlen sich auch Kamelien (*Camellia* spec.), Hortensien (*Hydrangea* spec.), Brautmyrte (*Myrtus communis*) oder Zylinderputzer (*Callistemon citrinus*) wohl.

Wenn Sie jedoch große Mengen benötigen, wird das Ganze eine teure Angelegenheit. Sie können daher auch selber Pflanzerde mischen. Als Ausgangsstoff nehmen Sie möglichst lehmigen, humosen, kleinkrümeligen Gartenboden. Durch die Zugabe von Weißtorf, Kompost, Holzfasern oder Kokos wird das Substrat strukturstabil, das heißt, die Erde sackt auch bei häufigem Gießen nicht zusammen. Durch die Beigabe mineralischer Bestandteile wie Ton und Sand kann das Substrat Nährstoffe und Wasser speichern und wieder abgeben. Auch andere Zusatzstoffe wie Splitt, Perlite (poröses Vulkangestein), Styromull (aufgeschäumtes Polysty-

KÜBELPFLANZEN umtopfen: (1) Da Pflanzen keine Staunässe vertragen, nur Gefäße mit Abzugslöchern im Topfboden verwenden. Die Löcher mit Tonscherben bedecken, damit sie frei bleiben.

(2) **NUN** gedüngte Erde einfüllen, die gut Wasser und Nährstoffe speichern kann und locker bleibt. Für viele Pflanzen gibt es im Handel fertige Spezialsubstrate.

LINKS: (3) Die Pflanze so einsetzen, dass der Ballen unterhalb des Topfrandes liegt.

RECHTS: (4) Den Topf weiter mit Erde auffüllen, die fest angedrückt wird. Unterhalb des Topfrandes sollte ein breiter Rand zum Gießen bleiben.

Hanfpalme (Trachycarpus fortunei) darf bereits ab März ins Freie, mediterrane Arten wie Oleander (Nerium oleander), Erdbeerbaum (Arbutus spec.), Lorbeer (Laurus spec.), Granatapfel (Punica granatum) sowie Pflanzen asiatischer Herkunft, zum Beispiel Kamelie (Camellia spec.), Aukube (Aucuba japonica), Japanische Wollmispel (Eriobotrya japonica) und Zitrusgewächse (Arten von Citrus, Pocirus und Fortunella) kann man jetzt nach draußen stellen, wenn sie kalt überwintert wurden und noch keinen Neuaustrieb zeigen. Den Wechsel vom lichtarmen Winterquartier zum Abhärten ans Tageslicht nehmen Sie am besten an bedeckten Tagen vor, sonst drohen den Blättern Verbrennungen. Für späte Fröste sollten Sie Schutzmaterial wie zum Beispiel Vlies bereitlegen.

Fit für den Sommer

Natürlich stellt man die Pflanzen nicht einfach so nach draußen. Jede einzelne wird gründlich auf Schädlinge untersucht, je nach Befall können einzelne Triebe intensiv gereinigt oder abgeschnitten werden. Auch abgeknickte oder zurückgetrocknete Triebe und störende Zweige schneidet man zurück und verleiht den Pflanzen bei Bedarf durch Rückschnitt eine gute Form. Dabei lassen sich die Triebspitzen gestutzter Pflanzen als Stecklinge für die Neuanzucht verwenden. Außerdem benötigen viele Exemplare nun einen größeren Topf. Das Umtopfen bei großen Pflanzen ist häufig ganz schön schwer, da die Wurzeln wie angeklebt in den Gefäßen sitzen. Bei Ton- und Holzkübeln lösen sich die Pflanzen leichter, wenn man sie vor dem Verpflanzen gut wässert, bei Stein- und Kunststoffgefäßen sollte die Erde vorher austrocknen. An der Topfwand festgeklebte Wurzeln lockern Sie am besten mit einem Messer. Bei

rol) oder Hygromull, ein Kunststoffgranulat, erhöhen die Durchlässigkeit des Substrats für Wasser, denn Balkon- und Kübelpflanzen reagieren ganz empfindlich auf Staunässe. Kalk verleiht der Erde eine lockere Struktur und reguliert den Säuregrad, der als pH-Wert angegeben wird und die Verfügbarkeit der Nährstoffe mitbestimmt (siehe Grafik S. 299).

Nun müssen Sie die Pflanzerde noch aufdüngen. Volldünger in fester oder flüssiger Form versorgen Kübelpflanzen am besten. Langzeitdünger in Form von Gra-

nulat, Perlen oder Stäbchen können Sie ebenso wie Hornspäne und Hornmehl direkt dem Substrat nach Angabe auf der Packung beimischen. Während der Saison wird bei Bedarf mit Flüssigdüngern nachgedüngt.

Kübelpflanzen dürfen wieder ins Freie

Viele Kübelpflanzen treiben aus und der Umzug vom Winterquartier nach draußen steht bevor. Nun müssen die Pflanzen fit gemacht werden. Die robuste starkwüchsigen Arten wie der Engelstrompete (*Brugmansia* spec.), die wieder in den selben Topf zurück müssen, verkleinern Sie den Wurzelballen um etwa 5 cm, damit noch Platz für neue Erde bleibt. In jedem Fall sollte beim Umtopfen eine Drainageschicht aus Blähton oder Tonscherben ins Gefäß eingebracht werden und nach dem Andrücken der neuen Erde oben ein Gießrand von 3 cm bleiben.

Ton oder Kunststoff: Der Weg zum idealen Topf

Form und Aussehen eines Gefäßes spielen eine wichtige Rolle für die Gesamterscheinung einer Pflanze, bestimmen aber auch das Gedeihen mit. Die zumeist dekorativen Tongefäße sind atmungsaktiv und verdunsten Wasser, so dass seltener Staunässe auftritt, dafür müssen die Pflanzen häufi-

Ton eignen sich vor allem für Zitrusgewächse, Palmfarn (*Cycas* spec.) oder Ölbaum (*Olea europaea* ssp.), Arten die empfindlich auf Staunässe reagieren. Kunststofftöpfe sind leichter, preiswerter und besitzen ein gleichmäßiges Innenklima, da sie kein Wasser verdunsten. In dunklen Töpfen kann es in der Sonne zu hohen Temperaturen kommen, so dass die Wurzeln unter einem Hitzestau leiden. Um die Standfestig-

KÄSTEN bepflanzen: (1) Für große Pflanzgefäße wie Kästen und Schalen empfiehlt es sich, ein Tongranulat als Drainage einzufüllen.

(2) IST der Wurzelballen einer Pflanze sehr dicht, kann man ihn mit einer Gabel auflockern. So wird das Anwachsen erleichtert.

RECHTS: (3) Nach dem Pflanzen leitet man bei Kletterpflanzen die Triebe hoch und befestigt sie mit scheuerfestem Band am Gerüst (rechts).

LINKS: (4) Alle Neuanpflanzungen sind kräftig anzugießen.

ger gegossen werden. Durch Verdunstung wird der Erde Wärme entzogen, was nicht alle Pflanzen vertragen. Einfache Tongefäße sind zwar stand-, meist aber nicht besonders frostfest. Qualitativ hochwertige Terrakotta-Gefäße verfügen über die nötige Winterfestigkeit. Farbig glasierte Keramikgefäße sind nicht nur schmuckvoll, sie sind auch frostbeständig und halten die Feuchtigkeit besser als unglasierte Exemplare. Gefäße aus

keit von Kunststofftöpfen zu erhöhen, sollte man sie in einen passenden, schweren Übertopf aus Keramik stellen. Kunststofftöpfe sind ideal für durstige Arten wie Engelstrompete und Oleander. Auch die Form eines Topfes spielt eine Rolle. Bei bauchigen Pflanzgefäßen kann das Umpflanzen schwer werden, wenn der Ballen kaum mehr durch die enge Öffnung passt. Sehr hohe und schlanke Gefäße fallen häufig um. Stark

wüchsige Arten wie Schmucklilie (*Agapanthus* spec.), Bambus-Arten sowie Hochstämme setzt man am besten in stabile, standfeste Holzkübel mit Metallbändern.

Rankgerüste für Kletterstars

Wenn Sie vorhaben, dieses Jahr mehrjährige Kletterer wie Waldrebe (*Clematis* spec.), Jelängerjelieber (*Lonicera* spec.), Wilden Wein

BALKON UND TERRASSE

(Parthenocissus quinquefolia) oder rasche Sommerkletterer wie Schwarzäugige Susanne (Thunbergia alata), Glockenrebe (Cobea scandens), Schönranke (Eccremocarpus scaber) oder Kapuzinerkresse (Tropaeolum spec.) in Gefäße als Sichtschutz zu pflanzen, können Sie nun Rank- und Klettergerüste besorgen und geeignete Pflanzen daran befestigen. Es kann sich auch lohnen, einfache Rankhilfen aus Bambusstäben oder Pyramiden aus Weidenruten selbst zu basteln. Als Starthilfe die Triebe vorsichtig mit Kunststoffbändern oder Bast am Gerüst festbinden. Schlinger wie Jelängerjelieber oder die Prunkwinde (Ipomoea spec.) brauchen stabile, möglichst vertikal gespannte Schnüre oder lange Stäbe, die ihnen den Halt erleichtern. Spreizklimmer wie die Bougainvillee muss man an ein spalierartiges Gerüst mit Querstreben anbinden. Rankpflanzen wie die Glockenrebe verankern sich am besten an Spalieren mit dünnen Querstäben oder einem feinen Gitter.

SOMMERBLÜHENDE ZWIEBEL- UND KNOLLENPFLANZEN FÜR BALKON UND TERRASSE

Deutscher Name (Botanischer Name)	Höhe	Farbe	Blütezeit
Sterngladiole (Acidanthera bicolor)	50 bis 60 cm	weiß	VIII bis X
Inkalilie (Alstroemeria-Ligtu-Hybriden)	60 bis 100 cm	weiß, orange, rot, rosa, violett	VI bis VIII
Blumenrohr (Canna-Indica-Hybriden)	50 bis 150 cm	rot, orange, gelb, weiß	VI bis X
Tagblume (Commelina tuberosa)	50 bis 70 cm	blau	VI bis IX
Hakenlilie (Crinum x powellii)	80 bis 100 cm	weiß, rosa	VII bis VIII
Montbretie (Crocosmia x corcosmiiflora)	50 bis 80cm	orange, rot	VII bis IX
Dahlie (Dahlia-Hybriden)	15 bis 120 cm	alle Farben, außer Blau und Schwarz	VI bis X
Schopflilie (Eucomis bicolor)	30 bis 50 cm	grün bis cremefarben	VII bis VIII
Sommerhyazinthe (Galtonia candicans)	100 bis 150 cm	weiß	VII bis IX
Gladiole (Gladiolus-Hybriden)	50 bis 150 cm	alle Farben, außer Blau	VI bis IX
Klebschwertel (Ixia-Hybriden)	40 bis 60 cm	weiß, gelb, rosa, rot, meist zweifarbig	V bis VII
Wunderblume (Mirabilis jalapa)	60 bis 100 cm	weiß, gelb, rosa, rot, auch mehrfarbig	VI bis X
Tigerblume (Tigrida pavonia)	40 bis 60 cm	orange bis rot, weiß, gelb, rosa, lila	VII bis IX

OB als Kugel, Kegel oder Spirale: Der immergrüne Buchsbaum versprüht das ganze Jahr seinen Charme auf Balkon und Terrasse.

MIT seinen rosafarbenen, rosettenartig gefüllten Blüten ist das Mandelbäumchen (Prunus triloba) ein auffallender Blütenstrauch.

Sommerblühende Zwiebel- und Knollenpflanzen pflanzen

Eine Reihe von Arten wie Dahlie, Blumenrohr (Canna spec.) oder Wunderblume (Mirabilis jalapa) sind sehr frostempfindlich und werden im Garten erst ab Mai gepflanzt. Möchten Sie die Schönheiten jedoch in Töpfen halten, können Sie sie nun pflanzen und gut geschützt aufstellen. Wichtig ist auch hier ein ausreichend großes Gefäß mit einer Drainageschicht, und dass die Pflanzen gut mit Erde bedeckt sind. Zwiebelblumen in Töpfen und Schalen sollten nach der Blüte mit einem organischen Volldünger versorgt werden, damit sie auch im nächsten Jahr üppig blühen.

WICHTIGE ARBEITEN FÜR DIE EINZELNEN GEMÜSE

FREILAND-AUSSAAT: Eine gute Bodenvorbereitung ist hier wichtig. (1) Boden mit einer Gabel ausgraben. (2, 3) Mit einer Harke und dem Rechen ein feinkrümeliges Beet herstellen. (4) Bei der Reihenaussaat zuerst die Reihen markieren. (5) Dann das Saatgut ausbringen. (6) Alternativ dazu kann man auch breitwürfig aussäen. Zum Schluss angießen.

Freie Beete sollte man mit Gründünger belegen, damit der Boden nicht der Witterung ausgesetzt ist. Ab April können Sie Gelbe und Blaue Lupine, Bienenfreund (*Phacelia*), Weißen Senf und Ölrettich aussäen. Bisher nicht bearbeitete Beete können Sie für die Pflanzung vorbereiten, also Unkraut entfernen, Bodenverbesserer einarbeiten und bei Bedarf düngen. Zwischen den Saatreihen der im Vormonat ausgesäten Gemüsearten regelmäßig die Erde lockern. Überzählige Sämlinge werden aus den Reihen entfernt, um die Jungpflanzen auf den richtigen Abstand zu vereinzeln. Am einfachsten geht das Vereinzeln, wenn Sie die Reihen – falls der Boden trocken ist – vorher gießen; die überzähligen Sämlinge lassen sich dann leichter aus den Reihen entfernen. Gemüse unterm Vlies- und Folienzelt ab und zu lüften und auf Schaderreger untersuchen. Gerade Feuchte liebende Schaderreger wie Mehltaupilze an Salat kön-

nen sich hier leicht ausbreiten. Die Zahl der Gemüsearten, die ausgepflanzt werden können, steigt im April an; genau wie im März kann man frisch bepflanzte Beete im April mit einer Abdeckung aus Folie oder Vlies überziehen.

Salat

Außer Kopf- und Pflücksalat kommen jetzt noch Eissalat (Pflanzabstand 30 mal 30 cm) und Römischer Salat (30 mal 35 cm) auf die Beete. Von den Pflücksalaten können bereits erste Blätter geerntet werden.

Kohlgewächse

Neben Wirsing-, Rot- und Weißkohl kann man jetzt Blumenkohl und Brokkoli (Pflanzabstand 50 mal 50 cm) und Kohlrabi (30 mal 25 cm) auspflanzen. Kohlrabi genau wie Salat nicht zu tief setzen. Blumenkohl und Brokkoli nur in gut gedüngten Boden setzen.

Weitere Blattgemüse

Salatrauke wird direkt ins Beet breitwürfig ausgesät. Spinat auf 20 x 5 cm aussäen; Stangensellerie im Warmen vorkultivieren. Mangold wird ab April direkt ins Freie gesät (Reihenabstand 30 cm).

Fruchtgemüse

Wer im März nicht dazu gekommen ist, kann bis Mitte April noch Tomaten, Paprika oder Aubergine auf der Fensterbank vorkultivieren, außerdem Gurken, Kürbis und Zucchini. Eine Abdeckung der Saatschale mit Glas oder Folie erhöht die Luftfeuchte und verbessert die Keimbedingungen. Die frisch gekeimten Pflanzen warm und hell aufstellen, damit sie sich gut entwickeln.

RETTICH wird vor allem im süddeutschen Raum gern im Gemüsegarten angebaut.

G ÜNSTIG für die Anzucht eigener Jungpflanzen sind Mini-Gewächshäuser für die Fensterbank. Unter der Kunststoffhaube ist es wärmer als in der Umgebung; die Pflanzen sind vor Zugluft geschützt. Außerdem ist die Luftfeuchtigkeit in dem Mini-Gewächshaus höher.

Hülsenfrüchte

Außer Schalerbsen, die schon im März ins Beet gesät wurden, können Sie jetzt auch Mark- und Zuckererbsen direkt aussäen (zwei Reihen mit 30 cm Abstand). Gleich zur Aussaat eine Rankhilfe (Maschendraht oder Reisig) anbieten, spätestens aber, wenn die Pflänzchen 10 cm hoch gewachsen sind.

Wurzelgemüse

Radieschen (Reihenabstand 15 bis 20 cm), Rettich (20 cm), Möhren (15 bis 25 cm), Pastinake (40 cm) und Rote Bete (25 cm) werden direkt ins Freiland gesät. Die Märzaussaaten werden nach dem Auflaufen auf den empfohlenen Endabstand vereinzelt: Radieschen 5 cm, Rettich 15 bis 20 cm, Möhren 15 bis 25 cm und Schwarzwurzel 10 cm.

Knollensellerie wird auf der Fensterbank vorgezogen, Kartoffeln werden ab Mitte April im Beet ausgepflanzt. Legen Sie die Knollen 5 bis 10 cm tief in Reihen mit 50 cm Abstand.

Zwiebelgemüse

Knoblauchzehen können Sie jetzt mit einem Abstand von 20 x 15 cm etwa 3 cm tief in die Erde stecken. Vorgezogene oder gekaufte Porree-Jungpflanzen werden ab April ausgepflanzt (Reihenabstand 30 cm; Abstand in der Reihe 15 cm). Wichtig beim Porree: Setzen Sie die Jungpflanzen in 15 cm tiefe Pflanzlöcher und häufeln Sie später noch einmal an, damit sich lange, weiße Schäfte entwickeln.

Mehrjähriges Gemüse

Wurzelstecklinge (Fechser) vom Meerrettich werden in den gut gelockerten Boden gepflanzt. Weil sich die Pflanzen wie Unkraut im Garten ausbreiten können, empfiehlt sich die Kultur in einem etwa 100 cm tiefen Pflanzgefäß mit entsprechend großem Durchmesser.

Die Pflanzung von Spargel ist im nächsten Abschnitt ausführlicher beschrieben.

Spargel pflanzen

Während die meisten Jungpflanzen im Gemüsebeet normal in den vorbereiteten Boden gepflanzt werden, sind bei der Kultur von Spargel einige Besonderheiten zu beachten. Zunächst werden im März/April auf dem Pflanzbeet 30 cm tiefe und 50 cm breite Gräben ausgehoben. Die Grabensohle mit Kompost düngen und die Spargel-Jungpflanzen in 40 cm Abstand in die Gräben legen. Pro Person rechnet man etwa zwölf Pflanzen. Die Jungpflanzen mit etwas Erde bedecken und gründlich angießen. Erst im darauf folgenden Jahr werden die Gräben bodeneben aufgefüllt. Für die Grünspargelkultur sind die vorbereitenden Arbeiten hier abgeschlossen. Wenn Sie Bleichspargel ernten wollen, müssen Sie im nächsten Jahr einen 40 cm hohen Damm aufschütten, der unten 80 cm breit ist und sich nach oben auf 40 cm verschmälert.

R OTSTIELIGER Mangold schmeckt nicht nur ausgesprochen lecker, sondern ist auch wegen der intensiven Färbung seiner Blattstiele ein attraktiver Blickfang im Gemüsebeet.

LINKS: Weißkohl gehört zu den Starkzehrern im Gemüsebeet.

RECHTS: Wie beim Salat können auch vom Kohlrabi bald die ersten Pflanzen geerntet werden. Kontrollieren Sie die Pflanzen im Beet regelmäßig auf Schneckenbefall.

GEMÜSE

ALLGEMEINE PFLEGEARBEITEN

Fruchtfolge beachten

Mit den wärmer werdenden Tagen füllen sich die Beete. Bis auf die frostempfindlichen können jetzt zahlreiche Gemüsearten ausgepflanzt werden. Beachten Sie dabei die Regeln der Fruchtfolge. Wichtig ist, dass Vertreter einer Pflanzenfamilie nicht direkt nacheinander im selben Beet wachsen. Gerade Kohlgewächse wie Kohlrabi, Radieschen und Rettich dürfen nicht nach anderen Kohlgewächsen angebaut werden, auch wenn ein langer Winter dazwischen liegt. Der jährliche Wechsel zwischen verschiedenen Pflanzenfamilien auf einem Beet verhindert, dass sich typische Krankheitserreger ausbreiten und dass Bodennährstoffe einseitig verbraucht werden. Ausnahmen sind Tomaten und Bohnen, die auch dann gute Erträge bringen, wenn sie mehrmals hintereinander auf einem Beet kultiviert werden. Bei der Wahl der Fruchtfolge berücksichtigt man auch den Nährstoffbedarf der einzelnen Kulturen. Viele Kohlgewächse bringen als Starkzehrer nur auf gut gedüngten Böden zufriedenstellende Ernten; Mittelzehrer wie Spinat und Möhren kommen mit einer leichten Düngung zurecht, während Schwachzehrer wie Salat, Buschbohnen oder Radieschen sich oft schon mit dem zufrieden geben, was die Vorkultur hinterlassen hat. Sie können ein Beet so bewirtschaften, dass dort im ersten Jahr Gründünger wachsen und die Nährstoffe im Boden anreichern.

KOHL mag Kalk, deswegen ist es günstig, bei der Pflanzung einen Kalkring um die Pflanzen zu streuen. Dadurch verringert man auch das Risiko einer Ausbreitung der gefürchteten Kohlhernie (Pilzkrankheit).

BROKKOLI hat im Vergleich zu Blumenkohl einen fast doppelt so hohen Vitamin-C-Gehalt.

Im zweiten Jahr werden Starkzehrer auf das Beet gepflanzt, im dritten Jahr Mittelzehrer und im vierten Jahr Schwachzehrer. Im fünften Jahr beginnt der Kreislauf von Neuem. Da diese Art der Bewirtschaftung viel Aufmerksamkeit erfordert, können Sie das Gemüse auch herkömmlich anbauen; dann müssen Sie sich allerdings bei der zusätzlich verabreichten Düngung genau nach dem Pflanzenbedarf richten.

Systematische Mischkultur

Auch die Mischkultur mit den richtigen Partnern tut dem Gemüsegarten gut. Zahlreiche Pflanzen fördern sich gegenseitig in Wüchsigkeit und Gesundheit, wenn sie richtig kombiniert werden. Wenn Sie die Mischkultur über Jahre hinweg systematisch betreiben wollen, leistet ein Gartentagebuch wertvolle Hilfe. Klassisches Beispiel einer erfolgreichen Mischkultur ist die Kombination von Möhren und Zwiebeln: Die Zwiebeln reduzieren bei ihren Beetnachbarn

RECHTS: Schnecken können mit ausgelegten Rhabarberblättern „gefangen" werden.

LINKS: Für den Bau von Zuwanderschranken sind Sägemehl, Fichtennadeln oder Sand geeignet.

MITTLERWEILE gibt es auch spezielle Granulate aus Gesteinsmehlen, die die Plagegeister beim Überkriechen der trockenen Flächen zur Umkehr bewegen sollen.

SCHNECKENZÄUNE aus Stahlblech oder Kunststoff mit nach außen abgewinkelten Kanten sind vor allem für Gemüse und Jungpflanzen zu empfehlen.

den Befall mit der Möhrenfliege. Natürlich besteht auch die Möglichkeit, dass sich zwei Gemüsearten negativ beeinflussen, zum Beispiel Tomaten und Kartoffeln, die stärker von der Krautfäule heimgesucht werden, wenn sie direkt nebeneinander stehen. Tomaten und Kartoffeln dürfen zwar in einem Garten wachsen, sollten aber möglichst weit auseinander gepflanzt werden.

Gemüsefeind Nummer 1: Nacktschnecken

Sobald die ersten Jungpflanzen von Salat und Kohlrabi auf dem Beet ausgepflanzt sind, tauchen schnell die ersten Schnecken auf. Manchmal fressen die nachtaktiven Schädlinge in wenigen Stunden ein mühsam angelegtes Beet kahl. Es gibt zahlreiche Maßnahmen, die den Schneckenfraß zumindest stark reduzieren. Wer die Schnecken von Hand absammeln will, tut das am besten in der Morgen- oder Abenddämmerung. Schneckenzäune sind eine wirksame Barriere; allerdings aufwendig aufzubauen. Barrieren aus Steinmehl können einzelne Pflanzen schützen. Bierfallen locken Schnecken auch aus größeren Entfernungen an; bewährt haben sie sich, um die Schnecken innerhalb eines Schneckenzauns abzufangen.

Nützliche Nematoden werden im Gießverfahren ausgebracht, sie sind recht gut wirksam, aber relativ teuer.

Preiswerter und äußerst wirksam ist Schneckenkorn, allerdings sollte es nur nach Packungsangaben dosiert werden und auf keinen Fall nach dem Motto „Viel hilft viel".

Bequemes Arbeiten am Hochbeet

Anders als bei der normalen Beetkultur können Sie das Gemüse auch über dem herkömmlichen Bodenniveau auf einem Hochbeet heranziehen.

Das Hochbeet bietet dem Gärtner zahlreiche Vorteile: Der Rücken wird bei der Arbeit entlastet, das Gemüse wächst insgesamt schneller als bei normaler Beetkultur und der Befall mit gefräßigen Nacktschnecken ist durch den Anbau in luftiger Höhe zumindest eingeschränkt.

Ein Hochbeet kann sowohl im Frühjahr als auch im Herbst aufgesetzt werden, weil zu dieser Zeit zahlreiche Pflanzenabfälle, vor allem das Schnittgut von Gehölzen, für die Füllung des Beetes zur Verfügung stehen.

Als Gerüst dienen in der Regel druckimprägnierte oder mit pflanzenunschädlichen Holzschutzmit-

EIN Hochbeet anlegen: Sechs Balken bilden das Grundgerüst des Hochbeetes. Der Untergrund muss durchlässig sein, damit überschüssiges Regen- oder Gießwasser später abfließen kann.

ZUUNTERST füllt man grobe Pflanzenteile wie Schnittgut aus dem Garten ins Hochbeet, darüber kommt eine Schicht mit halb verrotteten Zutaten aus dem Komposter.

DARÜBER wird Gartenerde geschichtet, unter anderem der Erdaushub von der Grundfläche des Hochbeetes, außerdem reifer Kompost. Das Hochbeet wird bis zum Rand aufgefüllt.

teln behandelte Holzpflöcke, die mit ebenso behandelten Holzlatten ummantelt werden (siehe Fotos rechts).

Das Hochbeet wird normalerweise in einer Höhe von 1,30 bis 1,50 m über dem Bodenniveau angelegt.

BEI den günstigen Wachstumsbedingungen im Hochbeet wächst das Gemüse besonders schnell heran. Bedenken Sie: Der Wasserbedarf ist im Hochbeet größer als im normalen Gemüsebeet.

Zum Schutz vor gefräßigen Wühlmäusen können Sie vor der Befüllung den Boden des Hochbeets mit einem engmaschigen Drahtgeflecht auslegen.

Als Füllung eignet sich hier (schichtweise von unten nach oben): Schnittgut von Gehölzen, grob gehäckseltes Holz, fein gehäckseltes Holz, Pflanzenabfälle, halbreifer Kompost, Gartenerde und reifer Kompost.

Allzu platzbedürftige Gemüsearten wie Rhabarber, Zucchini oder auch Kürbis sollten Sie im Hochbeet nicht pflanzen; jetzt im April können Sie hier beispielsweise Salat, Möhren, Radieschen, Kohlrabi, Mangold oder Rettich kultivieren.

BAUMOBST

BELIEBT aufgrund ihrer ausgezeichneten Fruchtqualität: die Süßkirschensorte 'Hedelfinger'.

WIRD bereits seit dem 17. Jahrhundert in Deutschland angebaut: die 'Hauszwetsche'.

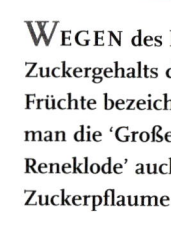

WEGEN des hohen Zuckergehalts der Früchte bezeichnet man die 'Große Grüne Reneklode' auch als Zuckerpflaume.

OBST

Frostschutz der Obstblüten

Blühende Obstgehölze sind sehr frostempfindlich, wobei die kritischen Temperaturbereiche vom jeweiligen Entwicklungsstadium der Blüten abhängen. Während die Knospen der meisten heimischen Obstarten Temperaturen bis $-4\,°C$ unbeschadet überstehen können, liegen die kritischen Temperaturen während der Vollblüte bei 2 bis 1,5°C. Jungfrüchte der Aprikosen erfrieren bereits bei $-0,5\,°C$, junge Äpfel ertragen dagegen Frost bis $-2\,°C$. Abdeckungen aus Stoff, Papier oder Folie bewahren zumindest kurzfristig kleinere Gehölze vor Nachtfrösten.

Befruchtung der Obstgehölze

Ein Meer von Blüten lässt nicht automatisch auf eine reiche Ernte schließen, da es neben selbstfruchtbaren (ein Gehölz reicht) auch selbstunfruchtbare (mindestens zwei Gehölze nötig) und selbststerile (andere Befruchtersorte nötig) Sorten gibt. Birnen, fast alle Apfelsorten, Süßkirschen und Zwetschen sind auf den Pollen anderer Sorten angewiesen. Bei den Sauerkirschen, gibt es neben selbstunfruchtbaren, auch selbstfruchtbare Sorten. Pflanzen Sie daher stets mehrere Bäume zusammen, die zur gleichen Zeit blühen. Als Pollenspender dienen auch Zierformen, wie z.B. der Zierapfel oder verschiedene Wildapfelsorten. Natürlich spielt auch das Wetter zur Zeit der Obstblüte eine entscheidende Rolle für eine erfolgreiche Befruchtung. Bienen und andere Insekten legen bei schlechten Witterungsbedingungen nur kurze Flugstrecken zurück. Auch bei übermäßiger Windeinwirkung kann es zu einem Ausbleiben des Bienenflugs kommen. Die Errichtung eines wirksamen Windschutzes kann für Besserung sorgen.

Frostrisse an der Baumrinde

Durch Frost aufgeplatzte Baumrinden sind zu behandeln. Schneiden Sie die Wundränder mit einem

SORTENAUSWAHL STEINOBST

Sorte	Ertrag	Frucht	Geschmack	Bemerkung
Pflaumen				
'Bühler Frühzwetsche'	hoch bis sehr hoch	dunkelblau, mittelgroß, gut steinlösend	aromatisch, leicht säuerlich	Sorte wenig Scharka a gute Backeigenschafte
'Hauszwetsche'	hoch	dunkelblau, klein, niedriger Saftgehalt	sehr guter, würziger Geschmack	Scharka anfällig; gut z Frischverzehr geeignet
'Top'	hoch	dunkelblau, mittelgroß, gut steinlösend	aromatisch, angenehm säuerlich	Früchte gut lagerfähig, Backen und Frischverz
Sauerkirschen				
'Korund'	mittel bis hoch	dunkelrot, sehr groß, gut steinlösend	aromatisch süß, leicht säuerlich	gut als Kuchenbelag geeignet
'Schattenmorelle'	hoch bis sehr hoch	braunrot, mittelgroß, hoher Saftgehalt	sauer	Früchte gut zur Safthe stellung geeignet
Süßkirschen				
'Hedelfinger'	hoch	dunkelrot, mittelgroß, festes Fruchtfleisch	angenehm süß, wohlschmeckend	Früchte neigen zum Pl
'Hulda'	hoch	dunkelrot, klein	säuerlich, aromatisch	platzfest
'Kordia'	sehr hoch	schwarzrot, groß	sehr aromatisch, angenehm süß	Früchte am Baum lange haltbar
Aprikosen				
'Ungarische Beste'	hoch	sattgelb, mittelgroß, gut steinlösend	angenehm süßsäuerlich	Blüte wenig frostempfindlich
'Nancy Aprikose'	hoch	orangegelb, groß	angenehm säuerlich	Früchte reifen gut nac Überreife mehliger Ge
Pfirsiche				
'Benedicte'	hoch	gelblich grün, groß, weiß-fleischig	angenehm aromatisch	Früchte gut lagerbar
'Red Haven'	sehr hoch	gelb, mittelgroß, gelbfleischig	sehr wohlschmeckend	Früchte gut transportf

scharfen Messer glatt und verstreichen Sie das Ganze mit Wundverschlussmitteln. Mit Fungiziden angereicherte Präparate schützen zusätzlich gegen das Eindringen pilzlicher Erreger.

Veredelung der Obstgehölze

Um die Fruchtbildung zu beschleunigen, werden die meisten Obstgehölze veredelt. Dazu pfropft man der Unterlage (Wurzeln und Stamm) eine Edelsorte auf. Sie können die Reiser auch direkt auf einzelne Äste pfropfen, um neue Sorten auf den Baum zu veredeln. (Schneiden der Edelreiser siehe S. 298).

Zu den gebräuchlichsten Veredelungsmethoden zählen die Okulation, das Rindenpfropfen und die Kopulation.

Bei der **Okulation** wird nur ein Auge der Edelsorte in die Unterlage eingesetzt. Ritzen Sie diese T-förmig ein, lösen Sie die Rinde vorsichtig vom Holz ab und schieben Sie das etwa 3 cm lange Augen-Rindenstückchen der Edelsorte hinter die Rinde. Umwickeln Sie das Ganze fest mit Bast, wobei Sie die Knospe aussparen.

Eine gute Möglichkeit, Reiser auf dickere Äste zu veredeln, ist das **Rindenpfropfen**. Dazu sägen Sie den Trieb auf der zu veredelnden Höhe ab, kerben die Unterlage vorsichtig ein und verbinden das eingesetzte Edelreis fest mit Bast. Weisen Unterlage und Edelreis dieselbe Stärke auf, veredelt man durch **Kopulation**. Die Zweige werden etwa 6 cm schräg angeschnitten und dann fest mit Bast verbunden. In der Schnittmitte von Edelreis und Unterlage muss sich eine Knospe befinden. Bildet sich nach ein paar Wochen neues Gewebe und beginnen die Knospen auszutreiben, ist die Veredelung gelungen. Der Bast kann gelöst werden.

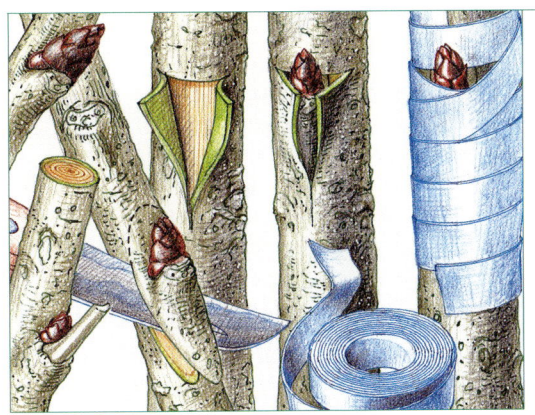

OKULATION: Das Auge des einjährigen Edeltriebs wird mit einem T-Schnitt hinter die Rinde der Unterlage gesetzt. Danach mit Bast umwickeln.

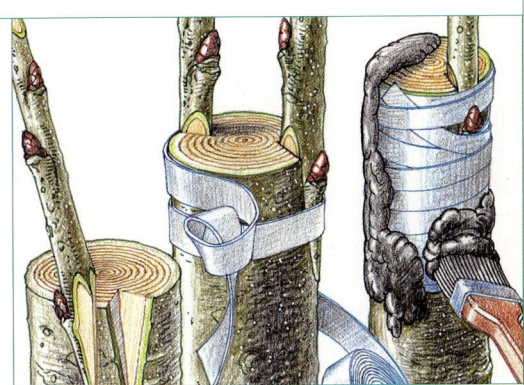

GEISSFUSSPFROPFUNG: Schneiden Sie das Edelreis keilförmig und die Unterlage dazu passend zu. Nach dem Einsetzen hilft ein Wundverschluss aus Baumwachs und ein Veredelungsverband beim Anwachsen.

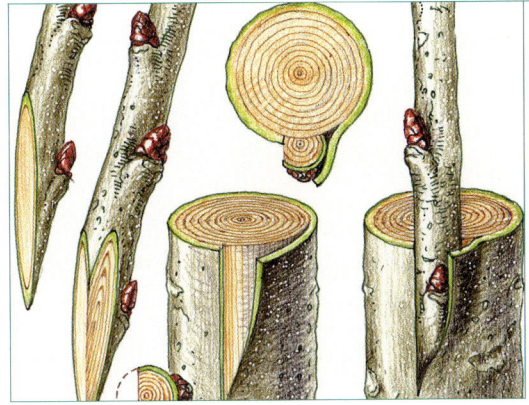

VERBESSERTES Rindenpropfen: Schneiden Sie das Edelreis keilförmig zu, schieben Sie es vorsichtig unter die gelöste Rinde der Unterlage. Anschließend mit Bast verbinden.

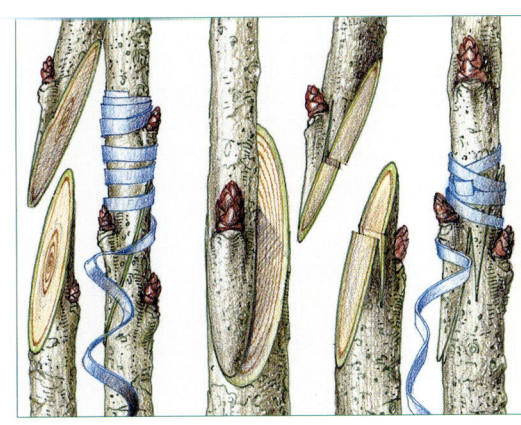

KOPULATION: Edelreis und Unterlage auf Knospenhöhe schräg anschneiden und mit Bast umwickeln. Zusätzliches Einschneiden der Schnittflächen sorgt für gutes Anwachsen.

OBST

DAS Abdecken des Bodens mit Mulchmaterial verhindert, dass der Boden austrocknet und verunkrautet.

re junge Triebe des Beerenobsts vorsichtig zu Boden gedrückt, leicht eingegraben und gegen erneutes Herausrutschen mit einem Haken in der Erde befestigt. Um die Absenker zur Wurzelneubildung anzuregen, werden die Triebe zuvor an der dem Boden zugewandten Seite mit einem Messer leicht eingeritzt. Befestigen Sie

BEERENOBST

Pflege der Beerensträucher

Um eine ausgewogene Nährstoffversorgung der Beerensträucher sicherzustellen, sollten die Pflanzen regelmäßig gedüngt werden. Bei offenem Boden harken Sie den verabreichten Dünger leicht oberflächlich um die Pflanzen herum ein. Regelmäßiges Mulchen ist sehr zu empfehlen, da es die Bodenfeuchte bewahrt und unerwünschten Unkrautwuchs unterdrückt.

Bei anhaltender Trockenheit sollten Sie die Pflanzen zusätzlich gut wässern.

Die Triebe junger **Brombeerruten** werden regelmäßig aufgeleitet und am Drahtspalier befestigt. Neutriebe von **Himbeerpflanzen** werden ebenfalls vorsichtig an einem Pflanzgerüst angebunden. Treiben sie sehr stark, sollten sie 15 bis 20 cm über dem obersten Spanndraht eingekürzt werden.

ZIERÄPFEL verwandeln sich im Frühjahr in ein einziges Meer von Blüten und sind gute Pollenspender.

Vermehrung des Beerenobsts

Beerensträucher sind im Frühjahr leicht zu vermehren. Besonders einfach ist das sogenannte **Absenken,** zum Beispiel bei Himbeeren, Brombeeren, Heidelbeeren, Johannis- und Stachelbeeren (siehe Zeichnung). Dabei werden mehre-

anschließend die Triebspitze aufrecht an einem Stab, um bei den späteren Ablegern einen geraden Wuchs zu fördern. Bei ausreichender Bodenfeuchte und gutem Wurzelwachstum kann man bereits im Herbst den Absenker von der Mutterpflanze abtrennen und die kräftige Jungpflanze an einen geeigneten Standort versetzen.

VERMEHRUNG der Beerensträucher durch Absenker (hier Stachelbeere). Ein Zweig wird zur Seite gebogen und in der Erde mit einem Haken oder Hering befestigt. Im Herbst können die neuen Triebe von der Mutterpflanze getrennt werden.

Eine weitere beliebte Vermehrungsmethode ist das **Anhäufeln** (Zeichnung S. 197). Dabei wird die Triebbasis der Beerensträucher mit Erde aufgeschüttet. Nach einiger Zeit bilden sich in diesem Bereich an den jüngeren Trieben des Strauches neue Wurzeln. Diese Triebe können im Herbst von der Mutterpflanze abgetrennt und neu eingepflanzt werden.

Erdbeeren pflegen und pflanzen

Um eine reiche Erdbeerernte zu gewährleisten, sollten Sie rechtzeitig mit der Pflege des Erdbeerbeetes beginnen. Entfernen Sie braune Blätter und schneiden Sie krankes Laub heraus. Der Boden wird anschließend flach gelockert und mit speziellem kaliumreichen Erdbeerdünger versorgt. Zwischen den Pflanzen verteilter Mulch (Mähgut, Stroh) hält den Boden feucht und stoppt unerwünschten Unkrautwuchs. Kleinfrüchtige, aber hocharomatische, rankenlose Monatserdbeeren können bereits ab April im Abstand von 30 cm gepflanzt werden. Sie fruchten bis in den Herbst hinein.

Pflege der Baumscheibe

Wählen Sie zur Begrünung der Baumscheibe anspruchslose einjährige Sommerblumen oder Gründüngungspflanzen, die im Halbschatten gedeihen. Kapuzinerkresse wirkt als Unterpflanzung sehr hübsch und hält außerdem Blutläuse und Blattläuse vom Obstgehölz fern. Vermeiden Sie tiefe Bodenbearbeitung, um den Wurzeln des Baumes nicht zu schaden. Unbegrünte Baumscheiben werden dünn mit Rasenschnitt gemulcht, um den Boden längere Zeit feucht zu halten. Beim langsamen Verrotten der Mulchdecke werden zusätzlich Nährstoffe freigesetzt.

Pflanzenschutz

Kontrollieren Sie die Erdbeerpflanzen auf Erdbeerstängelstecher und **Weichhautmilben**, die im Frühjahr mit Vorliebe Erdbeerpflanzen befallen. Die nur 0,2 mm großen Milben rufen durch Saugschäden braunes, ledriges und verkrüppeltes Laub hervor. Starker Milbenbefall führt zum Absterben der Pflanzen.

Geknickte Blatt- und Blütenstiele weisen auf **Erdbeerstängelstecher** hin. Die etwa vier Millimeter großen Rüsselkäfer legen ihre Eier vorwiegend in die Blattstiele, in denen sich später die gefräßigen Larven entwickeln. Regelmäßiges Entfernen der abgeknickten Pflanzenteile hilft, den Befall der Schädlinge zu mindern.

Eine Bekämpfung kann auch beim Auftreten von **Birnengallmücken** erforderlich werden, deren Larven die jungen Birnenfrüchte aushöhlen.

Auffällig orangefarbene Flecken auf Birnenblättern sind ein sicheres Zeichen des **Birnengitterrosts.** Beseitigen Sie in der Nähe wachsende Wacholder, da der Pilz dort überwintert.

Kam es im vorherigen Jahr zu missgebildeten, kernlosen Zwetschen, ist dies meist ein Zeichen der **Narren- oder Taschenkrankheit.** Rechtzeitige Spritzungen helfen, der erneuten Pilzinfektion vorzubeugen. Dürre Zweigspitzen an Sauerkirschen sind größtenteils auf den Befall durch Monilia-Spitzendürre zurückzuführen. Der Pilz dringt über die Blütenorgane in das Pflanzengewebe ein und bringt es zum Absterben. Hilfreich bietet sich hier das Abschneiden der erkrankten Zweige vor Blühbeginn an.

Achten Sie unbedingt darauf, keine bienengefährlichen Mittel zu verwenden. Der Einsatz chemischer Substanzen sollte im Privatgarten nur in Ausnahmefällen erfolgen.

TROTZ seiner geringen Größe von 4 mm ist der Erdbeerstängelstecher auf den weißen Erdbeerblüten gut zu erkennen.

SOLCHE Fruchtdeformationen an jungen Birnenfrüchten weisen auf einen Befall durch Birnengallmücken hin.

URSACHE für diese auffälligen Blattflecken ist ein Befall mit dem Birnengitterrost.

DIE Narren- oder Taschenkrankheit der Zwetsche äußert sich in verformten, ungenießbaren Früchten.

DÜRRE, abgestorbene Kirschbaumzweige sind häufig Anzeichen einer Monilia-Infektion.

KRÄUTER

SÄEN, PFLANZEN, TEILEN

Im April ist die beste Pflanzzeit für nahezu alle mehrjährigen Kräuter. Kräuter und Heilpflanzen nicht zu eng pflanzen, sonst behindern sie sich gegenseitig im Wuchs. Dadurch werden sie leicht anfällig für Krankheiten und Schädlinge. Ausgesprochene Aromapflanzen, wie zum Beispiel Lavendel, Oregano, Basilikum, Majoran, Thymian, Minzen oder Rosmarin, brauchen unbedingt einen sonnigen und warmen Standort, damit sich ihre Inhaltsstoffe auch voll entwickeln können. Eine geschützte Südlage und möglichst viele Steine in ihrer unmittelbaren Nähe kommen diesem Wärmebedürfnis sehr entgegen. Steine speichern und reflektieren die Wärme, so dass die Pflanzen auch nach Sonnenuntergang noch lange davon profitieren. Kühler und schattiger dagegen vertragen es Schnittlauch, Pimpinelle und Petersilie.

Wahlweise können die mehrjährigen Kräuter jetzt neu ausgesät oder durch Teilung des Wurzel stocks vermehrt werden (siehe Kasten S. 109). Einige besonders kälteempfindliche wie Basilikum, Kapuzinerkresse und Majoran unbedingt auf der warmen Fensterbank oder im warmen, hellen Gewächshaus aussäen. Im Frühbeet vorgezogene Pflanzen vor dem Auspflanzen ins Beet durch regelmäßiges Öffnen der Abdeckung vorsorglich etwas abhärten. Das Gleiche gilt natürlich auch für Jungpflanzen, die im Zimmer vorkultiviert wurden.

FÜR das Umtopfen von vorgezogenen Kräutern ist jetzt die beste Zeit: Setzen Sie die gut durchwurzelten Töpfe erst dann um, wenn sich die Jungpflanzen zuvor einige Tage an die kühleren Außentemperaturen gewöhnt haben. Dann die Pflanze mit dem Wurzelballen vorsichtig aus dem Topf drehen (1), überschüssige Erde etwas abkratzen (2), die Pflanze in ein in der Höhe des Topfes ausgehobenes Loch (3) setzen und andrücken (4).

LINKS: Das besondere am Borretsch sind seine wunderschönen blauen Blüten. Man verwendet sie als essbare Dekoration für Salate. Junge Blätter würzen Soßen, Gurken- und Kartoffelgerichte.

RECHTS: Die Ringelblume ist eine echte Bauerngartenblume und darf zudem in keinem Gemüsebeet fehlen.

Teilung des Wurzelstocks

Vermehrung durch Teilung des Wurzelstocks ist bei Schnittlauch, Schnittknoblauch, Oregano, Liebstöckel, Wermut, Zitronenmelisse oder Pfefferminze üblich. Zunächst die ganze Pflanze einschließlich des Wurzelstocks mit einer Grabegabel aus der Erde heben. Den Wurzelbrocken mit Hilfe eines Spatens oder scharfen Messers teilen, je nach Größe auch dritteln oder vierteln. Die Wurzelstücke sofort – und in gleicher Tiefe wie sie zuvor standen – in frische Erde einpflanzen und gut angießen. Durch regelmäßige Teilung wird die Mutterpflanze stets verjüngt. So bleibt sie viele Jahre lang schön.

Weitere Pflegemaßnahmen

Dill *(Anethum graveolens)* fällt vor allem von Juli bis September durch seine attraktiven, gelben Blütendolden auf. Er gedeiht am besten an einem windgeschützten, sonnigen Standort in feuchtwarmer Erde. Die Aussaat beginnt im April, Folgesaaten sind bis Juni möglich. Vom Wermut *(Artemisia absinthum)* reicht in der Regel eine Pflanze, denn sie entwickelt sich recht üppig und wird nur sparsam verwendet. Das bitter schmeckende Kraut wächst ausdauernd und

gedeiht gut in tiefgründiger, kalkhaltiger sowie leicht trockener Erde. Ideal ist ein Standort in der Nähe von Johannisbeeren; hier schützt das Kraut die Sträucher vor Rostpilzen. Schlecht ist dagegen ein Platz neben Fenchel, Kümmel, Melisse oder Salbei, da der Wermut Stoffe bildet, die diese Kräuter im Wachstum hemmen.

Die **Ringelblume** *(Calendula officinalis)* fügt sich überall ein und ist relativ anspruchslos. Nur wenn sie zu dicht oder zu dunkel steht, kann es Probleme mit Mehltau oder Läusen geben.

EINIGE KRÄUTER

Ausdauernde

Russischer Estragon *(Artemisia dracunculus)*
Melisse *(Melissa officinalis)*
Indianernessel *(Monarda didyma)*
Oregano *(Origanum vulgare ssp.)*
Berg-Bohnenkraut *(Satureja montana)*
Thymian *(Thymus vulgaris ssp.)*

Einjährige

Dill *(Anethum graveolens)*
Borretsch *(Borago officinalis)*
Kamille *(Chamomilla recutita)*
Koriander *(Coriandrum sativum)*
Ruccola *(Eruca sativa)*
Anis *(Pimpinella anisum)*

Zweijährige

Kümmel *(Carum carvi)*
Mariendistel *(Silybum marianum)*

KREUZKÜMMEL braucht zum Ausreifen des Samens sehr, sehr viel Wärme. Die ganze Pflanze ist durch und durch aromatisch.

BEWÄSSERUNG LEICHT GEMACHT

AUTOMATISCHE Bewässerung: Diese Tropfstelle besteht aus einem Tonkegel als Fühler, einem Zuleitungsschlauch und einem Verteiler, aus dem die benötigte Wassermenge nachtropft.

Bewässerungsarten

Bereits jetzt im Frühjahr wird deutlich, dass der Wasserverbrauch im Gewächshaus ungleich höher ist als im Freiland. Übers Jahr gesehen muss man mit etwa 1500 Liter Wasser pro m² rechnen. Würde man diese Mengen allein mit der Gießkanne vom Haus heranschleppen müssen, käme man kaum noch zu anderen Arbeiten. Die bequemste Lösung ist es, eine Wasserentnahmestelle direkt ins Gewächshaus zu verlegen, vor allem, wenn es sich um ein temperiertes oder Warmhaus handelt mit ganzjährig hohem Wasserbedarf. Mit der Verlegung der Wasserrohre sollte man einen Fachmann beauftragen, da unbedingt gewährleistet sein muss, dass sie gut isoliert sind und während der kalten Jahreszeit nicht einfrieren. Während solche Verlegearbeiten sehr aufwendig sind, ist eine große Regentonne, aufgestellt neben dem Gewächshaus, eine praktikable Möglichkeit für jedermann, das pflanzenverträgliche Regenwasser zu nutzen. Mit einem Set von Regenwasserrohren

sorgt man dafür, dass das kostbare Nass von den Dachrinnen direkt in die Regentonne geleitet wird. Regenwasser enthält im Vergleich zu Leitungswasser weniger Mineralien, was von den meisten Pflanzen besser vertragen wird. Außerdem spart man dadurch natürlich Wasserkosten. Ein weiterer Vorteil besteht darin, dass sich das Wasser in der Regentonne erwärmt, was die Pflanzen mehr schätzen, als eiskaltes Leitungswasser. Deshalb gilt auch die Empfehlung, Leitungswasser nie sofort auf die Beete zu gießen, sondern bereits einige Zeit vorher in Gießkannen abzufüllen. Die Wassertemperatur kann sich dann der Umgebungstemperatur angleichen.

Für in Töpfen kultivierte Jungpflanzen ist die Austrocknungsgefahr besonders hoch. Früher stellte man ihre Töpfe deshalb auf eine nasse Sandschicht, die über das Wasserabzugsloch für eine gleichmäßige Bewässerung der Pflänzchen sorgte. Heute werden spezielle Vliesmatten angeboten. Holztische sollte man gegen Wasserschäden zuvor mit einer stabi-

len Folie auskleiden. Wer sein Gewächshaus auch im Sommer unbesorgt mal einige Tage sich selbst überlassen möchte, braucht eine vollautomatische Bewässerungsanlage. Der Handel bietet dafür ausgefeilte Komplettsysteme an. Die Voraussetzung ist ein Wasseranschluss, der sich nicht unbedingt direkt am Gewächshaus befinden muss. An ihn wird über einen Druckminderer ein Verteilerschlauch angeschlossen, der zu den Beeten und Töpfen führt. Winkel und Verbindungsschläuche ermöglichen ganz individuelle Verlegungen. Direkt neben die Pflanze werden die mit einem Fühler ausgestatteten Tropfstellen in die Erde gesteckt. Sobald der Fühler anzeigt, dass die Erde zu trocken ist, tropft automatisch Wasser nach, bis der nötige Feuchtigkeitsgrad wieder erreicht ist. Die Wasserzufuhr lässt sich entweder manuell steuern, indem man den Wasserhahn auf- oder zudreht, oder vollkommen automatisch über einen Bewässerungscomputer, der direkt an den Wasserhahn angeschlossen wird. Automatische Bewässerungssysteme sind nicht nur überaus praktisch, sondern versorgen die Pflanzen optimal mit Wasser, was insgesamt eine Wasserersparnis von bis zu 50 Prozent bedeuten kann. Da bei dieser Bewässerungsmethode die Blätter der Pflanzen nicht unnötig benässt werden, sinkt gleichzeitig auch das Risiko von Pilzerkrankungen.

VIEL ZU TUN

Erste Ernten

Schon im April beginnt die Erntezeit im Gewächshaus. Im Februar gesäten Salat kann man Ende des Monats ernten. Vom Kopfsalat und frühen Eissalat erntet man die kompletten Köpfe. Im Unterschied dazu bilden Pflück- und Schnittsalate keinen kompakten Kopf, sondern lockere Blattrosetten aus. Während man beim Schnittsalat die ganze Pflanze auf einmal abschneidet, verwertet man vom Pflücksalat immer nur die äußersten Blätter. Solange das innere „Herz" noch stehen bleibt, bilden sich immer wieder neue Blätter nach. Von den anderen, im Februar ausgesäten Frühgemüsen, erlangen Radieschen und Rettiche die Erntereife. Wenn noch genügend Platz vorhanden ist, kann man gleich nach der Ernte Folgesaaten ausbringen.

AUCH im Frühbeet beginnt die Erntezeit. Während man vom 'Lollo Rosso'-Pflücksalat schon die äußeren Blätter abpflücken kann, erreicht der Kohlrabi im Vordergrund erst im Mai seine Erntereife.

DIE saftig grünen Blätter des Kopfsalats signalisieren, dass seine Erntezeit gekommen ist. Man schneidet den ganzen Kopf kurz über der Erde ab. Wegen seiner begrenzten Lagerfähigkeit sollte man ihn immer möglichst frisch ernten.

HÖCHSTE Zeit den Rettich zu ernten! Die Rüben schmecken am besten, wenn sie noch nicht voll ausgewachsen sind. Verpasst man den richtigen Zeitpunkt, werden sie hart und holzig. Am besten schmeckt der Rettich pur als Beilage oder frisch zubereitet als Rohkostsalat.

GEWÄCHSHAUS UND FRÜHBEET

Aussaat Wärme liebender Gemüsearten

Das vorgezogene Frühgemüse ist schon lange pikiert und ausgepflanzt, so dass die Anzuchtschalen frei sind für die Aussaat Wärme liebender Arten. Für viele Gartenbesitzer ist die Möglichkeit, Tomaten, Melonen und Paprika aus eigener Ernte genießen zu können, sogar der Hauptbeweggrund, sich ein Gewächshaus anzuschaffen. Im April erreichen die Temperaturen auch im ungeheizten Haus endlich Werte, die das Startsignal zum Aussäen erteilen.

Bei den Salatgurken unterscheidet man zwischen zwei verschiedenen Gruppen. Zum einen gibt es robuste Freiland-Sorten, die nach der Vorkultur ohne weiteres nach draußen ausgepflanzt werden können. Zum anderen sind die als Schlangengurken bezeichneten Sorten besonders kälteempfindlich und wachsen nur im Gewächshaus zu ertragreichen Pflanzen heran. Ihre Früchte sind schlanker als die der robusten Sorten und werden etwa 40 cm lang. Nach der Aussaat dürfen die Tem-

AUSSAATEN IM MONAT APRIL

Gemüse	Auspflanztermin ins Grundbeet	Erntetermin
Salatgurken	ab Mitte V	ab Ende VI
Tomaten	ab V	ab VII
Paprika	ab V	ab VII
Melonen	ab Mitte V	ab VII
Auberginen	ab Mitte V	ab Mitte VIII
Stangenbohnen	ab V	ab VI
	Auspflanztermin ins Freiland	
Zucchini	ab Mitte V	ab VII
Kürbis	ab Mitte V	ab Mitte VI
Zuckermais	ab Mitte V	ab VIII

peraturen 18 °C nicht unterschreiten. Schon nach vier bis fünf Wochen können die Jungpflanzen mit 50 x 100 cm Abstand ins Grundbeet gesetzt werden. Bereits jetzt sollte man ihnen eine Kletterhilfe in Form von Schnüren geben, die an der Decke des Gewächshauses befestigt werden.

Tomaten liefern ab Anfang Juli bis weit in den Herbst hinein saftig-fruchtige Früchte. Mit auf der Fensterbank vorgezogenen oder gekauften Jungpflanzen hat man einen kleinen Erntevorsprung, denn sie werden bereits in diesem

Monat gepflanzt. Auch Tomaten brauchen viel Platz, man sollte sie mit 40 x 80 cm Abstand ins Beet auspflanzen.

Gemüsepaprika gelten als ideale Pflanzpartner von Tomaten und Gurken. Während Gurken an heißen Tagen jedoch gerne beschattet werden, brauchen Paprika einen vollsonnigen Platz. Da sie besonders wärmebedürftig sind, sollte man die Anzuchtschalen auf Heizmatten oder auf der warmen Fensterbank aufstellen. Ab April pflanzt man die Paprikasetzlinge in die Erde und häufelt sie zur besseren Wurzelbildung an.

Melonen bilden ähnlich wie Gurken lange Ranken aus, die eine Kletterhilfe benötigen. Sobald die Keimlinge das erste Blattpaar ausgebildet haben, setzt man sie in Töpfe um. Dabei sollten die Keimblätter von Erde bedeckt sein, um die Wurzelbildung zu fördern. Im Gewächshaus zeigen sich die starkwüchsigen Pflanzen am ertragreichsten.

Auberginen reifen nur in heißen Sommern oder im Gewächshaus zu den edlen, dunkelviolett glänzenden Früchten heran. Die einjährige Pflanze stellt ähnliche Standortansprüche wie Paprika, braucht also mindestens 20 °C zur Keimung. Im Mai setzt man die Pflanzen im Abstand von 75 x 50 cm ins Grundbeet, wo sie zu statt-

ANDERS als die Wärmebedürftigen Schlangengurken kann man diese Freilandgurke nach der Vorkultur im Gewächshaus auch ohne Weiteres nach draußen setzen.

lichen Exemplaren heranwachsen. Das vorzeitige Abfallen von Knospen und Blüten ist ein untrüglicher Hinweis darauf, dass es den Auberginen zu kalt ist.

Stangenbohnen keimen bei 20 °C nach fünf bis zehn Tagen. Statt in Aussaatschalen legt man am besten drei bis vier Samen in einzelne Töpfe. Wer direkt ins Grundbeet aussät, sollte die Samen in Horsten von vier bis sechs Samen auslegen. Später lässt man die kräftigsten Pflänzchen stehen, die sich dann gegenseitig etwas Halt geben. Zusätzliche Kletterhilfen wie Stangen oder Schnüre sind allerdings unerlässlich.

Kübelpflanzen abhärten

Damit man Kübelpflanzen sofort nach den Eisheiligen nach draußen umziehen kann, sollte man sie langsam an die neuen Bedingungen gewöhnen. Dazu stellt man sie an warmen Tagen bereits einige Stunden ins Freie. Allerdings wählt man zunächst einen schattigen Platz, damit die kräftige Frühjahrssonne keine Blattverbrennungen verursacht. Zu den wichtigsten Pflegearbeiten gehört jetzt tägliches Gießen, da die Temperaturen unter Glas bereits im April auf hochsommerliche Werte ansteigen können. Starkwüchsige Arten versorgt man alle zwei Wochen mit Flüssigdünger oder arbeitet einen Langzeitdünger in die Erde.

Frühbeet

Durch die Ernte von Salat und anderen Frühgemüsen steht im Frühbeet jetzt genügend Platz zur Verfügung, so dass man mit dem Anbau wärmeliebender Arten beginnen kann. Unter der schützenden Abdeckung bekommen Tomate, Gurke und Co. beste Startbedingungen. Wichtig sind rechtzeitiges Lüften und reichliche Wassergaben.

IM Unterschied zu den meisten Gemüsearten kommen Kräuter mit sehr wenig Dünger aus. Ab Mai sollte man ihnen einen Platz im Freien geben, da sie durch direktes Sonnenlicht ein besonders kräftiges Aroma bekommen.

BEI Anzuchttemperaturen von 22 bis 24 °C spitzt nach zwei Wochen das erste Grün der Paprikasämlinge aus der Erde. Nach weiteren zwei Wochen pikiert man die Pflänzchen einzeln in Töpfe.

STANGENBOHNEN legt man in so genannten Horsten aus. Dazu drückt man kreisförmig mehrere Vertiefungen in die Erde. In jede Vertiefung kommen vier bis sechs Samenkörner.

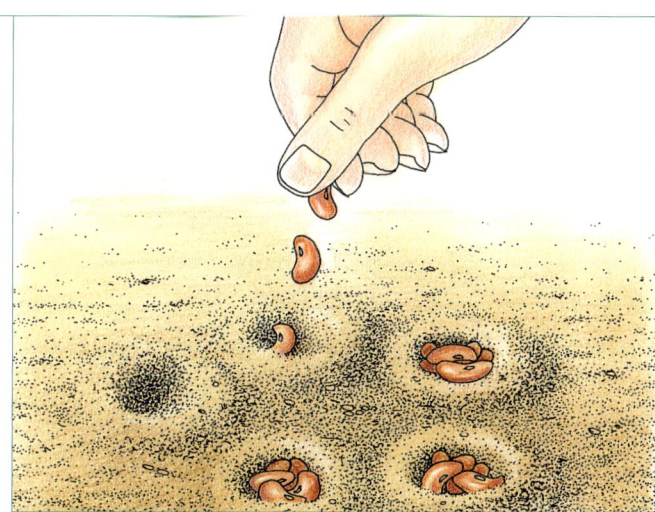

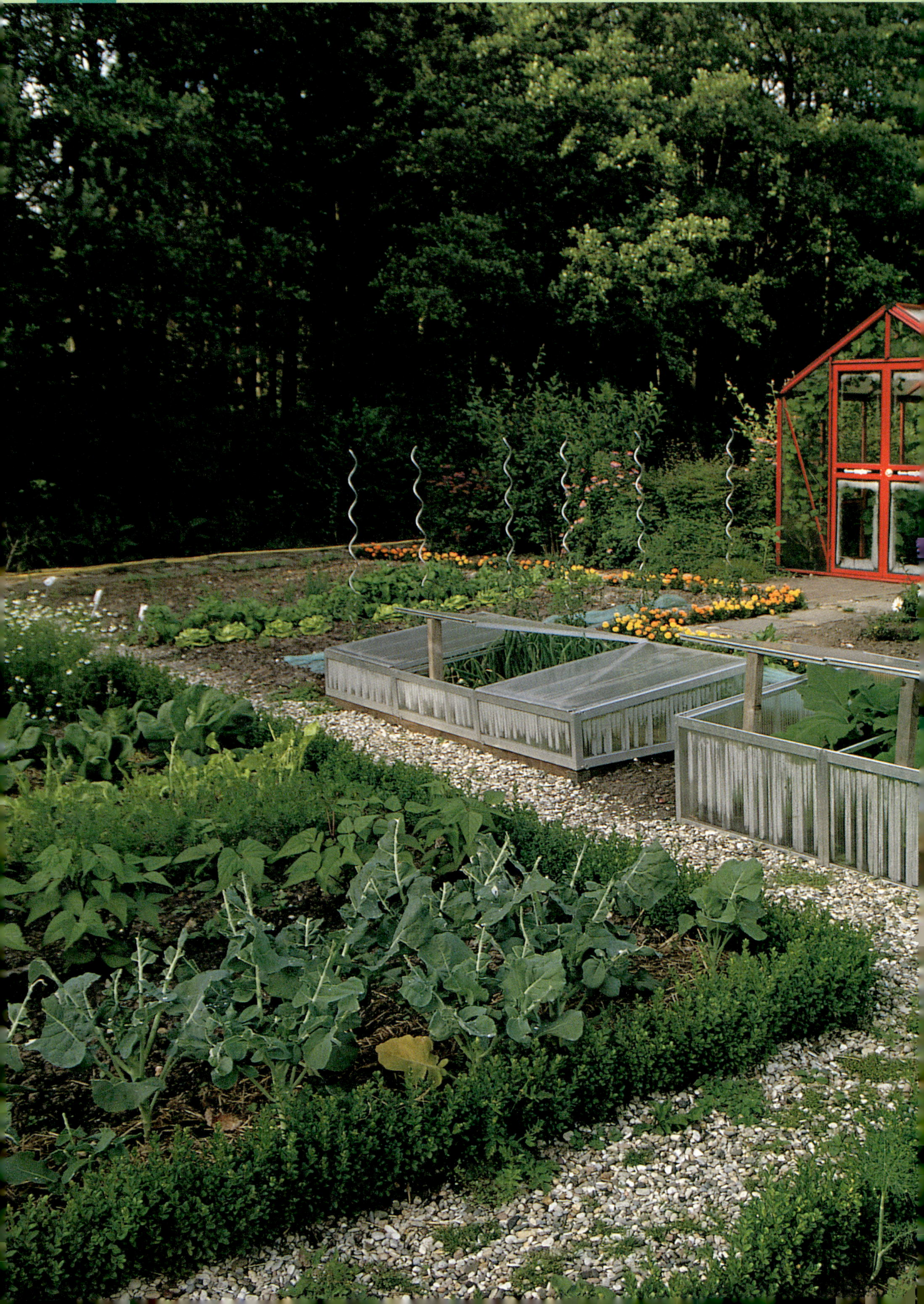

MAI

Nach den drei Eisheiligen dürfen endlich auch frostempfindliche Arten ins Freie. Aber Vorsicht: Die Nächte sind auch jetzt noch kühl. Wer einen Kälteschock an seinen vorgezogenen Tomaten, Zucchini, Gurken oder den besonders wärmeliebenden Auberginen vermeiden will, sollte die Pflanzen möglichst langsam an die neue Umgebung gewöhnen.

RHODODENDREN gibt es in vielen Farben und Formen. Die wintergrünen Büsche mögen es feucht und blühen am schönsten, wenn sie an ihrem Standort nicht von direktem Sonnenlicht getroffen werden.

DIE wenigsten Kräuter stellen hohe Ansprüche an ihre Umgebung. Das beste Aroma entwickeln sie freilich nur unter südlicher Sonne. Aber auch in Töpfen, die wie im Bild links an einer sonnigen Hausmauer stehen, fühlen sie sich sichtlich wohl.

BLUMEN

SOMMERBLUMEN

Viele Hobbygärtner haben den Mai herbeigesehnt, denn nach den Eisheiligen am 15. des Monats ist die Frostgefahr endlich vorbei. Die Beete im Garten können nun mit Sommerblumen bestückt werden. In milderen Gegenden wird damit schon Anfang Mai begonnen, in höheren Lagen mit rauem Klima wartet man besser bis Ende Mai.

MASSLIEBCHEN *(Bellis perennis)* gedeihen im Frühbeetkasten: Ein vierkantiger Kasten aus Holz, gefüllt mit Blumen- und Aussaaterde und bedeckt mit einer Folie, tut im Garten hierfür gute Dienste.

LINKS: Königskerzen *(Verbascum*-Hybriden) gibt es in bis zu 2 m hohen Sorten. Sie blühen von Juni bis August und wünschen sich im Garten einen Sonnenplatz.

Sie sowohl auf passende Farbkombinationen als auch auf eine Höhenstaffelung. Wollen Sie in Mustern pflanzen, markieren Sie erst die Pflanzstellen oder zeichnen das Muster mit Hilfe eines Stockes in die Erde. Ein schöner Blickfang im Garten sind einfarbige Beete (siehe März, S. 43/44). Sommerblumen sind außerdem ideale Lückenfüller im Zwiebelblumenbeet. Dies gilt vor allem für die Beete, in denen man die frühjahrsblühenden Zwiebelblumen im Boden lässt und deren vergilbendes Laub kaschiert werden soll.

Besonders junge Pflanzen reagieren sehr empfindlich auf späte Nachtfröste. Lieber wartet man mit dem Auspflanzen sicherheitshalber noch eine Woche länger. Um Schäden an vorgezogenen Sommerblumen zu vermeiden, sollten sie einige Zeit vor dem Auspflanzen ins Freie abgehärtet werden. Stellen Sie die Pflanzkästen im Haus nicht zu warm. Wenn es die Witterung erlaubt, können die Jungpflanzen tagsüber draußen stehen. Vergessen Sie aber nicht, sie über Nacht wieder reinzuholen.

Tipps zur Gestaltung

Vor dem Auspflanzen sollten Sie sich einen Pflanzplan überlegen. Am schönsten wirken Sommerblumen in Gruppen gepflanzt. Achten

AUCH im Vorgarten sollten Sommerblumen nicht fehlen. Die imposanten Stockrosen *(Alcea rosea)* ziehen mit ihrem hohen Wuchs alle Blicke auf sich.

VERGISSMEIN-
NICHT (*Myosotis*-Hybriden) gehören zu den früh blühenden Sommerblumen. Am schönsten wirken sie zusammen mit Maßliebchen, Narzissen und Tulpen.

Zweijährige

Im Mai beginnt die Anzucht der zweijährigen Sommerblumen. Zweijährige benötigen zu ihrer Entwicklung zwei Vegetationsperioden. Werden sie dieses Jahr gesät, blühen sie ab dem darauffolgenden Frühjahr. Zu den zweijährigen Sommerblumen, die jetzt ausgesät werden, gehören Stockrose, Marienglockenblume, Bartnelke und Königskerze. Säen Sie am besten in ein Saatbeet aus. Das Beet sollte frei von Unkräu-

Setzen Sie die Sommerblumen hier zwischen die Reihen, ohne die Zwiebeln im Boden zu beschädigen.

Pflanzung Schritt für Schritt

Beim Pflanzen werden die vorgezogenen Jungpflanzen vorsichtig und möglichst mit einem großen Wurzelballen aus den Pflanzscha-

len oder Töpfen genommen. Ist es nicht möglich, die Pflanzen einzeln aus der Schale zu nehmen, da sie zu eng sitzen, nehmen Sie mehrere gleichzeitig aus der Schale und trennen Sie sie anschließend mit einem Messer voneinander. Ordnen Sie die jungen Sommerblumen auf den Beeten an, um noch eventuelle Änderungen vornehmen zu können. Mit einer Handschaufel werden dann die Pflanzlöcher ausgehoben und die Pflanzen eingesetzt. Der Boden sollte locker und frei von Unkräutern sein. Nach dem Pflanzen das Angießen nicht vergessen. Mit gekauften Sommerblumen und bestellten Jungpflanzen (siehe April, S. 79) kann genauso verfahren werden. In den ersten Tagen nach dem Auspflanzen dürfen die Beete auf keinen Fall austrocknen. Lieber etwas mehr gießen als zu wenig.

Direktsaat

Auch im Mai können einjährige Sommerblumen noch direkt ins Freiland gesät werden. Dazu gehören Kapuzinerkresse, Husarenknopf, Steinbrech und Ringelblume. Die vorgezogenen Sommerblumen sind ihnen in der Blütezeit allerdings um einiges voraus.

GOLDLACK (*Cheiranthus cheiri*) kann jetzt an Ort und Stelle ausgesät werden. Als frühblühende Sommerblume macht sich Goldlack gut im Zwiebelblumenbeet.

tern sein. Mischen Sie dem lockeren Gartenboden vorzugsweise Aussaaterde bei. Das Anzuchtbeet sollte nicht in der vollen Sonne liegen, da die jungen Pflanzen sonst schnell vertrocknen könnten. Der jeweilige Abstand der einzelnen Samenkörner ist der Beschreibung auf den Samentütchen zu entnehmen. Sind die Pflanzen groß genug, werden sie an ihren endgültigen Standort gesetzt. Die Anzucht von anderen Zweijährigen wie Vergissmeinnicht, Stiefmütterchen und Maßliebchen ist jetzt im Frühbeetkasten möglich, ansonsten sollten Sie bis zum Sommer mit der Aussaat warten.

DIE ersten warmen Sonnenstrahlen im Mai laden nicht nur Zierpflanzen zu prächtigem Wachstum ein: Auch das Unkraut beginnt wieder zu sprießen. Frühzeitiges und regelmäßiges Hacken hält die unerwünschten Pflanzen in Zaum.

spielsweise dem Schachtelhalm hat sich „Aushungern" durch Lichtentzug bewährt. Bedecken Sie den Schachtelhalm im Beet mit schwarzer Mulchfolie. Für die Zierpflanzen sparen Sie Löcher in der Folie aus. Alle Pflanzen, die sich unter der Mulchfolie befinden, gehen aufgrund des Lichtentzugs ein. Wichtig ist, dass die Folie lange genug auf den Beeten belassen wird. In einem eingewachsenen

STAUDEN

Die Tage werden länger, die Sonnenstrahlen kräftiger und endlich kommt wieder Leben in den Garten. Nicht umsonst ist der Mai der Lieblingsmonat vieler Hobbygärtner. Es macht Spaß zu sehen, wie der Garten wieder erblüht, wie sich die ersten, hellgrünen Triebe im Staudenbeet zeigen und die winterliche Ruhe endgültig gebrochen wird. Jetzt gilt es, den Pflanzen den Start in die neue Saison zu erleichtern.

Wichtige Pflegearbeiten

Noch bedecken die neuen Staudentriebe den Boden nicht vollständig; in den Lücken macht sich Unkraut breit. Regelmäßiges Hacken ist hier immer noch die beste und umweltfreundlichste Methode, das unerwünschte Unkraut im Zaum zu halten. Beim Hacken muss darauf geachtet werden, die Unkräuter mitsamt der Wurzel zu entfernen, da sie sich sonst schnell wieder ausbreiten können. Mit Herbiziden, chemischen Unkrautvernichtungsmitteln, lassen sich zwar Unkräuter wie die Ausläufer bildende Quecke (*Agropyron*

PFINGSTROSEN blühen am schönsten auf nährstoffreichem und durchlässigem Boden. Feuchte und lichtarme Standorte dagegen begünstigen den Grauschimmel-Befall. Päonien blühen oft erst mehrere Jahre nach dem Pflanzen.

repens) bequem und vollständig vernichten; allerdings müssen die meisten Mittel gezielt auf die unerwünschten Pflanzen aufgetragen werden, denn sie bewirken bei Benetzung auch das Absterben von Zierpflanzen. Bei besonders hartnäckigen Unkräutern wie bei-

Staudenbeet ersetzen die dicht stehenden Stauden die Mulchfolie und geben Unkraut wenig Chancen, sich auszubreiten.

Höherwüchsige Stauden sollten rechtzeitig gestützt werden. Ausladende Stauden können auch mit so genannten Link-Stakes aus

STAUDENRINGE (Link-Stakes) halten im Beet ausladende Pflanzen zusammen. Auch an Wegen oder Beeträndern empfiehlt es sich, überhängende Stauden zu stützen.

dem Handel zusammengehalten werden (siehe Zeichnung links unten). Setzen Sie neben einstieligen Stauden wie Rittersporn einen Pflanzstab und binden den Trieb daran fest, ohne ihn abzuschnüren (siehe Zeichnung rechts). Ausladende Pflanzen wie Pfingstrosen sollten frühzeitig mit einem Gitter aus dem Handel gestützt werden. Ein Stützgitter lässt sich auch leicht selber basteln. Befestigen Sie ein Stück breiten Maschendraht auf vier Stäben und stellen das Gestell über die Staude. Die Triebe wachsen so von Anfang an durch das Gitter hindurch und werden so zusammen gehalten. Im Nachhinein ist es oft schwierig, Pflanzenstützen anzubringen, ohne die Triebe abzubrechen.

Im Wonnemonat Mai gibt es bereits recht warme Tage. Und mit steigenden Temperaturen muss wieder regelmäßig bewässert werden. Frisch gesetzte Stauden sind gründlich und gezielt zu gießen. Dazu häufeln Sie um die Pflanze einen kreisförmigen Wall aus Erde auf, in den hineingegossen wird. Durch den Gießrand kann das Wasser nicht wegfließen und eine ausreichende Bewässerung ist gewährleistet.

STAUDEN sollten beim Anbinden nicht eingeschnürt werden. Am besten man verwendet eine Kordel, die in Form einer Acht um Trieb und Stützstab gebunden wird. So bekommt die Pflanze Halt bei ausreichendem Spielraum.

Verzweigungen anregen

Um bei Stauden eine Verzweigung der Triebe anzuregen und damit für buschigeren Wuchs zu sorgen, sollten jetzt die Triebspitzen eingekürzt werden. Man spricht auch vom Entspitzen der Stauden. Der richtige Zeitpunkt dafür ist gekommen, wenn die Pflanzen etwa ein Viertel ihrer endgültigen Höhe erreicht haben. Mit Daumen und Zeigefinger lassen sich die Triebspitzen der Haupttriebe leicht abknipsen. Zwar kann die Blüte dadurch etwas verzögert werden, doch erhält man so kompaktere Pflanzen. Bei älteren Stauden sollten Sie zu dicht stehende Triebe entfernen.

Wildstauden

Wer Wildstauden im Garten haben möchte, kann sie jetzt im Mai aussäen.

Wildstauden sind ausdauernd, pflegeleicht und brauchen nur wenig Dünger (siehe Juni, Seite 119). Dazu gehören Lungenkraut, Duftveilchen, Gedenkemein, Leberblümchen, Blaukissen oder Hornkraut.

Am besten werden selbst geerntete oder gekaufte Wildstauden-Samen auf einem halbschattigen Freilandbeet mit lockerem Boden ausgesät und, wenn sie groß genug sind, an Ort und Stelle im Garten verpflanzt (siehe Juni Seite 158).

LINKS: Was wäre der Mai ohne Maiglöckchen *(Convallaria majalis)* Die Zwiebelblumen verbreiten ihren süßen Duft oft schon ab Ende April. Die Blätter erscheinen vor den Blüten. Vorsicht: Maiglöckchen sind giftig.

RECHTS: Wie kleine Elfen huschen Akeleien *(Aquilegia caerula)* durch den Garten. Ideal ist ein halbschattiger Standort.

BLUMEN

BUNTE Blüten-
pracht rund ums
Gartenhaus. Gönnen
Sie sich neben den
Pflanz- und Pflegear-
beiten auch mal ein
Ruhepäuschen und
genießen Sie die war-
men Sonnenstrahlen
im Garten.

ZWIEBELBLUMEN

Im Mai verabschieden sich die
letzten Frühjahrsblüher im Zwiebelblumenbeet. Verwelkte Blütenköpfe müssen abgeschnitten werden, um die kraftraubende Bildung
von Samenkapseln zu verhindern.
Das Blattlaub darf allerdings erst
entfernt werden, wenn es vollständig vergilbt ist, denn dann erst hat
die Zwiebel alle nötigen Nährstoffe
für das nächste Jahr gespeichert
(siehe April, S. 82).

Sommerblüher

Die Zwiebelblumen des Frühlings
werden jetzt von den sommerblühenden Zwiebelblumen abgelöst:
Startzeit für Dahlien, Canna, Gladiolen, Montbretien, Feuerlilien oder
Knollenbegonien. Auch die empfindlichen Zwiebelblumen können
nach den Eisheiligen am 15. Mai,
wenn keine Fröste mehr zu erwarten sind, in den Boden gesetzt

werden. Staunässe sollte auf jeden
Fall vermieden werden, denn sonst
drohen die Zwiebeln und Knollen
zu faulen. Verbessern Sie schwere
Böden mit Sand, um für Wasser-
durchlässigkeit zu sorgen. Wichtig
beim Setzen der Zwiebelblumen
ist die richtige Pflanztiefe (siehe
Tabelle links). Auch die verschiedenen Standortansprüche der
Pflanze sollten berücksichtigt werden (siehe Juni, S. 159).

Vorgezogene Dahlien, Knollenbegonien oder Canna müssen vor
dem Auspflanzen gut abgehärtet
werden. Besonders Dahlien und
Begonien sind recht kälteempfindlich. Sie können bei Nachtfrösten
großen Schaden nehmen. Sind die
Nächte noch nicht warm genug,
sollte man mit dem Auspflanzen
noch etwas warten. Um die vorgezogenen Zwiebelblumen an die
Außenbedingungen zu gewöhnen,
stellen Sie die Töpfe tagsüber nach
draußen oder ans offene Fenster.
Im Gegensatz zu den an Ort und

ÜBERSICHT: PFLANZTIEFE FÜR SOMMER-BLÜHENDE ZWIEBEL- UND KNOLLENBLUMEN

5 cm	Schönhäutchen (Hymenocallis narcissiflora), Kaphyazinthe (Galtonia candicans), Goldlauch (Allium moly)
10 cm	Jakobslilie (Sprekelia formosissima), Gladiolen-Wildarten, Madonnenlilie, Nerine (Nerine bowdenii), Blutblume (Scadoxus multiflorus)
15 cm	Gladiolen-Hybriden, Feuerlilie, Prachtlilie, Schopflilie (Eucomis punctata), Tigerblume (Tigridia pavonia)
20 cm	Dahlien-Hybriden, Riesen-Zierlauch (Allium giganteum), Indisches Blumenrohr (Canna indica)

KNOLLENBE-GONIEN haben jetzt ihren Auftritt. Auch vorgezogene Pflanzen dürfen jetzt ins Beet. Im Schatten fühlen sie sich ausgesprochen wohl.

zeichnet der Stab gleichzeitig das Pflanzloch. Um die jungen Triebe der Zwiebelblumen vor Schneckenfraß zu schützen, empfiehlt sich auch hier das Überstülpen eines Pflanzhütchens (siehe April).

Blüten fast rund ums Jahr

Dank der unterschiedlichen Blütezeiten von sommerblühenden Zwiebel- und Knollenblumen, können Sie sich von Juni bis Oktober

Stelle gesetzten Knollen und Zwiebeln, kommen die vorgezogenen Pflanzen sehr viel schneller zur Blüte. Auch Schnecken können den bereits größeren Pflanzen nicht mehr so viel anhaben. Vergessen Sie nicht, höherwüchsige Zwiebel- und Knollengewächse zu stützen. Bei Dahlien beispielsweise empfiehlt es sich, schon ins Pflanzloch neben der Knolle einen Stützstab einzugraben. Außerdem kenn-

GLADIOLEN wollen hoch hinaus; ihre Blüten überragen im Hintergrund jede Blumenrabatte. Um ein Abknicken der langen Triebe vorzubeugen, binden Sie die hohen Sorten an einem Pflanzstab fest.

FEUERLILIEN *(Lilium bulbiferum)* machen ihrem Namen alle Ehre. Mit leuchtenden Blüten ziehen sie alle Blicke auf sich.

an ihren Blüten erfreuen. Vorausgesetzt, Sie berücksichtigen beim Pflanzen die entsprechenden Blütezeiten. Damit Ihr Zwiebelblumenbeet den ganzen Sommer lang blüht, wählen Sie aus jeder Blütezeit-Gruppe einige Vertreter aus: Ranunkeln, Kronenanemonen, asiatische Lilienhybriden und kleinblütige Anemonen blühen im Juni und Juli. Trompetenlilien, Milchstern, Tigerblume, Begonien und großblütige Gladiolen blühen im Juli / August. Fressien, Dahlien, Sterngladiolen, Schopflilien, Montbretien, Canna, und Kaphyazinthen blühen von August bis Oktober. Wahre Dauerblüher sind vorgezogene Dahlien. Sie blühen pausenlos von Juni bis Oktober.

ROSEN

ECHTER Mehltau verursacht einen weißlichen, mehligen, abwischbaren Belag auf Blättern, Trieben und Knospen.

STERNRUSSTAU befällt die Pflanze von unten nach oben. Auf den Blättern zeigen sich dunkle, runde Flecken mit ausgefranstem Rand.

ROSENBLATTLÄUSE befallen vor allem junge, weiche Triebe und verursachen Saugschäden an Blättern und Knospen.

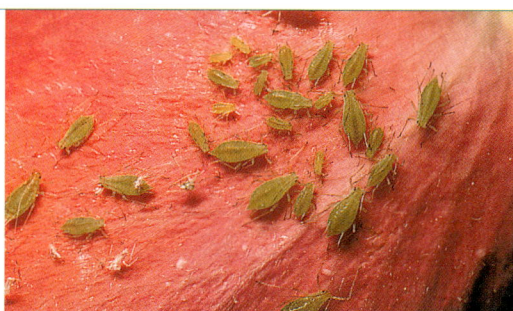

DIE Larven des Rosentriebbohrers fressen sich durch die Triebe hindurch und bringen sie so zum Absterben.

CHLOROSEN durch Eisenmangel zeigen sich durch gelb verfärbte Blätter, während die Blattadern zunächst grün bleiben.

WICHTIGE PFLEGEARBEITEN

Falls Sie nicht mulchen, sollten Sie auch im Mai den Boden rund um Ihre Rosen lockern und von Unkräutern befreien. Entwickeln sich Wildtriebe, müssen sie so schnell wie möglich entfernt werden, da sie den Rosen Nährstoffe entziehen (siehe S. 124).

Vorbeugender Pflanzenschutz

Kontrollieren Sie ab Mai regelmäßig Ihre Pflanzen, um Krankheiten und Schädlingen rechtzeitig entgegenwirken zu können. Achten Sie zur Vorbeugung auf die Auswahl robuster Rosensorten, den geeigneten Standort und die richtige Pflege. Beim Standort ist zu beachten, dass er luftig und sonnig ist, damit Regen- und Tauwasser auf den Blättern schnell genug trocknen und Pilzkrankheiten keinen Nährboden bieten kann. Zu heiße und trockene Plätze wiederum können die Ausbreitung von tierischen Schädlingen begünstigen. Durch regelmäßigen Schnitt, bei dem kranke und abgestorbene Pflanzenteile entfernt und vernichtet werden, können Sie Ihre Rosen ebenfalls gesund erhalten. Außerdem ist eine ausreichende Versorgung mit Wasser und Nährstoffen und regelmäßiges Hacken bzw. Mulchen sehr wichtig.

Sollten Ihre Rosen dennoch befallen werden, versuchen Sie, die Krankheiten und Schädlinge zunächst mit Brühen, zum Beispiel aus Brennnesseln oder Schachtelhalm, und durch Förderung von Nützlingen wie Marienkäfer, Florfliege und Schwebfliege zu bekämpfen. Auch biologische Pflanzenschutzmittel aus dem Fachhandel helfen in vielen Fällen weiter. Auf chemische Präparate bitte nur im äußersten Notfall

ROSENGALLWESPEN legen ihre Eier in Trieben ab. Es bilden sich kugelförmige, behaarte Gallen rings um den Trieb, in denen sich die Larven entwickeln. Der Trieb oberhalb dieser „Schlafäpfel" stirbt ab. Gallen daher wegschneiden und vernichten.

und fallen ab. Ursache ist feuchtes Wetter. Abhilfe: luftiger Standort, befallene Triebe und abgefallene Blätter vernichten. Schachtelhalmbrühe versprühen, auf ausreichende Kaliumdüngung achten. Notfalls mit Fungizid spritzen.

Rosenrost: Blattoberseite mit gelblichen Flecken, Unterseite im Sommer mit orangefarbenen, staubenden Sporenlagern, die sich im Herbst schwarz verfärben. Blätter vergilben und fallen ab. Rosenrost wird begünstigt durch warmes Wetter. Abhilfe: luftiger Stand-

zurückgreifen! Verwenden Sie ausschließlich nützlingsschonende und bienenungefährliche Mittel und beachten Sie die Gebrauchsanleitung sowie die Dosierungshinweise. Lassen Sie sich im Fachhandel ausführlich beraten. Spielen Kinder und Haustiere in Ihrem Garten, sollten Sie auf chemische Präparate ganz verzichten!

Häufige Rosenkrankheiten und -schädlinge und ihre Bekämpfung

Echter Mehltau: Weißlicher, mehliger Belag auf Ober- und Unterseiten der Blätter, Triebe und Knospen. Triebe verkümmern, Blätter kräuseln sich, fallen aber in der Regel nicht ab. Ursache ist

schwüles, feuchtes Wetter und einseitige Düngung. Abhilfe: luftiger Standort, weniger Stickstoff. Pflanze und Boden mit Schachtelhalm oder Brennnesselbrühe besprühen, befallene Triebe abschneiden und vernichten. Notfalls mit Fungizid spritzen.

Falscher Mehltau: Weißgrauer Schimmelbelag auf den Blattunterseiten, Oberseite mit dunklen Flecken. Blätter welken und fallen ab. Ursache ist warmes, feuchtes Wetter und Feuchtigkeit auf den Blättern. Abhilfe: sonnige, luftige Standorte. Befallene Pflanzenteile abschneiden und vernichten. Notfalls Fungizid einsetzen.

Sternrußtau: Blattoberseite mit schwarzbraunen, sternförmigen Flecken. Blätter werden gelb

DER Siebenpunktmarienkäfer ernährt sich mit Vorliebe von Blattläusen. Zum Überwintern können Sie dem Nützling in Ihrem Garten zum Beispiel einen Laubhaufen anbieten.

ort, genügend Kaliumdünger. Befallene Triebe abschneiden und vernichten. Mit Schachtelhalmbrühe oder notfalls Fungizid spritzen.

Blattläuse: Grüne Läuse, die vor allem an jungen Trieben, Blättern und Knospen Saugschäden verursachen. Auf den klebrigen Ausscheidungen siedeln sich oft Rußtaupilze an. Ausbreitung bei warmer, trockener Witterung. Abhilfe: kein zu heißer, trockener Standort. Weniger Stickstoff, mehr gießen. Besprühen mit Brennnesselbrühe, Schmierseifenlösung oder Wasser. Notfalls Insektizid einsetzen.

Spinnmilben: Blattoberseite gelb gesprenkelt, Unterseite mit feinen Gespinsten überzogen. Blätter werden braun, fallen ab. Begünstigt durch Wärme und Trockenheit. Abhilfe: keine zu heißen, trockenen Standorte, genügend gießen. Mit Schachtelhalm-

DIE grünen Larven der Rosenblattwespe verursachen Fraßschäden an Blättern, Knospen und Trieben. Entfernen und vernichten Sie befallene Teile und locken Sie Vögel in Ihren Garten. Bei starkem Befall pyrethrum-haltige Mittel einsetzen.

ROSEN

DICHT berankte Rosenbögen bilden einen blühenden und duftenden Tunnel, der zu geheimnisvollen, verborgenen Plätzen im Garten führt.

oder Brennnesselbrühe besprühen. Notfalls pyrethrum-haltige Mittel einsetzen.

Rosenzikade: Blattoberseite mit weißlichen Sprenkeln. An der Unterseite sitzen kleine, hellgrüne, springende Zikaden entlang der Blattrippen. Blätter vertrocknen und fallen ab. Abhilfe: kein zu heißer, trockener Standort, Pflanze mit Brennnesselbrühe besprühen, notfalls Insektizid einsetzen.

Rosentriebbohrer: Triebe beginnen von der Spitze her zu welken und sterben ab. Im Inneren der Triebe befindet sich ein Fraßgang der Larve des Triebbohrers. Abhilfe: Triebe bis ins gesunde Holz zurückschneiden und mit den Larven vernichten. Vögel durch Nistplätze und Wassertränken anlocken.

Rosenblattrollwespe: Blattrollwespen legen im Mai ihre Eier in

die Blattränder. Blätter rollen sich auf, darin entwickeln sich bis Juli die Larven. Abhilfe: Blätter absammeln und vernichten. Bei starkem Befall pyrethrum-haltige Mittel einsetzen.

Wurzelälchen (Nematoden): Parasiten im Wurzelgewebe. Wachstum der Rose wird beeinträchtigt. Abhilfe: Pflanze vernichten. An dieser Stelle für mehrere Jahre Ringelblumen oder Tagetes pflanzen, um die Wurzelälchen zu vertreiben.

Eisenmangel-Chlorose: Gelbfärbung der Blätter, Adern bleiben grün. Wird verursacht durch Staunässe, zu sauren oder zu alkalischen Boden. Abhilfe: Eisendünger, pH-Wert des Bodens ausgleichen.

Viruskrankheiten: Kümmerlicher Wuchs, wenig Blüten, Chlorosen. Übertragung der Viren durch saugende Insekten oder durch Schneidewerkzeuge. Abhilfe: befallene Rosen vernichten, Werkzeuge desinfizieren, übertragende Insekten bekämpfen.

WILDTRIEBE entziehen der Rose Nährstoffe und können die ganze Pflanze überwuchern. Sie wachsen unterhalb der Veredelungsstelle aus der Wildrosenunterlage und haben meist kleinere, hellere Blätter. Zum Entfernen Wurzelhals freilegen und Trieb direkt am Ansatz abreißen oder abschneiden.

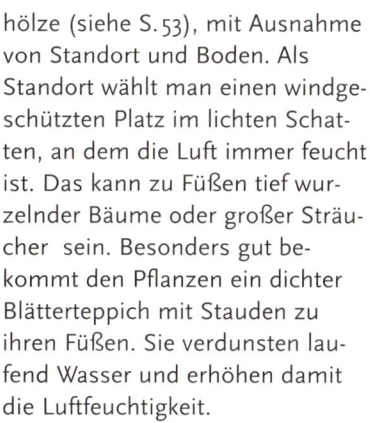

RHODODENDRON und Azaleen zählen zu den dankbarsten Gartengehölzen überhaupt. Sie wachsen langsam, aber stetig heran, ohne dass man alljährlich zur Schere greifen muss. Sie behalten ihren überreichen Blütenflor über viele Jahrzehnte, ohne müde zu werden, solange die Bodenverhältnisse stimmen.

BÄUME, STRÄUCHER UND HECKEN

Rhododendron

Der Mai ist der Monat des Rhododendron. Die prachtvollen Büsche stehen in voller Blüte und stecken so manchen Gartenbesitzer an, ebenfalls einen Rhododendren-Hain anzulegen. Noch bis Mitte Mai ist gut Gelegenheit, Ballenware zu pflanzen. Containerpflanzen können auch noch später gesetzt werden. Wichtig ist, dass die Pflanzen vor den trockenen Sommermonaten gut einwurzeln können. Sind Sie etwas später dran, müssen Sie sehr regelmäßig wässern.

Rhododendron wird so gepflanzt wie alle anderen Gartengehölze (siehe S. 53), mit Ausnahme von Standort und Boden. Als Standort wählt man einen windgeschützten Platz im lichten Schatten, an dem die Luft immer feucht ist. Das kann zu Füßen tief wurzelnder Bäume oder großer Sträucher sein. Besonders gut bekommt den Pflanzen ein dichter Blätterteppich mit Stauden zu ihren Füßen. Sie verdunsten laufend Wasser und erhöhen damit die Luftfeuchtigkeit.

Rhododendron stellt besondere Ansprüche an den Boden. Die immergrünen Sträucher bevorzugen leicht saure Böden mit pH-Werten zwischen 4,5 und 6,0. Auf der sicheren Seite ist man, wenn man beim Pflanzen spezielle Rhododendron-Erde verwendet. Sie hat bereits den optimalen pH-Wert und speichert Feuchtigkeit, ohne dass Staunässe entsteht. Bei sehr ungünstigen Bodenverhältnissen wie schwerem Lehmboden oder stark kalkhaltigem Untergrund empfiehlt es sich, Hochbeete für die Pflanzen anzulegen oder die Pflanzflächen an den Rändern mit Teichfolie abzugrenzen. Dann genügt es, jährlich mit speziellem Rhododendron-Dünger den pH-Wert und die Nährstoffversorgung aufrecht zu erhalten. Zusätzlich arbeitet man bei eingewachsenen Pflanzen Mitte März bis Mitte Mai Hornspäne und Volldünger ein, etwa 50 bis 75 g pro Pflanze.

Wer sich trotz der oben genannten Standortempfehlungen

WELKE Rhododendronblüten werden vorsichtig mit den Fingerspitzen ausgebrochen, ohne die Blätter oder die Knospen zu beschädigen.

WAS bei Rhododendronblüten als tief dunkles Violett beginnt, kann sich bald als Rosa präsentieren, um schließlich fast Weiß zu enden. Die Sonne bleicht die zarten Blütenblätter aus und entfacht damit ein nie gleiches Farbspiel.

dafür entscheidet, seinen Rhododendron an sonniger Stelle im Garten auszupflanzen oder beim Pflanzen bereits sehr große Pflanzen zu verwenden, tut gut daran, die Büsche zu schattieren. Dazu wird ein Schattiernetz über die Kronen gespannt oder auf der Sonnenseite ein bespanntes Lattengestell aufgestellt. Auf diese Weise verhindert man Verbrennungen der Blätter, die sich in gelben Flecken äußern. Wer die Netze

GELBE Rhododendron-Varianten und Azaleen sind etwas Besonderes. Hier zeigt *Rhododendron luteum* seine stark duftenden Blüten. Diese Sorte gilt als zuverlässig winterhart. Das gilt jedoch nicht für alle: Erkundigen Sie sich nach der Frosthärte.

WIE bei den Rosen gibt es auch beim Rhododendron eine unendliche Fülle von Sorten und Varianten. Hier findet jeder Gartenbesitzer die richtige Pflanze, egal, ob rosa, weiß oder rot, ob kleinwüchsig oder riesenhaft.

Begleiter eingesetzt werden, sind jetzt im Mai endgültig verblüht. Man schneidet sie um ein Drittel bis zur Hälfte zurück. Dadurch verkahlen die Pflanzen nicht von unten, bleiben kompakt und blühen jedes Jahr reich. Andere Rhododendronbegleiter wie Kirschlorbeer, Berglorbeer, Skimmie oder Prachtglocke (*Enkianthus campanulatus*) kommen dagegen ohne Schnitt aus. Hier genügt es wie beim Rhododendron regelmäßig die Blüten auszuputzen, um den Pflanzen den Kraftaufwand für die Samenbildung zu ersparen.

feuchthält, erhöht obendrein die Anwuchschancen.

Rhododendron ist nicht nur etwas für kleine Gärten. Neben den übermannshohen Exemplaren finden sich viele Varianten, die auch mit weniger Platz auskommen, ja sogar Bodendecker und solche für Pflanzgefäße sind dabei. Man muss also auch in noch so kleinen Gärten nicht auf die prachtvollen Frühlingsblüher verzichten.

Wer nur wenig Platz hat, sollte sich auf Yakusimanum-, Williamsianum- und schwachwüchsige großblumige Hybriden verlegen. Sehr niedrig bleiben Wildarten wie *Rhododendron ferrugineum* oder *Rhododendron camtschaticum* und *Repens*-Hybriden.

Heidekräuter

Heidekräuter wie *Erica* und *Calluna,* die gerne als Rhododendron-

Hecken

Bei frisch gepflanzten Hecken den Boden unkrautfrei halten und lockern, damit er gut Feuchtigkeit aufnehmen kann. Sind die Niederschläge im April etwas spärlicher ausgefallen, sollte man regelmäßig gießen.

LINKS: Feuerbrand ist eine gefährliche Bakterien-Krankheit an *Rosaceae.*

RECHTS: Sitka Fichtenläuse verursachen gelbe Nadeln.

Pflanzenschutz

Schädlinge sind um so weniger gefährlich, je eher man sie entdeckt. Denn solange die Populationen klein sind, kann man sie gut im Griff behalten. Deshalb ist es wichtig, von April bis September regelmäßig Rundgänge durch den Garten zu machen und die einzelnen Pflanzen dabei genauestens unter die Lupe zu nehmen. Nicht jeder Schädling macht sich so offensichtlich bemerkbar. Viele Schädlinge sind von Weitem nicht zu erkennen. Oft zeigt erst ein detaillierter Blick, was bereits im Gange ist. Heben Sie deshalb ab und an auch die Zweige hoch, um die Unterseiten der Blätter oder Nadeln betrachten zu können. Nur so stellen Sie fest, ob sich bereits Pilzgeflechte ausbreiten oder die zweite Generation in Eigelegen auf den Schlüpftermin wartet. Wer auf biologischen Pflanzenschutz mit Kräutern und Brühen setzt, muss besonders aufmerksam sein. Denn diese Mittel helfen nur dann zuverlässig, wenn der Befall noch im Keim erstickt wird. Immer hilfreich ist es, diese Mittel vorbeugend, aber dafür regelmäßig anzuwenden.

Bevor man zu chemischen Pflanzenschutz-Produkten greift, hilft oft auch schon eine mechanische Behandlung. Befallene Pflanzenteile werden sofort bis ins gesunde Gewebe zurückgeschnitten, erkrankte Blätter abgezupft. Tierische Schädlinge lassen sich zum Teil recht einfach absammeln. Rhododendron-Zikaden und Dickmaulrüssler wagen sich manchmal auch tagsüber aus ihren Verstecken. Spätestens in der Nacht, im Schein einer Taschenlampe, kann man sie absammeln und aus dem Garten verbannen. Viele Schmetterlinge verraten sich schon im Frühjahr durch ihre Raupen, die sich in großen Gespinsten in den Baumkronen sammeln. Mit Handschuhen und Arbeitskleidung geschützt, kann man diese Plagegeister mit Hilfe der Leiter entfernen.

Generell sollte man es im Ziergarten mit dem Pflanzenschutz nicht übertreiben. Während beim Obst oder Gemüse Schädlinge

BEI der Klopfprobe hält man ein Papier unter die Zweige. Eventuelle Schädlinge landen auf dem Papier. Man kann sie leicht identifizieren und die Befallsdichte abschätzen.

FÜR große Gärten lohnt sich eine einfache Pflanzenschutzspritze.

DIE SCHÖNSTEN RHODODENDRON-SORTEN FÜR DEN GARTEN

Deutscher Name (Botanischer Name)	Höhe	Blütenfarbe
Rhododendron-Hybride 'Azurwolke'	bis 1 m	lilablau
Wildart: *Rhododendron luteum*	2 bis 4 m	goldgelb
Wildart: *Rhododendron ferrugineum*	0,6 bis 1 m	purpurrot
Rhododendron repens 'Scarlet Wonder'	0,7 bis 0,8 m	scharlachrot
Großblumiger Rhododendron 'Album Novum'	3 bis 4 m	weiß mit lila Tönung
Großblumiger Rhododendron 'Nova Zembla'	bis 2,5 m	leuchtend rot
Rhododendron yakusimanum 'Schneewolke'	bis 0,7 m	weiß mit lila Tönung
Rhododendron yakusimanum 'Polaris'	bis 0,7 m	rubinrosa
Rhododendron williamsianum 'Gartendirektor Rieger'	bis 1,5 m	cremefarben
Rhododendron williamsianum 'Gartendirektor Glocker'	1 bis 1,5 m	rosarot

LINKS: Minierfliegen hinterlassen zwischen Ober- und Unterhaut des Blattes helle Gänge.

RECHTS: Blattkäfer zerfressen die Blätter vom Schneeball.

ZIERGEHÖLZE

LINKS: Für zehn Liter Brennnesselbrühe werden ein Kilogramm frische Blätter zerkleinert, 24 Stunden eingeweicht, kurz gekocht und gefiltert.

RECHTS: Die Larven der Schwebfliege ernähren sich von Blattläusen.

schon einmal die ganze Ernte zunichte machen können, kommt es bei Bäumen und Sträuchern nur in besonders schlimmen Fällen zu dauerhaften Schäden.

Eine sehr wichtige Rolle im Pflanzenschutz spielt die Hygiene im Garten. Achten Sie darauf, dass kranke oder von Schädlingen befallene Pflanzenteile nicht unnötig lange im Garten liegen bleiben, wo sie andere anstecken können. Sammeln Sie abgefallenes Laub regelmäßig auf und geben Sie es in den Restmüll. Gerade Pflanzenteile mit Pilz- oder Bakterienerkrankungen dürfen auf gar keinen Fall auf den Kompost, da auch hier einige wenige überlebende Sporen oder Keime genügen, um einen erneuten Befall auszulösen. Man gibt diese Pflanzenteile in die Mülltonne.

KLETTERPFLANZEN

Im Wonnemonat Mai machen alle Kletterpflanzen noch einmal einen gehörigen Wachstumssprung. Bei eingewachsenen Pflanzen kann der einsetzende Neuzuwachs rasch des Guten zu viel sein. Scheuen Sie sich nicht, bei Schlingknöterich *(Fallopia aubertii)* oder Efeu *(Hedera helix)* besonders vorlaute Triebe immer wieder einzukürzen. Noch den ganzen Sommer über lassen sich zu lange oder zu dicht stehende Triebe kappen, bevor sie zum Beispiel die Regenrinne oder die Dachziegel erreichen. Die Pflanzen vertragen diesen Sommerschnitt ohne weiteres und verschließen die kleinen Wunden schnell.

Mitte Mai ist die Frostgefahr endgültig gebannt. Jetzt dürfen auch einjährige Kletterpflanzen nach draußen ins Freie. Achten Sie in den ersten Tagen darauf, dass der Boden ausreichend feucht und die Sonne nicht zu intensiv ist. Sonst werden die empfindlichen Jungpflanzen in den Mittagsstunden schattiert. Von Kletterpflanzen werden die verwelkten Blütenstände ausgeschnitten. Die Pflanzen bilden dann keine Samen, sondern stecken ihre Kraft in neue Blüten und Triebe. Ausnahmen sind Pflanzen, von denen Sie gerne den Samen für die Aussaat im nächsten Jahr ernten möchten. Hier lässt man einige kräftige Fruchtansätze stehen.

KNÖTERICH: Die Triebe des Schlingknöterich können mehr als 10 m lang werden. Damit erobern die sommerblühenden Pflanzen in Windeseile ganze Hauswände.

SO BLEIBT DER RASEN SCHÖN

Wer einen Rasen oder eine Blumenwiese neu anlegen möchte, kann das jetzt tun (siehe S. 91 f.). Auch wenn Sie den Rasen in diesem Jahr noch nicht gedüngt haben, sollten Sie das jetzt nachholen. Die warme Mai-Witterung verschafft dem Rasen einen sichtbaren Wachstumsschub - wöchentliches Mähen des Grüns ist jetzt die wichtigste Aufgabe. In diesen Wochen sollte der Mäher sogar zweimal pro Woche in Aktion treten. Das Schnittgut lässt man leicht antrocknen und gibt es dann auf den Kompost, am besten vermischt mit Küchenabfällen oder gröberen Gartenabfällen. Sie können das frische Schnittgut auch als Mulchdecke im Gemüsebeet verteilen.

Stellen, die der Mäher nicht erreicht, werden mit Rasenschere oder Rasentrimmer bearbeitet. Wichtig beim Rasentrimmer: Denken Sie an Ihre Sicherheit. Tragen Sie stabiles Schuhwerk und möglichst auch eine rundum geschlossene Schutzbrille zum Schutz vor umherfliegenden Steinchen.

Denken Sie auch an die Kantenpflege mit Spaten oder Kantenstecher: Wenn Rasengräser ins Blumenbeet hineinwachsen, sieht das nicht besonders gut aus. Bleibt das Wasser nach starken Regenfällen auf dem Rasen stehen, ist möglicherweise der Boden verdichtet. Der Rasen wird an den entsprechenden Stellen schnell unansehnlich und beginnt zu faulen. Mit Aerifizier-Geräten sorgen Sie für einen besseren Wasserabzug. Liegen die Verdichtungen in tieferen Bodenschichten, können Sie mit einem tiefer reichenden Erdbohrer arbeiten (als Leihgerät erhältlich). Der Boden wird an den verdichteten Stellen mit dem Bohrer perforiert; die Löcher können Sie mit Bausand auffüllen.

MIT dem Spaten oder einem speziellen Kantenstecher werden die Rasenkanten bearbeitet. Ein langes Brett oder eine straff gespannte Kordel können als „Lineal" dienen.

WÖCHENTLICHES Mähen macht den Rasen schön. Geschnitten wird nur, wenn der Rasen trocken ist: Die Halme gelangen dann ohne Probleme in den Grasfangkorb.

STELLEN, die der Mäher nicht erreicht, werden separat nachgeschnitten. Das Schneiden mit einer Handschere ist allerdings auf Dauer sehr ermüdend. Eine praktische Alternative sind Hand-Elektroscheren.

SCHWER zugängliche Rasenpartien oder stark abschüssiges Gelände lässt sich am besten mit einem Elektro-Rasentrimmer bearbeiten. Der schnell rotierende Nylonfaden des Trimmers schneidet Rasengräser und Wildwuchs sauber ab.

PFLEGEARBEITEN IM UND AM TEICH

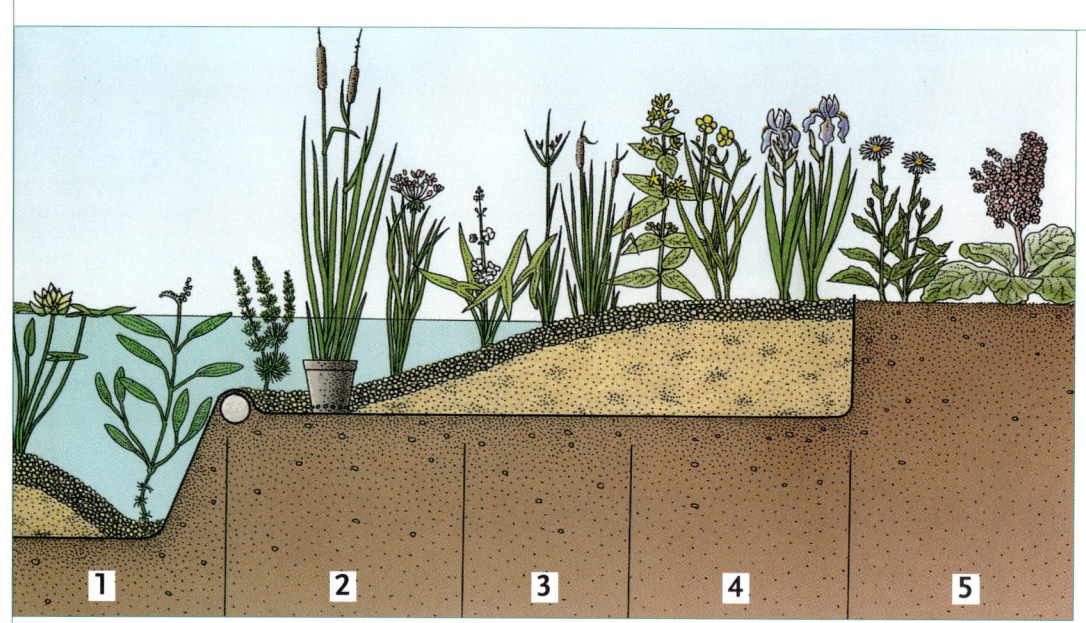

DIE Lebensbereiche im und am Teich werden in verschiedene Zonen unterteilt, in denen sich die unterschiedlichsten Pflanzen wohl fühlen: 1. Tiefenzone (Seerosenzone) ab 40 cm; 2. Flachwasserzone von 10 bis 40 cm; 3. Sumpfzone von 10 cm über bis zu 10 cm unter dem Wasserspiegel; 4. Feuchtzone innerhalb der Teichabdichtung; 5. Trockenes Ufer oder Gartenzone.

Wie überall im Garten gibt es auch am Teich jetzt reichlich zu tun. Falls blühende Bäume, zum Beispiel japanische Zierkirschen, in Teichnähe stehen, achten Sie darauf, dass keine großen Mengen Blütenblätter in den Teich fallen. Wenn nötig, fischen Sie mit einem Kescher die Blüten aus dem Wasser. Zur Teichpflege gehört auch, dass Sie zum Rasenmähen immer einen Grasfangkorb verwenden, damit kein Grasschnitt in den Teich fällt.

Der Mai ist die ideale Zeit, um Pflanzennachwuchs durch Teilung zu gewinnen und neue Pflanzen zu setzen. Wenn Sie ganz sichergehen wollen, dass neu Gepflanztes nicht durch späte Nachtfröste gefährdet wird, warten Sie bis nach den Eisheiligen. Auch bei empfindlichen oder selbst gezogenen, noch nicht kräftigen Pflanzen sollten Sie besser abwarten, bis die Gefahr von Nachtfrost nicht mehr besteht. Wärmeliebende, exotische Teichpflanzen wie Wasserhyazinthe (*Eichhornia crassipes*), Wassersalat (*Pistia stratiotes*) und Schwimmfarn (*Salvinia natans*), die am Ende des Sommers zum Überwintern an einen warmen Platz im Haus gebracht wurden, können ab Ende des Monats wieder ins Freie. Auch Seerosen, die frostfrei überwintert wurden, weil der Teich nicht tief genug ist und im Winter ganz durchfriert, dürfen jetzt wieder in den Teich zurück.

Den Teich bepflanzen

Damit im Teich langfristig ein ökologisches Gleichgewicht entsteht und erhalten werden kann, muss die Bepflanzung vielfältig und ausgewogen sein. Um die nötige Pflanzenvielfalt zu erreichen, sollten Sie, wenn Sie den Teich anlegen, verschiedene Zonen schaffen, die sich in Wassertiefe und Bepflanzung unterscheiden (siehe Abbildung oben). Die jeweiligen Teichzonen bieten den Pflanzen

DER Tannenwedel (*Hippuris vulgaris*) wächst in der Flachwasser- und Sumpfzone. Er breitet sich mit seinem kriechenden Wurzelstock rasch aus und sollte deshalb am besten in Pflanzcontainer gesetzt werden.

LINKS: Ihre schönen Blattrosetten machen die Wassernuss *(Trapa natans)* zum Schmuckstück. Diese aparte Schwimmblattpflanze wurzelt in der Seerosenzone.

RECHTS: Blüten und Blätter sind beim Pfeilkraut *(Sagittaria sagittifolia)* gleichermaßen attraktiv.

ganz unterschiedliche Bedingungen zum Wachsen. Pflanzen für das trockene Ufer werden in der Sumpfzone ebenso wenig zufrieden stellend gedeihen wie Feuchtigkeit liebende Pflanzen, die am trockenen Ufer kümmern.

Wenn Sie lange Freude an der Teichbepflanzung haben wollen, müssen Sie die Pflanzen ihren Bedürfnissen entsprechend in den richtigen Zonen ansiedeln. In der **Tiefenzone** fühlen sich alle Seerosenarten aber auch Unterwasserpflanzen wie schwimmendes Laichkraut *(Potamogeton natans)*

PFLANZEN FÜR DEN GARTENTEICH

Deutscher Name (Botanischer Name)	Blütezeit	Blütenfarbe
Seerosen-Tiefenzone und Schwimmblattzone (ab 40 cm Wassertiefe)		
Froschbiss *(Hydrocharis morsus-ranae)*	VI bis VIII	weiß
Gelbe Teichrose *(Nuphar lutea)*	VI bis VIII	goldgelb
Seerose *(Nymphaea-Hybriden)*	VI bis IX	je nach Sorte
Wasserhahnenfuß *(Ranunculus aquatilis)*	VI bis IX	weiß
Krebsschere *(Stratiotes aloides)*	V bis VII	weiß
Flachwasserzone (10 bis 40 cm Wassertiefe)		
Froschlöffel *(Alisma platago-aquatica)*	VI bis VII	weiß bis zartrosa
Schwanenblume *(Butomus umbellatus)*	VI bis VIII	dunkelrosa, weiß
Wasserknöterich *(Polygonum amphibium)*	VI bis VIII	rosa
Hechtkraut *(Pontederia cordata)*	VII bis IX	blau
Zwergrohrkolben *(Typha minima)*	V bis IX	schwarzbraun
Sumpfzone (10 cm über bis 10 cm unter dem Wasserspiegel)		
Binse *(Juncus ensifolius)*	VII bis IX	bräunlich
Wasserminze *(Mentha aquatica)*	VI bis VIII	zartlila
Fieberklee *(Menyanthes trifoliata)*	V bis VI	weiß bis zartrosa
Bachehrenpreis *(Veronica beccabunga)*	V bis IX	blau
Feuchtzone		
Mädesüß *(Filipendula ulmaria)*	VI bis VII	weiß
Pfennigkraut *(Lysimachia nummularia)*	VI bis VII	gelb
Blutweiderich *(Lythrum salicaria)*	VII bis IX	nach Sorten rot bis rosa
Wiesenknöterich *(Polygonum bistorta)*	V bis VIII	rosa

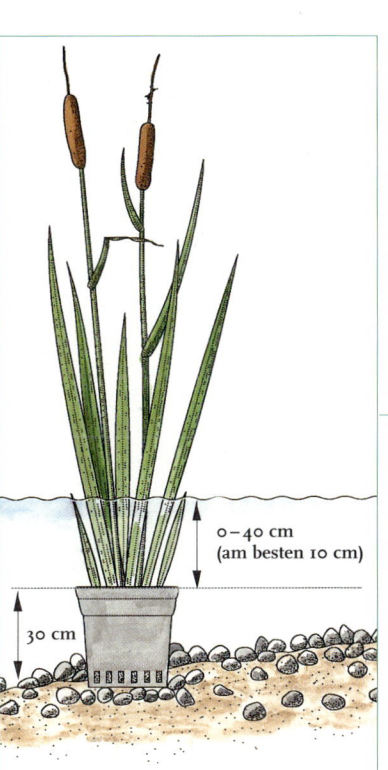

o–40 cm (am besten 10 cm)

30 cm

LINKS: Rohrkolben *(Typhus* spec.) sollte in einen Pflanzcontainer in der Flachwasserzone gepflanzt werden.

RECHTS: Die Seekanne *(Nymphoides peltata)* eignet sich gut für kleine Teiche.

GRÄSER wie die Steife Segge *(Carex elata)* lassen sich gut mit Blütenstauden kombinieren. Sie geben dem Teichufer ein natürliches Aussehen.

spezielle Behälter für Wasserpflanzen. Alle stark wuchernden Arten sollten Sie grundsätzlich nicht frei auspflanzen, weil sie schwachwüchsigen Pflanzen rasch ihren Lebensraum nehmen. Da sie sich meist über Wurzelausläufer ausbreiten, können Sie ihr Wachstum in Zaum halten, wenn Sie sie mit einem Pflanzbehälter in den Teich setzen. Der kann dann einfach aus dem Wasser gehoben werden, etwa um die Pflanzen zu teilen, wenn sie zu

und Wasserhahnenfuß *(Ranunculus aquatilis)* wohl.

Die **Flachwasserzone** ist zum Beispiel für Kalmus *(Acorus calamus)*, Wasserstern *(Callitriche palustris)*, Igelkolben *(Sparganium erectum)* und Tannenwedel *(Hippuris vulgaris)* der richtige Platz. Sumpfdotterblume *(Caltha palustris)*, Morgensternsegge *(Carex grayi)* und Wollgras *(Eriophorum angustifolium)* sollten in der Sumpfzone angepflanzt werden.

In der **Feuchtzone** am Teichrand gedeihen viele Blütenstauden, die feuchte Erde lieben.

Die **Gartenzone** (Teichanschlusszone) am trockenen Ufer bildet den Übergang zum Garten und gehört genau genommen

DIE gelbe Gauklerblume *(Mimulus luteus)* bereichert die Feuchtzone des Teichs mit ihren leuchtenden Blüten.

SCHWERTLILIEN dürfen an keinem Teich fehlen. Die heimische gelbe Sumpfschwertlilie *(Iris pseudacorus)* bevorzugt feuchte bis nasse Standorte.

nicht mehr zum Teich, weil hier Pflanzen wachsen, die sich auch in Gärten ohne Teich finden.

Achten Sie bei der Bepflanzung darauf, dass direkt am Teichufer niedrige und im Hintergrund hoch wachsende Pflanzen angesiedelt werden.

Bei größeren Naturteichen mit Bodengrund können Sie die Pflanzen direkt ins Teichsubstrat einsetzen. Ist der Teich bereits angelegt, müssen Sie dazu einen Teil des Wassers ablassen. Bei kleinen Teichen kommen die Pflanzen in

üppig geworden sind. Zu den wuchernden Pflanzen, die unbedingt mit Behälter in den Teich gesetzt werden sollten, gehören zum Beispiel einige Seggenarten *(Carex* spec.), Tannenwedel *(Hippuris vulgaris)*, Binsen *(Juncus* spec.), Rohrglanzgras *(Phalaris arundinacea)*, Schilf *(Phragmites australis)*, Wasserknöterich *(Polygonum amphibium)*, Hechtkraut *(Pontederia cordata)*, Laichkraut *(Potamogeton* spec.) und Rohrkolben *(Thypha* spec.).

Auch alle Arten, die im Herbst

DIE Sumpf-
dotterblume *(Caltha
palustris)* blüht schon
im März. Direkt nach
der Blüte kann man die
hübschen Stauden
durch Teilung ver-
mehren.

gering ist, dass Erde ausge-
schwemmt wird, sollten Sie sie
sicherheitshalber mit Pflanzvlies
auslegen, bevor Sie das Substrat
einfüllen. Verwenden Sie bei anspruchslosen Arten eine spezielle
Teicherde, am besten aus dem
Fachhandel.

Bei Arten mit größerem Nährstoffbedarf sollten Sie zusätzlich
etwas Gartenerde untermischen
oder Spezialdünger mit Langzeitwirkung. Anschließend wird die

aus dem Teich geholt werden
müssen, weil sie nicht winterhart
sind oder der Teich nicht tief genug ist, um ein völliges Durchfrieren zu verhindern (mind. 60 cm),
sollten Sie in Pflanzbehälter setzen. Umständliches Ausgraben ist
dann nicht nötig. Zum Einpflanzen
von Wasserpflanzen eignen sich
spezielle Körbe, die ein besonders
feinmaschiges Gitter haben. Es
verhindert, dass Erde herausge-
schwemmt wird. Auch Pflanzkörbe
aus Kokosstrick können verwendet

werden. Beides bekommen Sie im
Teichfachhandel. Ungeeignet sind
geschlossene Behälter, Kunststoff-
pflanzgefäße, in denen sich die
Pflanzen befinden, wenn man sie
kauft, oder improvisierte Pflanzbe-
hälter, zum Beispiel durchlöcherte
Kunststoffeimer oder Ähnliches.
Darin würden die Wurzeln der
Wasserpflanzen nicht genügend
Luft bekommen und faulen.

So pflanzen Sie ein: Obwohl
bei Pflanzkörben aus Kunststoff-
gitter und Kokosstrick die Gefahr

DIE Wieseniris
(Iris sibirica) blüht im
Mai und Juni. Ihre
Blütenfarben reichen je
nach Sorte von zartem
Hellblau bis zu tiefem
Violett.

DIE Sumpfzone des
Teichs ist der richtige
Platz für den Kalmus
(Acorus calamus), der
im Pflanzkorb ge-
pflanzt wird. Von Mai
bis Juli erscheinen
seine auffälligen, kol-
benförmigen Blüten-
stände.

Substratoberfläche mit einer
Schicht Sand oder feinem Kies
bedeckt. Wässern Sie die Erde gut,
bevor Sie die Pflanzen mit ihrem
Behältnis in den Teich setzen. Am
besten stellt man den ganzen
Pflanzkorb vorher so lange in eine
wassergefüllte Wanne, bis das
Substrat gut eingeschlämmt ist.

Die meisten Unterwasserpflanzen können direkt in den Teich-
grund gepflanzt werden. Da sie
überwiegend in der Seerosenzone
wurzeln, müssten Sie dazu allerdings das Wasser zumindest teilweise ablassen. Mit einem Trick
können sie jedoch ohne Umstände
eingepflanzt werden: Binden Sie
Wasserstern *(Callitriche* spec.),
Wasserpest *(Elodea canadensis)*,
Tausendblatt *(Myriophyllum* spec.),

WASSERGARTEN

IN üppig bewachsenen Teichen mit vielen Schwimmblatt- und Unterwasserpflanzen findet sich der Wasserfrosch gerne ein. Ab Mai macht er mit Quak-Konzerten auf sich aufmerksam.

MÜCKENLARVEN und andere kleine Wassertiere gehören zur Beute des 3 bis 4 cm großen Gelbrandkäfers. Den schwarzbraunen, emsigen Käfer kann man vom Teichufer aus leicht beim Schwimmen und Jagen beobachten.

Teichpflanzen bekommen Sie in Wasserpflanzengärtnereien, Gartencentern oder bei Pflanzenversendern. Da Schädlinge oft mit gekauften Pflanzen eingeschleppt werden, sollten Sie beim Kauf darauf achten, dass die Pflanzen frei davon sind. Meist sitzen die Tiere auf den Blattunterseiten, deshalb die Blätter untersuchen! Lassen Sie sich beim Anblick von zarten, kleinen Jungpflanzen nicht dazu verleiten, zu viele Pflanzen zu kaufen. Es ist leichter, später Lücken in der Teichbepflanzung aufzufüllen, als zu dichte Bestände auszulichten. Nachpflanzen können Sie bis zum Herbst. In der Tabelle auf

Wasserhahnenfuß (Ranunculus aquatilis) und Wasserschlauch (Utricularia vulgaris) mit Kordel an größeren Kieselsteinen fest, die Sie anschließend einfach im Teich versenken. Vom Hornblatt (Ceratophyllum demersum) können Sie zum „Pflanzen" einfach Teilstücke direkt ins Wasser werfen. Laichkraut (Potamogeton spec.) gehört wegen seiner Wüchsigkeit in einen Pflanzbehälter. Falls kein Bodengrund vorhanden ist, müssen Sie alle Arten in Behälter pflanzen.

ELRITZEN sind zierliche Schwarmfische, die sich nur in kühlem, sauerstoffreichem Wasser wohl fühlen. Sie ernähren sich von Insektenlarven und anderen kleinen Wasserlebewesen.

S. 131 finden Sie Pflanzen für die verschiedenen Lebensräume am und im Teich.

Sie können im Fachhandel auch fertig zusammengestellte Pflanzensortimente für unterschiedliche Teichgrößen kaufen – eine gute Lösung, wenn Sie bei der Zusammenstellung der Bepflanzung unsicher sind.

EIN gern gesehener Teichbewohner: die Posthornschnecke. Ihre Nahrung besteht aus Algen und abgestorbenen Pflanzenresten.

ERDKRÖTEN machen nachts im Garten Jagd auf Nacktschnecken. Die schwarzbraunen Amphibien verstecken sich gern unter feuchtkühlen Steinhaufen. Ihre schwarzen Eier legen sie im Frühling in langen Schnüren ab, die sie um die Stängel von Wasserpflanzen winden.

serschnecken wie die Posthornschnecke gelangen meist mit Wasserpflanzen in den Teich.

Wenn Sie möchten, dass sich Amphibien im Teich ansiedeln, achten Sie am Monatsanfang darauf, ob sich Frösche, Kröten oder Molche eingefunden und gelaicht haben und verringern Sie eventuell den Fischbestand. Es gibt etliche Fischarten, die gerne Laich und Kaulquappen fressen.

LIBELLEN bevorzugen Teiche mit flachem Ufer. Von den eleganten Fliegern ist die Blaugrüne Mosaikjungfer eine der häufigsten.

Seerosen sollten Sie nicht nur nach ihrer Blütenfarbe auswählen. Sie unterscheiden sich zum Teil stark in ihren Wuchseigenschaften.

Achten Sie deshalb darauf, dass Art und Sorte zur Wassertiefe und Größe Ihres Teichs passen, denn Sie werden zum Beispiel an einer starkwüchsigen Sorte in einem kleinen Teich bald keine Freude mehr haben, wenn Sie ständig ausdünnen müssen, weil sich die Pflanzen zu sehr ausbreiten.

Gleichgewicht schaffen

Um im Teich dauerhaft ein Gleichgewicht zu schaffen, das ständiges Eingreifen überflüssig macht, ist eine vielfältige Bepflanzung, aber auch eine möglichst natürliche Besiedlung des Teichs mit verschiedensten Teichlebewesen nötig. Frösche, Kröten und Molche siedeln sich von alleine an, wenn ihnen der Teich zusagt, ebenso Gelbrandkäfer und Libellen. Was-

Um das Teichwasser nicht mit Nährstoffen anzureichern und die Gefahr von massenhafter Algenvermehrung zu verringern, sollten Sie vorhandene Fische richtig füttern, vor allem erst, wenn das Teichwasser wärmer als 12°C ist. Am besten geben Sie das Futter in einen Fischfutterring (im Fachhandel). Er verhindert, dass es auseinander treibt. So können Sie besser kontrollieren, wie viel Futter die Fische wirklich brauchen.

BALKON UND TERRASSE

JETZT DARF ALLES NACH DRAUSSEN

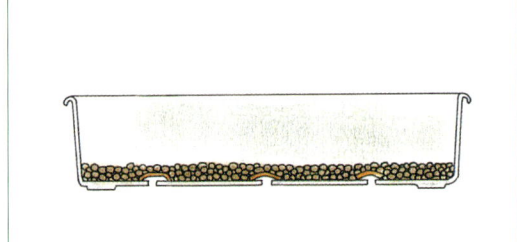

BALKONKÄSTEN bepflanzen: **(1)** Vor der Bepflanzung zum Schutz vor Staunässe eine Drainageschicht in den Balkonkasten einfüllen.

(2) DAS feuchte Substrat bis knapp unter den Rand locker einfüllen – auf keinen Fall drücken oder pressen.

(3) GEPFLANZT wird, indem man am besten mit einer Hand die Erde beiseite schiebt und mit der anderen die Pflanze einsetzt.

(4) ANGIESSEN erleichtert das Anwachsen, weil sich die Poren mit Wasser füllen und sich die Erde eng an die Wurzelballen schmiegt.

Spätestens nach den Eisheiligen (15.5.) dürfen alle Balkon- und Kübelpflanzen nach draußen. Große und schwere Töpfe lassen sich durchaus Rücken schonend transportieren. Zum Beispiel mit einer stabile Sackkarre, auf der man das Gefäß zusätzlich mit einer Kette sichert. Zu zweit kann man die Pflanzen gut mit einem kräftigen Gurt mit Henkeln befördern. Mit

Rundhölzern und angeschraubten Metallhaken lassen sich vor allem Holzkübel gut tragen. Über kurze Strecken kann man Kübelpflanzen auch über Rundhölzer rollen.

Pflanzzeit für Balkonkästen und Ampeln

Was Sie genau bei der Bepflanzung von Kästen beachten müssen, sehen Sie in den Abbildungen links. Die Bepflanzung von Ampeln oder Hanging Baskets ist etwas aufwendiger. Hängen Sie den Basket in Arbeitshöhe auf oder stellen ihn kippsicher auf einen Eimer. Die weitmaschigen Drahtkörbe werden mit Moos, Sackleinen oder passformgerechten Korbeinlagen aus Recyclingstoffen ausgelegt. Etwas Erde einfüllen und rundum in vorbereitete Öffnungen die Pflanzen setzen. Manchmal muss das Gitter etwas verbogen werden, damit der Topfballen durchpasst. Am besten noch eine spezielle Gießhilfe für Baskets und Ampeln von oben ins Gefäß setzen und alles mit gedüngter Erde auffüllen, festdrücken und angießen.

AN der fertigen Pflanzung haben Sie lange Freude. Vorausgesetzt, Sie haben die richtigen Pflanzen kombiniert und versorgen ihre Kästen regelmäßig mit Wasser und flüssigem Volldünger.

LINKS: Weiße Margeriten und roter Feuersalbei inszenieren einen aufregenden Kontrast im Terrakotta-Kasten.

RECHTS: Knollenbegonien in kräftigen Blütenfarben beleben halbschattige Standorte.

Formpflanzen schneiden

Schneiden Sie bei bedecktem Wetter den Neuaustrieb Ihrer immergrünen Formpflanzen in Töpfen wie Buchs, Eibe oder Liguster (*Ligustrum* spec.) zurück. Wenn Sie entlang von Schablonen oder Gerüsten aus Maschendraht schneiden, bekommen Sie gerade Oberflächen. Danach die Pflanzen kräftig gießen und mit langsam wirkenden mineralischen Depotdüngern versorgen. Wenn nötig, die Pflanzen vorher in größere Gefäße umtopfen. Auch nicht in Form geschnittene Freilandgehölze im Topf sollten jetzt Langzeitdünger erhalten.

DIE ZEHN SCHÖNSTEN BALKON-PFLANZEN

Knollenbegonie
(*Begonia* x *tuberhybrida*)

Ob in Kästen, Schalen oder Hängeampeln, die Pflanze mit den asymmetrischen, schiefen Laubblättern offenbart sich von Mai bis Oktober als üppiger Dauerblüher. Am besten gedeiht die mehrjährige Pflanze im Halbschatten an einem windgeschützten Platz. Das Substrat soll gut wasserdurchlässig sein. Alle zwei bis drei Wochen muss man mit stickstoffarmem Dünger gießen.

Goldzweizahn
(*Bidens ferulifolia*)

Das sonnenliebende Gewächs schmückt sich von Juni bis September mit unzähligen gelben Blütensternen. Während der Wachstumszeit reichlich gießen und niedrig dosiert düngen. Mit einem Abstand von 30 cm an den vorderen Rand von Gefäßen setzen, damit die Triebe schnell überhängen. Der Goldzweizahn überwuchert rasch schwach wachsende Partner.

WER es gerne üppig und farbenfroh mag, sollte auf Hängeampeln mit pinkfarbenen Hängepetunien oder *Surfinia*-Petunien nicht verzichten.

LINKS: Schwere Kübelpflanzen kann man mit einer Sackkarre (1), auf einem Holzbrett über Rollen (2) oder einfach auf einem Stück Sack (3) transportieren.

RECHTS: Beim Anblick von Bougainvilleen, hier die Sorte 'Variegata', denkt man sofort an den sonnigen Süden.

BALKON UND TERRASSE

Pantoffelblume
(Calceolaria integrifolia)

Die Pantoffelblume trägt von Mai bis September leuchtend gelbe, blasenartige Blüten über grünem Laub. Sie bevorzugt einen sonnigen bis halbschattigen Platz, geschützt vor Wind und Regen. Sie will reichlich gewässert und regelmäßig gedüngt werden. Ein regelmäßiges Ausputzen der Samenstände sichert einen Blütenflor bis in den Herbst. Man kann sie hell und kühl (5 bis 10 °C) überwintern.

Fuchsie
(Fuchsia-Hybriden)

Für Ampeln und Balkonkästen sind hängende und halbhängende Formen zu empfehlen, als Kübelpflanze sind buschige Arten und Sorten sowie Hochstämmchen ideal. Die Gewächse mit den meist zweifarbigen Glockenblüten in Weiß, Rosa, Rot, Purpur oder Violett bevorzugen halbschattige, luftige, aber geschützte Plätze. Während der Wachstumszeit benötigen Fuchsien ausgiebig

Wasser und sauer wirkende Dünger. Hell und kühl (4 bis 8 °C) überwintern.

Fleißiges Lieschen
(Impatiens walleriana)

Das Fleißige Lieschen bekommt von April bis Oktober ständig neue, tellerförmige, einfache Blüten in Weiß, Orange, Lachs, Rosa, Pink, Rot, Violett, manchmal auch zweifarbig. Die Pflanzen schmücken auch Ampeln. Ideal ist ein halbschattiger Platz und gleich bleibende Wasserversorgung. Während der Wachstumszeit alle 14 Tage mit niedrig dosiertem Volldünger versorgen.

Lobelie
(Lobelia erinus)

Die einjährigen Lobelien, auch Männertreu, blühen in Blau, Violett, Weiß und Rosa, teils mit weißem Auge von Mai bis Oktober. Sie gedeihen in Sonne und Halbschatten. Es gibt aufrecht wachsende und hängende Sorten. Sie wollen gleichmäßig feucht gehalten werden. Den hohen Nährstoffbedarf durch niedrig dosierte, stickstoffarme Volldüngergaben decken. Triebe nach der ersten Blüte um ein Drittel zurückschneiden.

GETREU dem Motto „Platz ist in der kleinsten Hütte" können Sie auch in solch einer Etagere Pflanzen in Töpfen, wie z. B. Stiefmütterchen und Hornveilchen, dekorativ arrangieren.

REICHE ERNTEN FÜR BALKONGÄRTNER

Auch ohne großen Garten kann man gesundes, frisches Gemüse, Obst und Kräuter ernten. Es gibt eine Reihe von Arten und Sorten, die sich durchaus in Töpfen und Kästen ziehen lassen.

Gemüse
Aubergine, Birnen-Melone, Busch- und Stangenbohnen, Gurke, Erbse, Kohlrabi, Kürbis `Baby Bear´, Mangold, Paprika, Peperoni, Radieschen, Ruccola, Blatt- und Schnittsalate, Tomate, Zucchini.

Obst
Andenbeere, Zierquitte `Cido´, Erdbeeren, Heidelbeeren, Johannisbeeren, Stachelbeeren (beide meist als Hochstämmchen), Wein, Kiwi sowie Apfel, Pfirsich- und Kirsch-Minibäumchen.

Kräuter
Basilikum, Bohnenkraut, Currykraut, Estragon, Kapuzinerkresse, Kerbel, Majoran, Melisse, Oregano, Petersilie, Pfefferminze, Rosmarin, Salbei, Schnittlauch und Thymian.

Pelargonie
(Pelargonium-Zonale- und *-Peltatum-*Hybriden)

Die Pelargonie, häufig noch als Geranie bezeichnet, blüht in Weiß, Rosa, Rot, Lachs und Lila, häufig sogar zweifarbig und gefüllt. Für Balkonkästen eignen sich die bis 35 cm hohen, stehenden Arten (*Zonale*-Hybriden) und die bis 150 cm langtriebigen Hängepelargonien (*Peltatum*-Hybriden). Auch als Kübelpflanze lässt sich die Pflanze mit den überaus dekorativen, gelappten Laubblättern halten. Arten und Sorten mit duftendem Laub machen sich gut als Solitär im Topf. Pelargonien brauchen volle Sonne, gleichmäßige Wasserversorgung und Düngergaben alle 14 Tage. Regelmäßig Abgeblühtes und Verwelktes entfernen.

In hellen und kühlen Räumen (etwa 5 °C) überwintern.

Petunie
*(Petunia-*Hybriden)

Ihre trichterförmigen Blüten können einfach oder stark gefüllt sein, die Ränder sind gekräuselt oder gefranst. Petunien leuchten in allen Farben von Mai bis Oktober in fast allen Farben, häufig auch zweifarbig. Sie passen ideal in Balkonkästen, Töpfe und Schalen. Langtriebige Sorten wie die *Surfinia*-Hybriden sind attraktive Ampelpflanzen. Petunien brauchen Sonne und reichlich Feuchtigkeit, vertragen Wind und Regen schlecht. Es reicht aus, einmal im Monat zu düngen. Bei nachlassen-

BLÜTENFARBEN WIE AUS DEM MALKASTEN

Beet- und Balkonblumen	Kübelpflanzen
Weiß	
Margerite, Schneeflocke, Fleißiges Lieschen, Duftsteinrich, Ziertabak	Engelstrompete, Kamelie, Chilenischer Jasmin, Oleander, Sternjasmin
Gelb	
Goldtaler, Goldweizahn, Pantoffelblume, Sonnenblume, Mittagsgold, Sonnnenhut	Schönmalve, Gelbe Strauchmargerite, Kassie, Indisches Blumenrohr, Hibiskus, Wandelröschen
Orange / Lachs	
Begonie, Celosie, Dahlie, Gauklerblume, Studentenblume, Kapuzinerkresse	Trompetenblume, Löwenohr, Granatapfel, Strelitzie, Schwarzäugige Susanne
Rot	
Begonie, Celosie, Zigarettenblümchen, Dahlie, Ziertabak, Pelargonie, Petunie, Feuersalbei, Verbene	Schönmalve, Zylinderputzer, Indisches Blumenrohr, Korallenstrauch, Fuchsie, Hibiskus, Wandelröschen, Oleander
Rosa	
Begonie, Elfensporn, Spanisches Gänseblümchen, Fleißiges Lieschen, Pelargonie, Petunie, Verbene	Bougainvillee, Engelstrompete, Zistrose, Fuchsie, Hibiskus, Wandelröschen, Oleander
Blau / Violett	
Leberbalsam, Blaues Gänseblümchen, Blaue Mauritius, Kapaster, Lobelie, Fächerblume, Verbene	Schmucklilie, Veilchenstrauch, Passionsblume, Bleiwurz, Nachtschatten, Tibouchine

BALKONKASTEN mit Mini-Petunien und Hängepetunien 'Million Bells' in Rosa und Violett.

BALKON UND TERRASSE

dem Flor im Juli/August Triebe um die Hälfte zurückschneiden. Nicht nötig ist ein Rückschnitt bei *Surfinia*-Hybriden. Letztere hell und kühl (5 bis 10°C) überwintern.

Fächerblume
(Scaevola saligna)

Die Fächerblume trägt an bis zu einem Meter langen Trieben zahlreiche blauviolette, fächerförmige kleine Blüten von Mai bis Oktober. Sie gedeiht an sonnigen Plätzen ebenso wie im Halbschatten. Mit Regenwasser gießen, da sie keinen Kalk verträgt. Niedrig dosierte Volldüngergaben unterstützen die Neubildung von Knospen. In hellem, temperiertem (10 bis 15°C) Raum überwintern.

DIE KÜBELPFLANZEN-HITPARADE

Schönmalve
(Abutilon spec.)

Schönmalven begeistern vor allem durch ihre großen, seidig-zarten Blütenkelche in Rot, Gelb, Orange, Weiß und Rosa, die unablässig

DER aufwendige, meist zweifarbige Aufbau der hängenden Fuchsienblüten (S. 138) verdient es, einmal aus der Nähe bestaunt zu werden.

neu gebildet werden. Die aufrecht wachsenden Sträucher mit den ahornartig gelappten, dunkelgrünen Blättern wollen warm, aber vor praller Sonne geschützt stehen. Während der Wachstumszeit ausreichend gießen und etwa alle

AN einem vollsonnigen Platz blüht die Gelbe Strauchmargerite (*Euryops* spec.) von Mai bis Oktober.

zwei Wochen mäßig düngen. Hell und kühl (5 bis 10 °C) überwintern. Der Ballen sollte nie austrocknen. Man kann Schönmalven beim Einräumen oder im Frühjahr zurückschneiden.

Strauchmargerite
(Argyranthemum frutescens)

Von Mai bis Oktober ist die sonnenliebende Strauchmargerite von weiß-gelben oder gelben Körbchenblüten übersät. In Form von üppigen Büschen oder Hochstämmen zieren die robusten Pflanzen

Verbene
(Verbena-Hybriden)

Die aufrechten oder leicht überhängenden, bis 40 cm langen Triebe von Verbenen tragen doldenartige Blütenstände in Weiß, Rosa, Lachs, Rot, Blau und Violett. Sie brauchen sonnige Standorte, ausgewogenes Gießen und niedrig dosierte Volldüngergaben in zweiwöchigen Abständen. Regelmäßiges Abknipsen verwelkter Blüten sorgt für einen Flor bis in den Herbst.

DIE hellblauen Blüten des Bleiwurz (*Plumbago auriculata*; S. 142) sitzen an langen, überhängenden Trieben.

BALKON- und Kübelpflanzen müssen während der Wachstumszeit ausreichend gedüngt werden.

ALS Hochstamm wird die Pelargonie zur dankbaren Kübelpflanze, die sich mit Salbei und Fuchsien unterpflanzen lässt.

Orange, die den bis 4 m hohen Strauch von April bis Oktober zieren, sofort ins Auge. Abends verströmen viele Arten einen betörenden Duft. Die Pflanze dankt einen sonnigen bis halbschattigen, warmen Platz, reichlich Wasser und Nährstoffe. Beim Umtopfen ein großes, standfestes Gefäß wählen. Am besten schneidet man vor dem Überwintern alle starken

Triebe bis auf 30 cm zurück. Das Winterquartier kann hell oder dunkel, muss aber auf jeden Fall kühl (5 bis 10 °C) und trocken sein.

Balkon, Terrasse oder den Hauseingang.

Den Sommer über müssen die Pflanzen häufig gegossen und etwa alle 14 Tage gedüngt werden. Abgeblühtes regelmäßig bis zum darunter stehenden Laubblatt entfernen oder nach der ersten Hauptblüte (Ende Juli) die gesamte Pflanze um ein Drittel zurücknehmen. Hell und kühl (5 bis 10 °C) überwintern. Im Frühjahr alle Triebe um ein Drittel zurückschneiden.

Schmucklilie
(Agapanthus africanus)

Große, doldenartige Blütenstände in Blau und Weiß ziehen von Juli bis September die Aufmerksamkeit auf sich. Den Sommer über brauchen die Sonnenanbeter viel Wasser. Eine Drainageschicht im Topf verhindert, dass die fleischigen Wurzeln faulen. Umgetopft wird erst, wenn die Wurzeln das Gefäß vollständig ausfüllen. Der neue Topf sollte nur geringfügig größer als der alte sein, sonst lässt die Blühfreudigkeit nach. Vom Frühjahr bis zur Blüte alle ein bis zwei Wochen nicht zu stickstoffreich düngen, bis zum Herbst

nur einmal im Monat. An einem trockenen, hellen und kühlen (5 bis 7 °C) Ort überwintern.

Bougainvillee
(Bougainvillea glabra)

Die Bougainvillee mit ihren purpurvioletten, weißen, gelben, orangen oder roten Hochblättern versprüht von Mai bis August südlichen Charme. Der Blütenflor entwickelt sich an langen, bedornten und im Alter verholzenden Trieben, die sich an einer Unterlage verhaken und daran in die Höhe klettern können. Der Standort sollte sonnig, warm und vor Wind und Regen geschützt sein. Während der Wachstumszeit ausreichend gießen und alle 14 Tage düngen. Für den Blütenansatz des Folgejahres sollten im Herbst alle Triebe bis zur Hälfte zurückgenommen werden. Man kann Bougainvilleen dunkel und kühl (5 bis 10 °C) überwintern.

Engelstrompete
(Brugmansia spec.)

Bei der Engelstrompete stecken die zahlreichen, großen Trichterblüten in Gelb, Weiß, Rosa oder

Hibiskus
(Hibiscus-Rosa-Sinensis-Hybriden)

Als Strauch oder Kronenbäumchen lässt sich Hibiskus mit mediterranen und tropischen Pflanzen kombinieren. Die auffällig roten, aber auch weißen, gelben, orange und rosa leuchtenden, trichterförmigen Blüten öffnen sich von März bis Oktober. Der Hibiskus kann 2,5 Meter hoch werden und bevorzugt einen sonnigen bis halbschattigen, vor Wind und Regen geschützten Platz. Während der Wachstumsphase benötigt er viel Wasser und soll alle 14 Tage gedüngt werden. Hibiskus wird bei 10 bis 15 °C hell überwintert.

Wandelröschen
(Lantana-Camara-Hybriden)

Die pflegeleichte, bis 150 cm hoch werdende Kübelpflanze fühlt sich an einem vollsonnig-warmen, geschützten Platz wohl. Am Ende der Triebe erscheinen dichte, halbkugelige Blütenstände in Weiß, Gelb, Rot, Orange, Rosa und Violett, die sich vom Öffnen bis zum Verblühen farblich verändern, woher die Pflanze ihren Namen hat. Als Hochstämmchen gezogen kommt die üppige Blütenfülle an den herabhängenden Trieben am besten zur Geltung. Während der Wachstumszeit häufig gießen und düngen. Verblühtes regelmäßig entfernen. Rückschnitt im Herbst fördert den Frühjahrsaustrieb. Trocken, hell und kühl (6 bis 15 °C) überwintern.

Oleander
(Nerium oleander)

Der immergrüne, bis 2,5 Meter hoch werdende Strauch trägt schmale, ledrige Blätter und zahlreiche doldenartige Blütentrauben in Rosa, Weiß, Gelb, Lachsfarben und Rot. Einige Sorten verströmen einen intensiven Duft. Oleander blüht von Juni bis September an einem vollsonnigen, gut geschützten Ort am besten. Die Sträucher regelmäßig durchdringend wässern und alle 14 Tage düngen. Trocken, hell und kühl (5 bis 10 °C) überwintern.

Bleiwurz
(Plumbago auriculata)

Die Bleiwurz trägt halbkugelige, doldenartige Blütenstände, die in Hellblau, Weiß und Zartviolett von Mai bis Oktober immer wieder nachgebildet werden. Die bis zwei Meter hoch wachsende Kübelpflanze braucht einen wind- und regengeschützten Platz in voller Sonne. Man findet die Bleiwurz meist als Hochstamm im Kübel gezogen, seltener auch als Pyramide formiert oder an einem Spalier aufgebunden. Sie will regelmäßig und ausgiebig gewässert werden. Gedüngt wird alle 14 Tage. Verwelkte Blüten laufend entfernen, da sie nicht von selbst abfallen. Trocken, hell oder dunkel bei 4 bis 12 °C überwintern.

Nachtschatten
(Solanum rantonnettii)

Der bislang noch eher unbekannte Nachtschatten wird wegen seiner Robustheit und seiner überaus reichen, dunkelblau bis violetten, schirmförmigen Blüten, deren Mitte ein gelber Fleck ziert, sehr geschätzt. Ideal für ihn ist ein sonniger bis halbschattiger, warmer und windgeschützter Platz. In der Wachstumszeit regelmäßig durchdringend wässern und alle zwei Wochen düngen. Ein kräftiger Rückschnitt im Herbst, bei dem man die Triebe auf die Hälfte der Länge einkürzt, verhindert, dass die Pflanzen zu groß und zu breit werden. Er lässt sich trocken, hell oder dunkel (5 bis 10 °C) überwintern.

NUTZTERRASSEN haben es in sich: Schon auf kleinstem Raum lassen sich Kräuter und Gemüse einfach ziehen. Sollte Ihre Fläche nicht ausreichen, können Sie ein treppenartiges Holzgestell mit Abstellfächern für Kästen bauen. Die Pflanzgefäße werden mit Erde gefüllt und bepflanzt. Mit einigen Zierpflanzen dazwischen lässt sich die Gestaltung harmonisch abrunden.

ARBEITEN FÜR DIE EINZELNEN GEMÜSE

Gemüsepflanzen, die bislang auf einer geschützten Fensterbank groß geworden sind, entwickeln oft große, aber weiche Blätter und Stiele. Um die mastigen Pflanzen auf die Freilandsaison vorzubereiten, sollte man sie im Mai bis zum Auspflanzen an einen geschützten Ort ins Freie stellen. In kühleren Nächten werden die Pflanzen wieder hereingeholt, bis sie Mitte Mai nach dem Ende der Eisheiligen endgültig ausgepflanzt werden können.

Salat

Erntereife Salate werden nach Bedarf frisch geerntet. Wo noch Platz ist, kann Salat ausgepflanzt oder direkt ausgesät werden. Wenn Sie bis Ende Juli in Folgesätzen alle 14 Tage direkt aussäen, gibt es von Juli bis Oktober stets frischen Kopfsalat. Häufig auftretende Schädlinge sind jetzt Schnecken, Blattläuse und Falscher Mehltau. Verwenden Sie beim Kopfsalat nach Möglichkeit Sorten, die ge-

SALAT kann im Mai bereits geerntet werden. In die entstehenden Beetlücken können Sie direkt neue Jungpflanzen setzen. Wichtig: Salat nicht zu tief setzen, sonst fault er leicht.

FÜR die Freilandsaat ist jetzt der richtige Zeitpunkt: Was man unter den Fachbegriffen (1) Einzelkorn-, (2) Dibbel-, (3) Reihen- und (4) Bandaussaat versteht, ist in der Abbildung links anschaulich dargestellt.

Gerade auf Beeten mit Möhren, Zwiebeln oder Kohlgewächsen lohnt sich nach wie vor die Abdeckung mit Vlies oder speziellen engmaschigen Schutznetzen, die Schädlinge wie Gemüsefliegen von den Kulturen fernhalten. Kontrollieren Sie alle Beete im Gemüsegarten morgens oder abends regelmäßig auf Schneckenbefall. Gerade bei feuchter Witterung treten diese Schädlinge jetzt bereits sehr zahlreich auf.

Denken Sie auf schon bepflanzten Beeten bei trockener Maiwitterung an zusätzliche Wassergaben; gerade Starkzehrer wie Kohlgewächse haben einen hohen Bedarf. Aufkommendes Unkraut wird mit der Hacke regelmäßig aus den Beeten entfernt.

gen Blattläuse oder Mehltau resistent sind.

Kohlgewächse

Außer den bereits im April genannten Kohlarten können Sie jetzt auch Rosenkohl auf 60 mal 50 cm auspflanzen. Bei zu früher Pflanzung bildet Rosenkohl später keine Röschen aus. Grünkohl wird ab Mai bis Juni direkt ins Beet gesät (Reihenabstand 15 cm). Wenn die Jungpflanzen vier bis fünf Blätter gebildet haben, setzt man sie an ihren endgültigen Platz. Achten Sie bei Kohlrabi auf eine gleichmäßige Wasserversorgung. Unregelmäßige Wassergaben führen zum Platzen der Knollen.

Weitere Blattgemüse

Im April ausgesäte Salatrauke (Ruccola) kann schon geerntet werden; auch Feldsalat wird nach Bedarf geschnitten. Chicorée können Sie Anfang bis Mitte Mai mit 40 cm Reihenabstand aussäen und die Keimlinge später auf 10 cm in der Reihe vereinzeln. Spinat weiterhin nach Bedarf direkt ins Freiland aussäen. Stangensellerie wird in der zweiten Maihälfte auf 35 mal 40 cm ausgepflanzt. Jungpflanzen vom Knollenfenchel auf 20 mal 40 cm auspflanzen; bis Mitte Mai ist noch eine Vliesabdeckung erforderlich. Im April ausgesäten Mangold nach der Keimung vereinzeln auf 40 cm (Stielmangold) oder 20 cm (Schnittmangold).

DAS Hacken im Gemüsebeet beseitigt nicht nur Unkraut; es verbessert auch den Bodenzustand.

1 m) und Kürbis (2 x 2 m). Zuckermais können Sie jetzt auf 50 mal 30 cm auspflanzen oder direkt auf diesen Endabstand aussäen.

Hülsenfrüchte

Früh ausgesäte Schalerbsen sind ab Mai erntereif. Buschbohnen werden ab Mitte Mai direkt ins Beet gesät; am besten in Horste mit jeweils sechs Samen und in 40 cm Abstand. Stangenbohnen benötigen eine Kletterhilfe in Zelt-

oder Spalierform. Bohnentipis kann man bis zum Heranwachsen der Stangenbohnen noch mit Salat unterpflanzen.

Wurzelgemüse

Radieschen, Rettich und Möhren je nach Bedarf in Folgesätzen aussäen. Reife Radieschen ernten; überständige Knollen werden sonst pelzig. Saatreihen der langsam keimenden Möhren regelmäßig von Unkraut befreien. Günstig sind einige Radieschen als „Markierungssaat". Im April ausgesäte Pastinaken auf 10 bis 15 cm, Keimlinge von Roter Bete auf 10 bis 15 cm vereinzeln.

Vorkultivierten Knollensellerie kann man ab Ende Mai auf 40 mal 40 cm auspflanzen. Schwarzwurzeln werden nach dem Auflaufen auf 10 cm vereinzelt. Mittelfrühe Sorten der Kartoffel und Lagerkartoffeln ab Mitte Mai auspflanzen.

TOMATEN sollte man immer so gießen, dass die Blätter nicht befeuchtet werden. Ansonsten kann sich die Kraut- und Braunfäule leichter ausbreiten.

Fruchtgemüse

Alle nachfolgend vorgestellten Fruchtgemüsearten können ab Mitte Mai ausgepflanzt werden.

Buschtomaten brauchen einen Pflanzabstand von 60 mal 80 cm, kleine Sorten etwas weniger. Wichtig: Tomaten tief pflanzen und gleich mit einer Stützvorrichtung versehen. Günstig ist ein Regenschutz. Beim Gießen möglichst nicht die Blätter benetzen. Vorgezogene Gurken auf 30 mal 120 cm auspflanzen, am besten in schwarze Mulchfolie mit vorgestanzten Schlitzen.

Paprika (Pflanzabstand 50 mal 50 cm) gedeiht im Freiland am besten in Gegenden mit Weinbauklima. Die Jungpflanzen brauchen einen gut geschützten Standort. Gleiches gilt für die Aubergine (Pflanzabstand 60 mal 80 cm).

Den größten Platzbedarf haben die Jungpflanzen von Zucchini (1 x

IM Mai können nach den Eisheiligen endlich die Tomaten im Garten ausgepflanzt werden. Neben dem Salat gehören die zahlreichen Tomatenvarianten zu den beliebtesten Gemüsearten in unseren Gärten.

Zwiebelgemüse

Überwinterte Steckzwiebeln können ab Mitte Mai geerntet werden. Frühjahrs-Steckzwiebeln und Knoblauch regelmäßig hacken. Im April gepflanzten Porree jetzt anhäufeln.

Mehrjähriges Gemüse

Artischocken-Jungpflanzen ab Mitte Mai auf 80 mal 100 cm auspflanzen. Rhabarber nach Bedarf ernten (Blätter abdrehen, nicht abschneiden!); die Rhabarberstauden bei trockener Witterung wässern. Bleichspargel wird mit einem speziellen Messer geschnitten, wenn sich kleine Risse an den Dämmen zeigen; Grünspargel können Sie abschneiden, wenn die Triebe 10 bis 20 cm weit aus dem Boden gewachsen sind. Wichtig: Spargelstangen nicht austrocknen lassen, sondern gleich nach der Ernte feucht einschlagen und kühl lagern.

ERBSEN brauchen eine Rankhilfe. Geeignet ist ein einfacher Maschendrahtzaun; noch dekorativer sind Holzreiser, die leicht in den Boden gesteckt werden.

ALLGEMEINE PFLEGEARBEITEN

Mulchen ist günstig für Boden und Pflanze

Neben dem Hacken ist auch das Mulchen eine wirksame Maßnahme zur Unkrautbekämpfung. Gleichzeitig wird durch das Mulchen der Bodenzustand verbessert. Der Grund: Der schroffe Wechsel zwischen dem Austrocknen der Bodenoberfläche und dem Verschlämmen nach starkem Regen wird verhindert. Die Erde unter der Mulchdecke bleibt feucht, warm und locker. Geeignete Mulchmaterialien im Gemüsegarten sind: Holzhäcksel, Stroh, angetrockneter Rasenschnitt, Holzwolle und Sägespäne. Rindenmulch ist weniger gut geeignet, weil er keimhemmende Stoffe enthält, die Jungpflanzen oder Sämlinge beeinträchtigen können. Frischer Rasenschnitt kann Schnecken anlocken. Außerdem gibt es so genannte Mulchfolien aus meist schwarz gefärbtem Kunststoff, die vor der Pflanzung auf dem Beet ausgebracht werden, vor allem bei der Kultur von Erdbeeren oder Freilandgurken. Die Jungpflanzen werden in vorgestanzte Schlitze eingesetzt. Mangels Licht kann sich kein Unkraut entwickeln; außerdem erwärmt sich der Boden unter der schwarzen Folie schnel-

STANGENBOHNEN werden an Holzstangen hochgeleitet. Wichtig: Erst die Stangen aufstellen, dann die Bohnen auslegen.

EINE Alternative zu den oben abgebildeten Stangen ist ein dekoratives Bohnenzelt in Form eines „Indiandertipis". An der Spitze überwacht ein Wetterhahn das Wachstum der Bohnen.

ler, was den Kulturpflanzen zu Gute kommt. Mit Mulchfolie kann man auch hartnäckige Wurzelunkräuter aus dem Beet vertreiben.

Pflanzen zeigen den Bodentyp an

Oft liegt es am Boden, wenn das Gemüse in den Beeten nicht so richtig wachsen will. Es gibt typische so genannte Zeigerpflanzen,

VOGELSTERN-
MIERE ist ein im Ge-
müsebeet häufig auftre-
tendes Unkraut. Es
sollte mit der Unkraut-
hacke bekämpft wer-
den, bevor sich Blüten
und Samen bilden.

lia (Bienenfreund). Löwenzahn, Hahnenfuß und Gänsefingerkraut zeigen schwere, lehmig-tonige Böden an. Solche Böden werden lockerer, wenn man Sand, Stroh und Kompost einarbeitet. Breitwegerich, Quecke oder Acker-Kratzdistel findet man häufig auf verdichteten Böden. Hier sind ebenfalls bodenlockernde Maßnahmen zu empfehlen wie das Einarbeiten von halbreifem Kompost oder Sand sowie die Aussaat von tiefwurzelnden Gründüngern wie Ölrettich.

Schachtelhalm und Wiesenschaumkraut sind Zeigerpflanzen für staunasse Böden. Die Maßnahmen zur Bodenverbesserung ähneln denen auf verdichteten Böden; in Extremfällen müssen Drainagerohre zur Entwässerung verlegt werden.

Unkraut bekämpfen

Unkräuter sollten aus dem Gemüsebeet gewissenhaft beseitigt werden; am besten, bevor sie blühen oder Samen bilden und sich danach massenhaft ausbreiten. Vorzugsweise bedient man sich dabei der Unkrauthacke. Chemische Unkrautvernichter kommen im Gemüsebeet nur in besonders schwierigen Fällen zum Einsatz, jedoch auf keinen Fall, wenn die Beete bereits mit Pflanzen belegt

GIERSCH gehört
zu den gefürchteten
Wurzelunkräutern. Mit
der Unkrauthacke wer-
den die unterirdischen
Ausläufer zerteilt und
treiben danach um so
zahlreicher aus. Wirk-
sam ist das Ausgraben
der Wurzelausläufer
oder das Abdecken mit
einer lichtundurch-
lässigen Mulchfolie.

die jetzt im Mai zahlreich auftreten und Auskünfte über den Zustand des Bodens geben. Wo es nötig ist, kann man den Boden mit den geeigneten Maßnahmen verbessern. Gänseblümchen und Weißklee siedeln sich oft auf nährstoffarmen, meist leichten Böden an. Hier sollten Sie besonders auf eine ausreichende Nährstoffversorgung der Gemüsepflanzen achten. Arbeiten Sie vor dem Bepflanzen regelmäßig reifen Kompost ein. Günstig sind Gründünger, die viel Grünmasse bilden, wie Phace-

AUS Brennnesseltrie-
ben oder Blattspreiten
des Adlerfarns lassen
sich wirksame Brühen
und Jauchen für den
Garten herstellen.

sind. Man unterscheidet grundsätzlich Samenunkräuter wie Vogelmiere, Taubnessel oder Hirtentäschelkraut und Wurzelunkräuter wie Zaunwinde, Quecke oder Distel. Samenunkräuter hält man durch regelmäßiges Hacken oder Auszupfen unter Kontrolle. Wenn die Unkräuter noch keine Blüten oder Samen angesetzt haben, kann man sie danach auf den Kompost geben. Wurzelunkräuter müssen mitsamt ihren unterirdischen Ausläufern ausgegraben oder ausgestochen werden. Bleibt nur ein kleines Wurzelstück im Boden, kann sich daraus schnell eine neue Pflanze entwickeln. Wurzelunkräuter auf keinen Fall auf den Kompost geben, sondern über den Hausmüll entsorgen.

Brühen, Tees und Jauchen

Zahlreiche Krankheiten und Schädlinge können ab Mai im Gemüsegarten auftreten. Eine naturnahe Bekämpfung der Erreger ist mit selbst angesetzten Brühen, Tees oder Jauchen möglich. Oft wirken die Präparate nicht direkt gegen den Schädling, sondern stärken die Widerstandskraft der Pflanze und verringern so den Befall. Die verwertbaren Pflanzen und ihre Einsatzmöglichkeiten im Gemüsegarten zeigt die Tabelle rechts. Während von Brühen und Tees meist kleinere Mengen (höchstens 10 Liter) hergestellt werden, können Sie von Jauchen auch 50 Liter oder in einem ausreichend großen Gefäß (möglichst aus Kunststoff) 100 Liter ansetzen und in den nächsten Wochen verbrauchen.

Grundrezept Brühe: Zerkleinerte Pflanzenteile 24 Stunden in Wasser einweichen lassen, dann etwa 30 Minuten köcheln, abkühlen lassen und durchsieben. Kaltwasser-Brühen ebenfalls 24 Stunden einweichen, aber danach nicht köcheln.

DER Gemüsegarten erlebt im Spätfrühling seinen ersten Erntehöhepunkt. Neben den zahlreichen Salatvarianten können Sie jetzt Radieschen, Kohlrabi, Spargel und Rhabarber ernten.

BRÜHEN, TEES UND JAUCHEN IM GEMÜSEGARTEN

Wirksame Pflanze	Menge / 10 l Wasser	Einsatzbereich
Brühen		
Brennnessel	1 kg frisches Kraut als Kaltwasser-Brühe	wirkt allgemein stärkend gegen Blattläuse
Schwarzer Holunder	1 kg frisches Kraut und Blüten als Kaltwasser-Brühe	Erdraupen und Kohlweißling
Tomatenblätter	500 g 3 Stunden lang in kaltem Wasser ziehen lassen	Kohlweißling
Schachtelhalm	1 kg frisches Kraut	vorbeugend gegen Pilzkrankheiten
Tees		
Möhre	500 g frisches Kraut	Zwiebelfliege, Lauchmotte
Rhabarber	2 kg frische Blätter	Kraut- und Braunfäule an Tomaten
Wermut	300 g frisches Kraut	Blattläuse, Kohlraupen
Zwiebel	500 g Schalen und Blätter	Pilzkrankheiten, allgemein pflanzenstärkend
Jauchen		
Wurm- und Adlerfarn	1 kg frisches Kraut	Schnecken
Brennnessel	1 kg frisches Kraut	allgemein pflanzenstärkend
Zwiebel	400 g Schalen und Blätter	Möhrenfliege, allgemein gegen Pilzkrankheiten
Wermut	300 g Kraut und Blüten	Raupen und Ameisen

GEMÜSE

IM Mai ist im Gemüsegarten jede Menge zu tun. Es wird laufend geerntet; gleichzeitig muss man die frei werdenden Beete neu bepflanzen. Außerdem gehören Gießen und Düngen sowie die Unkrautbekämpfung jetzt zu den wichtigsten Arbeiten.

NOCH bis Mitte Juni kann man die saftigen Blattstiele des Rhabarbers ernten. Die Stiele nicht abschneiden, sondern einfach herausdrehen; gleich nach der Ernte die Blattspreiten entfernen.

Grundrezept Tee: Frische Pflanzenteile zerkleinern, mit kochendem Wasser übergießen und etwa 30 Minuten ziehen lassen. Dann abseihen, abkühlen lassen und schnell verbrauchen.

Grundrezept Jauche: Frische Kräuter klein schneiden und mit der entsprechenden Menge Wasser in ein ausreichend großes Gefäß geben. Das Gefäß nicht ganz bis zum Rand auffüllen. Täglich umrühren; die Gärung ist an aufsteigenden Blasen und Schaumbildung erkennbar. Nach etwa 20 Tagen ist die Gärung abgeschlossen. Bei Geruchsbildung während der Gärung Gesteinsmehl einmischen.

Während Brühen und Tees meist mit einer Spritze direkt auf die befallenen Pflanzen gespritzt werden, dienen Jauchen eher als gesundheitsfördernde Flüssigdünger.

BAUMOBST UND BEERENOBST

Frostschutz der Obstgehölze

Apfel, Birne, Quitte und Kirsche stehen nun in voller Blüte. Da vor den Eisheiligen, Mitte Mai, gelegentlich noch Nachtfröste auftreten, sind kälteempfindliche Gehölze vor frostigen Temperaturen zu schützen (siehe S. 104).

Pflanzung von Containerware

Zum Zeitpunkt der Blüte sollte nur noch Containerware gepflanzt werden, die in der Baumschule von Anfang an in Töpfen herangezogen wird.

Um den Pflanzschock zu diesem späten Termin gering zu halten, sollten Sie möglichst bei trübem Wetter pflanzen und anschließend gut wässern. Zeigen sich am Gehölz bereits Blütenknospen, brechen Sie diese vorsichtig heraus, um zunächst das Wurzel- und Triebwachstum des jungen Baumes zu fördern.

BROMBEER-RANKEN werden regelmäßig am Drahtspalier aufgeleitet und mit Plastikklips oder Schnur am Spanndraht befestigt.

Pflege der Beerensträucher

Beerensträucher vertragen keine Bodentrockenheit. Mulchen Sie daher mit Rindenmulch, grobem Kompost oder angetrocknetem Rasenschnitt, um die Erde locker und feucht zu halten. Anstelle einer Mulchdecke kann auch eine flach wachsende Untersaat, wie z.B. Klee, den Wurzelbereich der Pflanzen bedecken. Reichern Sie den Boden zuvor mit reifem Kompost (etwa 2 bis 5 l/m²) an, um eine ausreichende Nährstoffversorgung zu gewährleisten.

IM Gegensatz zu den leuchtend roten Früchten sind die grünweißen Blüten der Johannisbeeren recht unscheinbar.

Die Ranken von **Himbeer-** und **Brombeerpflanzen** sowie die bis zu zwei Meter lang werdenden Triebe der **Jostabeere** sind regelmäßig am Spalier aufzubinden und vorsichtig zu befestigen. Über das Gerüst hinauswachsende Ruten werden 15 bis 20 cm über dem obersten Spanndraht gekürzt.

Pflege des Erdbeerbeets

Erdbeerpflanzen lieben einen humosen, durchlässigen Boden. Bei anhaltend trockener Witterung zur Zeit der Blüte und Fruchtbildung sind regelmäßige Wassergaben unbedingt erforderlich, um eine reiche Ernte zu erhalten. Mulchen Sie die Erdbeerzeilen mit gehäck-

BEI anhaltend warmer, trockener Witterung sollte auch das Baumobst ausgiebig gewässert werden.

O
B
S
T

seltem Stroh; das hält den Boden länger feucht, wehrt Schnecken ab und schützt die heranreifenden Früchte vor Schmutz und Fäulnis. Um Pilzinfektionen zu vermeiden, sollten Sie stets vormittags gießen und die empfindlichen Blüten und Blätter der Erdbeerpflanzen dabei so wenig wie möglich benetzen. Wenn nach etwa drei Jahren der Ertrag Ihrer Erdbeerpflanzen nachlässt, tauscht man diese am besten gegen Jungpflanzen aus. Neupflanzungen sind bereits vor der Erdbeerblüte möglich. Die in Gärtnereien erhältlichen, vorgezogenen Ballenpflanzen dürfen allerdings nicht zu tief gesetzt werden. Die jungen Herzblätter der Erdbeeren müssen unbedingt über der Bodenoberfläche bleiben (Zeichnung S. 225).

Wässern und Düngen

Bei warmer, trockener Witterung sind Beerensträucher intensiv zu wässern, um ein Verrieseln der Blüte zu vermeiden. Darunter versteht man – vor allem bei Johannisbeeren - einen ungewöhnlich starken Blütenfall. Neben Trockenheit können aber auch eine ungenügende Befruchtung und Spätfröste Ursache für beerenlose Fruchtstiele sein. Da manche Sorten eher verstärkt, andere dagegen weniger zum frühzeitigen Blütenfall neigen, achten Sie beim Kauf von Johannisbeersträuchern auf

KNOBLAUCH-PFLANZEN im Erdbeerbeet bewahren vor Grauschimmel und Milbenbefall.

besonders verrieselungsfeste Sorten. Zum Zeitpunkt der Fruchtausbildung haben Obstgehölze einen hohen Nährstoffbedarf. Regelmäßige Kompostgaben und Dünger mit leicht löslichem Stickstoff schaffen schnell Abhilfe.

Pflanzenschutz

Apfelwickler, **Pflaumenwickler** und **Kirschfruchtfliege** sind nützlingsschonend mit Lockstofffallen zu bekämpfen (siehe Foto unten). Befestigen Sie die Schädlingsfallen in der Baumkrone und tauschen Sie ältere Fallen von Zeit zu Zeit gegen neue aus.

Mehltau breitet sich jetzt rasch auf Bäumen und Beerensträuchern (z.B. Stachelbeeren) aus. Schneiden

Sie befallene Triebspitzen regelmäßig zurück. Schwarze Flecken auf Stachelbeer- und Johannisbeerblättern, die später vergilben, sich zusammenrollen und abfallen, sind meist ein Zeichen der **Blattfallkrankheit**. Die Bekämpfung dieser Pilzinfektion erfolgt am besten durch Spritzung nach Auftreten der ersten Blattflecken.

Runde, olivgrüne, später schwärzliche Flecken auf Blättern und Trieben von Apfel- und Birnbäumen weisen auf **Schorf** hin, der mit Fungiziden einzudämmen ist. Der Einsatz von Schädlingsbekämpfungsmitteln sollte nur in Ausnahmefällen erfolgen. Nähere Informationen zu den verschiedenen Präparaten erhalten Sie im Gartenfachhandel.

LINKS: Stroh im Erdbeerbeet mindert den Fäulnisbefall der Früchte, hält den Boden feucht und unterdrückt Unkrautwuchs.

RECHTS: Kirschfruchtfliegenfallen hindern Schädlinge an der Eiablage.

FAST ALLES KANN NACH DRAUSSEN

Nahezu alle vorgezogenen Kräuter können jetzt ausgepflanzt werden. Den Boden regelmäßig hacken und frei von Unkraut halten. Frisch eingesäte Beete immer gut feucht halten und die Sämlinge nach dem Auflaufen vereinzeln. Petersilie, Dill, Borretsch, Bohnenkraut und Kerbel lassen sich jetzt noch nachsäen.

Besonders kälteempfindliche und frostfrei überwinterte Pflanzen wie Rosmarin, Ananas-Salbei oder Zitronen-Verbene erst nach den Eisheiligen ins Freie bringen. Diese Topf- oder Kübelpflanzen wenn nötig in ein etwas größeres Gefäß mit compostreicher Erde umpflanzen, die mit etwas Sand aufgelockert ist. Damit die Pflanzen den Umzug ins Freie schadlos überstehen, sollte man sie dort für ein paar Tage in den lichten Schatten stellen und danach erst der Sonne aussetzen.

Basilikum-Jungpflanzen ebenfalls erst nach den Eisheiligen, je nach Witterung besser sogar erst Ende Mai, ins Freie pflanzen. Sie sind sehr kälteempfindlich und brauchen zur Entwicklung ihres Aromas sehr viel Wärme. Man kann Basilikum noch Ende Mai aussäen: Er wächst sehr schnell, so dass Sie schon in wenigen

LAVENDEL ist sicherlich eine der bekanntesten Duftpflanzen. Die Blüten kann man für Haustee, Kräuterkissen und Potpourris nutzen. Lavendelduft wirkt beruhigend und schlaffördernd.

Wochen von der aromatischen Blattwürze ernten können. Doch Augen auf: Basilikum und viele andere Würzpflanzen sind bei Schnecken heiß begehrt! Sie schlagen vor allem nach einem warmen Regen und in der Nacht zu. Die einfachste Abhilfe ist das tägliche Absammeln. Außerdem kann man Kräuterbrühen und -jauchen aus Brennnessel, Beinwell, Zinnkraut und Zwiebelschalen zur Schädlingsbekämpfung und Pflanzenstärkung ansetzen.

Die meisten Blattkräuter wie Oregano und Estragon, Salbei und Minzen, Zitronenmelisse oder auch Thymian können laufend frisch geerntet werden. Denn am besten schmecken die jungen Triebspitzen.

PFLEGETIPPS FÜR KRÄUTER IM TOPF

Ein gleichmäßiger, buschiger Wuchs lässt sich durch regelmäßiges Abernten erzielen. Idealerweise entfernt man dabei die Triebspitzen. Durch das Abkneifen des Mitteltriebes wird die Verzweigung der Stiele zusätzlich angeregt und das Verkahlen der Pflanze von unten her vermieden. Die Kräuter täglich kräftig gießen, vorzugsweise nach Sonnenuntergang. Außerdem brauchen Kräuter im Topf bis zum August zusätzliche Nährstoffe. Am besten geben Sie zweimal im Monat etwas Flüssigdünger ins Gießwasser.

Einige Pflanzenporträts

Lavendel (*Lavandula angustifolia*) ist ein mediterraner Halbstrauch. Er gedeiht gut in magerer, leicht kalkhaltiger Erde an einem windgeschützten, sonnigen Platz. Stau-

LINKS: Die Zitronenverbene ist vor allem in Frankreich und in der Schweiz auch als Verveine bekannt. Je wärmer sie steht, um so intensiver ist ihr Aroma.

RECHTS: Basilikum gibt es in vielen Varietäten. Hier das Griechische.

KRÄUTER

nässe ist zu vermeiden. In rauen Lagen ist Winterschutz erforderlich. Vermehrung am besten durch Stecklinge. Durch den kräftigen Rückschnitt nach der Blüte wird die Pflanze buschiger.

Currykraut *(Helichrysum italicum)* ist in den vergangenen Jahren zu einem echten Trendsetter geworden. Der wohl duftende

ROSMARIN ist äußerst sonnenhungrig und wärmebedürftig. Entsprechend heikel wirds im Winter: In rauen Lagen muss er unbedingt in ein helles, frostfreies Winterquartier geholt werden.

IM Treibhaus vorgezogene Jungpflanzen können mitunter sehr empfindlich auf die Witterung draußen, vor allem auf die Sonne reagieren. Deshalb am besten erst einmal zwei, drei Tage in den lichten Schatten stellen, ehe sie an den vorgesehenen Standort kommen.

Halbstrauch mit den nadelförmigen, grünsilbrigen Blättern ist pflegeleicht und gedeiht problemlos. Der Anbau gleicht dem von Lavendel: Dieser will ebenfalls sonnig und warm stehen. Currykraut ist nicht nur in der Küche gefragt, sondern hat sich auch als apartes Schnittgrün in Sträußen bewährt.

Ein wesentlich feineres Aroma bieten die Blätter der **Zitronen-Verbene** *(Lippia citriodora)*. Der Strauch treibt kleine, unscheinbare Blüten und duftet herrlich nach Zitrone. Er sollte in einen möglichst großen Topf und in leichte, durchlässige Erde gepflanzt werden. Die Zitronenverbene bei starker Hitze früh morgens gießen, ansonsten kommt sie recht gut mit Trockenheit aus. Unter optimalen Bedingungen wird das Kraut bis zu einem Meter hoch. Es kann durch Aussaat im Frühjahr oder durch Stecklingsvermehrung im Frühsommer herangezogen werden. Vor Frostbeginn muss das

Gewächs ins Haus geholt werden; dort will es hell und kühl überwintern. Die Blätter laufend ernten für Tee; in der Dessertküche oder zum Aromatisieren von Konfitüren verwenden.

Rosmarin *(Rosmarinus officinalis)* gehört ebenfalls zu den wärmebedürftigen Gewächsen. Er braucht einen sehr warmen, sonnigen Platz in durchlässiger, trockener Erde. Bei uns ist Rosmarin nur im Weinbauklima winterhart. Deshalb in rauen Lagen als Kübelpflanze halten und kühl und hell im Haus überwintern.

Ysop *(Hyssopus officinalis)* gibt es in den Blütenfarben Blau, Weiß und Rosa. Häufig ist das ausdauernde Gewächs im Ziergarten zu finden. Ysop ist genügsam und gedeiht am besten auf trockenem, kalkhaltigem Boden. Die Heilpflanze wird bis zu 60 cm hoch und eignet sich gut zur Beeteinfassung und für die Topfkultur. Das Kraut nach der Blüte handbreit über

dem Boden zurückschneiden, so bleiben die Pflanzen schön dicht. In rauen Lagen ist leichter Winterschutz angesagt.

DUFTENDE RARITÄTEN FÜR SCHNUPPERNASEN

Ausdauernde

Römische Kamille *(Anthemis nobilis)*

Marienblatt *(Chrysanthemum balsamita)*

Currykraut *(Helichrysum angustifolium)*

Lavendel *(Lavandula angustifolia)*

Pfefferminze *(Mentha x piperita)*

Bärwurz *(Meum athamanticum)*

Zitronenmonarde *(Monarda citriodora)*

Virginische Bergminze *(Pycnanthemum pilosum)*

Rosmarin *(Rosmarinus officinalis)*

Heiligenkraut *(Santolina chamaecyparissus)*

Großblütige Bergminze *(Satureja grandiflora)*

Orangen-Thymian *(Thymus vulgare var. fragantissimus)*

Einjährige

Koriander *(Coriandrum sativum)*

Kreuzkümmel *(Cuminum cyminum)*

Lemon-Basilikum *(Ocimum americanum)*

Zweijährige

Engelwurz *(Angelica archangelica)*

Eberraute *(Artemisia abrotanum)*

SAISONWECHSEL IM GEWÄCHSHAUS

Der Mai markiert einen entscheidenden Wechsel im Glashaus. Sobald die Spätfrostgefahr vorbei ist (in der Regel Mitte Mai), können Sommerblumen und vorgezogene Gemüsepflanzen nach draußen gepflanzt werden. Ebenso dürfen überwinterte Kübelpflanzen wieder an die frische Luft. Der frei werdende Platz im Haus steht bald voll und ganz dem Edelgemüse und Folgesaaten zur Verfügung.

PAPRIKA ist ein Verwandlungskünstler. Wenn Sie die roten den grünen und eigentlich noch unreifen Früchten vorziehen, lassen Sie die Schoten einfach ein paar Tage länger am Strauch hängen.

Sommerblumen umzugsfit machen

Bei den meisten Einjährigen sind jetzt schon erste Blütenansätze zu erkennen. Für eine bessere Verzweigung kappt man die oberste Triebspitze. Auch sollte man dafür sorgen, dass die mittlerweile stark durchwurzelten Töpfe niemals austrocknen. Wer bereits Anfang des Monats die Jungpflanzen zeitweilig vor die Tür stellt, härtet sie damit ab. Unter Glas sind die Pflanzen nämlich vor den starken UV-Strahlen geschützt – ein plötzlicher Umzug ins Freie könnte zu Blattverbrennungen führen. Aus diesem Grund sollte man als endgültigen Auspflanztermin nach den Eisheiligen einen Tag mit bedecktem Himmel bevorzugen.

Zweijährige aussäen

Damit zweijährige Sommerblumen wie Stockrose, Bartnelke, Fingerhut und Goldlack im darauf folgenden Jahr blühen, sät man sie jetzt in die freien Anzuchtschalen aus.

Kübelpflanzen ausräumen

Die bereits seit April auf ihren Umzug ins Freie vorbereiteten Kübelpflanzen kann man im Lauf des Monats nach draußen stellen. Falls doch noch einmal eine Frost-

nacht droht, hilft es, die Pflanzen mit Noppenfolie zu umhüllen.

Frühgemüse ernten oder auspflanzen

Die Ernte der im Grundbeet gepflanzten Frühgemüsesorten wie Salat, Kohl und Sellerie wird im Lauf dieses Monats abgeschlossen. Auch Kohlrabi ist inzwischen erntereif. Später vorgezogene Jungpflanzen können jetzt problemlos im Freiland weiterkultiviert werden. Vor dem Umzug sollte man sie jedoch dem gleichen „Abhärtungsprogramm" unterzie-

hen wie bei den Sommerblumen geschildert.

Edelgemüse pflanzen

Bevor die wärmeliebenden Gemüsearten in die Grundbeete kommen, sollte man den Boden nochmals tiefgründig lockern und reichlich Kompost einarbeiten. Gute Dienste erweist auch eine Unterpflanzung aus würzig duftenden Studentenblumen (*Tagetes*). Die Bodenoberfläche trocknet nicht mehr so schnell aus und Schädlinge siedeln sich gar nicht erst an.

EINE ideale Kombination: Der schnell wachsende Wein wird so aufgeleitet, dass er im Lauf des Sommers als natürlicher Schattenspender für die Gurkenpflanzen dient.

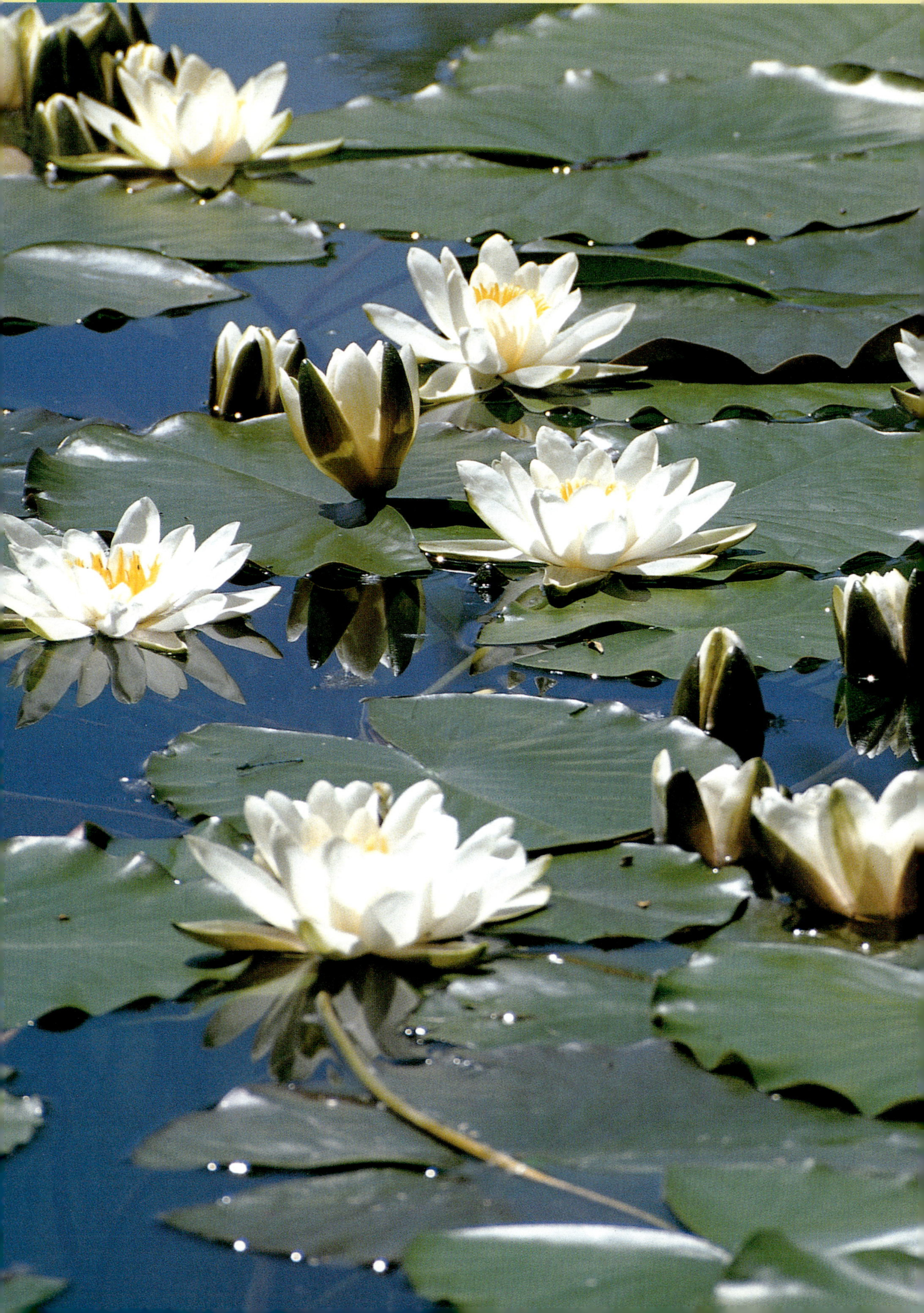

JUNI

Ihre breiten Schwimmblätter spiegeln sich im gleißenden Sonnenlicht und ihre Blütenköpfe sind von bezaubernder Eleganz. Trotz ihrer oberflächlichen Schönheit lieben Seerosen den Schlamm. Ihre Wurzelstöcke werden bereits im zeitigen Frühjahr in Körben tief im Teichboden versenkt.

DIE meisten können es kaum erwarten, bis die ersten reifen Erdbeeren verführerisch rot aus dem grünen Blattwerk spitzen. Um die Ertragsfähigkeit der Pflanzen zu erhalten, muss man sie regelmäßig teilen und versetzen.

DAS Spiel von Licht und Farbe ist während der Sommermonate besonders eindrucksvoll. Im Frühsommer, wenn die meisten Bäume und Sträucher stark im Wachstum sind, sollten Sie viel düngen und wässern. Die Pflanzen werden es ihnen mit Gesundheit und reicher Ernte danken.

BLUMEN

SOMMERBLUMEN

Für unsere Zweijährigen ist es jetzt allerhöchste Zeit, ausgesät zu werden.

Sie blühen im nächsten Frühjahr und können meistens draußen überwintern. Nach der Blüte säen sich manche Zweijährige wie Goldlack oder Stiefmütterchen selber wieder aus.

Wer im letzten Monat versäumt hat zu säen, sollte dies jetzt schleunigst nachholen.

Um die Sämlinge vor dem Austrocknen zu schützen, wählen Sie Ihr Anzuchtbeet an einem schattigen Platz.

Wer bereits im Mai gesät hat, kann die jungen Pflanzen, wenn sie schon groß genug sind, jetzt pikieren.

Die meisten können bereits im Spätsommer an ihren endgültigen Platz im Garten gepflanzt werden, ansonsten wartet man damit bis zum nächsten Frühjahr.

Richtiger Standort für Zweijährige

Reservieren Sie den zweijährigen Sommerblumen selbst gezogenen oder gekauften ein gebührendes Plätzchen. Beachten Sie dabei die entsprechenden Standortansprüche:

Die **Stockrose** (*Alcea rosea*) eignet sich für nährstoffreichen Boden in sonniger Lage. Sie blüht mit einfachen oder gefüllten Blüten von Juli bis September.

Maßliebchen (*Bellis perennis*) lieben lockeren, nährstoffreichen Boden in sonnigen Beeten. Sie begrüßen im nächsten Jahr ab März den Frühling.

Marienglockenblumen (*Campanula medium*) vertragen keine Staunässe. In sonnig-warmen Beeten blühen sie von Mai bis Juni.

Goldlack (*Cheiranthus cheiri*) präsentiert seine duftenden Blüten von April bis Juni. Besonders

sen Boden. Er blüht von Juni bis August. Die Pflanze enthält herzwirksame Glykoside, die in der Medizin eingesetzt werden und bereits in geringsten Mengen zu starken Vergiftungen führen.

Die blauen Blüten des **Vergissmeinnichts** (*Myosotis sylvatica*) zeigen sich von April bis Juli. Ideal ist lockerer, feuchter Boden in der Sonne oder im Halbschatten.

Der **Islandmohn** (*Papaver nudicaule*) liebt es sonnig und verträgt keine Staunässe. Er blüht von Juni bis September und versamt sich leicht selber.

Königskerzen (*Verbascum*-Hybriden) eignen sich für trockene, sonnige Lagen. Die hohen gelben Blütenstände zeigen sich ab Juni.

Stiefmütterchen (*Viola-Wittrockina*-Hybriden) lieben sonnige bis halbschattige Beete auf humosem Boden. Stiefmütterchen sollten im Winter mit Tannenreisig geschützt werden.

MULCHMATERIAL wie Rindenmulch, Stroh, Sägemehl oder auch Rasenschnitt verhindert zu schnelles Austrocknen des Bodens. Gleichzeitig unterdrückt die Mulchdecke das Aufkommen von Unkräutern.

GIESSEN Sie am besten in den frühen Morgenstunden oder am Abend. Bei voller Sonne können Wassertropfen wie ein Brennglas die Blätter verbrennen.

schön macht er sich im nächsten Jahr im Frühjahrs-Zwiebelblumenbeet.

Bartnelken (*Dianthus barbatus*) bevorzugen einen sonnigen Standort auf frischem, nährstoffreichem Boden. Sie blühen ab Mai.

Der **Fingerhut** (*Digitalis grandiflora*) gedeiht am besten im Halbschatten oder Schatten auf humo-

STAUDEN

Damit der Boden im Staudenbeet nicht austrocknet, wird regelmäßig gewässert. Auch hier gilt: nie in der Mittagshitze bei voller Sonne gießen. Am besten eignen sich die Morgen- und Abendstunden. Achten Sie außerdem darauf, möglichst immer von unten zu gießen. Zu viel Nässe auf den Blättern fördert Pilzkrankheiten wie Mehltau, erkennbar an weißem Belag. Im Handel sind Pflanzenstärkungsmittel erhältlich, die bei regelmäßigem Einsatz den Befall durch den Echten Mehltau verringern können.

Wichtige Pflegearbeiten

Stauden wie Rittersporn, Lupinen, Feinstrahl, Ziersalbei, Stachys oder Katzenminze blühen ein zweites Mal, wenn man sie nach der Blüte bis auf 10 cm über dem Boden zurückschneidet. Als Starthilfe erhalten die Pflanzen mineralischen Dünger. Die Blütezeit lässt sich

MIT den schnell wachsenden Ringelblumen *(Calendula officinalis)* lassen sich Lücken in den Beeten füllen. Notfalls kann jetzt noch ausgesät werden. Wichtig: Verblühtes muss immer entfernt werden.

verlängern, wenn man die abgeblühten Köpfchen abzwickt. Das Entfernen verwelkter Einzelblüten gewährleistet beispielsweise beim Staudenphlox eine ausdauernde Blütezeit. Auch Sonnenbraut oder Mädchenauge blühen erheblich länger, wenn Sie Verblühtes regelmäßig entfernen.

Zwischenden Beetstauden wird der Boden immer wieder gelockert und dabei von Unkräutern befreit. Rindenmulch zwischen den Stauden erschwert Unkräutern das Wachstum und hält die Feuchtigkeit im Boden.

Stauden, die bereits verblüht sind, können jetzt geteilt und umgepflanzt werden. Abgeblühte Polsterstauden werden gestutzt. Ausgebreitete, auf dem Boden liegende ältere Triebe von Polsterpflan-

FAST nirgendwo sonst kommen Sommerblumen so schön zur Geltung wie im Bauerngarten. Oft trifft man hier hohe Sorten an, die als Schnittblumen verwendet werden können.

DER Fingerhut *(Digitalis grandiflora)* eignet sich für schattige Stellen im Garten. Wohl fühlt er sich am Gehölzrand. Mit seiner stattlichen Höhe von bis zu 150 cm wird er kaum übersehen.

GLOCKENBLUMEN kommen in Kombination mit der weißen Margerite besonders schön zur Geltung. Die blauen Schönheiten vertragen nach der Blüte im Juni einen Rückschnitt.

treffenden Kothäufchen enthalten besonders viele Pflanzennährstoff und lassen sich leicht mit einer Harke in den Boden einarbeiten.

Samen ernten

Wer Samen ernten will, lässt abgeblühte Blütenstände an der Pflanze bis zur Samenbildung ausreifen. Nach der Ernte müssen die Samen getrocknet und in einem geschlossenen Behälter kühl gelagert werden. Besonders lohnt sich die Samenernte bei Wildstauden, das sind heimische Pflanzen, die sich an unser Klima und die Bodenverhältnisse angepasst haben. Der Pflegeaufwand ist gering. Gewässert werden muss nur bei andauernder Trockenheit, und Düngen entfällt meistens ganz. Doch auch Wildstauden sollten standortgerecht gepflanzt werden. Die schönsten Arten finden Sie in der Tabelle.

GELB ist die Farbe der Sonne und des Sommers. Sogar an bewölkten Tagen leuchten gelbe Blüten in Beeten und Rabatten.

zen haben oft schon Wurzeln gebildet, die sich gut vermehren lassen, indem man sie an einem feuchten, schattigen Standort heranzieht. Herbstblühende Stauden können Ende Juni mit stickstoffbetontem organischen Dünger versorgt werden. Hochgewachsene Stauden werden mit Pflanzstäben gestützt, um sie bei heftigen Niederschlägen oder Windböen vor dem Umknicken zu schützen.

Wer **Regenwürmer** im Gartenboden findet, kann sich freuen. Sie sind nützliche Helfer bei der Bodenbearbeitung, denn sie wandeln Laub, abgestorbene Pflanzenteile und anderes organisches Material in wertvollen Humus um. Regenwürmer verbessern die Bodenstruktur, sorgen für ausreichende Nährstoffversorgung der Pflanzen und begünstigen die Wasserhaltefähigkeit des Bodens. Mit ihren Gängen sorgen sie für eine gute Belüftung der Erde. Die häufig in Beeten oder auf dem Rasen anzu-

WILDSTAUDEN FÜR DEN GARTEN

Deutscher Name (Botanischer Name)	Blütezeit	Wuchshöhe	Farbe	Standort
Bergaster (Aster amellus)	VIII bis IX	40 bis 60 cm	rosa, violett	Sonne, kalkreiche Böden
Waldgeißbart (Aruncus dioicus)	VII	120 bis 180 cm	cremeweiß	Halbschatten, frischer kalkarmer Humusboden
Silberkerze (Cimicifuga simplex)	IX bis X	100 bis 140 cm	weiß	Sonne bis Halbschatten, feuchter Humusboden
Elfenblume (Epimedium grandiflorum)	VIII bis IX	20 bis 40 cm	weiß	Halbschatten bis Schatten, nährstoffreicher Boden
Mädesüß (Filipendula palmata)	VII bis VIII	40 bis 60 cm	cremeweiß, rosa	Sonne, feuchte, humose Lehmböden
Waldstorchschnabel (Geranium sylvaticum)	VI bis VII	40 bis 60 cm	rosa, lila	Sonne bis Halbschatten, frische, feuchte Lehmböden
Alant (Inula ensifolia)	VII bis VIII	20 bis 40 cm	gelb	Sonne, trockene Böden
Lein (Linum perenne)	VI bis VII	30 bis 60 cm	blau	Sonne, kalkreiche, humose Böden
Frühlingsplatterbse (Lathyrus vernus)	IV bis V	20 bis 40 cm	rot, violett, weiß	Halbschatten bis Schatten, humoser Boden
Waldgedenkemein (Omphalodes verna)	IV bis V	10 bis 20 cm	hellblau	Schatten bis Halbschatten, humoser Boden
Salomonsiegel (Polygonatum multiflorum)	V bis VI	30 bis 60 cm	weiß	Halbschatten-Schatten, lockerer Lehmboden
Große Schlüsselblume (Primula elatior ssp.)	II bis IV	10 bis 20 cm	gelb	Halbschatten bis Schatten, frischer Lehmboden

ZWIEBELBLUMEN

Anfang Juni können noch sommerblühende Zwiebel- und Knollenblumen gepflanzt werden.

Beachten Sie unbedingt dabei die entsprechenden Standortansprüche, Blütenfarben und Wuchshöhen.

Alle Zwiebel- und Knollenblumen lieben einen lockeren, nährstoffreichen und durchlässigen Boden.

Folgende Zwiebelblumen müssen spätestens Anfang Juni gesetzt werden:

Sterngladiolen (*Acidanthera bicolor*) blühen mit weißen, purpurnen Blüten von Juli bis September an einem sonnigen Standort (Wuchshöhe 60 bis 100 cm).

Knollenbegonien (*Begonia*-Hybriden) fühlen sich im Halbschatten und Schatten am wohlsten. Ihre weißen, rosa, gelben und orangen Blüten zeigen sich von Mai bis September (Wuchshöhe 20 bis 60 cm).

Das **Indische Blumenrohr** (*Canna-Indica*-Hybriden) ragt mit seiner Höhe bis zu 150 cm über die meisten Pflanzen hinaus.

Es bevorzugt sonnige bis halbschattige Standorte und blüht von Juli bis September rot, gelb oder orange.

Ein vollsonniges Beet ist ideal für die **Montbretie** (*Crocosmia masoniorum*).

Die orangeroten Blüten zeigen sich von Juli bis September (Wuchshöhe 60 bis 80 cm).

Dahlien (*Dahlia*-Hybriden) sind dankbare Dauerblüher. Es gibt sie in fast allen Farben, außer in Blau. An einem sonnigen Standort blühen sie bis weit in den Oktober hinein. Je nach Sorte werden sie bis zu 150 cm hoch.

Gladiolen (*Gladiolus*-Hybriden) blühen zwar nur kurz, dafür aber umso imposanter.

Ihre weißen, gelben, rosa oder lila Blüten ragen an einem sonnigen Standort bis zu 150 cm in die Höhe.

Jakobslilien (*Sprekelia formosissima*) bevorzugen den Halbschatten. Ihre roten Blüten leuchten von Juli bis August (Wuchshöhe 40 cm).

Die **Tigerblume** (*Tigridia pavonia*) wartet mit gelben, roten oder weißen Blüten auf. Die 50 cm hohe Zwiebelblume blüht von Juli bis August auf sonnigen Beeten.

TULPEN einlagern: Die Zwiebeln jetzt vorsichtig mit einer Grabegabel aus dem Boden holen. Das Laub ist nun verwelkt und die Zwiebel hat ausreichend Nährstoffe speichern können. Die gesäuberten Zwiebeln werden kühl und trocken bis zum Herbst gelagert.

ZWIEBELBLUMEN wie Narzissen bilden Brutzwiebeln. Zum Vermehren gräbt man die Zwiebeln aus, nimmt vorsichtig die kleinen Brutzwiebeln ab und setzt sie im Herbst separat in ein Anzuchtbeet. Sie blühen allerdings erst nach etwa zwei Jahren.

VORGEZOGENE Dahlien blühen bereits im Juni. Die Sorte 'Rose Newby' macht in Rabatten eine besonders gute Figur.

ROSEN

DIE PFLEGEARBEITEN

Im Juni sollten Sie sich in erster Linie an den herrlichen Blüten Ihrer Rosen erfreuen. Nicht nur zu Hause, auch in zahlreichen Rosengärten in Deutschland und im Ausland lässt sich die Königin der Blumen bewundern. Wollen Sie Rosen nicht nur durch Anschauen und Beschnuppern genießen, können Sie auch eines der zahlreichen Rezepte ausprobieren, zum Beispiel für Rosenkonfitüre oder Rosenlikör. Wichtig: Verwenden Sie dazu nur Blüten, die nicht mit Pflanzenschutzmitteln behandelt wurden!

Neben dem Genießen bleibt weiterhin einiges zu tun. Zunächst muss wieder auf lockeren, unkrautfreien Boden im Wurzelbereich der Rose geachtet werden. Um die weitere Blüte zu fördern, ist jetzt eine zweite Düngergabe angebracht. Verwenden Sie stickstoffhaltigen Dünger aber nicht später als Ende Juni, damit die

Triebe bis zum Herbst bzw. dem ersten Frost noch genügend Zeit haben auszureifen.

Bei Trockenheit sollten Sie vor allem junge Pflanzen regelmäßig kräftig wässern. Ältere Rosen haben bereits lange Wurzeln entwickelt, mit denen sie an Wasser aus tieferen Bodenschichten heranreichen. Da sowohl Staunässe als auch extreme Trockenheit schädlich sind, ist vor dem Gießen ein Test angebracht: Sind die oberen 10 cm des Bodens trocken, sollte gegossen werden. Dabei gilt: Besser einmal lang und ausgiebig, als mehrmals kurz wässern. Die beste Zeit zum Gießen ist früh morgens oder in den Abendstunden. Ganz wichtig dabei: Das Gießwasser darf niemals auf Blätter und Blüten gelangen, da Feuchtigkeit einen optimalen Nährboden für Pilzkrankheiten darstellt. Wässern Sie daher nur direkt im Wurzelbereich. Mit einem kleinen Erdwall rund

um die Rose kann das Wasser besser an Ort und Stelle versickern.

Um die Entwicklung neuer Blüten zu fördern, ist bei öfter blühenden Rosen ein regelmäßiges Ausputzen erforderlich. Bei büschelblütigen Rosen werden zunächst nur verwelkte Einzelblüten ausgebrochen. Erst wenn die ganze Dolde verblüht ist, wird sie über dem ersten voll entwickelten Laubblatt leicht schräg abgeschnitten (siehe S. 85). Aus dem Auge in der Blattachsel entwickelt sich bald eine neue Blütendolde. Bei Edelrosen sitzt das kräftigste Auge etwas tiefer. Abgeblühtes sollten Sie daher zusammen mit zwei Laubblättern, also direkt oberhalb des dritten Blattes, abschneiden.

Einmal blühende Rosen können nach der Blüte ausgelichtet werden. Sollen sich Hagebutten entwickeln, dann müssen die verwelkten Blütenstände stehen bleiben.

BEI büschelblütigen Rosen (rechts) wird Verwelktes direkt oberhalb des ersten Laubblattes mit einer scharfen Gartenschere abgeschnitten. Die Blüten der Edelrosen (ganz rechts) schneidet man zusammen mit zwei Blättern oberhalb des dritten Laubblattes ab.

NICHT alle Gartenvögel kommen mit den Menschen so gut zurecht wie die Spatzen, die sich weder von Baulärm, noch von fröhlichen Gartenfesten beirren lassen und überall ihre Jungen groß ziehen. Vor dem Heckenschnitt sollte man sich deshalb vergewissern, dass in den Reihen keine Brutaktivitäten mehr sind.

BÄUME, STRÄUCHER, KLETTER-PFLANZEN UND HECKEN

Für die Gehölze ist der Juni in erster Linie ein Wachstumsmonat. Achten Sie wie schon im Mai auf den Befall mit Bakterien, Pilzen oder Schädlingen: Bei regelmäßiger Kontrolle ist der Einsatz von Pflanzenschutzmitteln nicht erforderlich.

Auch Kletterpflanzen bauen im Juni ihr Blatt- und Zweigwerk auf. In regenarmen Zeiten kann sich viel Staub auf dem dichten Blätterdach ansammeln, der die Blattatmung behindert. Eine Dusche von Zeit zu Zeit spült die Partikel davon und die Pflanzen können wieder durchatmen.

Hecken

Ende Juni wird es Zeit, die Heckenschere zu wetzen. Es erfolgt nun der Sommerschnitt streng geformter, Laub abwerfender Hecken. Immergrüne Laub- und Nadelgehölze werden dagegen erst im August getrimmt (siehe S. 211). Aus Rücksicht auf brütende Vögel, die durch den Heckenschnitt in helle Aufregung versetzt würden, wartet man das Ende der Brut ab. Beobachten Sie deshalb vor dem Schnitt die Heckenreihen. Sind noch Nistaktivitäten zu spüren, wartet man noch einige Wochen, bis die Jungvögel flügge sind. Im Juni ist der erste Austrieb sommergrüner Hecken aus Hainbuchen, Liguster, Berberitze und vielen anderen abgeschlossen und sie sind leicht etwas aus der Form geraten.

Da der Sommerschnitt nur der Formerhaltung dient, nimmt man jedoch nicht mehr als den diesjährigen Zuwachs weg. Ein Verjüngungsschnitt ins alte Holz erfolgt erst im Spätherbst (siehe S. 288, November). Damit die Schnitte exakt geführt werden können, legt man sich Latten und Schneide-Schablonen zurecht oder spannt Schnüre. Für die meisten Hecken ist das Trapez die beste Form. Dabei verjüngt sich die Hecke nach oben. Auf diese Weise bekommen die Heckenflanken stets genügend Licht und verkahlen nicht. Zudem gleitet im Winter der Schnee leichter von den Flanken ab und es kommt seltener zu Schneebrüchen. Das Heckendach sollte aus den gleichen Gründen sanft abgerundet sein.

Möglichst gleichmäßige Schnitte gelingen dann, wenn man nicht über Schulterhöhe arbeitet. Bei höheren Hecken nimmt man eine standfeste Leiter oder ein kleines Gerüst zu Hilfe. Bei allen Hecken ist es wichtig, dass sich die jungen Sträucher von Anfang an gut verzweigen. Deshalb wurden sie schon beim Pflanzen um ein Drittel zurückgeschnitten (siehe S. 56 f., März).

ES dauert einige Jahre, bis hintereinander gestaffelte Torbögen wie diese herangewachsen sind. Zwei Schnitte pro Jahr garantieren, dass die Hainbuchenhecke vital bleibt und auch nach Jahren keine Lücken zeigt.

ZIERGEHÖLZE

WELCHES Werkzeug beim Heckenschnitt verwendet wird, hängt maßgeblich vom Alter und der Größe der Hecke ab. Niedrige Buchsbaum-Einfassungen werden gerne mit der Hand-Heckenschere geschnitten, da man hiermit sehr exakt arbeiten kann. Bei übermannshohen Hecken greift man dagegen lieber zur elektrobetriebenen Heckenschere.

Der Erziehungsschnitt an Hecken

Jetzt im Juni folgen weitere Korrekturen: der so genannte Erziehungs- schnitt. Vor allem starkwüchsige Hecken aus Liguster oder Weißdorn nimmt man jetzt noch einmal in der Höhe kräftig zurück und kürzt die Seitenäste ein.

GESCHNITTEN wird stets nur in bequemer Arbeitshöhe. Ist die Hecke höher, sollte man eine Arbeitsbühne zu Hilfe nehmen. Die Messer der elektrischen Heckenschere werden stets parallel zu den Heckenseiten geführt.

WER seine Hecke ganz exakt schneiden möchte, spannt entlang der Kanten Schnüre als Richtlinien und justiert sie mit der Wasserwaage. Während des Schnitts sollte man dennoch ab und zu einen Schritt zurücktreten und sein Werk überprüfen.

Es wird zumindest die Hälfte des bis dahin erfolgten Zuwachses weggenommen, auch wenn dadurch der Eindruck entsteht, die Hecke würde nie groß und stark werden, der häufige Rückschnitt zahlt sich später auf jeden Fall aus. Sie erhalten von unten an dicht verzweigte und damit vor Wind und unerwünschten Blicken schützende Hecken.

Bei immergrünen Laub- und Nadelgehölzen erfolgt in den ersten Jahren nach der Pflanzung ebenfalls ein mehrmaliger Erziehungsschnitt. Im Gegensatz zu den laubabwerfenden Hecken werden hier jedoch nur die Seitenäste auf die Hälfte eingekürzt, der Haupttrieb (Apikaltrieb) bleibt erhalten.

Der anfallende Heckenschnitt wird zusammengerecht, gehäckselt und kompostiert oder im Garten als Wegebelag oder Mulch verwendet.

Wenn Sie keinen eigenen Kompost haben, können Sie das Schnittgut zu öffentlichen Sammelstellen oder den örtlichen Wertstoffhöfen bringen.

SOMMERPFLEGE

Nach wie vor ist das wöchentliche Mähen des Rasens die wichtigste Pflegemaßnahme. Nach längeren Trockenperioden kann der Boden im Juni schon mal austrocknen. Wer einen besonders schönen Rasen haben will, setzt in diesem Fall den Regner ein. Falls Sie im März/ April zum ersten Mal den Rasen gedüngt haben, kann jetzt eine zweite Nährstoffgabe erfolgen. Dazu nimmt man speziellen Rasendünger aus dem Fachhandel. Die Neuanlage eines Rasens ist im Juni nicht mehr zu empfehlen, weil bald die heißen Sommermonate folgen, in denen frisch gekeimter Rasen sehr leicht vertrocknet. Immer häufiger kann man jetzt bei schönem Wetter den Garten im Freien genießen, besonders häufig natürlich auf dem Rasen. Falls Sie den grünen Teppich auch als Sitzplatz nutzen, sollten Sie die Möbel nach Möglichkeit ab und zu umstellen, damit der Rasen nicht zu einseitig belastet wird. Auch den Standort für das Federball- oder Fußballspiel mit den Kindern sollte man ab und zu wechseln, wenn der zur Verfügung stehende Platz das zulässt.

Bei Bedarf werden noch einige „kosmetische" Maßnahmen durchgeführt. Die Rasenkanten werden mit dem Spaten oder einem speziellen Kantenstecher noch einmal sauber abgestochen. Baumschösslinge werden, wie in der Zeichnung dargestellt, aus dem Rasen entfernt. Auch Vertiefungen oder Erhöhungen können auf ähnliche Art ausgeglichen werden. Dazu den Rasen an der betroffenen Stelle kreuzförmig einstechen, aufklappen und mit einem Sand-Erde-Gemisch auffüllen (bei Kuhlen) oder etwas Erde abtragen (bei Erhöhungen). Dann den Rasen wieder zuklappen, andrücken und gut angießen.

Pflege einer Blumenwiese

Im Gegensatz zum Zierrasen wird eine langsam wachsende Blumenwiese nur zweimal pro Jahr gemäht. Der erste Rückschnitt kann im Juni/Juli erfolgen. Viel Geschicklichkeit erfordert das Mähen mit einer Handsense; auf größeren Flächen kann ein Balkenmäher (als Leihgerät erhältlich) gute Dienste leisten. Ansonsten können Sie die Arbeit auch mit einem Rasentrimmer, einer Motorsense oder mit dem kräftigen Rasenmäher (ohne Fangkorb) bei der größten Schnitthöheneinstellung erledigen.

WENN Wurzelausläufer angrenzender Gehölze in den Rasen wachsen, wird der Rasen an den Austriebsstellen eingestochen (1) und aufgeklappt. Dann den Ausläufer entfernen (2), den Hohlraum mit Erd-Sand-Gemisch auffüllen (3) und den Rasen zurückklappen (4). Danach gut wässern.

GERADE in den Sommermonaten wird der Rasen als Spielwiese oder Ruhefläche stark beansprucht. Nur ein gut gepflegtes Grün hält den Belastungen stand.

WASSERGARTEN

DEN TEICH GESUND ERHALTEN

FARNE und bunte Blütenpflanzen verschönern das Teichufer. Wenn Blütenblätter in größeren Mengen ins Wasser fallen, sollte man sie herausfischen.

Bevor die wärmsten Monate des Jahres beginnen, sollten Sie der Gesunderhaltung des Teiches besondere Aufmerksamkeit widmen. Durch richtige Vorsorge lässt sich verhindern, dass der Teich bei warmem Wetter „umkippt" oder eine Algenblüte erlebt. Ausreichend Sauerstoff und ein möglichst niedriger Nährstoffgehalt (Nitrat und Phosphat) im Wasser sind Voraussetzungen für einen gesunden Teich. Wenn die Wassertemperatur über 30 °C ansteigt, wird mit einem Netz oder einer Pflanzenstellwand aus dem Fachhandel schattiert. Eine abwechslungsreiche Bepflanzung ist sehr wichtig. Vor allem Unterwasserpflanzen dürfen nicht fehlen. Sie verbessern die Qualität des Wassers, weil sie Sauerstoff produzieren und dem Wasser Nährstoffe entziehen. Von den folgenden Unterwasserpflanzen sollten Sie zur Verbesserung der Wasserqualität einige in Ihrem Teich ansiedeln: Wasserstern (*Callitriche* spec.), Hornblatt (*Ceratophyllum demersum*), Wasserpest (*Elodea canadensis*), Wasserfeder (*Hottonia palustris*), Tausendblatt (*Myriophyllum* spec.), Laichkraut (*Potamogeton* spec.), Wasserhahnenfuß (*Ranunculus aquatilis*), Wasserschlauch (*Utricularia vul-*

garis). Achten Sie darauf, dass Schwimmblattpflanzen wie See- oder Teichrosen nicht zu üppig werden. Wenn sie mit ihren Schwimmblättern die gesamte Wasseroberfläche bedecken, nehmen sie den Unterwasserpflanzen das Licht. Das müssen Sie rechtzeitig verhindern, damit die Unterwasserpflanzen ihren Beitrag zur Teichgesundheit leisten können.

Schutz vor Algen

Algen können sich bei einem hohen Nährstoffangebot im Wasser üppig vermehren. Pflanzen Sie deshalb Starkzehrer in den Teich, die dem Wasser reichlich Nährstoffe entziehen. Geeignet sind z. B. Rohrkolben (*Typha* spec.),

Binsen (*Juncus* spec.), Teichsimse (*Scirpus lacustris*), Froschbiss (*Hydrocharis morsus-ranae*) und Seekanne (*Nymphoides peltata*). Wo sie noch nicht im Teich wachsen, können sie jetzt und bis in den September angesiedelt werden.

Achten Sie bei allen Düngearbeiten im Garten unbedingt darauf, dass kein Dünger ins Wasser geschwemmt wird. Ein kleiner Wall um den Teich hilft dabei.

Fische einsetzen

Jetzt ist die richtige Zeit gekommen, um Fische seiner Wahl in den Teich einzusetzen. Damit sich die Tiere wohlfühlen, sollten Sie bei neu angelegten Teichen damit warten, bis die Pflanzen gut eingewachsen sind.

BEI warmem Wetter vermehren sich Algen oft stark. Erste Sofortmaßnahme: Algenmatten mit einem langstieligen Rechen abfischen.

LEICHTE SOMMERPFLEGE

Warme Temperaturen und ausreichende Feuchtigkeit fördern die Blütenpracht auf Balkon und Terrasse. Um die Pracht von Pelargonie, Petunie und Co. zu erhalten, sind Verblühtes und gelbe Blätter auszuputzen. So können sich neue Blüten entfalten und die Pflanze bleibt gesund und kompakt. Achten Sie auch auf Schädlingsbefall an den Blattunterseiten und Triebspitzen.

Was Pflanzen zum Wachsen und Blühen brauchen

Der Nährstoffvorrat von Pflanzen in Gefäßen ist wegen der eingeschränkten Substratmenge begrenzt. Daher müssen die Pflanzen gedüngt werden. Eine Pflanze braucht neben den Hauptnährstoffen Stickstoff (N), Phosphor (P) und Kalium (K) auch Magnesium (Mg), Calcium (Ca) Spurenelemente, wie zum Beispiel Eisen (Fe) und Molybdän (Mo). Industriell hergestellte Mineraldünger bestehen aus mineralischen Bestandteilen der obengenannten Nährelemente, und da diese als leicht lösliche Salze vorliegen, sind sie für die Pflanzen schnell verfügbar. Eine Überdosierung führt zu Salzschäden an den Wurzeln. Langsamer und länger wirken so genannte Langzeitdünger. Hier sind die Nährelemente durch spezielle Verfahren gebunden, so dass sie in der Erde erst allmählich freigesetzt werden.

Die Zusammensetzung eines Volldüngers wird auf der Packung als Zahlenkombination angegeben. Die erste Zahl gibt den Gehalt an Stickstoff, die zweite den an Phosphor und die dritte den an Kalium in Prozent an. Eine vierte Zahl bezieht sich auf den Gehalt an Magnesium. Blatt-Schmuckpflanzen werden mit einem Stickstoff betonten Dünger behandelt, während Dünger mit hohem Phosphorgehalt für Blütenpflanzen sind. Zur Behebung eines speziellen Nährstoffmangels eignen sich so genannte Einkomponentendünger recht gut.

Im Gegensatz zu mineralischen Düngern stammen organi-

DIE Blütenstände sollte man immer dann entfernen, wenn die Blütenblätter abfallen. Werden die Blüten stehen gelassen, lässt die Blühkraft der Pflanzen bald nach.

LINKS: Die sonnenliebende Schmucklilie (*Agapanthus africanus*) begeistert mit großen, blauen Blütenbällen über einem dichten Blätterschopf.

RECHTS: Als Starthilfe empfiehlt es sich, die langen Triebe von Efeu um das Gerüst zu winden. Dann klettert die immergrüne Pflanze auch ohne weiteres Eingreifen.

JETZT kann man bei Pelargonien Kopfstecklinge schneiden.

DEN 5 bis 10 cm langen Steckling unterhalb eines Blattpaares glatt schneiden und in ungedüngte Erde zum Bewurzeln stecken.

Kasten. Verwenden Sie Langzeitdünger, die in poröse Kügelchen aus harzigem Material eingeschlossen sind, werden die Nährstoffe über einen langen Zeitraum freigesetzt. Ob eine Pflanze gedüngt werden muss, lässt sich durch regelmäßiges Beobachten erkennen. Vor allem nachlassende Wuchskraft und Verfärbungen der Blätter sind deutliche Hinweise auf Mangelsymptome. Da das frische Substrat beim Eintopfen meist vorgedüngt ist, sind die Pflanzen für die ersten vier bis fünf Wochen ausreichend versorgt. Erst danach sollte mit der Nährstoffzufuhr nach Anleitung auf der Packung begonnen werden. Am besten notieren Sie sich jedes Mal auf einem Zettel, wenn Sie Ihre Pflanzen düngen.

Sommerstecklinge schneiden

Jetzt im Sommer haben sich die Pflanzentriebe kräftig entwickelt, und Sie können von verschiedenen Gewächsen Sommerstecklinge schneiden. Es eignen sich dazu auch die beblätterten Spitzen von Pflanzen, die Sie zur besseren Verzweigung herausgeschnitten haben. Vor allem bei verholzenden Kübelpflanzen wie Kamelien (Camellia spec.), Flanellstrauch (Fremontodendron spec.), Jasmin (Jasminum spec.), Bleiwurz (Plumbago auriculata), Nachtschatten (Solanum spec.) und Sternjasmin (Trachelospermum jasminoides) schneidet man im Juni/Juli etwa 10 bis 20 cm lange halbreife Kopfstecklinge. Man kappt sie unterhalb eines Blattpaares, entfernt die untersten Blätter und steckt sie zur Hälfte in ein nährstoffarmes, wasserdurchlässiges Substrat.

Stecklinge von Fleißigem Lieschen (Impatiens walleriana), Buntnessel (Coleus spec.), Schönmalve (Abutilon spec.), Engelstrompete (Brugmansia spec.) und Oleander (Nerinum oleander) lassen sich sogar in einem Glas mit Wasser bewurzeln.

sche Dünger aus pflanzlichen oder tierischen Rückständen. Sie wirken nur langsam, da das Material erst durch Bodenorganismen zersetzt werden muss. Akuter Nährstoffmangel lässt sich mit solchen Düngern nicht ausgleichen. Ideal sind daher Mischformen, welche die Vorteile beider Düngerarten vereinen. Außerdem gibt es im Handel Spezialdünger, wie zum Beispiel salzarme organische Präparate für Moorbeetpflanzen wie Rhododendren, Brautmyrte (Myrtus communis) oder Zylinderputzer (Callistemon citrinus).

Wann und wie düngen?

Düngemittel gibt es in fester und flüssiger Form. Ideal für Balkon und Terrassenpflanzen sind flüssige Dünger, die mit dem Gießwasser ausgebracht werden. Langzeitdünger in Form von Düngestäbchen oder -kegeln steckt man einfach ins Substrat von Topf oder

WEGEN ihrer überaus reichen und lang anhaltenden Blüte sind Wandelröschen (Lantana-Camara-Hybriden) robuste und pflegeleichte Kübelpflanzen.

GEMÜSE

ARBEITEN FÜR DIE EINZELNEN GEMÜSE

ZINNIEN- und Tagetesblüten setzen farbige Akzente. Zusammen mit dem abwechslungsreich bepflanzten Gemüsebeet ergibt sich ein dekorativer Gesamteindruck, den man keinem Gartenbesucher vorenthalten möchte.

Im Juni wird laufend frisches Gemüse von den Beeten geerntet. Die Zusatzbewässerung wird immer wichtiger. Wassermangel kann bei Endivien, Sellerie, und Frühkartoffeln Wuchsstockungen verursachen. Möhren und Kohlrabi platzen leichter. Gießen Sie am besten morgens oder abends, aber nicht tagsüber bei prallem Sonnenschein. Ungünstig ist es allerdings, wenn die Pflanzen abends von oben überbraust werden, weil dadurch Schnecken angelockt werden. Zu den laufenden Arbeiten gehört nach wie vor das Unkrauthacken und das Mulchen. Starkzehrer wie Kohl brauchen eine zweite Düngung, damit sie sich gut entwickeln. Tomaten, Gurken, Zucchini und Artischocken müssen spätestens jetzt ausgepflanzt werden, damit es noch gute Erträge gibt. Eine weitere wichtige Pflegemaßnahme ist das Vereinzeln der Reihensaaten von Radieschen, Rettichen, Möhren und anderen Arten. Die Sämlinge wachsen sonst zu langstielig und bilden keine kräftigen Wurzeln. Vor dem Ausdünnen ist es ratsam, durchdringend zu gießen. Dann lassen sich die eng stehenden Sämlinge leichter aus dem Boden ziehen, ohne die Nachbarpflanzen oder deren Wurzeln zu beschädigen.

Salat

Kopfsalat wird in 14-tägigem Abstand in Folgesätzen nach Bedarf ausgesät oder gepflanzt. Gerade bei Jungpflanzen und Sämlingen auf ausreichende Wasserversorgung achten. Pflücksalate vertragen größere Abstände zwischen einzelnen Sätzen, weil sie nicht wie Kopfsalat am Stück geerntet werden. Zwölf Wochen nach der Aussaat haben sich beim Eissalat feste Köpfe gebildet, die man jetzt ernten kann.

Auch den Römischen Salat können Sie jetzt ernten; die Köpfe sind im Kühlschrank einige Tage haltbar.

IN den trockenen Sommermonaten ist das Hacken im Gemüsebeet besonders wichtig – frei nach dem Motto: Einmal Hacken spart dreimal Gießen.

DIE Plastikhaube verhindert, dass die Tomatenblätter nass werden; dadurch kann sich die gefürchtete Kraut- und Braunfäule nicht so leicht ausbreiten.

Kohlgewächse

Kohlrabi wird weiterhin nach Bedarf gepflanzt oder direkt ausgesät; im April gepflanzter Kohlrabi ist jetzt erntereif. Späte Blumenkohlsorten können jetzt ausgepflanzt werden. Frühe Sorten vom Brokkoli sind jetzt erntereif; wenn Sie die Hauptknospe schneiden, reifen Seitentriebe nach, die später geerntet werden können. Späte Sorten von Rot-, Weiß- und Wirsingkohl werden jetzt ausgepflanzt; frühe Sorten von Weiß- und Rotkohl werden im Juni schon erntereif. Die letzten Rosenkohlsätze tief auspflanzen und gut angießen. Mitte Juni können Sie Chinakohl direkt ins Freiland säen.

DIE Seitentriebe von Tomaten entstehen in der Blattachsel und müssen regelmäßig ausgegeizt (ausgeknipst) werden, damit die ganze Wuchskraft der Pflanze in den Haupttrieb geht.

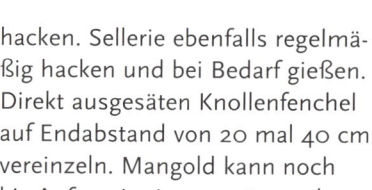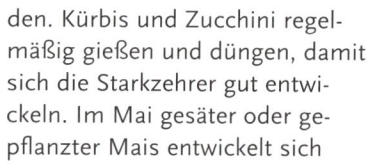

hacken. Sellerie ebenfalls regelmäßig hacken und bei Bedarf gießen. Direkt ausgesäten Knollenfenchel auf Endabstand von 20 mal 40 cm vereinzeln. Mangold kann noch bis Anfang Juni ausgesät werden.

den. Kürbis und Zucchini regelmäßig gießen und düngen, damit sich die Starkzehrer gut entwickeln. Im Mai gesäter oder gepflanzter Mais entwickelt sich besser, wenn er angehäufelt wird.

Weitere Blattgemüse

Endivien, Radicchio und Zuckerhut werden jetzt direkt ins Beet gesät (Reihenabstand 30 cm). Feldsalat und Salatrauke werden nach Bedarf geerntet. Chicorée-Keimlinge aus der Maiaussaat auf 10 cm Abstand in der Reihe vereinzeln. Spinat nach Bedarf ernten, bevor sich Blüten bilden, und die Beete regelmäßig gießen und

Fruchtgemüse

Die schnell wachsenden Tomaten an den Stützvorrichtungen hochleiten. Seitentriebe in den Blattachseln regelmäßig ausgeizen, damit die ganze Wuchskraft in den Haupttrieb geht. Die Starkzehrer brauchen reichlich Dünger. Einlege- und Schälgurken sowie Paprika und Auberginen können noch bis Mitte Juni gepflanzt wer-

Hülsenfrüchte

Für Mark- und Zuckererbsen sowie Schalerbsen ist der Juni der Haupterntemonat. Markerbsen schmecken am besten, wenn sie jung und grün sind, Schalerbsen kann man durch Trocknen haltbar machen, Zuckererbsen werden frisch verzehrt. Buschbohnen können in Folgesätzen noch bis Mitte Juli direkt ins Freiland gesät werden. Bedeckt man die Aussaat mit einem Vlies oder einem Kulturschutznetz, so schützt das vor ungünstiger Witterung und vor der Bohnenfliege. Sind die Pflanzen etwa 10 cm hoch, werden sie angehäufelt. Stangenbohnen sollte man im Juni düngen, damit sich große Fruchthülsen entwickeln können. Für einen besseren Start leitet man die jungen Triebe vorsichtig an der Rankhilfe hoch, bis sie selbst Halt finden. Wichtig: Die Ranken entgegen dem Uhrzeigersinn hochleiten.

Wurzelgemüse

Radieschen weiterhin nach Bedarf aussäen und ernten. Bei Rettich ab Mitte des Monats Herbst- und Wintersorten aussäen.

Möhren können ab Juni geerntet werden. Herauswachsende Möhren anhäufeln, um Grünfärbung zu verhindern. Pastinaken regelmäßig hacken und so bis zum Schließen der Reihen unkrautfrei halten. Rote Bete für die Einlagerung im Winter im Juni aussäen. Knollensellerie regelmäßig hacken, gießen und nachdüngen (Starkzehrer).

Schwarzwurzeln ebenfalls regelmäßig hacken und bei Bedarf wässern. Wenn die Kartoffeln etwa 15 cm aus der Erde gewachsen sind, werden sie angehäufelt. Bei

DIE roten Blüten der Feuerbohne sind ausgesprochen dekorativ, weshalb diese Bohnenvariante auch gerne im Ziergarten eingesetzt wird.

Trockenheit wässern und die Reihen regelmäßig hacken, bis das Kraut die Reihen schließt.

Zwiebelgemüse

Zwiebeln, die es ansonsten eher trocken mögen, entwickeln sich im Juni/Juli besser, wenn sie zusätzlich gegossen werden. Stehen sie zu trocken, beginnen die Zwiebeln zu schossen.

Im Herbst ausgepflanzter Knoblauch kann ab Juni geerntet werden.

Beim Anhäufeln von Porree darauf achten, dass keine Erde zwischen die Blattachseln der Pflanzen fällt. Porree für die Späternte im Herbst und Winter wird zwischen Mitte und Ende Juni ausgepflanzt.

Mehrjähriges Gemüse

Artischocken gut mulchen und regelmäßig wässern. Um im Oktober besonders kräftige Meerrettichstangen ernten zu können, können Sie jetzt die Wurzeln freilegen, feine Seitenwurzeln abschneiden, die Stange mit einem rauen Lappen abwischen und wieder einpflanzen.

Ab Ende Juni wird kein Rhabarber mehr geerntet: Die Stangen enthalten sonst zu viel Oxalsäure, außerdem braucht die Staude ihre Blätter, um neue Kräfte zu sammeln.

Gleich nach dem Ende der Spargelernte im Juni sollte man die Pflanzen mit reifem Gartenkompost oder, falls erhältlich, mit gut verrottetem Stallmist versorgen.

LINKS: Die Markerbsen haben den Maschendrahtzaun erobert und können jetzt laufend geerntet werden.

RECHTS: Blaue Erbsen sind ein auffälliger Blickfang im Garten. Beim Kochen verlieren sie allerdings ihre ungewöhnliche Farbe.

GEMÜSE

LINKS: Der Grün-spargel durchbricht die Erde; wenn er noch ein wenig weiter hoch-gewachsen ist, wird er abgeschnitten.

RECHTS: Rhabarber wird nicht geschnitten, sondern ausgebrochen. Die langen Stangen am unteren Ende packen und durch eine leichte Drehbewegung von der Staude lösen.

Hochsaison für Schaderreger

Nicht nur das Pflanzenwachstum erlebt im Juni seinen Höhepunkt, auch Schaderreger treten jetzt sehr zahlreich auf. Gerade im Gemüsegarten sind sanfte Pflanzenschutzmaßnahmen erforderlich, die keine Schadstoffe auf oder in den Pflanzen hinterlassen. Mit Mischkulturen, richtiger Fruchtfolge und Sortenwahl, gezielter Düngung und Bodenverbesserung mit Kompost gelingt das oft ohne den Einsatz von Pflanzenschutzmitteln. Wenn Sie trotzdem Schaderreger im Gemüsebeet entdecken, heißt es auf jeden Fall schnell handeln, damit die Ernte nicht in Gefahr gerät. Hilfreich sind dabei selbst hergestellte Brühen, Tees und Jauchen (siehe Tabelle S. 147).

Hier die häufigsten Schaderreger und ihre Bekämpfung: **Falscher Mehltau** an Salat wird mit Schachtelhalm-Brühe oder einem Lecithin-Präparat wöchentlich gespritzt. Bei Befall mit **Kleiner oder Großer Kohlfliege** helfen nützli-che Nematoden aus dem Fachhandel. Dem **Kleinen und Großen Kohlweißling** beziehungsweise seinen schädlichen Larven begegnet man mit einer Brühe aus Holunder- oder Tomatenblättern oder mit Wermut-Tee. Im Fachhandel gibt es Bacillus-thuringiensis-Präparate.

Die häufig auftretende **Kraut- und Braunfäule** an der Tomate sowie die Kraut- und Knollenfäule an der Kartoffel (gleicher Erreger) bekämpft man möglichst vorbeugend durch wöchentliche Spritzungen mit Rhabarbertee oder Zwiebeljauche. Bei starkem Befall helfen Kupfermittel aus dem Fachhandel.

Der **Kartoffelkäfer** und seine Larven können bei starkem Auftreten ganze Bestände kahl fressen. Die auffälligen Eigelege können von Hand zerdrückt werden; ein Bacillus-thuringiensis-Präparat aus dem Fachhandel wirkt nur gegen die jungen Larven.

Gegen die häufig auftretende **Schwarze Bohnenlaus** können Sie Brennnessel-Kaltwasserbrühe, Wermut-Tee oder Spritzpräparate aus dem Fachhandel einsetzen, die auf der Basis von natürlichen Fettsäuren oder Rapsöl hergestellt wurden.

Empfehlungen zur Bekämpfung von **Nacktschnecken** finden Sie auf S. 102.

ACHTEN Sie beim Ernten der Kartoffeln darauf, dass die Erdfrüchte nicht beschädigt werden. Gerade die frühen Kartoffeln schmecken am besten, wenn man sie schnell nach der Ernte verzehrt.

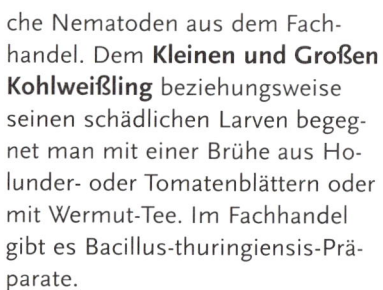

BAUMOBST UND BEERENOBST

Fruchtausdünnung beim Baumobst

Verschiedene Apfelsorten neigen dazu, übermäßig viele Früchte anzusetzen. Bei zu starkem Fruchtbehang muss daher ein Teil der Früchte entfernt werden. Dies geschieht zum einen auf natürliche Weise, indem sich die Bäume selbst von zahlreichen, nur unzureichend befruchteten Früchten trennen (der sogenannte „Junifall"). Zur Verbesserung der Fruchtqualität sollte bei starkem Fruchtansatz jedoch zusätzlich per Hand ausgedünnt werden. Entfernen Sie in erster Linie beschädigte, missgebildete und auffallend kleine Früchte. Pro Blütenbüschel sollten etwa zwei bis drei Früchte

FRISCHE Sauerkirschen aus dem Garten eignen sich wunderbar zum Backen und Einkochen.

WENN Sie einen Teil der sommerlichen Beerenernte zu Marmelade verarbeiten, können Sie das köstliche Aroma auch noch im Winter genießen.

Obstgehölze gut korrigieren. Zu steil wachsende, noch nicht verholzte Triebe werden durch Herabbinden oder mittels kleiner Gewichte in waagerechte Lage gebracht. Ziel ist es, die Triebe leicht aufwärts wachsend zu erziehen. Sie dürfen keine gewölbte Form mit nach unten zeigender Triebspitze annehmen, da dies die Bildung unerwünschter Wasserschosser (siehe S. 197) hervorruft.

belassen werden. Diese werden dann besser mit Nährstoffen versorgt und entwickeln sich zu aromatischen, ausreichend großen Früchten. Auch Pfirsich- und Nektarinenbäume sind nach dem natürlichen Fruchtfall bei übermäßigem Fruchtbehang zusätzlich auszudünnen.

Formieren der Obstgehölze

Im Sommer lassen sich Kronenschnitt und Triebwachstum der

ÄPFEL ausdünnen: Um große, aromatische Äpfel zu erhalten, muss der natürliche Fruchtansatz (1) rechtzeitig ausgedünnt (2) werden.

OBST

MARKIEREN Sie die kräftigsten Erdbeerpflanzen mit einem Etikett, um von diesen Ablegerpflanzen zu gewinnen.

STACHELBEEREN schmecken erfrischend säuerlich. Je nach Sorte tragen die Sträucher grüne, rote oder gelbe Beeren.

Pflege des Beerenobsts

Bei den **Brombeeren** werden die kurzen Seitentriebe der Ruten auf zwei bis drei Blätter gekürzt und die Ranken aufgeleitet; das erleichtert die spätere Ernte am Spalier. **Himbeeren** werden auf zehn bis zwölf kräftige Ruten pro laufendem Meter ausgedünnt. Eine Kompost-Mulchdecke hält den Boden feucht und reguliert die Nährstoffversorgung. Stark wüchsige **Jostapflanzen** werden ausgelichtet, um die Fruchtbildung zu fördern.

Ernte und Pflege der Erdbeeren

Pflücken Sie die Erdbeerpflanzen regelmäßig durch und entfernen Sie verletzte und angefaulte Früchte. Erdbeeren entwickeln Sprossausläufer, die bei Bodenkontakt wurzeln und neue Pflanzen bilden. Kennzeichnen Sie besonders reich tragende Pflanzen, um von diesen später Jungpflanzen zur Erneuerung des Erdbeerbeetes zu gewinnen (siehe S. 198). Ausläufer schwächerer Pflanzen werden mit einem Messer entfernt, da sie sonst der Mutterpflanze viele Nährstoffe entziehen.

Schutz vor Vogelfraß

Spezielle, engmaschige Vogelschutznetze bieten wirksame Hilfe gegen Fraßschäden. Wichtig: Binden Sie die Netze unterhalb der Pflanzen sorgfältig zu, damit sich keine Vögel darin verfangen können.

Wässern und Düngen

Das regelmäßige Wässern der Obstgehölze ist sehr wichtig, da es bei Trockenheit zu Fruchtschäden kommen kann. Achten Sie auch auf eine ausreichende Nährstoffversorgung, da sonst Wachstumsstockungen auftreten und die Bäume mit Fruchtfall reagieren. Ein Nährstoffmangel wirkt sich auf den Fruchtansatz des kommenden Jahres negativ aus: Es werden nur wenig Blütenknospen angelegt.

SORTENAUSWAHL ERDBEEREN

Sorte	Ertrag	Fruchtfarbe	Geschmack	Bemerkung
Frühreifende Sorten (Ende Mai bis Mitte Juni)				
'Elvira'	mittel - hoch	rot	säuerlichsüß	Früchte gut zu verarbeiten
'Honeoye'	mittel - hoch	dunkelrot	säuerlich aromatisch	feste Früchte, gute Haltbarkeit
Mittelfrühreifende Sorten (Juni bis Anfang Juli)				
'Florika'	mittel	rot	süßlich, Walderdbeeraroma	robuste Sorte
'Kent'	hoch	orangerot	säuerlich, aromatisch	feste Früchte, gute Haltbarkeit
'Marmolada'	hoch	rot	säuerlichsüß	robuste Sorte
'Senga Sengana'	hoch	purpurrot	süßsäuerlich	gute Tiefkühlsorte
'Tenira'	mittel - hoch	orangerot	säuerlichsüß, aromatisch	Früchte gut zu verarbeiten
'Thuriga'	mittel - hoch	dunkelrot	säuerlichsüß	Früchte gut zu verarbeiten
Spätreifende Sorten (bis Mitte Juli)				
'Mieze Schindler'	gering	dunkelrot	süßsäuerlich, Walderdbeeraroma	sehr aromatisch, Früchte sehr druckempfindlich

ERNTEN UND PFLEGEN

Die Ernte läuft auf Hochtouren. Für den täglichen Gebrauch Blattkräuter jederzeit ernten. Und immer wieder auch die Triebspitzen abkneifen, damit die Verzweigung angeregt wird. Zum Trocknen Zitronenmelisse und Pfefferminze kurz vor dem Aufblühen handbreit über dem Boden abschneiden. Das Aroma ist dann am besten und die Pflanzen treiben nochmals kräftig aus. Die Teekräuter rasch und schonend trocknen (siehe S.175 f.). Ende des Monats werden Kamille und zu Johanni, also ab 24. Juni, das Johanniskraut geern-

JE sonniger und wärmer der Majoran (S.174) steht, um so intensiver seine Würzkraft. Am besten schmeckt das Kraut unmittelbar vor dem Aufblühen.

SCHNITTLAUCH ist eines der bekanntesten Würzkräuter überhaupt. Es treibt nach dem Zurückschneiden immer wieder neu aus und ist absolut winterhart.

tet. Seine Wirkstoffe (z.B. der rote Farbstoff Hypericin, ätherische Öle, Harze und Gerbstoffe) haben dann die höchste Konzentration erreicht. Die Triebe des Ackerschachtelhalms können für Brühen und Jauchen sowie zum Trocknen für Tee weiterhin geerntet werden. Schnittlauch ebenfalls vor der Blüte zurückschneiden, und zwar knapp über dem Boden. Das Kraut treibt wieder neu aus.

Den Boden im Kräutergarten oder den Kräuterbeeten regelmäßig aufhacken und Unkräuter entfernen, sofern die Kulturen nicht

zu eng stehen. Während Trockenperioden ab und zu kräftig gießen; Topfpflanzen täglich. Hier auch ans Düngen denken. Nachsaaten von Koriander, Kerbel, Ruccola, einjährigem Bohnenkraut, Kresse und Basilikum sind möglich.

Kräuterporträts

Das einjährige **Sommerbohnenkraut** *(Satureja hortensis)* stellt keine besonderen Ansprüche an seinen Standort. Lockerer, mit Kompost angereicherter Boden und ein sonniger Platz sind ideale

Voraussetzungen für ein gutes Gedeihen. Ab Mitte Mai bis Mitte Juni sät man das Kraut direkt ins Beet. Die Pflanzen werden 30 bis 40 cm hoch und dürfen nicht zu eng stehen.

Das mehrjährige **Bergbohnenkraut** *(Satureja montana)* braucht ebenfalls einen warmen Platz, steht aber besser in magerem Boden. Ein Rückschnitt der Pflanze im Frühjahr sorgt für guten Neuaustrieb. Die beste Würzkraft hat das Kraut kurz vor und während der Blüte. *Satureja spicigera* ist eine kriechende Art, die sich bestens für den Anbau im Steingarten und in Töpfen eignet. Allerdings: In jedem Fall braucht das kriechende Bergbohnenkraut Winterschutz.

Die **Kapuzinerkresse** *(Tropaeolum majus)* ist ein Kraut mit hohem Zierwert. Sobald sie Fuß gefasst hat und sich wohl fühlt, treibt sie den ganzen Sommer lang unermüdlich bezaubernde Blüten. Man kann das Kraut nach den Eisheiligen bis spätestens Anfang Juni direkt im Freien aussäen. Kapuzinerkresse gedeiht in der Sonne und im Halbschatten, allerdings geizt sie hier etwas mit den Blüten. Pflanzen Sie die Kresse in mage-

ren und durchlässigen Boden; bei zu nahrhafter Pflanzerde beginnen die Blätter zu wuchern. Während Trockenperioden reichlich gießen. Es gibt Sorten, die meterlange Ranken bilden, sowie mit gefüllten und ungefüllten Blüten.

Majoran (*Origanum majorana*) ist eng verwandt mit Oregano, jedoch im Geschmack und Anbau völlig anders. Majoran wächst einjährig und wird durch Aussaat herangezogen. Er braucht lockere, durchlässige und nährstoffreiche Erde. Ein warmer, sonniger Standort ist Voraussetzung für gutes Gedeihen und Aroma. Nässe mindert die Qualität. Am besten schmeckt Majoran unmittelbar vorm Aufblühen. Verwendet werden Blätter und Blüten, frisch oder getrocknet.

Johanniskraut (*Hypericum perforatum*) braucht einen Sonnenplatz in durchlässiger, lockerer, kompostreicher Erde. Da es eine Reihe von Johanniskraut-Zierfor-

KAPUZINER-KRESSE treibt ganz bezaubernde Blüten. Das dekorative Kraut auf der Fensterbank vorziehen oder ab Ende Mai direkt ins Freiland säen.

men gibt, sollten Sie beim Kauf der Pflanzen oder des Samens unbedingt auf „echtes" Johanniskraut achten. Ein typisches Erkennungszeichen ist der blutrote Pflanzensaft, der beim Zerreiben der Blüten austritt. Die Zierformen haben keinen Heilwert. Johanniskraut findet in der Küche keine Verwendung, dafür aber als Heilkraut. Das Kraut wird erst in voller Blüte geschnitten. Die Blüten können frisch zu Heil-Wein, Balsam oder Öl verarbeitet werden; Blätter für Tee trocknen. Johanniskraut-

Klassiker für Kübel und Kästen

Ysop (*Hyssopus officinalis*), blau, weiß und rosa blühend; Zitronenverbene (*Lippia citriodora*), Pfefferminze (*Mentha x piperita*), braucht einen großen Topf; Basilikum (*Ocimum basilicum*), Sorten mit roten Blättern; Majoran (*Origanum majorana*); Rosmarin (*Rosmarinus officinalis*), es gibt auch kriechende Sorten; Salbei (*Salvia officinalis*), farbige Sorten; Ananas-Salbei (*Salvia rutilans*), braucht ebenfalls ein großes Gefäß und sehr viel Wasser; Thymian (*Thymus spec.*); Kapuzinerkresse (*Tropaeolum majus*), hängend

DAS Spektrum der Pflanzeninhaltsstoffe ist breit: Aus Kräutern kann man nicht nur Tees und aromatische Würzen, sondern auch Brühen und Essenzen für die Biologische Schädlingsbekämpfung gewinnen. Dass sich mit solchen Pflanzen auch ein attraktiver Garten anlegen lässt, zeigt die Zeichnung rechts.

Tee wirkt beruhigend bei Nervosität, leichten Stimmungsschwankungen und fördert den Schlaf.

Die **Gundelrebe** *(Glechoma hederacea)* ist häufig als Unkraut verpönt, weil sie sich gelegentlich von alleine im Garten ausbreitet. Dabei ist das bildschöne, über Monate blühende Wildkraut durchaus ein attraktiver Blickfang; etwa auf Baumscheiben oder in schattigem Gebüsch. Gundelrebe bevorzugt feuchte Böden und gedeiht gut im Halbschatten. Junge Blätter, Triebspitzen und die Blüten schmecken lecker in Salaten, Suppen und Soßen.

Die **Kamille** *(Chamomilla recutita)* ist ebenfalls ein Kraut, das häufig in der freien Natur anzutreffen ist. Sie gedeiht auf magerem wie auf humusreichem, leicht lehmigem Boden an einem sonni-

EGAL ob Sie Ihre Kräuter in Büscheln aufgehängt (1), die Blätter abgezupft auf einem Tuch (2) oder auf einem Gitter liegend (3) trocknen: Das Aroma bleibt am besten erhalten, wenn Kräuter rasch getrocknet werden. Ideal dafür sind Temperaturen zwischen 30 °C und 40 °C und niedrige Luftfeuchte (Hygrometeranzeige).

LINKS: Kräuter kann man auch durch Aufhängen kleiner Büschel leicht selber trocknen.

RECHTS: Würzkräuter sorgen im Topf für noch mehr Aufsehen als im Beet.

gen Standort. Beim Pflanzen unbedingt darauf achten, dass die Kamille nicht zu dicht steht. So kann sie sich besser ausbreiten. Kamille wird ausschließlich als Heilkraut verwendet. Dazu die „reifen" Blütenköpfchen (Erkennungsmerkmal der Echten Kamille ist der hohle Blütenboden) bei schönem, trockenem Wetter pflücken und zum Trocknen auf ein sauberes Tuch oder Pergamentpapier ausbreiten. Die trockenen Kamilleblüten dann dunkel und trocken aufbewahren.

Man kann sie für Tees und Bäder verwenden.

Engelwurz *(Angelica archangelica)* ist ein Kraut, das unbedingt alleine stehen muss, da das Gewächs über zwei Meter hoch und recht ausladend wird. Im Hochsommer treibt sie interessante grün-weiße Blüten. Engelwurz gehört zu den Heil- und Würzkräutern und gedeiht gut auf humusreichem, nahrhaftem, jedoch durchlässigem Boden. Dort kann sie ihre Wurzeln entsprechend aus-

breiten. Feucht und halbschattig möchte die Pflanze stehen. Sie friert im Winter zurück und treibt im Frühjahr wieder neu aus. Blätter und Blattstiele können zum Würzen von Suppen, Soßen und Salaten verwendet werden; kandierte Stängel sind ein Leckerbissen.

Kräuter trocknen

Viele Kräuter lassen sich wunderbar trocknen. Dazu gehören Majoran, Thymian, Rosmarin, Salbei,

KRÄUTER

KAMILLE (S. 175) gehört zu den alt bewährten Heilkräutern und steht im Ziergarten ebenso gut wie im Nutzgarten.

ner oder im Freien in einem mit Papier ausgeschlagenen Obstkistchen getrocknet werden.

Der Trocknungsprozess sollte spätestens in zwei Tagen abgeschlossen sein; die Temperatur

MIT dem wunderschön gelb blühenden Johanniskraut kommt Farbe ins Kräuterbeet.

DIE Blätter von Salbei (*Salvia officinalis* und *Salvia triloba*) enthalten viel ätherisches Öl und ergeben, richtig dosiert, einen schmackhaften Tee. In der mediterranen Küche werden sie oft zusammen mit Rosmarin für Gegrilltes oder Gebratenes verwendet.

darf 35 °C nicht übersteigen. Trockene Stängel und Blätter rascheln bei Berührung. Beim Abrebeln oder Abstreifen der trockenen Blätter aufpassen, dass sie nicht zerbröseln. Denn dadurch würde das Aroma stark leiden.

Die Trockenkräuter in dunklen, luftdichten Gläsern aufbewahren, beschriftet mit Inhalt und Abfülldatum. Die Haltbarkeit beträgt sechs Monate.

GUNDELREBE (S. 175) wird leider viel zu oft als Unkraut angesehen. Dabei würzen die Blätter Suppen, Soßen und Salate.

behutsame Umgang mit den Würzpflanzen, angefangen bei der Ernte bis hin zur Aufbewahrung des Trockengutes. Die geernteten Kräuter sorgfältig verlesen, ganze Triebe locker zu kleinen Sträußen bündeln und kopfüber an einem warmen, luftigen Schattenplatz aufhängen.

Das Aufhängen ist besonders für fruchttragende Kräuter wie Anis, Dill, Fenchel, Koriander oder Kümmel empfehlenswert. Zum Auffangen ihrer Früchte ein sauberes Tuch unterlegen. Genauso gut können Kräuter in einem elektrischen Dörrapparat, im Solartrock-

Pfefferminze, Zitronenverbene, Johanniskraut, Zitronenmelisse oder Sommer-Bohnenkraut. Entscheidend für die Qualität ist der

BELIEBTE WÜRZ-KRÄUTER

Knoblauch (*Allium sativum*), Schnittlauch (*Allium schoenoprasum*), Chinesischer Schnitt-Lauch (*Allium tuberosum*), Dill (*Anethum graveolens*), Kerbel (*Anthriscus cerefolium*), Liebstöckel (*Levisticum officinale*), Basilikum (*Ocimum basilicum*), Oregano (*Origanum vulgare* ssp.), Petersilie (*Petroselinum crispum*), Rosmarin (*Rosmarinus officinalis*), Thymian (*Thymus citriodorus, Thymus vulgaris*), Berg-Bohnenkraut (*Satureja montana*)

TOMATEN, MELONEN, GURKEN UND CO.

Damit alle Kraft in die Fruchtentwicklung geht, muss bei den starkwüchsigen Gurken, Tomaten und Melonen das Wachstum gesteuert werden. Bis Gurken und Melonen eine Wuchshöhe von 80 cm erreicht haben, sollte man konsequent alle Seitentriebe am Ansatz entfernen. Die sich darüber entwickelnden Triebe kappt man erst nach dem ersten oder zweiten Fruchtansatz. Ein stärkerer Fruchtansatz würde dazu führen, dass sich einzelne Früchte nicht richtig entwickeln und abgestoßen werden. Auch bei Tomaten beschränkt man das Wachstum durch das so genannte „Ausgeizen": Sich neu bildende Seitentriebe werden dabei wöchentlich ausgekniffen (siehe Gemüse, S. 168).

Auf Schädlinge achten

Zur Schädlingsbekämpfung sollte man im Gewächshaus allein mechanische Methoden oder ungiftige Spritzmittel anwenden. Blattlauskolonien können einfach mit einem Papiertuch abgestreift werden, Weiße Fliegen fängt man mit Gelbtafeln, Thripse mit Blautafeln. Gegen Schild- und Wollläuse haben sich Weißölpräparate bewährt.

NACH dem Fruchtansatz zwickt man bei Gurken den Seitentrieb vorsichtig mit den Fingern ab.

UM die Bestäubung von Melonen sicherzustellen, sollte man der Natur etwas nachhelfen. Mit einem Pinsel überträgt man den männlichen Pollen auf den Stempel der weiblichen Blüte (erkennbar am Fruchtknoten). Bei Tomatenpflanzen hilft hingegen schon ein mehrmaliges Rütteln an den Trieben.

EINE Außenschattierung mit zugehöriger Aufrollvorrichtung ist die effektivste und eleganteste Methode, um ein Aufheizen des Gewächshauses zu verhindern. Mit weniger Aufwand lässt sich auch eine Innenschattierung mit Schilfmatten oder speziellem Schattiergewebe anbringen.

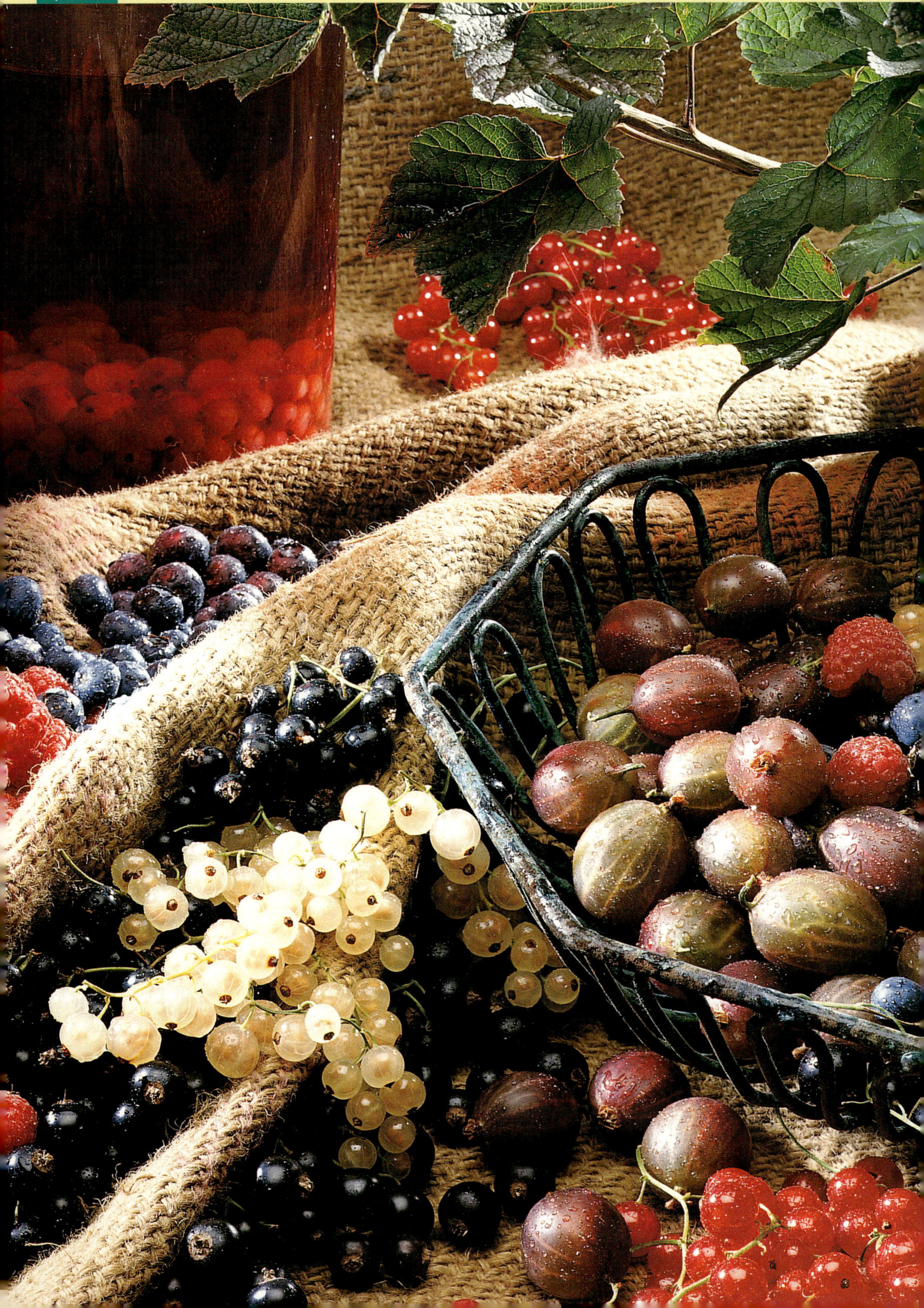

JULI

Sommerzeit ist Beerenzeit. Aus frisch geernteten Himbeeren, Heidelbeeren, Johannisbeeren und Stachelbeeren lassen sich im Nu fruchtige Erfrischungen und Desserts zaubern. Mit den hier heimischen Beerenobstarten kann man im Hausgarten auch ohne spezielle Pflegemaßnahmen beachtliche Erträge erzielen.

IN Trockenmauern und Kräuterspiralen gibt es viele Nischen, in denen sich Kräuter wohl fühlen. Die Steine speichern tagsüber viel Wärme und sorgen nachts in ihrer Umgebung für ein ausgeglichenes Mikroklima.

NICHT nur schön anzusehen, sondern auch essbar sind die Blüten der Kapuzinerkresse. Das Kraut, das wegen seiner Wirkung gegen Schmetterlingsraupen gerne unter Obstbäume gepflanzt wird, eignet sich zum Dekorieren von festlichen Tafeln.

SOMMERBLUMEN

Endlich ist der Sommer da und mit ihm kommen heiße und trockene Tage. Durch regelmäßiges Gießen werden Ihre Pflanzen vor dem Austrocknen bewahrt. Oft ist es nötig, sogar zweimal am Tag zu gießen, am besten in den frühen Morgenstunden und am Abend. Ist dies nicht möglich, sollte wenigstens einmal am Tag gründlich gewässert werden. Auch hier gilt: immer von unten gießen. Besonders Zinnien nehmen Ihnen die Dusche von oben übel, sie reagieren mit braunen Blättern und Blüten. Die tägliche Gießarbeit lässt sich übrigens mit einem einfachen Trick erleichtern: Ein perforierter Schlauch, der zwischen den Beeten liegt, erspart Ihnen manchen Gang mit der Gießkanne und bewässert gezielt den Wurzelbereich. Hierfür eignet sich ein alter Schlauch, in den in gleichmäßigen Abständen auf einer Seite Löcher mit einem Nagel gestochen werden. Im Beet müssen die Löcher nach unten zeigen, damit das Wasser nicht nach oben spritzt und ohne Umwege den Wurzelbereich erreicht. So wird auch ein unnötiges Benetzen der Blätter vermieden.

Verwelkte Blüten sollten Sie auch in diesem Monat regelmäßig entfernen.

Sowohl die Sommerblumen als auch die Staudenbeete werden ab Juli mäßiger gedüngt.

LINKS: Die Hauptblütezeit der Trollblume *(Trollius europaeus)* liegt im Mai. Nach einem Rückschnitt blüht sie allerdings jetzt zum zweiten Mal.

RECHTS: Stockrosen gehören zu den beliebtesten Gartenschönheiten. Sie brauchen eine feste Stütze, damit sie nicht umknicken.

KAUM eine Farbe wirkt in der sommerlichen Hitze wohltuender als Weiß. Viele Pflanzen wie Rittersporn oder Kamille präsentieren sich im weißen Blütenkleid und sorgen für Erfrischung im Garten.

LINKS: Unkraut muss regelmäßig aus den Beeten entfernt werden.

RECHTS: Nach der Blüte ist ein guter Zeitpunkt, um Stauden zu teilen.

STAUDEN

Im Sommer ist das Staudenbeet in seinem Element. Die meisten Prachtstauden sind in voller Blüte und die Lücken beginnen sich vollständig zu schließen. Jetzt können Korrekturen in Beet und Rabatte vorgenommen werden. Schlecht angewachsene Stauden pflanzt man an günstigere Standorte um. Entstandene Lücken werden mit Sommerblumen gefüllt.

Teilen und Stutzen

Stauden, die sich zu stark ausbreiten, können Sie jetzt stutzen und teilen. Goldfelberich, Günsel oder Goldrute neigen beispielsweise dazu, andere Pflanzen durch ihren starken Wuchs zu verdrängen. Für die meisten Stauden ist der beste Zeitpunkt für die Teilung 14 Tage

nach der Blüte. Stauden, die im Frühjahr noch nicht gepflanzt wurden, können jetzt ergänzend gepflanzt werden.

Alle Umpflanzaktionen, Neupflanzungen oder Teilungen sollten nie in der Mittagshitze durchgeführt werden, da die Pflanzen sonst zu schnell austrocknen. Geeignet ist der Abend. Angießen nicht vergessen. Auch die Bartiris (*Iris germanica*, *Barbata-Nana-Gruppe*) wird im Juli geteilt. Nach der Blüte wachsen an den Rhizomen neue Wurzeln. Alle vier Jahre werden die Pflanzen im Juli vorsichtig ausgegraben und die Rhizome mit einem scharfen Messer geteilt (Wundflächen mit Holzkohlepulver desinfizieren). Jedes Teilstück sollte stets ein Stück altes Rhizom enthalten. Am neuen Standort werden die Rhizome flach in den Boden gepflanzt.

Eigene Samen ernten

Im Sommer bilden viele Stauden wie Pfingstrosen oder Lupinen jede Menge Samen, die Sie zur Vermehrung nutzen können. In diesem Fall sollten Sie nicht alle verwelkten Blüten an den Stauden entfernen, sondern einige zur Samenbildung reifen lassen. Geerntete Staudensamen keimen am besten, wenn sie sofort nach der Reife gesät werden, am besten in ein Frühbeet oder im Gewächshaus. Verwenden Sie auch hier Anzuchterde. Kleine Samen werden breitwürfig ausgestreut, größere Samen in die Erde gesteckt.

Oft keimen die Samen noch im ersten Jahr, manche allerdings erst im nächsten Frühjahr. Sind die Pflanzen groß genug, werden sie an ihren endgültigen Platz gepflanzt.

PFLEGE im Staudenbeet: Mit der richtigen Bodenarbeit werden Stauden zu Dauerblühern. Am wichtigsten ist das Lockern und Unkraut jäten (1), das Düngen (2) und Mulchen (3).

B
L
U
M
E
N

Schädlingsbekämpfung

Achten Sie bei den täglichen Pflegearbeiten auf Schädlinge und Pflanzenschäden.

Blattläuse machen sich jetzt auf manchen Zierpflanzen breit. Am besten sind sie mit ölhaltigen Mitteln aus dem Fachhandel zu bekämpfen. Marienkäfer sind natürliche Feinde der Blattläuse, während Ameisen, die sich von den süßen Ausscheidungen der Blattläuse ernähren, Blattlauskolonien vor natürlichen Feinden schützen.

Die **Weiße Fliege** ist mitunter auch auf Beetpflanzen anzutreffen. Hier helfen Pflanzenschutzmittel aus dem Fachhandel. Klebetafeln, an denen die Weiße Fliege hängen bleibt, sollen nur im Gewächshaus verwendet werden, da draußen

DIE hübschen Blüten der Herbstzeitlose *(Colchicum autumnale)* enthalten Colchizin, ein starkes Zellgift, das in der Medizin eingesetzt wird. Jetzt ist Pflanzzeit für im Herbst blühende Zwiebelblumen.

VON der Terrasse aus hat man oft den schönsten Blick auf den Garten. Gönnen Sie sich ruhige Augenblicke, um die Blütenpracht zu genießen.

leider auch viele Nützlinge kleben bleiben.

Dickmaulrüssler fressen über Nacht so manche Gartenpflanze kahl. Wer nicht zu Insektiziden greifen will, kann die Käfer nach Einbruch der Dunkelheit sehr leicht von den Pflanzen absammeln.

Auch **Ohrwürmer** laben sich über Nacht an den Blättern mancher Zierpflanzen. Bei Tagesanbruch sammeln sie sich gerne unter ausgelegten feuchten Lappen, mit denen sie einfach zu entfernen sind.

Schnecken bringen manchen Gärtner zur Weißglut; hier seien nur einige Bekämpfungsmethoden (siehe S. 102) genannt: Schneckenzaun aus engmaschigem Drahtgeflecht, Kunststoffhauben für Jungpflanzen, Bierfallen, Elektro-Schneckenzaun, Barrieren aus Steinmehl oder Granulat, spezielle Betonelemente als Barriere oder Streuen von Schneckenkorn.

Natürliche Feinde der Schnecken sind Igel (im Garten fördern) oder Laufenten.

MIT duftend weißen Trompetenblüten erfreuen uns die Madonnenlilien *(Lilium candidum)* im Juli. Sie lieben sonnige Plätze auf kalkhaltigem Boden.

ZWIEBELBLUMEN

Wer Frühjahrsblüher bis zum Herbst aus dem Boden nehmen will, sollte dies noch im Juli tun. Es wird empfohlen, Tulpen und Hyazinthen jedes Jahr nach der Blüte aus dem Boden zu nehmen und im Herbst wieder neu einzupflanzen. Auch Narzissen sollen alle zwei bis drei Jahre aus dem Boden genommen werden.

Die Sommerblüher

Sommerblühende Zwiebel- und Knollenblumen bedürfen jetzt einiger Pflege. Vorgezogene Dahlien stehen schon in voller Blüte. Entfernen Sie regelmäßig abgeblühte Blütenkapseln. Wer Samen ernten will, lässt einige Samenkapseln ausreifen. Hohe Sorten stützen. Wollen Sie Dahlien als Schnittblumen verwenden, sollten Sie regelmäßig einen Teil der neuen Knospen ausbrechen. So werden die Blütenstiele länger. Lässt die Blühfreudigkeit Ihrer Dahlien nach,

muss alle zwei Wochen phosphorbetont und weniger stickstoffbetont gedüngt werden. Dahlienblätter werden gerne von Dickmaulrüsslern oder Ohrwürmern verspeist. Hier ist ein abendliches Absammeln der Schädlinge meistens erfolgreich.

Gladiolen stützt man am besten mit einem langen Bambusstab. Die Stängel werden nicht zu fest mit Bast an den Stäben befestigt. Entdecken Sie braunsilberne Streifen auf den Blättern Ihrer Gladiolen und öffnet sich ein Teil der Knospen nicht, sind die Pflanzen vom Gladiolen-Thrips befallen. Im Fachhandel gibt es spezielle Mittel zur Bekämpfung. Die Knollen von kranken Pflanzen sollten im nächsten Jahr nicht mehr verwendet werden.

Lilien zeigen sich im Juli von ihrer schönsten Seite. Bei feuchtem Wetter sind sie allerdings anfällig für Grauschimmel, erkennbar an schwarzbraunen Stellen an den Blüten, bräunlichen Flecken und schimmeligen Stellen an den Blättern. Befallende Pflanzenteile müssen sofort entfernt werden. Brennnessel- oder Rainfarnbrühe soll den Grauschimmel erfolgreich in Schach halten. Entdecken Sie klei-

ne rote Käfer auf Ihren Lilien, handelt es sich um sogenannte Lilienhähnchen. Beim Absammeln geben sie oft hahnenschreiähnliche Laute von sich, daher rührt ihr Name. Lilienhähnchen knabbern Pflanzenteile an und verkleben diese mit schwarzem Kot. Absammeln oder Unterpflanzungen mit Rosmarin sollen hier Abhilfe schaffen.

Die Herbstblüher

Zu den Zwiebelblumen, die Sommerblüher im Herbst ablösen, gehören Herbstzeitlose, Sternbergia oder Herbstkrokus. Sie blühen ab September bis in den November hinein.

Die Herbstblüher werden meistens in Gruppen von acht bis zwölf Zwiebeln gesetzt. Die Pflanztiefe beträgt 5 bis 10 cm. Während sich die Blüten mit Beginn des Winters verabschieden, bleibt das Laub bis ins nächste Frühjahr stehen. Bis es verwelkt ist, sollte es nicht abgemäht werden.

Unter Bäumen, zwischen Sträuchern, auf der Wiese und im Beet sollten Sie auf diese kleinen Farbtupfer nicht verzichten. Jetzt ist Pflanzzeit.

DIE großen Blütenköpfe von Dahlien knicken leicht ab, werden sie nicht rechtzeitig abgestützt. Nach sommerlichen Regengüssen sollten die Stützvorrichtungen immer wieder kontrolliert werden.

ROSEN

HACKEN, KONTROLLIEREN, AUSPUTZEN

Die Pflege des Bodens durch flaches Hacken und Entfernen von Unkräutern ist auch im Juli noch sehr wichtig. Fällt längere Zeit kein oder nur wenig Regen, sollte kräftig gewässert werden. Stickstoffhaltige Dünger sind ab sofort tabu, da die Triebe sonst nicht mehr rechtzeitig vor dem ersten Frost ausreifen. Kontrollieren Sie Blüten, Blätter und Triebe, damit Krankheiten und Schädlinge rechtzeitig erkannt und bekämpft werden können. Entfernen Sie bei öfter blühenden Rosen regelmäßig die verwelkten Blüten.

KLETTERROSEN entwickeln im Laufe des Sommers viele neue, lange Triebe. Damit die Pflanze schön nach oben wächst, werden diese leicht gebogen am Spalier angebunden. Die Befestigung darf aber nicht zu eng sein, damit die Rosentriebe nicht eingeschnürt und dabei verletzt werden.

ZIERGEHÖLZE

BÄUME UND STRÄUCHER, HECKEN, KLETTERPFLANZEN

Richtig gießen

Im Juli brennt die Sonne oft unbarmherzig vom Himmel, der nicht gewillt ist, auch nur einen einzigen Tropfen Regen herzugeben. Da werden auch für eingewurzelte Gehölze die Wasserreserven knapp. Sind die Blätter welk und schlapp, wird es höchste Zeit, auch im Ziergarten zu wässern. Legen Sie den Wasserschlauch für mindestens 10 bis 15 Minuten an jeden Strauch. Zur Kontrolle gräbt man ein kleines Loch, um nachzusehen, wie tief das Wasser eingedrungen ist. Denn je nach Bodenbeschaffenheit kann der Wasserbedarf sehr unterschiedlich sein. In schwere Lehmböden dringt das Wasser nur sehr zögernd ein. Dafür saugen sich die Bodenpartikel voll Wasser und können diese Reserven über viele Tage kontinuierlich an die Wurzeln abgeben. Bei sandigen Böden benötigt man zwar wesentlich weniger Wasser, um bis in tiefere Schichten durchzudringen. Dafür wird die Feuchtigkeit im Boden aber kaum gespeichert, sondern verdunstet rasch wieder oder versickert in tiefere Bodenschichten. Hier muss man weniger, dafür aber häufiger gießen. Mit der Zeit lernt man seinen Garten kennen und kann dann den Wasserbedarf sehr genau abschätzen. Als Richtwert geht man von etwa 50 bis 75 l/m² Wurzelfläche pro Baum einmal pro Woche aus. Wenn Sie Ihre Pflanzen stets intensiv beobachten, werden Sie ein Gefühl dafür entwickeln, wie viel Wasser immergrüne Gehölze benötigen oder mit

LINKS: Blauraute blüht ab Ende Juli.

RECHTS: Mulch lässt sich im Garten leicht selber machen, indem man Gehölzschnitt schreddert und unter Gehölzen oder auf Wegen verteilt. Tragen Sie beim Schreddern stets Schutzkleidung.

FÜR kunstvoll geschnittene Buchsformen braucht man ein bisschen Geschick und Übung. Am Anfang ist es leichter, wenn man beim Schneiden Schablonen verwendet. Noch einfacher geht es mit Drahtgestellen, die mit in die Töpfe gesetzt werden, solange die Pflanzen noch klein sind. Sie dienen anfangs den jungen Trieben als Leitfaden, später zeigen sie dem Gärtner stets die richtige Form. Solche Topiaries sollten drei bis vier Mal pro Jahr geschnitten werden.

wie wenig hart- und graulaubige Pflanzen zurechtkommen.

Beim Gießen versucht man, die Blätter möglichst nicht zu benetzen. Tropfen auf den Blättern können wie kleine Brenngläser wirken und das Blattgewebe darunter schädigen. Ferner sollte man vorzugsweise in den frühen Morgen- und Abendstunden gießen. So können die Gehölze einerseits gut abtrocknen, andererseits aber auch genügend Feuchtigkeit speichern, bevor die Sonnenstrahlen alles verdunsten. Ausnahmen von dieser Regel sind Sträucher mit Schädlingsbefall. Blattlauskolonien und anderen kleinen Pflanzensaugern tut eine Dusche gar nicht wohl. Sie werden vom scharfen Strahl weggespült und die Kühle und Nässe danach bekommt ihnen nicht. Auf diese Weise lassen sie sich immer wieder dezimieren. Auch, wenn es sehr lange nicht geregnet hat, freuen sich viele Gehölze über eine Dusche, denn in

der Sommerhitze schwirren unzählige Staubpartikel durch die Luft, die sich auf den Blättern ablagern. Eine Dusche am Morgen wäscht den Schmutz ab – und die Gehölze können wieder durchatmen.

Wichtig beim Gießen ist auch

die Qualität des Gießwassers. Regenwasser ist in der Regel leicht sauer, Leitungswasser in vielen Regionen Deutschlands dagegen kalkhaltig. Gießt man Sträucher wie Rhododendron oder Heide regelmäßig mit kalkhaltigem Wasser, verändert sich die Bodenquali-

WASSERFLECKEN auf den Blättern können wie Brenngläser wirken. Auch siedeln sich auf ständig feuchten Blättern gerne Pilzkrankheiten an. Deshalb sollte man beim Gießen vermeiden, die Blätter zu benetzen. Am besten gießt man immer direkt auf den Wurzelbereich.

BEIM Gießen gilt: Viel hilft viel. Es ist besser, wenn Sie einmal tiefgründig wässern, als jeden Tag nur eine Gießkanne voll. Wichtig ist, dass das Wasser so weit in den Boden eindringt, wie die Wurzeln reichen. Denn die feinen Faserwurzeln, die Wasser und Nährstoffe aufnehmen können, sitzen verstärkt an den Wurzelrändern.

gleichzeitig wenig verdunstet. Eine verkrustete Erdoberfläche erfüllt diese Kriterien nicht. Deshalb ist es gerade bei frisch gepflanzten Gehölzen, die in noch offenem Boden stehen, notwendig, regelmäßig zu hacken. Dabei wird die harte und eventuell bereits rissige Bodenoberfläche bis in eine Tiefe von 5 bis 10 cm gelockert.

Gehen Sie bei flach wurzelnden Gehölzen wie Haselnuss, Flieder, Schneeball, Magnolie und Rhododendron sehr vorsichtig zu Werke. Lockern Sie den Boden weniger tief, wenn Sie den Widerstand von Wurzeln spüren. Hier muss man unter Umständen sogar auf das Hacken ganz verzichten und die Oberfläche nur mit einer Kralle leicht aufrauen.

Die Mulchschichten unter den Gehölzen sollten jetzt noch einmal kontrolliert und nachgebessert werden, wenn sie von Vögeln und anderen Gartentieren, die darunter nach Insekten suchen, zerwühlt sind.

tät. Besser ist es hier, Regenwasser in Zisternen zu sammeln und mit Hilfe einer Pumpe den Garten zu bewässern. Ebenfalls nachteilig ist die Temperatur des Leitungswassers. Während der Boden im Sommer stark aufgeheizt ist, ist das Leistungswasser sehr kühl. Die Wurzeln können einen leichten Temperaturschock bekommen.

Dem abgestandenem und damit erwärmtem Wasser einer Zisterne ist in jedem Fall der Vorzug zu geben.

Hacken und Mulchen

In Trockenperioden ist es besonders wichtig, dass der Boden viel Wasser aufnehmen kann und

---

SO KOMMT DER RASEN GUT ÜBER DEN SOMMER

RASEN UND WIESE

Weiterhin gilt: einmal pro Woche den Rasen mähen. Die Blumenwiese kann im Juni / Juli zum ersten Mal geschnitten werden. Außerdem können Sie den Rasen jetzt zum zweiten Mal düngen, wenn Sie das nicht schon im Juni erledigt haben. Denken Sie auch an die Unkrautbekämpfung. Gerade Löwenzahn muss mitsamt der Wurzel ausgestochen werden, bevor sich Samen („Pusteblumen") bilden.

Mit den sommerlichen Trockenperioden wächst der Rasen jetzt etwas langsamer und neigt stark zum Verbräunen. In der Regel erholt er sich von selbst mit wieder einsetzendem Regen. Wer einen ganzjährig grünen Teppich möchte, kann auf eine Zusatzbewässerung nicht verzichten. Damit

das Wasser in die Wurzelzone gelangt, sind etwa 10 l pro m² erforderlich. Verwenden Sie möglichst kein kostbares Trinkwasser aus der Leitung, sondern selbst gesammeltes Regenwasser aus einer Zisterne. Einfach geht's mit einem Gartenschlauch plus Gieß-

brause. Gut geeignet für den Rasen sind Regnersysteme, die sich genau auf die Fläche einstellen lassen. Kostspieliger, aber auch komfortabler, sind Versenkregner, die vor der Rasenneuanlage verlegt werden. Es gibt sogar vollautomatische Bewässerungscomputer.

BEI anhaltender Trockenheit im Sommer verbräunt der Rasen. Dagegen hilft Beregnen in den Morgen- oder Abendstunden.

LINKS: Bewässert wird, wenn der Rasen „welkt", erkennbar daran, dass er sich einige Stunden nach dem Begehen noch nicht wieder aufgerichtet hat.

RECHTS: Unkräuter wie Löwenzahn müssen mitsamt der Wurzel ausgestochen werden, sonst treiben sie immer wieder neu aus.

PFLANZENPFLEGE UND SCHÄDLINGSKONTROLLE

Pflanzenpflege und Schädlingskontrolle sind jetzt die wichtigsten Arbeiten. Bei warmem Wetter unbedingt auf erste Anzeichen einer Algenblüte achten. (Sofortmaßnahmen siehe August). Durch ins Wasser fallende und später verrottende Pflanzenteile reichert sich das Teichwasser mit Nährstoffen an, die das Algenwachstum fördern. Entfernen Sie daher Verblühtes und vertrocknete Pflanzenteile. Verdunstetes Wasser sofort auffüllen. Eventuell Teichwasser zum Gießen verwenden und mit kühlem Frischwasser wieder ergänzen. Wenn die Temperatur über 20 °C steigt, kühleres Wasser langsam einspeisen.

Greifen Sie ein, wenn sich Teichpflanzen zu sehr ausbreiten. Bei Schwimmblattpflanzen wie Froschbiss *(Hydrocharis morsus-anae)* oder Seerose kann es nötig sein, den Bestand auszulichten. Stellen sich die Blätter von Seerosen senkrecht, fehlt ihnen meist ausreichend Platz. Teilen Sie dann die Rhizome, um die Pflanzen zu verkleinern (siehe April S. 94). Für die Gewächse am Teichufer gilt ebenfalls: Was zu üppig wächst, wird geteilt und ausgelichtet.

Achten Sie darauf, dass hoch wachsende Arten niedrigere nicht beschatten. Samenstände von allen Pflanzen, deren Ausbreitung man verhindern will, rechtzeitig nach der Blüte abschneiden.

Wenn jetzt rund um den Teich alles grünt und blüht, halten Sie in Skizzen fest, an welchen Stellen Ihnen die Teichgestaltung nicht gefällt. So wissen Sie im September genau, wo Sie Veränderungen vornehmen müssen.

Achten Sie jetzt auch verstärkt auf Schädlinge und Krankheiten. Neben üblichen Pflanzenschädlingen findet man folgende, an Seerosen vorkommende Arten:

Schwarze Seerosenblattlaus: Sie sitzt auf Blättern und Blüten und lässt sich mit einem Wasserstrahl abspritzen.

Seerosenblattkäfer: Die Larven des dunkelbraunen Käfers fressen Gänge in die Blätter. Der Schaden hält sich meist in Grenzen. Larven

EINE Fontäne oder ein Wasserspeier helfen, das Teichwasser mit Sauerstoff anzureichern. Das ist besonders im Sommer wichtig, damit der Teich gesund bleibt.

BALKON UND TERRASSE

SEEROSEN können vom Seerosenblattkäfer befallen werden. Seine schwarzen Larven fressen Gänge in die Blätter. Befallene Blätter sofort entfernen.

und Käfer können Sie absammeln und zerfressene Blätter entfernen.

Der Seerosenzünsler ist ein kleiner unscheinbarer Schmetterling. Seine Raupen bauen sich Behausungen aus Blattstückchen, die Sie absammeln können. Der Befall ist an Fraßlöchern in den Seerosenblättern zu erkennen. Verwenden Sie am Teich auf keinen Fall Pflanzen- und Schädlingsbekämpfungsmittel. Räuberische

Nützlinge wie Libellen und Wasserinsekten verhindern Massenvermehrung von Schädlingen. Krankheiten sind meist auf falschen Standort zurückzuführen. Vor allem wenn Teichrandpflanzer zu trocken stehen, leiden sie oft unter Echtem Mehltau (weißer Belag auf der Blattoberseite). Entfernen Sie befallene Pflanzenteile und setzen Sie die Pflanzen gegebenenfalls um.

ALLGEMEINE SOMMERPFLEGE

Das A und O der Pflege im Sommer ist das Gießen. Wässern Sie die Pflanzen am besten in den frühen Morgen- oder Abendstunden mit reichlich abgestandenem Wasser. Das Wasser direkt ins Substrat geben, um Blattschäden zu vermeiden.

Vor allem Oleander benötigt während der Wachstumszeit reichlich Wasser und Nährstoffe. Füllen Sie daher ständig Wasser im Untersetzer auf.

Damit die Pracht der Pflanzen noch lange hält, sollte weiterhin regelmäßig gedüngt und ausgeputzt werden. Balkonblumen wie Lobelien, Petunien, Elfenblume (*Diascia* spec.), Duftsteinrich (*Lobularia maritima*), Ziertabak (*Nicotiana* spec.) oder Kapkörbchen (*Dimorphoteca annua*) schneidet

AM besten bekommt es den Pflanzen, wenn man sie morgens oder abends kräftig wässert.

man nun zurück, um den Folgeflor anzuregen. Hier und da treten schon mal Lücken im Balkonkasten auf, durch Pflanzen, die aus irgendeinem Grund eingehen. Diese Lücken können Sie mit verschiedenen Sommerblumen auffüllen.

Zimmerpflanzen wie Birkenfeige, Yucca-Palme oder Alpenveilchen möchten auch einmal frische Luft schnappen. Stellen Sie die Gewächse ruhig für ein paar Wochen nach draußen an einen hellen, aber nicht sonnigen Platz.

LINKS: Balkonblumen blühen länger und bleiben gesund, wenn man sie regelmäßig ausputzt.

RECHTS: Der Oleander verleiht jeder Terrasse südliches Flair.

TYPISCHE SCHADERREGER

Bakterien

Die häufigste Bakteriose an Kübel-pflanzen ist der **Oleanderkrebs**. Auf den Blättern erscheinen zuerst kleine, braune, runde, oft aufge-wölbte Flecken von abgestorbe-nem Gewebe, die sich vergrößern und das ganze Blatt absterben las-sen. Bei stärkerem Befall entwi-ckeln die verholzten Triebe krebs-artige Wucherungen. Ein anderes Bakterium verursacht bei Pelargo-nien eine Krankheit mit zwei ver-schiedenen Symptomen, die als Bakterienwelke sowie **Ölflecken-krankheit** bezeichnet wird. Zum einen welken die Blätter im un-teren Bereich plötzlich, ohne jedoch abzufallen. Die Stängel sind schwärzlich gefärbt, beim Anschnitt tritt zäher Schleim aus. Zum anderen kommt es vor, dass sich auf den Blattunterseiten klei-ne, runde, wässrig durchscheinen-de Flecken zeigen, die im Zentrum ölig oder hell erscheinen, am Rand von einer anders gefärbten Zone umgeben sind. Wenn sich die Bak-terien ausbreiten, stirbt die ganze Pflanze ab.

Bei bakteriellen Krankheitserre-gern sind nur vorbeugende Maß-nahmen möglich. Schneiden Sie befallene Triebe und Pflanzenteile ab und vernichten Sie sie, um eine weitere Ausbreitung zu verhindern.

Pilze

Hier ist vor allem der Mehltau zu nennen. Beim **Echten Mehltau** zeigt sich der mehlig-weiße oder graue Pilzrasen auf beiden Blatt-seiten, aber auch auf Knospen, Blüten und Trieben. Der Pilz tritt besonders bei trockener, heißer Witterung auf. Beim **Falschen Mehltau** befindet sich der typische Belag nur auf der Blatt-unterseite. Dieser Pilz breitet sich mehr bei feuchtkühlem Wetter aus. Mehltaubefallene Blätter rollen sich ein, fallen ab, das Pflanzenwachstum lässt nach. Sor-gen Sie für einen luftigen Stand der Pflanzen und vermeiden Sie eine Überdüngung. Es empfiehlt sich, die Gewächse mit Stärkungs-mitteln wie Ackerschachtelhalm-brühe zu behandeln.

Ebenfalls an Balkon- und Kü-belpflanzen zu finden sind **Rost-pilze**. Sie verursachen auf den Blattunterseiten viele kleine, rötli-che oder gelbe Pusteln, die nach einer gewissen Zeit aufplatzen, und staubfeine Sporen, mit denen sich der Pilz weiter verbreitet, ent-

(1) SICHTSCHUTZ aus z.T. versetzt ange-ordneten Säulenkiefern *Pinus sylvestris* 'Fasti-giata', **(2)** *Pittosporum tobira* (Klebsame), **(3)** *Plumbago auriculata* (Bleiwurz), **(4)** Boden-decker; *Sedum hybri-dum* 'Immergrünchen' (Fetthenne) und *Iberis sempervirens* 'Elfenrei-gen' (Schleifenblume), **(5)** *Agapanthus campa-nulatus*, **(6)** *Abutilon*-Hybriden (Schönmalve), **(7)** *Sagina subulata* (Sternmoos) in Platten-fugen, **(8)** *Nerium oleander* (Oleander); Größe: 16 m²

LOBELIEN zieren Kästen, Töpfe und Schalen mit traumhaften Blautönen.

lassen. Auf den Blattoberseiten sind dann häufig orangefarbene Flecken zu erkennen. Rostpilze treten im allgemeinen bei feuchtwarmem Wetter auf. Befallene Pflanzenteile entfernen und vernichten.

Tierische Schädlinge

Blattläuse sind an fast allen Balkon- und Kübelpflanzen zu finden. Diese kleinen, beflügelten oder auch flügellosen Insekten saugen mit ihren rüsselartigen Mundwerkzeugen Pflanzensaft aus den Zellen von Knospen oder jungen Blättern. Je nach Art sind sie schwarz, grün, gelb oder braun gefärbt und bilden in kurzer Zeit riesige Kolonien. Die befallenen Pflanzenteile sehen dann verformt oder verkrüppelt aus. Auf den süßen Ausscheidungen der Läuse (Honigtau) siedeln sich häufig Rußtaupilze an und färben die Pflanzenteile schwarz. Dieser Belag lässt sich mit Wasser und Schmierseife entfernen. Bei geringem Auftreten kann man die Läuse mit den Fingern zerdrücken oder mit einem Wasserstrahl abspritzen. Bei einer Massenvermehrung hilft eine Spritzung mit Brennnesseljauche, Schmierseifen-Spiritus-Lösung oder biologischen Pflanzenschutzmitteln.

Schildläuse treten vor allem an Kübelpflanzen, wie z.B. Agave, Oleander, Lorbeer und Zitrusgewächsen, auf. Die nur wenige Millimeter großen Tiere halten sich unter einem braunen Schild aus erhärteten Drüsenausscheidungen verborgen. Nur die Jungtiere sind beweglich und suchen sich neue Plätze zum Niederlassen. Auch Schildläuse ernähren sich von Pflanzensaft. Sie sitzen bevorzugt an den Blattrippen der Blattunterseite und an der Rinde von Stän-

DIE Blüten des Wandelröschens (*Lantana-Camara-Hybriden*) zeigen vom Öffnen bis zum Verblühen ein wechselndes Farbenspiel von Hell nach Dunkel.

geln. Einen leichten Befall kann man vorsichtig abkratzen, bei stärkerem Befall empfiehlt sich der Einsatz von Präparaten auf Mineralölbasis.

Woll- und Schmierläuse, die von einem auffälligen weißlichen, watteartigen, wasserabweisenden Überzug bedeckt sind, werden wie Schildläuse bekämpft.

Die **Weiße Fliege** oder Mottenschildlaus ist, wie letzterer Name schon sagt, mit der Schildlaus verwandt. Die 1 bis 2 mm großen Tiere mit den milchig weißen Flügeln befallen vor allem Nachtschattengewächse wie Engelstrompete (*Brugmansia* spec.), Hammerstrauch (*Cestrum* spec.), Nachtschatten (*Solanum* spec.), aber auch Fuchsie, Pelargonie, Pantoffelblume, Salbei oder Wandelröschen. Die meist an den Blattunterseiten saugenden Insekten scheiden große Mengen an Honigtau aus, auf dem sich Rußtaupilze ansiedeln. Weiße Fliegen lassen sich im Gewächshaus oder Wintergarten recht erfolgreich mit Gelbtafeln oder -stickern bekämpfen, die man in der Nähe der befallenen Pflanzen aufstellt. Die gelbe

WEISSE Fliegen sitzen bevorzugt an der Unterseite von Blättern, wo sie auf den ersten Blick schwer zu finden sind.

RECHTS: Blattläuse können an fast allen Balkon- und Terrassenpflanzen vorkommen.

LINKS: Schildläuse sind wegen ihres fransigen Schildes schwer zu bekämpfen.

Farbe zieht die Insekten an und sie bleiben dann auf dem klebrigen Leim hängen. Schlupfwespen können als Nützlinge eingesetzt werden. Im Freien ist mehrfaches Sprühen hilfreich.

Deutliche Zeichen für einen Befall mit **Roter Spinne** (Spinnmilben) sind feine Gespinste und silbrig bis hellgelb gefärbte Punkte auf den Blattoberseiten, die durch

die Saugtätigkeit der Milben hervorgerufen wird. Bei starkem Befall rollen sich die Blätter ein, vergilben und fallen ab. Vor allem bei warmer und trockener Witterung und windgeschützten Standorten breiten sich die Schädlinge aus. An heißen Tagen ist daher auf ausreichende Wasserversorgung sowie Überbrausen der Pflanzen zu achten. Mit biologischen Mitteln

und mit dem Einsatz von Raubmilben lassen sich Spinnmilben gut bekämpfen.

Ein ebenfalls an zahlreichen Pflanzen vorkommender Schädling ist die **Minierfliege**. Ihre Larven fressen sich durch Blätter und hinterlassen helle, linienartige, bizarr gewundene oder verästelte Streifen. Am besten sammelt man so aussehende Blätter sorgsam ab. Es lassen sich auch Gelbtafeln oder -sticker gegen Minierfliegen einsetzen.

ARBEITEN FÜR DIE EINZELNEN GEMÜSE

Wer selber Gemüsesamen ernten und im nächsten Jahr aussäen will, kann jetzt die Samenstände von Spinat und Feldsalat schneiden und trocknen. Freie Gemüsebeete werden mit Gründünger eingesät, der den Boden verbessert. Stickstoffsammler (Leguminosen) reichern zusätzlich Nährstoffe im Boden an und können sogar eine Düngung für die Folgekultur ersetzen. Die Pflanzen sind in der Lage, den in der Luft enthaltenen Stickstoff mit Hilfe spezieller Bakterien zu binden und speichern diesen in den Wurzeln. Wenn man die Pflanzen mit der Wurzel ausgräbt, sind

die Verdickungen mit bloßem Auge zu erkennen. Wenn die Pflanzen später im Jahr absterben oder abgehackt werden, geht der in den Wurzeln gesammelte Stickstoff als

FRISCH gesetzte Gemüsejungpflanzen kann man sehr gut mit diesem Gießkannenaufsatz angießen. Ein zu dicker Wasserstrahl würde den Boden verschlämmen und eventuell die zarten Pflänzchen beschädigen.

zusätzlicher Nährstoffvorrat in den Boden über. Im Juli können Sie aussäen: Inkarnatklee, Persischen Klee, Gelbe, Blau und Weiße Lupine, Luzerne (alles Stickstoffsamm-

ERNTEN Sie bei Brokkoli zuerst den Haupttrieb der Knospe oberhalb des ersten Blattpaares ab. An den Seiten bilden sich bald neue Knospen, die zu Brokkoli-Röschen heranreifen.

Gemüsearten, die ein flaches Wurzelsystem bilden wie Salat, werden pro m² mit etwa 10 Liter Wasser versorgt. Tiefwurzler wie Kohl müssen durchdringender gegossen werden, damit das Wasser auch tiefere Bodenschichten erreicht. Hier sind etwa 30 Liter Wasser pro m² erforderlich.

Salat

DAS Einschlagen und Abknicken von Laubblättern über der jungen Blumenkohlblüte verhindert ein Vergrünen des Kopfes.

Achten Sie beim Anbau von Kopfsalat im Sommer auf schossfeste Sorten, die nicht so stark zur Blütenbildung neigen. Sommersorten tragen dunklere Blätter und bilden größere Köpfe als die Frühjahrssorten. Kontrollieren Sie die Beete regelmäßig auf Nacktschnecken. Bei den pflegeleichten Pflück- und Schnittsalaten beschränkt sich die Pflege auf das notwendige Hacken und Gießen.

Eissalat ist gerade im Sommer vorteilhaft, denn er verträgt die sommerliche Hitze sehr gut und schosst weniger schnell als andere Salate. Beim Hacken stets darauf achten, dass die feinen Blätter und Wurzeln nicht beschädigt werden. Man erntet Eissalat am besten früh morgens, wenn die Blätter besonders frisch und knackig sind.

Noch bis Ende Juli kann Römischer Salat direkt ins Beet gesät werden (30 cm Reihenabstand, Vereinzeln auf 35 cm in der Reihe).

ler) sowie Phacelia, Weißen Senf und Ölrettich. Nach wie vor gehören Hacken, Gießen und Mulchen zu den wichtigsten Pflegemaßnahmen. Beim Gießen die Pflanzen nach Möglichkeit nicht einfach von oben überbrausen, sondern von unten gießen. Verwenden Sie zum Gießen möglichst kein Leitungswasser. Günstiger für die Gemüsepflanzen und auch für die Umwelt ist Regenwasser aus einer

Regentonne oder - falls vorhanden - aus einer unterirdischen Zisterne. Am einfachsten lässt sich das kostbare Nass mit einem Gartenschlauch und anmontierter Gießbrause ausbringen. Mit einem langstieligen Gießaufsatz fällt es leichter, die Pflanzen im Bodenbereich zu wässern, ohne die Blätter zu benetzen. Auf kleineren Beeten reicht die gute alte Gießkanne noch aus. Als Richtwerte gelten:

AUSREICHEND Gießwasser und Dünger vorausgesetzt, ist das Gemüse gerade in den heißen Sommermonaten besonders wüchsig.

EIN bis zwei Zucchinipflanzen reichen in der Regel aus, um die ganze Familie zu versorgen. Bei ständiger Ernte bilden sich regelmäßig viele neue Früchte.

Pflanzen gleichzeitig ein wenig angehäufelt werden. Blatt- und Stielmangold nach Bedarf laufend beernten.

Fruchtgemüse

Tomaten weiterhin an den Stützvorrichtungen hoch leiten und laufend ausgeizen. Regelmäßig von unten wässern. Sobald die ersten Früchte ausgefärbt sind, werden sie vom Strauch gepflückt. Auch Einlegegurken werden ab Mitte Juli nach und nach geerntet. Damit

DIE reifen Zwiebeln werden aus der Erde gezogen; man kann sie danach einfach an Ort und Stelle trocknen lassen (siehe S. 194).

Kohlgewächse

Vor allem späte Kohlrabi-Ernten ab September versprechen gute Qualitäten. Kohlrabi kann noch bis Mitte Juli direkt ausgesät werden. Besonders geeignet sind Sommersorten, die wenig zum Verholzen neigen. In den Kohlrabi-Beeten regelmäßig hacken, gießen und auf Schneckenbefall kontrollieren.

Frühe Sorten des Blumenkohls können ab Mitte Juli geerntet werden. Damit reifender Blumenkohl seine attraktive weiße Farbe behält, muss er beschattet werden. Dazu einige Blätter nach oben knicken und locker zusammenbinden. Ernten Sie reife Brokkoliröschen nicht zu spät, damit sich unterhalb des geernteten Triebes Seitensprosse bilden, die ebenfalls mit Blütenständen schließen. Gleichzeitig sind beim Brokkoli bis Mitte Juli noch Aussaaten möglich.

Die ersten Sätze von Weiß-, Rot- und Wirsingkohl kann man jetzt abernten. Ansonsten in den Beeten regelmäßig hacken, gießen

und nachdüngen. Häufiges Hacken fördert auch die Standfestigkeit von Rosenkohl und Grünkohl. Wer Chinakohl in 4 bis 5 cm großen Töpfen oder in Multitopfplatten vorzieht, verringert Schäden durch den Erdfloh. Ab Anfang Juli können vorgezogene Jungpflanzen direkt ins Freiland gesetzt werden.

Weitere Blattgemüse

Endivien noch bis Mitte Juli direkt ins Freiland säen, Radicchio bis Ende Juli. Nach dem Aufgehen auf 25 cm in der Reihe vereinzeln. Wer ab Oktober schossfreien Zuckerhut ernten möchte, kann ihn auch in der ersten Juliwoche auf dem Fensterbrett aussäen und die Setzlinge Anfang August auspflanzen.

Die Salatrauke (Ruccola) kann nach wie vor breitwürfig ausgesät werden. Chicorée regelmäßig hacken und auf gute Wasserversorgung achten. Gleiches gilt für Spinat; bei verdichtetem Boden, Staunässe und Trockenheit gedeiht er nur schlecht. Stangensellerie und Knollenfenchel so hacken, dass die

sich Paprika gut im Boden verwurzelt, häufelt man die Pflanzen beim Hacken leicht an. Ende Juli werden in warmen Gegenden die ersten Auberginen erntereif. Kürbis und Zucchini im Juli reichlich wässern und nachdüngen. Ab Mitte Juli sind die ersten Zucchini-Früchte erntereif. Ernten Sie die Früchte, wenn sie etwa 15 bis 20 cm lang geworden sind. Mais beim Hacken gut anhäufeln, damit die hoch wachsenden Pflanzen guten Halt bekommen.

Hülsenfrüchte

Die reifen Erbsen weiterhin abernten. Abgeerntete Pflanzen und Erntereste als Gründünger leicht in den Boden einarbeiten. Stan-

GEMÜSE

Im Juli haben sich die aromatischen Früchte der Roten Bete bis zur Erntereife entwickelt.

LINKS: Artischocken werden knospig geerntet.

RECHTS: Entfernen Sie bei Roter Bete die großen Blätter, aber lassen Sie die kleinen Herzblätter stehen, sonst blutet die Knolle aus.

gen- und Buschbohnen regelmäßig durchpflücken, das fördert die Bildung zahlreicher neuer Hülsen.

Wurzelgemüse

Radieschen und Rettich weiterhin nach Bedarf aussäen und laufend ernten. Die Freilandaussaat der späten Möhrensätze endet im Juli. Reife Möhren nach Bedarf aus dem Beet ziehen. Rote Bete sollte man ernten, wenn die ersten Blätter vergilben. Knollensellerie regelmäßig gießen, hacken und nachdüngen. Mitte Juli endet die Ernte der Frühkartoffeln. Die Erntereife erkennt man daran, dass sich die Fruchtschale von freigelegten Knollen nicht leicht ablösen lässt. Frühkartoffeln eignen sich nicht zum Lagern und sollten daher schnell verzehrt werden.

Zwiebelgemüse

Im Frühjahr gesetzte Zwiebeln erntet man ab Juli. Damit die Schäfte der Porreepflanzen weiß und zart bleiben, werden sie mit Erde angehäufelt. Die bepflanzten Beete gut mit Wasser und Nährstoffen versorgen. Sommerporree ist ab Juli erntereif.

Mehrjähriges Gemüse

Ab Juli die geschlossenen Blütenköpfe der Artischocke ernten; verzehrt wird der gekochte Blütenboden. Rhabarber gut wässern und düngen; von sehr groß gewachsenen Pflanzen können Sie Blätter abpflücken und im Beet als „Schneckenfalle" auslegen: die Tiere verstecken sich gern unter dem schützenden Blätterdach und

können dort leicht abgesammelt werden. Die Spargelbeete unkrautfrei halten, gießen und düngen.

ALLGEMEINE PFLEGEARBEITEN

Düngen im Gemüsegarten

Bei Gemüse wie Knollenfenchel, Gurke, Kohl, Porree, Schwarzwurzel und Tomate fällt das Hauptwachstum in die Monate Juli und August. Außer Wasser benötigen die Pflanzen jetzt vor allem Nährstoffe, um sich kräftig zu entwickeln. Kohl reagiert auf Nährstoffmangel mit vorzeitigen Blüten und verfärbten Blättern. Sellerie bildet nur kleine Knollen. Gurken und Tomaten zeigen, beginnend an der

Pflanzenbasis, gelbe Blätter und werfen nur geringe Erträge ab. Oft sind die Reserven vom Frühjahrskompost von den Pflanzen bereits aufgebraucht. Falls noch vorhanden, können Sie 5 l reifen Kompost pro m² ausbringen. Rein organische Dünger aus dem Fachhandel sind nicht gut geeignet für eine Bekämpfung von akutem Nährstoffmangel. Die darin enthaltenen Nährstoffe werden nur sehr langsam von Mikroorganismen freigesetzt und sind somit nicht sofort für die Pflanzen verfügbar. Das Kennzeichen der meisten organischen Dünger ist ihre gute Langzeitwirkung. Sie werden oft aus Tierabfällen wie Hornspänen, Hornmehl, Blutmehl, Knochenmehl oder aus Peru-Guano, den getrockneten Ausscheidungen von Vögeln, oder aus Rizinusschrot,

den Pressrückständen einer ölhaltigen Pflanze, hergestellt. Dazu kommen gerade in ländlichen Gegenden kompostierter Hühner-, Pferde- und Rindermist. Selbst hergestellte Brennnesseljauche (Rezept siehe Tabelle S. 147) zählt zwar auch zu den organischen Düngern, enthält aber durch die vorherige Vergärung der Pflanzen wesentlich mehr sofort verfügbare Nährstoffe. Zusammen mit einer maßvollen Düngung mit mineralischem Volldünger wie zum Beispiel Kalkammonsalpeter (20 g/m²), werden Ihre Gemüsepflanzen gut mit den wichtigsten Nährstoffen versorgt.

Kompost nicht vergessen

Da viele Komposthaufen unter dem schützenden Blätterdach von

Bäumen oder Sträuchern platziert werden, sollte man sie bei trockener Juliwitterung gelegentlich durchdringend wässern, damit der Verrottungsprozess nicht zum Erliegen kommt. Abgesehen davon müssen krautige und holzige Abfälle auf dem Kompost gut durchmischt werden. Den jetzt reichlich anfallenden Rasenschnitt nicht frisch, sondern angetrocknet und vermischt mit groben Gartenabfällen auf den Kompost geben, damit sich keine Fäulnis bildet. Wenn der Komposthaufen den anfallenden Rasenschnitt nicht aufnehmen kann, verwenden Sie die Grünmasse als wertvolles Mulchmaterial in den Gemüsebeeten. Auch dazu sollte man es vorher ein wenig antrocknen lassen, weil sonst leicht Schnecken angelockt werden.

BAUMOBST

Sommerschnitt der Obstgehölze

Generell ist der Winter die Zeit der pflanzlichen Ruhephase, die

günstigste Zeit, um den Obstbaumschnitt durchzuführen und größere Astpartien aus der Baumkrone zu entfernen (siehe S. 31). Der Sommerschnitt im belaubten

Zustand der Bäume dient vorwiegend der Schnittkorrektur. Ende Juli ist dafür der richtige Zeitpunkt. Der Triebabschluss der Bäume sollte bereits erfolgt sein,

VITAMINREICHES
Beerenobst schmeckt am besten frisch aus dem Garten. Viele Obstarten eignen sich auch sehr gut zum Einkochen und Einfrieren.

OBST

um ein erneutes Austreiben der Schnittstellen zu vermeiden. Der Vorteil des Sommerschnitts liegt darin, dass die Wunden besser verheilen. Das Auslichten der Krone lässt mehr Licht ins Innere des Baumes und stärkt die Ausfärbung der Früchte. Aufgrund der reduzierten Blattmasse erhöht sich das Nährstoffangebot der verbleibenden Triebe, was die Bildung von Blütenknospen des kommenden Jahres fördert.

Neupflanzungen sind im ersten Standjahr vom Sommerschnitt ausgenommen, da sie zunächst ausreichend Trieb- und Wurzelwachstum erbringen sollen.

SORTENAUSWAHL HIMBEEREN UND BROMBEEREN

Sorte	Wuchs	Fruchtfarbe	Geschmack
Himbeeren			
'Malling Promise'	stark wachsend	mittel-/dunkelrot	süß, aromatisch
'Rusilva'	stark wachsend	hellrot	säuerlich, kräftiges Aroma
'Rutrago'	stark wachsend	mittel-/dunkelrot	kräftiges Aroma, säuerlich-süß
'Schönemann'	stark wachsend	dunkelrot	säuerlich-süß
'Veten'	stark wachsend	rot/dunkelrot	säuerlich-süß
'Autumn Bliss'	stark wachsend	mittelrot	aromatisch, süß
Brombeeren			
'Black Satin'	stark wachsend, stachellos	blauschwarz	säuerlich
'Theodor Reimers'	stark wachsend, stark bestachelt	schwarz, glänzend	süß, sehr aromatisch
'Thornfree'	stark wachsend	schwarz, glänzend	süß-säuerlich, stachellos

HELLE Knorpelkirschen wie 'Büttners Rote Knorpel' zeichnen sich durch ihre Knackigkeit aus. Der Saft bleibt beim Pressen hell.

DER aromatische 'Red Haven' ist weltweit die wichtigste gelbfleischige Pfirsichsorte.

ÄSTE mit großem Fruchtansatz müssen gestützt werden. Auch das Hochbinden der Triebe vermeidet Astbruch.

Grundsätzlich werden solche Äste aus der Baumkrone herausgenommen, die man auch beim Winterschnitt entfernen würde. Schneiden Sie dürre, kranke oder beschädigte Äste aus der Krone heraus und entfernen Sie quer und nach innen wachsende Triebe. Mit den Kronenleitästen konkurrierende, störende Triebe werden ebenfalls herausgenommen. Zu steil

wachsende Äste werden mittels Gewichten oder durch ein Herabbinden der Triebe zu waagrechtem Wachstum erzogen. Versorgen Sie größere Schnittflächen ab etwa 5-Markstück-Größe stets sorgfältig mit Wundverschlusspräparaten und achten Sie darauf, im Rahmen der sommerlichen Schnittmaßnahmen nicht zu viel Blattmasse zu entfernen.

Sauerkirschen und **Pfirsiche** fruchten an einjährigen Trieben. Um einer Verkahlung der Bäume

...orzubeugen, schneiden Sie das Fruchtholz nach der Ernte auf zwei bis drei Knospen zurück.

Auf der Astoberseite steil aufrecht wachsende, einjährige Triebe, so genannte **Wasserschosser,** werden dicht am Ast abgeschnitten. Wildtriebe aus der Wurzelunterlage veredelter Obstbäume sind ebenfalls zu entfernen. Diese lassen sich ohne großen Aufwand per Hand leicht ausreißen.

Erntezeit

Im Sommer wird die Mühe der Gartenarbeit mit saftigen, leckeren Früchten belohnt. Je länger die Beeren am Strauch reifen, um so besser entwickelt sich das Aroma. Ernten Sie jedoch zum Backen oder Einkochen die Früchte rechtzeitig, da überreifes Obst beim Verarbeiten schnell zerfällt.

Unter der zunehmenden Last des Fruchtbehangs kommt es allmählich zu Astbruch. Stützen Sie Äste mit starkem Fruchtansatz daher unbedingt rechtzeitig ab.

Sommerveredelungen

Am Austreiben des Edelreises lässt sich erkennen, ob die Veredelungen des Frühjahrs erfolgreich angewachsen sind. Lösen Sie den Bastverband vollständig ab, denn er schnürt den Trieb sonst zu sehr ein. Wildtriebe unterhalb der Ver-

ZUR besseren Licht- und Luftzufuhr werden im Sommer zu steil und zu dicht wachsende Äste aus der Pyramidenkrone herausgeschnitten.

edelungsstelle werden entfernt. Kern- und Steinobst können Sie im Sommer gut durch Okulation (siehe S. 105) veredeln.

BEERENOBST

Der Sommerschnitt

Himbeeren und **Brombeeren** werden nach der Ernte ausgelichtet. Schneiden Sie überalterte und schwach entwickelte Ruten direkt über dem Boden ab, so dass etwa zehn bis zwölf Ranken pro laufendem Meter Beerenhecke übrig bleiben. Neben einmaltragenden Himbeersorten sind auch solche erhältlich, die im Herbst bis zum ersten Frost erneut fruchten. Stark wachsende **Brombeer-**

Seitentriebe werden auf zwei bis drei Blätter gekürzt. Neben den zahlreichen stacheligen Brombeersorten gibt es auch Züchtungen mit glatten Ranken, die jedoch später reifen und meist weniger aromatisch sind.

Johannisbeerbüsche werden nach der Ernte ausgelichtet, um die Pflanzen zu neuem Triebwachstum anzuregen. Überalterte Triebe werden bis zur Basis zurückgeschnitten, abgetragene Zweige um 1/3 gekürzt. Entfernen Sie nach innen, quer und zu dicht wachsende Triebe, damit ausreichend Luft und Licht ins Strauchinnere gelangt.

Heidelbeersträucher sind pflegeleicht. Zu dichtes Wachstum verhindern Sie durch regelmäßiges Entfernen überalterter Triebe.

VERMEHRUNG von Beerenobst durch Anhäufeln (hier Stachelbeere): Triebbasis mit lockerer Erde anhäufeln (links), nach Wurzelbildung Triebe tief abschneiden (Mitte), im Frühjahr treiben die gepflanzten Ableger aus (rechts).

OBST

Wer in seinem Garten **Kiwis** zieht, kürzt die Langtriebe auf drei bis vier Blätter ein, um das Wachstum ein wenig zu reduzieren. Alle übrigen Ranken werden an einem stabilen Gerüst aufgeleitet.

Da die Kiwipflanzen entweder nur rein männliche oder rein weibliche Blüten tragen, benötigen Sie zur Fruchtbildung Vertreter beiderlei Geschlechts. Während der Blütezeit von Mitte Juni bis Juli lassen sich die weiblichen und männlichen Kiwipflanzen anhand der unterschiedlichen Blütenformen gut unterscheiden. Während die kleineren männlichen Blüten überwiegend büschelförmig und in größerer Anzahl zusammen erscheinen, fallen die größeren, mehr vereinzelt stehenden weiblichen Blüten durch ihre zahlreichen strahlenartig angeordneten weißen Griffel auf. Zur Befruchtung reicht eine männliche Pflanze für etwa acht weibliche Kiwipflanzen aus.

Vermehrung des Beerenobsts

Johannis- und Stachelbeersträucher können Sie im Sommer gut durch Kopfstecklinge vermehren. Schneiden Sie dazu etwa 15 cm lange, gesunde, einjährige Triebe. Diese sollten leicht verholzt, aber an der Spitze noch weich sein. Entfernen Sie die unteren Blattpaare und stecken Sie die Triebe in Anzuchterde, die bis zur Bewurzelung feucht gehalten werden muss.

Eine weitere geeignete Vermehrungsmethode ist das Anhäufeln der Sträucher (Zeichnung S. 197).

Erdbeeren ernten und vermehren

Ernten Sie die reifen, voll ausgefärbten Erdbeeren am besten früh morgens. Die Früchte sind zu diesem Zeitpunkt noch kühl und weniger druckempfindlich. Mulchen Sie die Beete regelmäßig mit gehäckseltem Stroh. Das schützt vor Fäulnis und Schmutz. Nach der Ernte werden die Pflanzen mit Hornmehl (etwa 50 g/m²) oder Kompost (250 g/m²) gedüngt. Die Erdbeeren brauchen ausreichend Nährstoffe, da sie die Blütenknos-

pen des kommenden Jahres jetzt im Herbst bilden.

Haben sich über den Sommer kräftige Erdbeerableger (siehe unten links) entwickelt, werden sie in Töpfe umgesetzt und von der Mutterpflanze getrennt, sobald die Jungpflanzen neue Blätter entfalten. Idealerweise pflanzen Sie die jungen Erdbeeren bereits Ende Juli. Dann reifen die Jungpflanzen bis September zu kräftigen Stöcken heran. Achten Sie darauf, die Erdbeeren nicht zu tief in den Boden zu setzen, da sie sich sonst nur zögernd entwickeln. Der Ansatz der Blattstiele sollte knapp über der Erdoberfläche bleiben. Nach dem Pflanzen wird ausgiebig gewässert. Besonders bei trockener Witterung sollten Sie die jungen Pflanzen auch am Tage mehrmals gießen.

Düngung reduzieren, Wässern und Mulchen

Auch wenn die Pflanzen noch mitten im Wachstum stehen, werden ab Juli keine stickstoffbetonten Dünger wie Hornspäne, Mist oder reifer Kompost mehr verwendet.

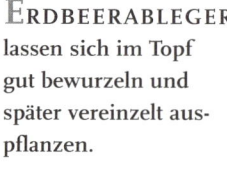
ERDBEERABLEGER lassen sich im Topf gut bewurzeln und später vereinzelt auspflanzen.

SELBST gekochte Marmelade schmeckt unvergleichlich gut. Am besten werden die Früchte direkt nach der Ernte verarbeitet, sonst gehen viele wertvolle Inhaltsstoffe verloren. Bewahren Sie die Gläser kühl und dunkel auf; geöffnete Marmelade gehört in den Kühlschrank.

Dies verzögert den Triebabschluss und führt dazu, dass die Pflanzen durch die fehlende Holzreife nicht ausreichend frosthart werden. Beerensträucher leiden oft unter Trockenheit, was sich vor allem auf die Fruchtqualität negativ auswirkt. Hält die Trockenphase über zwei Wochen an, sollten Sie auch Ihre Obstbäume ausgiebig wässern (20 bis 30 l/m²). Mulchen Sie anschließend dünn mit angetrocknetem Grasschnitt, um die Erde länger feucht zu halten.

PFLANZENSCHUTZ

Krankes und dürres Holz ist im belaubten Zustand der Bäume besser zu erkennen als im Winter. Schneiden Sie diese Äste unbedingt heraus, da sie oft vom **Monilia-Pilz** befallen sind. Die Pilzsporen gelangen durch die Blüte ins Holz und lassen Blätter und Triebe absterben.

Von grauem Pilzgeflecht überzogenes Beerenobst deutet auf

Grauschimmelbefall (Botrytis) hin. Die Früchte werden ungenießbar und fangen an zu faulen. Vorbeugend hilft eine luftige Pflanzenkultur auf lockerem Boden, eine ausgewogene Düngung und das Zurückschneiden befallener Pflanzenteile.

Werden auf der Unterseite von Johannisbeerblättern gelbbraune Rostpusteln sichtbar, die sich blattoberseits durch gelbe Flecken äußern, ist dies ein Hinweis auf **Säulenrost**. Zur Bekämpfung schneiden Sie die befallenen Triebe sorgfältig zurück. Da Weymouths- und Zirbelkiefern dem Pilz als Zwischenwirt dienen, sollten Sie Johannisbeersträucher auf keinen Fall in die Nähe dieser Kiefernarten pflanzen. **Pflaumenrost** erscheint ebenfalls zunächst auf der Blattunterseite von Pflaumen, Aprikosen und Pfirsichen in Form eines rostbraunen Pilzrasens. Auffällig auch hier der vorzeitige Blattfall. Abhilfe schafft das Zurückschneiden befallener Triebe. Fallen an ihren Beerensträuchern vorzeitig auffallend viele Blüten und Früchte ab („Verrieseln", siehe S. 150), ist dies in den meisten Fällen auf Bodentrockenheit zurückzuführen. Regelmäßiges Wässern und Mulchen hält den Boden ausreichend feucht.

HEIDELBEER-STRÄUCHER werden bis zu 2 m hoch. Die Früchte der Kulturheidelbeersorten sind größer als die der Wildform.

JOHANNIS-BEEREN bevorzugen einen sonnigen, windgeschützten Standort. Reichhaltige Wassergaben beugen dem Verrieseln der Früchte vor.

KRÄUTER

DIE Weinraute macht sich nicht nur im Kräuterbeet recht gut. Man kann die aparten Zweige auch als Schnittgrün nutzen. Im August treibt die attraktive Pflanze schöne gelbe Blüten.

Bei Schädlingsbefall, Rost oder anderen Pilzerkrankungen, der hin und wieder bei Minzen, Wermut und Melisse auftritt, die Pflanzen rigoros zurückschneiden. Die betroffenen Pflanzenteile nicht auf den Kompost, sondern in den Restmüll geben.

Ausdauernde Kräuter

Stetig wächst die Minzen-Familie. Neben der klassischen **Pfefferminze** (Mentha x piperita) setzen sich mehr und mehr auch die stark mentholhaltige **Thüringer Minze** (Mentha x piperita 'Multimentha') sowie die **Ananas-Minze** (Mentha suaveolens var. variegata) durch. Ihre weiß-panaschierten Blätter machen sie besonders für Töpfe und Ampeln reizvoll. Die ausdauernden Minzen fühlen sich in humosem, feuchtem Boden an einem sonnigen bis halbschattigen Platz wohl. Einziger Nachteil: Minzen bilden starke Wurzelausläufer. Was bedeutet, dass sie in der Lage

SOMMERLICHE PFLEGEARBEITEN

Die Bewässerung ist jetzt das Wichtigste. Sind die Beete nicht gemulcht, die Erde immer wieder hacken. Dadurch hält sich die Feuchtigkeit in tieferen Bodenschichten besser. Besonders Kräuter in Kübeln und Kästen sind in Trockenperioden sehr gefährdet. Der Wurzelballen darf nie ganz austrocknen. Bei großer Hitze morgens und abends gießen. Die Erde im Topf sollte immer mäßig feucht sein; und das Düngen nicht vergessen.

Zweijährige Kräuter wie Petersilie und Kümmel Ende des Monats aussäen. Außerdem ist Erntezeit für Zitronenmelisse, Oregano, Majoran, Bohnenkraut, Salbei, Ringelblumen sowie für Johanniskraut und Lavendel, sobald die Blüten offen sind. Samenkräuter wie Koriander, Kümmel, Anis, Dill und Fenchel reifen nach und nach.

UNTER den Thymianen haben die „zitronenduftenden" die Nase vorn. Besonders beliebt sind Sorten mit den gelb- und weißbunten Blättern.

LINKS: Chinesischer Schnitt-Knoblauch (Allium tuberosum) wird in der asiatischen Küche verwendet.

RECHTS: Die Multimentha- oder Thüringer Minze, hat einen sehr hohen Mentholgehalt.

KRÄUTERTEE AUS EIGENER ERNTE

Kräuter und ein wenig Fantasie, mehr brauchen Sie nicht für einen erfrischenden Sommertee. Die Blüten und Blätter dafür frisch pflücken, verlesen und mit kochendem Wasser übergießen. Zugedeckt etwa fünf bis zehn Minuten ziehen lassen. Beispiel für ein Liter Wasser: Blütenblätter einer ungespritzten Duftrose, einer Ringelblume, 10 Kamillenblüten, zwei blühende Zitronen-Thymianzweige, zwei Stängel Zitronenmelisse, ein Stängel Pfefferminze, ein kleiner Zweig Zitronenverbene und drei frische Orangenscheiben.

sind, sich fix im ganzen Garten auszubreiten. Deshalb sollte man Barrieren in die Erde einbauen, die Pflanzen im Herbst oder Frühjahr teilen oder sie besser in einen besonders großen, frostfesten Kübel pflanzen.

Schnittlauch *(Allium schoenoprasum)* ist eines der bekanntesten Würzkräuter. Das Kraut bevorzugt nährstoffreichen und kalkhaltigen Boden und gedeiht in der Sonne

wie im Halbschatten gleich gut. Schnittlauch braucht lediglich Feuchtigkeit und muss daher regelmäßig gegossen werden. Er wird im April durch Aussaat im Freiland oder im Herbst durch Wurzelstockteilung kräftiger Pflanzen vermehrt.

Schnitt-Knoblauch *(Allium tuberosum)* ist im Anbau und der Pflege ähnlich. Allerdings sind seine Blätter flach und die Blü-

WENN Sie viel Platz haben, lassen Sie einen Teil des Kräutergartens doch etwas verwildern. Buchseinfassungen halten das üppig wachsende Grün in Zaum.

ten weiß und sternenförmig. Äußerst dekorativ zeigt sich die ausdauernde **Weinraute** *(Ruta graveolens)*, die mit einer weißbunten Auslese *(Ruta graveolens* 'Harlequin'*)* einen besonders attraktiven Blickfang beisteuern kann. Die Weinraute bevorzugt einen sonnig-warmen Standort in magerer, durchlässiger, leicht kalkhaltiger Erde. In der Küche nur sparsam verwenden.

KÜHLES KLIMA SCHAFFEN

Unter der kräftigen Sommersonne heizt sich das Gewächshaus oft stärker auf, als es die darin wachsenden Pflanzen vertragen. Zu den wichtigsten Aufgaben gehört es deshalb, jetzt für kühles Klima zu sorgen. Alle Lüftungsklappen sowie die Eingangstür lässt man während der heißesten Stunden des Tages weit geöffnet, damit im Inneren kein Hitzestau entsteht.

Wer keine automatische Bewässerungsanlage besitzt, nutzt am besten die frühen Morgenstunden zum Gießen. Der Boden und die Umgebung sind dann noch nicht aufgeheizt, so dass ein Großteil des Wassers tatsächlich in die Erde gelangt. Besonderes Augenmerk sollte man auf Topfpflanzen richten, da sie durch ihren beengten Wurzelraum noch schneller

austrocknen. Damit im Grundbeet wurzelnde Pflanzen ein tiefreichendes Wurzelsystem ausbilden, gießt man hingegen seltener, dafür aber ausgiebig. Die Blätter dabei möglichst nicht benetzen, damit sich keine Pilzerkrankungen ausbreiten. Einmal beim Gießen sollte man gleich auch die Trittplatten und Untertischflächen befeuchten – das erhöht die Luftfeuchtigkeit.

LINKS: Tomaten und andere Gemüsepflanzen müssen an heißen Tagen oft zweimal gewässert werden.

RECHTS: Der Frühbeetkasten verliert während des Sommers seine Abdeckung.

AUGUST

Bei der Anlage von Bauerngärten wird seit jeher intuitiv auf eine harmonische Synthese zwischen Nutz- und Ziergarten geachtet. Die aufeinander abgestimmte Gemeinschaft von Blumen, Gemüse und Beerensträuchern macht die Verwendung von Pflanzenschutzmitteln überflüssig und trägt zur Erhaltung der Bodenfruchtbarkeit bei.

DIE prächtigsten Kürbisse wachsen oft rein zufällig auf und neben Komposthaufen heran. Neben frischer und nährstoffreicher Erde benötigen die aus den Tropen stammenden Riesengurken auch sehr viel Wärme.

BOHNEN gehören, ebenso wie Erbsen und Linsen, zu den Hülsenfrüchten. Ihre ausgereiften Samen enthalten viel Eiweiß. Grüne Bohnen und Zuckererbsen sind die unreif geernteten Früchte dieser Arten. Sie werden nur kurz gekocht und zusammen mit ihren Schoten verzehrt.

BLUMEN

ZINNIEN dürfen im Schnittblumenbeet nicht fehlen. Ihre rosa, roten, gelben und orangen Blüten leuchten im Garten und als Blumenstrauß.

SOMMERBLUMEN

Die meisten Sommerblumen blühen einen ganzen Sommer lang. Lässt die Blühfreudigkeit hin und wieder nach, regt ein Rückschnitt Tagetes, Lobelien, Duftsteinrich oder Fleißiges Lieschen zur neuen Blütenbildung an. Regelmäßiges Ausbrechen verblühter Blütenköpfe sorgt ebenfalls für einen unermüdlichen Blütenmarathon im Sommerblumenbeet. Sommerblumen brauchen übrigens mehr Wasser als Stauden. Unregelmäßige Bewässerung lässt die Blütenpracht schnell welken. Im Gegensatz zu Stauden werden Sommerblumen oft bis in den Oktober hinein gedüngt.

Ende August bewurzeln Stecklinge von *Ageratum*, Pelargonien oder Verbenen gut im Frühbeet. Vorgezogene Zweijährige können jetzt schon an ihren endgültigen Standort gesetzt werden.

LINKS: Im August lachen überall die Sonnenblumen. Neben der klassischen gelben Form gibt es auch rot blühende Sorten.

RECHTS: Grünstecklinge schneidet man jetzt von jungen, nicht verholzten Trieben vieler Beet- und Balkonblumen. Das untere Ende entblättern und den Steckling in ein Gefäß mit feuchter Anzuchterde stecken.

BLÜTEN soweit das Auge reicht: Studentenblumen (*Tagetes*-Hybriden), Ringelblumen (*Calendula officinalis*), Mädchenauge (*Coreopsis* spec.) und Ziersalbei bilden ein farbenfrohes Ensemble.

nährstoffreichen, durchlässigen Boden an einem sonnigen Standort. Die Wurzeln sollten nicht zu tief gepflanzt werden. Erfahrungsgemäß brauchen sie nach der Neu- oder Umpflanzung allerdings ein paar Jahre, bis sie richtig schön blühen.

Gartennelken lassen sich jetzt gut durch Absenker vermehren. Dazu entfernen Sie an einem gesunden Trieb die Blätter, machen den Stängel durch leichtes Quetschen biegsam und ritzen ihn mit einem Messer etwas ein. Die verletzte Stelle wird mit Erde bedeckt, dort bilden sich bald neue Wurzeln.

STAUDEN

uch im Sommer wird im Staudenbeet gepflanzt. Steppenkerzen (*Eremurus* spec.), Fackellilie (*Kniphofia*-Hybriden) und Sommerheide kommen jetzt in den Boden. Auch die Rhizome von Schwertlilien (*Iris* spec.) können jetzt gepflanzt werden. Wer Pfingstrosen pflanzen möchte, kann dies jetzt tun. Der Standort sollte wohl überlegt sein, denn Pfingstrosen gedeihen am prächtigsten, wenn sie möglichst lange an einem Platz bleiben können. Auch nach Jahrzehnten lässt die Pflanze bei regelmäßiger Düngung an Blühfreudigkeit nicht nach. Pfingstrosen bevorzugen

DER Goldfelberich (*Lysimachia punctata*) erobert besonders schnell Ihren Garten. An einem feuchten, sonnigen bis halbschattigen Standort fühlt er sich am wohlsten.

IM August ist der Sonnenhut (*Echinacea purpurea*) in voller Blüte. Eine Alternative zu den gelben Blüten bieten die rosaroten Sorten.

Auch der eifrigste Hobbygärtner muss seinen Garten hin und wieder alleine lassen. Nach einer intensiven Bewässerung kommt der Staudengarten für einige wenige Tage auch mal alleine aus.

An sonnigen Tagen oder aber während eines längeren Urlaubs sollten der Nachbar oder Bekannte wenigstens einmal täglich gründlich gießen – aber auf keinen Fall während der mittäglichen Hitze – und zweimal pro Woche Verblühtes entfernen.

BLUMEN

AUS Gartenblumen lassen sich wunderschöne Kränze zusammenstellen. Der Fantasie sind keine Grenzen gesetzt. Ob Türkranz oder Tischdekoration für die Gartenparty – die zeitlosen Blüten kommen immer gut an.

MIT trockenen Lavendelblüten werden jetzt Duftsäckchen gefüllt. Die getrockneten Blütenähren riechen intensiv nach Sommergarten.

voll erblüht sind. Rittersporn, Wicken und Lilien dagegen werde halbgeöffnet geerntet, Rosen kommen in die Vase, bevor sich die Knospen geöffnet haben. Viele höherwüchsige Stauden werden wegen ihrer schweren Blüten trot Stütze oft kopflastig und die eine oder andere Blüte knickt schon mal ab. Sie kommt in die Vase. Wenn die Stiele unter Wasser nochmals angeschnitten werden und regelmäßig frisches Wasser nachgefüllt wird, haben Sie lange Freude an den Blumen. Zum Schutz vor Fäulnis sollten Blätter nie ins Wasser ragen, deshalb schneiden Sie vor dem Binden all

STRÄUSSE

Verschenken Sie doch öfters einen farbenfrohen Blumengruß aus dem eigenen Garten. Alles was Sie dazu brauchen ist ein scharfes Messer oder eine Schere, Bindedraht und ein bisschen Fantasie. Die Stiele werden mit dem Messer geschnitten, möglichst nicht in der Mittagshitze. Dahlien, Phlox, Zinnien und die meisten Korbblütler können Sie schneiden, wenn sie

IM Spätsommer kann der Garten ruhig ein paar Blüten für die Vase entbehren. Schneiden Sie die Blumen entweder am frühen Morgen oder abends.

nteren Blätter ab. Benutzen Sie
azu eine Schere oder ein Messer,
enn beim Abreißen könnte das
eitsystem des Blumenstieles be-
chädigt werden. Verwenden Sie
ur saubere Gefäße und nicht zu
altes Wasser. Im Handel gibt es
rischhaltemittel, die die Vermeh-
ung von Fäulnisbakterien im Was-
er verhindern und so ein längeres
rischhalten gewährleisten.

chöne Trockensträuße

Ver sich für längere Zeit an
ie sommerliche Blütenpracht
rinnern möchte, schneidet jetzt
lumen für Trockensträuße. Die
lütenstände von Scharfgarbe
Achillea millefolium), Lavendel
Lavandula angustifolia) und Schlei-
rkraut (*Gypsophila* spec.) sehen
uch getrocknet bezaubernd aus.
    Auch Einjährige eignen sich
ür Trockensträuße: Die Muschel-
lume *(Moluccella laevis)*, die
trohblume *(Helichrysum bractea-
um)* und der Sonnenflügel
Helipterum spec.) sind als
rockenblumen sehr hübsch.
trohblumen und Sonnenflügel
ollten geschnitten werden, bevor
ich die Knospen öffnen und die
lüten Farbe zeigen.
    Kombinieren Sie die Blüten
nit dekorativen Fruchtständen
on Jungfer im Grünen (*Nigella
amascena*), Lampionblume (*Phy-
alis* spec.), Sternskabiose (*Scabi-
sa stellata*) oder Silberling (*Luna-
a annua*). Sie werden sofort nach
er Reife abgeschnitten und ge-
rocknet.
    Gräser bilden filigranes Bei-
verk. Hasenschwanzgras (*Lagurus
vatus*), Lampenputzergras (*Penni-
etum* spec.) oder Mähnengerste
Hordeum jubatum) werden vor
em völligen Aufblühen geschnit-
en. Kürzen Sie die Stiele der ge-
rnteten Pflanzen auf gleiche Län-
e. So werden sie gebündelt und
opfüber an einem luftigen Platz
um Trocknen aufgehängt.

SELBST geerntete
Sommerblumen er-
geben oft die schönsten
Sträuße. Die Stiele
werden mit einem
Messer unten schräg
angeschnitten.

TROCKENBLUMEN
erinnern auch noch
in der kalten Jahreszeit
an den Blütenreigen
des vergangenen
Sommers.

SOMMER-
STRÄUSSE sorgen
für ländliche Romantik
in Haus und Garten.
Ein Korb voller Blumen
ist überall ein
herrlicher Blickfang.

BLUMEN

OBEN: Im August werden die Tage bereits wieder kürzer, der Spätsommer ist da. Jetzt blühen Montbretien, Gladiolen und Zinnien um die Wette.

LINKS: Madonnenlilien werden an einem sonnigen Standort über einen Meter hoch. Die weißen Blüten öffnen sich ab Juli.

ZWIEBELBLUMEN

Die Hauptpflanzzeit für Zwiebelblumen ist zwar der September, doch es gibt einige Ausnahmen: Madonnenlilien und Kaiserkronen kommen jetzt schon in den Boden. Madonnenlilien *(Lilium candidum)* sollten nicht zu tief gesetzt werden, es reicht eine Pflanztiefe von etwa 3 cm. Die empfindlichen Pflanzen lieben einen sonnigen und geschützten Standort auf kalkhaltigem und durchlässigem Lehmboden. Sie bleiben das ganze Jahr in der Erde und blühen ab Juni.

Lilien vermehren

Lilien lassen sich leicht über Achselbulben vermehren. Wenn Sie sich Tigerlilien oder andere Hybriden genau anschauen, entdecken Sie in den Blattachseln zwischen Blättern und Stiel kleine Brutzwiebeln, sogenannte Achselbulben. Die Bulben lassen sich, wenn sie vollständig ausgebildet sind, leicht vom Stiel ablösen. Setzen Sie die kleinen Brutzwiebeln in Saatschalen mit Gartenerde. Die Bulben werden mit einer fingerdicken Schicht Erde zugedeckt. Bei ausreichender Feuchtigkeit beginnen sie bald zu treiben. Lilien kann man auch über Samen vermehren. Die Samenkapseln sind reif, wenn sie aufplatzen.

Kaiserkronen

Kaiserkronen *(Frittilaria imperialis)* kommen etwa 25 cm tief in die Erde. Geben Sie etwas Kompost mit ins Pflanzloch. Kaiserkronen blühen ab April und sollen Wühlmäuse aus dem Garten vertreiben

Herbstblüher

Wer es bisher versäumt hat, sollte schleunigst herbstblühende Zwiebelblumen wie Herbstzeitlose oder Herbstkrokus im Garten setzen. Im August ist hierfür der letzte Termin.

ROSEN VERMEHREN

Hätten Sie Ihre Lieblingsrose gerne überall im Garten? Starten Sie doch einen eigenen Vermehrungsversuch! Jetzt im August ist, neben den üblichen Pflegearbeiten wie Boden lockern und Wässern sowie Verblühtes ausputzen, die richtige Zeit für die Rosenvermehrung.

Wildrosen zum Beispiel kann man durch Stecklinge vermehren. Schützen Sie die kleinen Pflänzchen im ersten Winter gut vor Frost. Im Frühjahr kann der Rosennachwuchs dann ausgepflanzt werden.

Edelrosen werden hingegen durch Okulation vermehrt. Die Veredelungsunterlagen, Wildrosensämlinge, werden dafür bereits im Frühjahr gepflanzt. Im Sommer wird in diese Unterlage das Auge einer Edelrose eingesetzt.

Wichtig: Häufeln Sie die Rose nach der Veredelung bis über dieses Auge an. Im folgenden Frühjahr, wenn das Auge austreibt,

OKULATION: Auge mit Okuliermesser flach in Wuchsrichtung aus einem Edelreiser herausschneiden (2). Holzspan auf der Rückseite entfernen. Auge in T-förmigen Schnitt (1) am Wurzelhals der Unterlage einschieben (3) und darüber abtrennen. Mit Bast umwickeln (4).

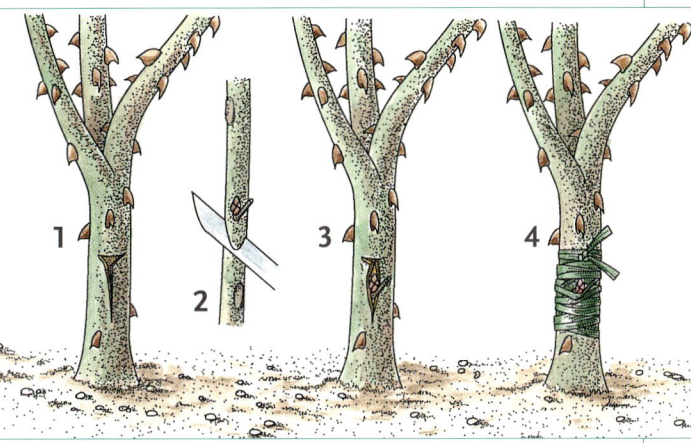

schneiden Sie die Wildrose ungefähr 2 cm über der Veredelungsstelle ab. Damit der junge Trieb sich schön verzweigt, kürzen Sie ihn auf etwa drei bis fünf Blätter. Eventuell wieder aufkommende Wildtriebe müssen entfernt werden (siehe S. 124).

Im Herbst, also gut ein Jahr nach der Veredelung, können Sie die Rose dann an ihren endgültigen Standort verpflanzen.

STECKLINGE: Etwa 10 cm lange Mittelstücke aus Trieben schneiden. Alle Blätter bis auf die oberen zwei entfernen. Unterstes Auge ca. 2 cm tief in Anzuchterde stecken, angießen, abdecken. Hell stellen und feucht halten.

ROSEN

BÄUME, STRÄUCHER UND KLETTERPFLANZEN

Immergrüne

Der August ist der Monat der immergrünen Laub- und Nadelgehölze. Sie werden gepflanzt, geschnitten und vermehrt.

Da immergrüne Pflanzen mit ihren Blättern das ganze Jahr über Wasser verdunsten, ist es für den Anwachserfolg entscheidend, dass sie bis zum Wintereinbruch reichlich Wurzeln bilden und selbstständig Wasser und Nährstoffe aus dem Boden aufnehmen können. Deshalb pflanzt man Immergrüne, früher als andere Gartengehölze, bereits im August.

Achten Sie beim Einkauf darauf, dass die Ballen kräftig durchwurzelt und fest sind. Die anhaf-

LINKS: Nadelgehölze werden jetzt gepflanzt, damit sie bis zum Winter anwachsen können.

RECHTS: Nur so viele Pflanzen kaufen, wie Sie am selben Tag einpflanzen.

ZIERGEHÖLZE

ZIERGEHÖLZE

AUCH grüne Gärten können außerordentlich reizvoll sein, wie dieses Potpourri beweist. Wenn allzu wüchsige Sträucher oder Stauden den Weg zu erobern drohen, kann man störende Triebe auch in den Sommermonaten jederzeit zurückschneiden. Für größere Korrekturen wartet man allerdings die Wintermonate ab.

FÜR die Stecklingsvermehrung von Nadelgehölzen ist der August der beste Monat. Man reißt einige gesunde Seitentriebe ab (ganz oben) und kürzt zu lange Rindenfetzen ein (oben). Dann kommen die Stecklinge in feuchte Anzuchterde (links). Fest andrücken und gießen.

tende Erde sollte gut feucht sein. Es dürfen keine vertrockneten Wurzeln zu sehen sein. Wenn Sie nach dem Einkauf nicht sofort pflanzen können, sollten Sie die Pflanzen im Schatten einschlagen. Dazu hebt man einen Graben aus und setzt die Ballen dicht an dicht schräg hinein und deckt sie mit lockerer, feuchter Erde ab.

Die Pflanzung erfolgt in weiten Teilen so wie bei den Laubgehölzen (siehe S. 52, März). Hier soll deshalb nur auf die wesentlichen Unterschiede hingewiesen werden. Wegen der ständigen Verdunstung immergrüner Gehölze ist es besonders wichtig, die Ballen vor dem Pflanzen in ein Wasserbad zu stellen. Erst, wenn keine Luftblasen mehr aus der Erde perlen, werden sie herausgenommen. Nadelgehölze werden in der Regel nicht als wurzelnackte Ware, sondern als Containerpflanzen oder mit Ballen angeboten. Bei der so genannten Ballenware werden die Wurzeln von einem Tuch oder Netz zusammengehalten, das in der Regel aus verrottenden Materialien wie Jute oder Sisal besteht und sich im Boden schon nach kurzer Zeit zersetzt. Deshalb stellt man die Pflanzen samt Ballentuch in die vorbereiteten Pflanzlöcher und bindet das Tuch auf.

Die Ecken etwas zurückschlagen und das Pflanzloch weiter mit Erde auffüllen.

Immergrüne bieten dem Wind oft reichlich Angriffsfläche, weshalb man sie anfangs immer gegen Winddruck schützen sollte. Je nach Größe des Gehölzes werden ein bis drei schräg gestellte Holzpflöcke neben dem Ballen im Boden fixiert. Im zweiten Standjahr werden diese Stützen in der Regel jedoch wieder entfernt, damit die Bäume selbst für ein ausreichend stabiles Traggerüst ihrer Wurzeln und Kronen sorgen. In sonnigen Lagen empfiehlt es sich, die Immergrünen sofort nach dem Pflanzen mit Schattennetzen vor zu starker Verdunstung zu schützen. In den Tagen und Wochen nach der Pflanzung werden die Wurzeln regelmäßig durchdringend gewässert, sofern kein Regen fällt und die Schattennetze oder -leinen befeuchtet.

Vermehren

Jetzt im August ist ebenfalls Hochsaison für die Stecklings- oder Risslingsproduktion. Dazu sucht man sich einige in diesem Jahr herangewachsene Sprosse aus und trennt sie knapp unterhalb eines Blattansatzes in einer Länge

DIE SCHÖNSTEN IMMERGRÜNEN LAUB-GEHÖLZE FÜR DEN GARTEN

Deutscher Name (Botanischer Name)	Höhe	Blütenfarbe, Blütezeit
Berberitze (Berberis julianae)	2 bis 3 m	gelb, V bis VI
Strauchmispel (Cotoneaster salicifolius)	3 bis 5 m	weiß, VI, Fruchtschmuck
Seidelbast (Daphne cneorum)	0,1 bis 0,4 m	rosa, IV bis V
Ginkgo (Ginkgo biloba)	20 bis 30 m	erst im Alter
Berglorbeer (Kalmia latifolia)	1,5 bis 2 m	rosa, V bis VI
Torfmyrte (Pernettya mucronata)	0,5 bis 1 m	weiß, V bis VI
Schattenglöckchen (Pieris floribunda)	1,5 bis 2 m	weiß, IV bis V
Skimmie (Skimmia japonica)	0,5 bis 1 m	weiß, V
Immergrüner Schneeball (Viburnum rhytidophyllum)	3 bis 4 m	weiß, V bis VI

von 8 bis 12 cm ab. Bei Risslingen reißt man junge Seitentriebe mit einem Ruck ab, so dass ein Stück Rinde vom alten Holz daran hängen bleibt. Jeder Steckling sollte vier bis sechs Knoten (Knospen, Blattansätze) haben.

Verwenden Sie nur Triebspitzen ohne Blüten, die vollständig gesund sind. Die Basis sollte fest und holzig, die Spitze aber noch weich sein.

Dann werden die untersten zwei bis vier Blätter entfernt. Je kleiner die einzelnen Blätter sind, desto mehr darf der Steckling behalten. Bei großblättrigen Pflanzen bleiben dagegen nur zwei bis drei Blätter stehen oder man kürzt alle um die Hälfte ein. Denken Sie einfach immer daran, dass der noch wurzellose Steckling alle seine Blätter versorgen muss – und Sie werden bald das richtige Maß heraushaben.

Danach wird bei halb ausgereiften Stecklingen das untere Ende noch einmal schräg nachgeschnitten, so dass ein 2 bis 3 cm langer Schnitt entsteht. Bei Risslingen kürzt man unter Umständen das anhaftende Rindenstück

ein, falls es länger als 2 cm ist.

Dann füllt man einige Töpfe oder Schalen mit Anzuchterde, drückt sie leicht an und bohrt mit dem Pikierstab oder einem Hölzchen Löcher hinein. Die Stecklinge so tief einsetzen, dass das unterste Blatt 1 bis 2 cm über der Erde sitzt. Mit den Fingerspitzen rundum andrücken, beschriften, vorsichtig angießen und an einem nicht vollsonnigen, geschützten Platz im Garten oder Gewächshaus aufstellen. Noch bessere Ergebnisse erzielt man, wenn man die Schalen mit einer Haube abdeckt oder über einzelne

Töpfe eine durchsichtige Plastiktüte stülpt, um für eine hohe Luftfeuchtigkeit zu sorgen. Dann allerdings regelmäßig lüften!

HECKEN

Immergrüne Hecken bringt man ebenfalls im August in Form. Viele Nadelgehölze bluten in der Hauptwachstumsphase, die vom Frühjahr bis zum Sommer andauert, sehr stark, wenn man sie schneidet und sondern Harz ab. Deshalb wartet man mit dem Schnitt von Nadelgehölzhecken bis zum August.

Der Schnitt erfolgt wie bei den laubabwerfenden Hecken (siehe Seite 162, Juni). Allerdings ist es bei Nadelgehölzen noch wichtiger, auf schräge Flanken zu achten. Einmal von unten verkahlte Nadelbäume können die Lücken nicht mehr schließen, da sie aus altem Holz nicht neu austreiben können.

Auch Hecken aus immergrünen Laubgehölzen können jetzt noch einmal getrimmt werden. Bei Hecken aus Kirschlorbeer, Pfaffenhütchen (Euonymus fortunei) oder Stechpalme sind jedoch in der Regel nur kleine Korrekturen nötig. Bei besonders großlaubigen Sträuchern wie dem Kirschlorbeer verwendet man dazu keine elektrische Heckenschere, da die einzel-

JETZT erntet man die Früchte kontinuierlicher Gartenpflege. Ein solch prachtvoller Schmetterlingsstrauch (Buddleja davidii), auf dem sich an schönen Tagen Dutzende von Tagfaltern tummeln, ist der ganze Stolz eines jeden Gartenbesitzers.

nen Blätter nicht durchtrennt werden dürfen. Sie würden sonst unansehnliche braune Ränder bekommen oder ganz verkümmern und das Heckenbild stark beeinträchtigen. Stattdessen nimmt man eine scharfe Gartenschere zur Hand und kürzt die Triebe einzeln ein.

Geschnitten wird jeweils knapp über einem nach außen zeigenden Blatt oder einer Knospe.

DER Roseneibisch zeigt von Juli bis zum ersten Frost seine imposanten Blüten in violetten, rosafarbenen oder weißen Tönen. Die Pflanzen bevorzugen warme, windgeschützte Standorte und durchlässige, humusreiche Böden.

DIE PFLEGEARBEITEN

ABWECHSLUNG ist Trumpf in der Blumenwiese. Hier blühen Klatschmohn und Margeriten um die Wette. In der Blumenwiese finden Sie viele „Zutaten" für einen selbst zusammengestellten Strauß.

vermehrt, hilft Vertikutieren und nachfolgendes Einarbeiten von Sand im August / September. Die ausladende Blattrosette des Löwenzahns unterdrückt den Rasen und muss mitsamt der Wurzel ausgestochen werden. Speziell für den Rasen gibt es außerdem selektiv wirkende Unkrautvernichtungsmittel. Diese Mittel bringen die Rasenunkräuter zum Absterben, ohne dem Rasen zu schaden.

Rasenpflege nach dem Urlaub

Nach einem längeren Sommerurlaub ist es oft so, dass der Rasen viel zu lang geworden ist. Schneiden Sie ihn nicht beim nächsten Mähen auf die optimale Schnitthöhe von 4 bis 5 cm zurück, weil sonst unschöne Kahlstellen im Grün entstehen, die erst nach und nach wieder zuwachsen und oft von Unkräutern besiedelt werden. Besser ist es, einen zu lang gewordenen Rasen nach und nach einzukürzen, bis er die richtige Schnitthöhe erreicht hat.

Blumenwiese pflegen

Wie beim Rasen gilt auch für die Blumenwiese: Ende August kann man schon an die Neuaussaat denken. Jetzt im Hochsommer

Der Rasen wird einmal pro Woche gemäht. Das Schnittgut wandert leicht angetrocknet auf den Kompost oder wird als Mulch im Gemüsebeet ausgebracht. Bei anhaltender Trockenheit kommt der Regner zum Einsatz. Wichtig: Lieber seltener, dafür aber durchdringend wässern. Ende August / Anfang September kann ein Rasen neu angelegt werden.

Rasenunkräuter bekämpfen

Ausreichend Feuchtigkeit vorausgesetzt, gehört der August zu den Hauptwachstumsmonaten im Gar-

ten. Das gilt nicht nur für den Rasen, sondern auch für lästige Rasenunkräuter. Natürlich kann man Löwenzahn, Gänseblümchen, Klee oder Ehrenpreis in kleinen Mengen dulden. Viele finden die bunten Blüten auf der sonst grünen Fläche als freundliches, belebendes Element.

Schwierig wird es, wenn die Unkräuter so stark wachsen, dass sie den Rasen nach und nach verdrängen. Mähen Sie den Rasen, bevor Unkräuter Samen ausbilden und sich noch stärker ausbreiten können. Haben sich Ehrenpreis, Klee, oder Vogelmiere großflächig zeigt sich die Blumenwiese von ihrer schönsten Seite. Außer bunten Blütenstielen, aus denen man jetzt tolle Sträuße zusammenstellen kann, siedeln sich zahlreiche Insekten und Kleintiere in der Wiese an. Zu den häufigsten Blütenbesuchern zählen Bienen, Hummeln, Heuschrecken, Schwebfliegen und Schmetterlinge. In der Kraut- und Grasschicht darunter leben Käfer und andere Kleinstlebewesen.

DIE vielfältige Blütenpracht der Blumenwiese lockt zahlreiche Insekten wie nektarsuchende Schmetterlinge an. Zu den Wiesenbesuchern gehören auch viele nützliche Insekten, welche die Schädlingszahl im Garten eindämmen.

HOCHSOMMERLICHE TEICHPROBLEME

Bei hochsommerlichen Temperaturen steigt die Gefahr, dass sich Algen plötzlich stark vermehren. Damit sich das Teichwasser bei heißem Wetter nicht zu sehr aufheizt, ist es ratsam, die Teichfläche zu schattieren. Kommt es zu einer Algenblüte, warten Sie erst ein paar Tage ab, ob sich von selber wieder ein natürliches Gleichgewicht einstellt. Auf keinen Fall sollten Sie das Teichwasser vorschnell auswechseln, höchsten teilweise (zirka ein Viertel) durch sauberes Regenwasser oder durch Leitungswasser ersetzen. Bei einem vollständigen Wasserwechsel tritt das Algenproblem meist schon wenig später wieder auf.

Chemische Mittel zur Algenbekämpfung sind nicht empfehlenswert. Sie beseitigen lediglich die Krankheitsanzeichen aber nicht die Ursachen und helfen nur vorübergehend. Falls die Algenplage anhält, überprüfen Sie die Wasserqualität durch eine Wasseranalyse. Gegen die Ursachen starker Algenvermehrung sollten Sie vorbeugend etwas tun (siehe S. 164, Juni). Bei den ersten Anzeichen einer Algenblüte sind Sofortmaßnahmen (siehe Tippkasten rechts) angebracht.

Wenn der Wasserspiegel sinkt, sind jetzt meist die sommerlichen Temperaturen schuld. Überprüfen

SOFORTHILFE BEI ALGENPROBLEMEN

- Führen Sie dem Wasser Sauerstoff zu, z.B. mittels Luftpumpe, Oxidator, mittels Fontäne oder Sprudelstein
- Fischen Sie Algenmatten oder fädige Algenbärte mit einem Rechen ab. Anschließend unbedingt einen Tag lang neben dem Teich auf nassem Sackleinen liegen lassen, damit Wasserlebewesen zurück in den Teich wandern können. Danach dürfen die Algen in dünnen Schichten auf den Kompost
- Setzen Sie Filtergeräte ein, die organische Abfallstoffe wie Fischfutter, abgestorbene Pflanzenteile, tote Kleinstlebewesen und mikroskopisch kleine Algen herausfiltern
- Verringern Sie die Fischzahl und füttern Sie weniger bis gar nicht, um das Teichwasser nicht zusätzlich mit Nährstoffen anzureichern

FUNKIEN und Blütenpflanzen in zarten Farben bilden rund um den kleinen Kiesteich den Übergang zum Garten. An heißen Tagen sprudelt Wasser aus der dekorativen Terrakotta-Amphore.

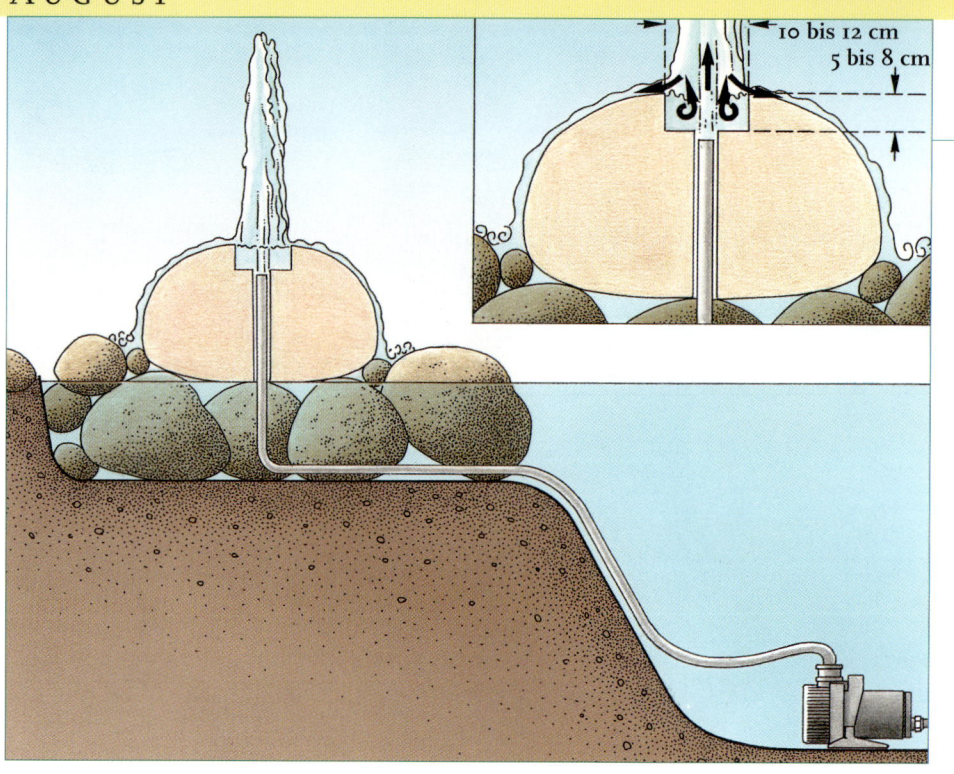

EIN Quellstein ist dekorativ und nützlich zugleich. Damit das Wasser sprudelt, wird ein durchbohrter Findling mit einem Schlauch versehen, der mit einer Pumpe am Teichboden verbunden ist. Den Quellstein anschließend auf großen Kieseln in der Flachwasserzone platzieren.

Sie bei Folienteichen trotzdem, ob kein Leck vorliegt und gleichen Sie Wasserverluste durch Zufuhr von Regen- oder Leitungswasser aus (mischen, Regenwasser nicht allein verwenden). Wichtig: Der Temperaturunterschied zum warmen Teichwasser sollte nicht zu groß sein.

Pflanzen kontrollieren

Kontrollieren Sie regelmäßig die Unterwasserpflanzen. Bei zu starkem Wachstum sollten Sie hin und wieder einen Teil herausfischen. Wasserlinsen oder Entengrütze (*Lemna* spec.) vermehren sich

häufig explosionsartig. Wenn sie die gesamte Wasseroberfläche bedecken, nehmen sie den Unterwasserpflanzen zu viel Licht. Deshalb auf jeden Fall einen Teil dieser Schwimmblattpflänzchen rechtzeitig abfischen, bevor sie überhand nehmen.

PFLEGEN UND KONTROLLIEREN

Auch jetzt durfen wir Balkon- und Terrasse nicht vernachlässigen. Wir sollten weiterhin gießen, düngen, Verblühtes und welke Blätter ausputzen. An sehr sonnigen Tagen ist es auch ratsam, Pflanzen mit weichen Blättern, wie z.B. Schönmalve (*Abutilon* spec.), zu schattieren, da sonst die Blätter einen Sonnenbrand bekommen. Auf den Blattoberflächen zeigen sich dann zunächst helle Flecken, die bald pergamentartig eintrocknen und sich meist bräunlich oder silbrig verfärben.

Ausdauernde Pflanzen wie Kübelpflanzen, Rosen und Gehölze in Töpfen sollte man nur bis Mitte August düngen. Sonst wird im Herbst die Bildung neuer Triebe

angeregt, die jedoch nicht mehr vollständig ausreifen können. Das Gewebe bleibt weich, kann leicht erfrieren oder von Schaderregern befallen werden. Außerdem ist es noch einmal günstig, von mehrjährigen Pflanzenarten wie Pelargonien und Fuchsien Stecklinge zu schneiden. Aber auch Sommerblumen wie Gazanie, Verbene, Fleißiges Lieschen oder Leberbalsam können Sie als Stecklinge in die nächste Saison retten.

Letzter Schnitt bei Formpflanzen

Neben blühenden Exemplaren haben sich auch immergrüne Formpflanzen im Topf, wie beispiels-

weise Buchs, Eibe, Brautmyrte oder Zypresse (*Cupressus* spec.), einen festen Platz auf Balkon und Terrasse erobert.

Egal ob Sie die Pflanze selbst in Form schneiden oder ob Sie ein fertiges Exemplar erworben haben, jetzt im August wird zum letzten Mal im Jahr ein formierender Rückschnitt vorgenommen. Je nach gewünschter Form benötigen Sie dazu eine Schablone aus Pappe oder Holz sowie ein Rahmengestell aus Metall- oder Bambusstäben und Draht. Schneiden Sie bitte nur bei bedecktem Wetter, sonst verbrennen die frisch gekürzten Triebe.

Auch die Formpflanzen werden nun nicht mehr gedüngt.

Wer gießt im Urlaub?

Damit Ihre Balkon- und Kübelpflanzen auch gegossen werden,
wenn Sie in Urlaub fahren, empfiehlt es sich, ein automatisches
Bewässerungssystem zu installie-
ren. Zahlreiche Modelle arbeiten
nach dem gleichen Prinzip.

Dazu platziert man ins Substrat der Pflanzen einen Sensor
aus Keramik oder Holz, der auf
Schwankungen der Feuchtigkeit
reagiert. Mehrere solcher Feuchtig-
keitsfühler sind über dünne Tropfschläuche untereinander und mit
der Wasserquelle, einem Wasserhahn oder höher aufgestelltem
Wasserbehälter, verbunden. Wird
der Sensor trocken, läuft aus dem
Schlauch tröpfchenweise Wasser
nach. Ist die Erde wieder feucht,
wird die Wasserzufuhr gestoppt.

Möchten Sie nur wenige Tage
Abwesenheit überbrücken, können
Sie sich mit einfacheren Lösungen
helfen, indem Sie zum Beispiel
Gefäße mit eingebautem Wasser-
reservoir verwenden. Bei der
Dochtbewässerung hängen Sie
Baumwolldochte oder Vliesstreifen
in einen erhöht angebrachten

EIN farbintensives
Arrangement aus
Pelargonie, Petunie,
Osteospermum,
Verbene, Bougain-
villee und Fuchsie in
Pink und Lila.

AUCH eine alte
Bank lässt sich mit
Zierkürbissen, be-
pflanzter Schale und
farblich passendem
Stoff stilvoll in Szene
setzen.

Wasservorratsbehälter und befestigen die Dochte am Boden mit
einem schweren Stein. Das andere
Ende des Dochts wird einfach ins
Pflanzsubstrat der gewünschten
Gewächse gesteckt. Trocknet die
Erde aus, ziehen die Wurzeln direkt das Wasser über den Docht
nach. Außerdem können Sie auch

mehrere Tontöpfe in eine mit was-
sergesättigtem Blähton gefüllte
Wanne stellen oder Tontöpfe in
einer flachen Schale auf eine Vlies-
matte stellen, die bis in eine dane-
benstehende, wassergefüllte
Schüssel reicht, aus der das Wasser dann bei Bedarf sofort nach-
gesaugt wird.

SO wird ein kleiner
Balkon zum Paradies.
Hier sind Pflanzen,
Accessoires sowie
Tischdecke und Ge-
schirr in der Trend-
farbe Blau gewählt.

MIT Sonnenblumen, Fetthenne, Astern und Kürbissen lassen sich schöne Blickfänge für jede Gelegenheit zaubern.

Für jede Gelegenheit die richtige Lage

Es soll keineswegs der Eindruck entstehen, dass man als Besitzer von Balkon und Terrasse nur Arbeit hat. Denn gerade im Hochsommer bieten Balkon und Terrasse ein ideales Ambiente für erholsame Stunden rund um die Uhr. Liegt das Domizil nach Osten geneigt, können vor allem Frühaufsteher sich beim ausgiebigen Frühstück die Sonne ins Gesicht scheinen lassen. Pünktlich zur Mittagszeit, wenn die Sonne weiter wandert, kann man sich herrlich im Schatten erholen. Sonnenanbeter bevorzugen natürlich Südseiten. Zwischen großen Palmen und Kübelpflanzen lässt es sich herrlich von Strand und Meer träumen. Menschen, die erst abends so richtig munter werden, fühlen sich auf nach Westen ausgerichteten Orten wohl. In der schwächer werdenden Nachmittagssonne kann man häufig ohne Schattenspender verweilen und Balkon und Terrassenwände speichern die Wärme, um sie bis in die späten Abendstunden abzugeben. In einer lauschigen Ecke sitzt man bei einem guten Glas Wein auch schon mal bis nach Mitternacht.

Dolce Vita auf Balkonien

Da Balkon oder Terrasse oft nur wenige Quadratmeter groß sind, gilt es hier mit wenigen Elementen ein tolles Ambiente zu schaffen. Vor allem Pflanzen stehen bei der Gestaltung im Mittelpunkt. Vermeiden Sie daher das bloße Aufstellen bunt gemischter Töpfe. Bilden Sie doch einmal Arrangements aus der gleichen Blütenfarbe oder bringen Sie bewusst farbliche Gegensätze wie Violett und Orange, Blau und Gelb oder Rot und Grün in Einklang. Dunkle Bereiche lassen sich mit weißen oder hellgelben Blüten sowie grauen oder panaschierten Blättern freundlicher gestalten. Romantiker hüllen sich gerne in zarte Pastelltöne, junge Leute mögen es gerne kunterbunt wie in einer Bonbontüte. Die Farbgestaltung bezieht sich jedoch nicht nur auf die Wahl der Pflanzen, vor allem Accessoires wie Töpfe, Möbel, Stoffe und was es sonst an schmückenden Elementen für draußen gibt, sollte natürlich passen. So vermitteln Kübelpflanzen wie Oleander, Feigenbaum oder Zitrus, Töpfe und Schmuckelemente aus Terrakotta, beigefarbene Sonnensegel und winterfeste Holzmöbel unwillkürlich südliches Flair. Opulente,

AUCH farbig lasierte Töpfe sind bei der Balkon- und Terrassengestaltung willkommen.

ropische bis subtropische Blüten-
räume erfüllen sich mit Arten wie
Bougainvillea, Engelstrompete,
Nachtschatten, Kassie und ver-
chiedenen Palmen. Pflanzen aus
Fernost wie Kamelien, Kreppmyrte,
Aukube und Bambus verbreiten
eine eher sachlich-kühle Atmo-
phäre. Schlichte Eisenmöbel, die
von einer großen Schar Töpfe mit
Duftpelargonien, Kapuzinerkresse,
Hornveilchen und Stauden umgeben sind und im Hintergrund von
Kletterrosen und Clematis an
Rankgerüsten umhüllt werden,
haben in der englischen Gartengestaltung Tradition.

So schön kann Schatten sein

Auch in einem halbschattigen
Domizil fühlen sich einige Balkon-
und Kübelpflanzen wohl. Dazu

MIT Erika, Pfennig-
kraut *(Lysimachia
nummularia)*, Schein-
beere *(Gaultheria* spec.)
und Chrysanthemen
bepflanzte Schalen läu-
ten die nahende
Herbstsaison ein.

gehören Aukube *(Aucuba japonica)*, Begonie *(Begonia-*Hybriden),
Buchs *(Buxus* spec.), Köcherblüm-
chen *(Cuphea* spec.), Palmfarn
(Cycas revoluta), Fuchsie *(Fuchsia*
spec.), Efeu *(Hedera helix* ssp.),
Fleißiges Lieschen *(Impatiens walleriana)*, Lorbeer *(Laurus nobilis)*,
Neuseeländer Flachs *(Phormium*
spec.), Klebsame *(Pittosporum*
spec.) und Harfenstrauch *(Plec-
tranthus coleoides)*.

Dazu gesellen sich verschie-
dene Stauden, wie zum Beispiel
Glockenblume *(Campanula* spec.),
Günsel *(Ajuga* spec.), Immergrün
(Vinca minor), Purpurglöckchen
(Heuchera spec.), Frauenmantel
(Alchemilla spec.) und Funkie
(Hosta spec.).

Diese Blütenpflanzen lassen
sich herrlich mit Gräsern und
Farnen kombinieren, die das Bild
abrunden.

ARBEITEN FÜR DIE EINZELNEN GEMÜSE

Regelmäßiges Hacken trägt dazu
bei, dass vor allem die Oberfläche
schwerer Böden immer wieder
aufgebrochen wird, so dass Luft
und Wasser in die Krume und
an die Wurzeln der Gemüsepflanzen gelangen. Es verschließt
gleichzeitig die Kapillarröhrchen
im Boden, in denen das Wasser
an die Oberfläche steigt und verdunstet. Das Wasser wird, statt
an der Bodenoberfläche zu verdunsten, fast nur noch über
Wurzeln aufgenommen und von
den Pflanzen für das Wachstum
verwertet. Zudem wird die Akti-
vität der Bodenlebewesen gefördert, die sich in leicht feuchten
Böden am wohlsten fühlen. Auch
das Mulchen gehört nach wie vor
zur Standardpflege. Starkzehrer
wie Tomaten, Gurken, Porree und
Sellerie erhalten bei Bedarf noch
eine Düngung. Falls reifer Kompost in den Behältern vorhanden
ist, können Sie diesen auf die Bee-

te ausbringen, die jetzt noch einmal neu bepflanzt werden. Auf
diese Weise bekommen Sie Platz
für frisches Grünmaterial, das in
den folgenden Wochen reichlich
anfallen wird.

Auf abgeernteten Beeten sind
Lupine, Futtererbse, Sommerwicke
oder Inkarnatklee als Gründünger
wertvolle Stickstoffsammler. Gräbt
man sie ein, stehen die Nährstoffe

dem Boden zur Verfügung.
Vorsicht bei Gründüngern wie
Weißem Senf, Ölrettich oder
Winterraps; sie sollten nicht vor
oder nach Kohlkulturen auf dem-
selben Beet ausgesät werden. Die
genannten Gründünger stammen
wie Kohl aus der Pflanzenfamilie
der Kreuzblütler und es können
sich familientypische Krankheitserreger anreichern.

NACH dem ersten
Erntehöhepunkt im
Mai / Juni schüttet der
Gemüsegarten im
August / September
zum zweiten Mal sein
Füllhorn aus.

Salat

Beim Salatanbau im Hochsommer gibt es leicht Probleme. Oft verbrennen die außen liegenden Deckblätter, es gibt einen verstärkten Mehltaubefall oder die Köpfe neigen zum Schossen. Verwenden Sie für den Anbau nur mehltauresistente Sommersorten. Um der Salatfäule zu begegnen, setzt man die Pflanzen auf kleine Wälle und gießt bei trockener Witterung, am besten frühmorgens, nur in die Mulden. Pflück- und Schnittsalate werden nach wie vor gegossen und gehackt. Eissalat beim Gießen nicht von oben überbrausen, sonst besteht Fäulnisgefahr. Direkt ausgesäter Römischer Salat wird jetzt auf 35 cm in der Reihe vereinzelt.

Kohlgewächse

Großknollige, spätere Sätze von Kohlrabi werden auf 30 mal 30 cm ausgepflanzt. Bei reifendem Blumenkohl nach wie vor regelmäßig hacken und gießen und die größten Blätter als Sonnenschutz über der Knospe zusammenbinden, damit diese schön weiß bleibt. Späte Sorten des Brokkolis werden jetzt erntereif. Vom reifen Weiß- und Rotkohl werden bei der Ernte die festen Köpfe geerntet; abstehende Hüllblätter schneidet man ab. Im

LINKS: Auffällig gefärbt ist die 'Gelbe Birnentomate'; gelbe Tomatenvarianten schmecken oft süßer als ihre dunkelroten und aromatischeren Verwandten.

RECHTS: Gut ausgefärbt müssen die Früchte sein, bevor man sie vom Strauch pflückt. Im August wird die Triebspitze der Tomatenpflanze gekappt, damit die ganze Kraft in die Reife der bereits angelegten Früchte geht.

Juni / Juli gepflanzten Wirsingkohl noch mal düngen. Um die Röschenbildung zu unterstützen, muss Rosenkohl jetzt gut gewässert und gedüngt werden. Eine weitere Nährstoffgabe erhält auch Grünkohl. Vorgezogenen Chinakohl können Sie noch bis Ende August auspflanzen, wenn die Jungpflanzen drei bis vier Blätter angesetzt haben.

Weitere Blattgemüse

Spätestens Mitte August müssen die Setzlinge von Endivien im Beet auf 30 mal 30 cm ausgepflanzt werden. Sie dürfen nicht zu tief in die Erde, sonst faulen sie. Auch bei Radicchio endet die Pflanzzeit Mitte des Monats. Feldsalat können Sie ab Mitte August wieder aussäen. Diese frühen Sätze sind schon ab Oktober erntereif und man kann sie bis weit in den Dezember hinein ernten. Wenn Sie in Reihen mit etwa 10 cm Abstand statt breitwürfig aussäen, erleichtert das die Unkrautbekämpfung. Feldsalat keimt am besten, wenn der Boden nicht zu locker ist und

sich etwas gesetzt hat. Die Vliesauflage entfernt man, wenn die Sämlinge sichtbar werden. Direkt ausgesäte Salatrauke (Ruccola) sollte man leicht mit Erde abdecken. Chicorée noch so lange hacken und gießen, bis die Blattrosetten den Boden bedecken. Der günstigste Saattermin für die

AM besten schmeckt das Gemüse frisch aus dem Garten. Deshalb jetzt immer nur nach Tagesbedarf ernten und noch keine Vorräte anlegen.

Herbsternte von Spinat liegt um Mitte August. Die Pflanzen keimen rasch und zuverlässig, wenn das Saatgut 3 cm tief gesät, gut angegossen und bis zum Auflaufen mit Vlies abgedeckt wird. Das Vlies schützt die Saat vor starken Feuchtigkeitsschwankungen.

Ab August kann man die ersten Blattstiele vom Stangensellerie abbrechen oder die ganze Pflanze herausziehen. Nach dem Auflaufen werden direkt ausgesäte, späte Sätze vom Knollenfenchel auf 25 bis 30 cm Abstand in der Reihe vereinzelt. Blatt- und Stielmangold weiterhin laufend nach Bedarf ernten. Die Stiele und Blätter schnell verwerten, denn sie sind nicht lange haltbar.

Fruchtgemüse

Aus Tomatenblüten, die erst jetzt erscheinen, können bis zum Herbst kaum noch genießbare Früchte ausreifen. Deshalb neu entstehende Blütenknospen ab Mitte August abknipsen. Als Faustregel gilt: Pro Pflanze insgesamt fünf bis sechs Fruchtstände ausreifen lassen. Bei Trockenheit die To-

TOMATEN reifen am Strauch von unten nach oben. Entweder schneiden Sie die reifen Fruchtstände mit einem scharfen Messer ab oder Sie entfernen die Einzelfrüchte mit einer leichten Drehbewegung vom Strauch.

AUF freie Beete wird während der laufenden Saison immer wieder Gründünger, z.B. *Phacelia*, ausgesät. Die zahlreichen Blüten erfreuen unser Auge und die Insektenwelt im Garten.

maten regelmäßig gießen, damit die Früchte nicht platzen. Nach wie vor Seitentriebe ausgeizen. Sind Blätter der Tomate von der Kraut- und Braunfäule befallen, sollte man sie abknipsen, damit

sich der Schadpilz nicht so schnell auf der Pflanze ausbreitet. Beim Gießen von Gurken kein kaltes Leitungswasser, sondern angewärmtes Regenwasser verwenden und die Blätter nach Möglichkeit nicht benetzen. Vom Paprika kann man schon die grünen Schoten ernten; oder man lässt sie hängen, bis sie sich ausfärben und noch aromatischer schmecken. Auberginen nur ernten, wenn die Früchte schön dunkel gefärbt sind und glänzen. Den Starkzehrer Kürbis regelmäßig gießen und noch mal düngen. Wer bei Zucchini laufend die 15 bis 20 cm großen Früchte erntet, regt die Pflanzen zu fortlaufender Fruchtbildung an. Zu große Früchte schmecken ohnehin pelzig und enthalten zahlreiche Samen. Die Erntereife von Zuckermais erkennt man daran, dass sich die Haarbüschel an den Kolben braun verfärben, die Körner glänzend gelb sind und aus ihnen beim Eindrücken ein milchig-weißer Saft austritt.

RECHTS: Die Stangenbohnensorte 'Blauhilde' überzeugt mit violett gefärbten Fruchthülsen. Stangenbohnen werden jetzt in regelmäßigen Abständen durchgepflückt.

LINKS: Die Erbsen sind im August abgeerntet; die Pflanzen kann man als wertvollen Gründünger leicht in den Boden einarbeiten.

Hülsenfrüchte

Während die Erbsenbeete geräumt sind, können Buschbohnen weiterhin laufend beerntet werden. Die Hülsen werden rechtzeitig gepflückt, bevor sie dicke Körner ausbilden. Stangenbohnen ebenfalls laufend durchpflücken, ohne dabei die Ranken zu beschädigen oder abzureißen.

Wurzelgemüse

Für die weitere Entwicklung der verschiedenen Wurzelgemüse ist es jetzt wichtig, dass man für ausreichend Bodenfeuchtigkeit und für eine gute Bodenbelüftung sorgt. Radieschen werden weiterhin nach Bedarf ausgesät. Im Juli gesäte Winterrettiche und Lagermöhren befinden sich noch im Anfangsstadium ihres Wachstums und sind sehr empfindlich gegenüber verkrusteten, trockenen Böden. Regelmäßiges Gießen und vorsichtiges Hacken gehört zur Standardpflege. Reife Möhren nicht auf einmal, sondern nach und nach die dicksten Rüben in der Reihe ernten.

Weiter fortgeschrittene Wurzelgemüse wie Pastinake, Rote Bete, Knollensellerie oder Schwarzwurzel haben in diesen Wochen den größten Wasserbedarf ihrer Kulturdauer. Gute Bewässerung und Bodenlockerung sichern hier hohe Erträge und optimale Qualität. Schwankungen in der Wasserversorgung machen sich beim Knollensellerie durch Schosser bemerkbar. Auf das früher oft empfohlene Freilegen der Sellerieknollen und das Entfernen der unteren Blätter kann man verzichten.

Mittelfrühe Kartoffeln sind im August erntereif. Sie sollten allerdings möglichst frisch verzehrt werden, weil sie nicht allzu lange lagerfähig sind. Wenn das Kartoffellaub verwelkt ist, können Sie die Knollen aus der Erde holen. Sie müssen nicht alle Kartoffeln roden; man kann die Erdfrüchte auch nach Bedarf aus der Erde holen. Die im Beet verbleibenden

KÄLTETOLERANTES GEMÜSE FÜR DEN SPÄTEN ANBAU

Gemüseart	Aussaat	Pflanzung	Ernte	Anmerkungen
Endivie	ab VI bis Mitte VIII	bis Mitte VIII	X bis XI	bei mildem Klima Ernte bis XII möglich
Radicchio	ab VI bis Ende VII	bis Mitte VIII	X bis Frühjahr	Überwinterungsanbau nur in milden Gegenden
Feldsalat	VIII bis XI	-	XI bis Anfang VI	günstig ist eine Vliesabdeckung im Winter
Zuckerhut	VI bis Mitte VIII	nach 4 Wochen vereinzeln	ab X bis Mitte XI	frosthart bis etwa minus 7 °C
Spinat	VIII bis IX	-	X bis Frühjahr	die Pflanzen abschneiden, nicht rausreißen
Pastinake	ab IV	nach Auflaufen vereinzeln	X bis Frühjahr	nur frischen, einjährigen Samen verwenden
Weißkohl, Rotkohl	ab V ins Freiland	VI bis VIII auf Endabstand	Ende X bis Mitte XI	kühl und frostfrei gut lagerfähig
Wirsingkohl	V bis VI	VI bis VII	IX bis Frühjahr	verträgt auch längere Frostperioden
Rosenkohl	IV bis V	Mitte V bis Ende VI	XI bis I	gelbe oder faulende Röschen sofort entfernen
Grünkohl	V bis VI	bis Anfang VIII	nach dem ersten Frost	allgemein sehr kältetolerantes Gemüse
Chinakohl	Mitte VI bis Anfang VIII	Anfang VII bis Ende VIII	IX bis Mitte XI	mit Strunk ernten und kopfüber aufgehängt lagern
Porree	bis Ende V	VII bis Mitte VIII	XII bis V	nicht alle Sorten sind winterhart

...nollen dürfen aber nicht dem Sonnenlicht ausgesetzt sein, sonst werden sie grün und enthalten das giftige Solanin. Auch die kleinen oberirdischen Früchte sind giftig und dürfen auf keinen Fall verzehrt werden.

Zwiebelgemüse

...b August sollten die reifenden Zwiebeln auf dem Beet möglichst trocken stehen. Ein Folientunnel als Regenschutz kann dabei sehr hilfreich sein. Wenn das Laub weitgehend abgestorben ist und sich die Zwiebeln fest anfühlen, holt man sie mit der Grabegabel vorsichtig aus der Erde und bewahrt sie zwei bis drei Wochen an einem luftigen, trockenen Platz auf. Zur Aufbewahrung der Zwiebeln kann man sie an ihrem Laub zu einem Zopf flechten oder man hängt sie in Netzen luftig und trocken auf. Beschädigte Zwiebeln sind nicht lange haltbar; man sollte sie daher schnell verzehren.

Winterzwiebeln können jetzt im August ausgesät werden; zu dicht stehende Pflänzchen werden im kommenden Frühjahr herausgezogen. Von raschwüchsigen Sorten sind bereits im späten Frühjahr des kommenden Jahres die ersten kleinen Zwiebeln mit Laub verfügbar. Ein idealer Standort ist der Rand des Erdbeerbeetes.

Ab August können auch die ersten Knoblauchzwiebeln geerntet werden. Im April gepflanzten Sommerporree bis Ende August abernten.

Mehrjähriges Gemüse

Noch bis in den September hinein kann man die Blüten der Artischocke ernten. Sie werden geschnitten, bevor sich die Schuppen violett verfärben. Meerrettichwurzeln nach Bedarf ausgraben. Rhabarber regelmäßig wässern. Spargelbeete unkrautfrei halten und gießen.

ES gibt zahlreiche Varianten der Möhre. Die Auswahl reicht von der kräftigen Lagermöhre bis zur feinen Karotte 'Pariser Markt'.

BAUMOBST

Erntezeit

Frühe Apfel- und Birnensorten sowie Kirschen, Pfirsiche und frühe Pflaumensorten reifen jetzt in Hülle und Fülle heran. Um in den Genuss des vollen Aromas zu kommen, lohnt es sich, zum Frischverzehr die Früchte möglichst lange am Baum ausreifen zu lassen.

Da die Früchte unterschiedlich reifen, pflücken Sie die Bäume am besten mehrmals durch. Den richtigen Erntezeitpunkt erkennen Sie daran, dass sich die Früchte bei leichtem Drehen oder Anheben mühelos vom Fruchtholz lösen. Ernten Sie die Äpfel und Birnen bei trockener Witterung. Pflücken Sie das Obst nach Möglichkeit nachmittags, um die Lagerfähigkeit der Früchte zu erhöhen. Erfahrungsgemäß sind sie zu diesem Zeitpunkt am wenigsten druckempfindlich.

Birnen sollten generell hart geerntet werden. Sie entwickeln ihr köstliches Aroma, wenn Sie die Früchte bis zur Genussreife nachlagern (siehe Tabelle S. 223).

Früchte mit bereits weichem Fruchtfleisch sollten so schnell wie möglich verarbeitet werden, da sie sonst leicht verderben.

Lagern Sie nur einwandfreies Obst ein; Früchte mit Faulstellen,

WAS Sie an frischem Obst nicht direkt verwerten können, frieren Sie am besten ein. Johannis- und Heidelbeeren eignen sich sehr gut dazu.

OBST

verletzter Schale oder sonstigen Beschädigungen werden von Anfang an aussortiert. Achten Sie darauf, den empfindlichen Früchten beim Transport in den Lagerraum keine unnötigen Druckstellen zuzufügen.

Wichtige Pflegearbeiten

Um Astbruch zu vermeiden, sollten Sie reichtragende Äste beizeiten mit stabilen Pfählen oder Holzlatten abstützen (siehe S. 196). Eine weitere hilfreiche Möglichkeit besteht im Aufbinden der Äste. Fallobst sollte nicht unter den Bäumen liegen bleiben, da es Wespen anlockt und vielen Schädlingen als willkommenes Quartier dient. Größere Mengen Fallobst können

DER säuerliche 'Boskoop' ist ein beliebter Backapfel.

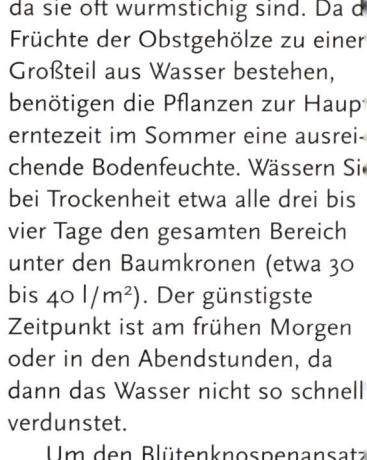

gut zur Saft- und Mostgewinnung verwendet werden.

Für den Frischverzehr sind die vom Baum gefallenen Äpfel und Birnen in der Regel ungenießbar,

DER aus der Kreuzung 'Golden Delicious' x 'Jonathan' hervorgehende 'Jonagold' gedeiht am besten an warmen, geschützten Lagen.

da sie oft wurmstichig sind. Da die Früchte der Obstgehölze zu einem Großteil aus Wasser bestehen, benötigen die Pflanzen zur Haupternteezeit im Sommer eine ausreichende Bodenfeuchte. Wässern Sie bei Trockenheit etwa alle drei bis vier Tage den gesamten Bereich unter den Baumkronen (etwa 30 bis 40 l/m²). Der günstigste Zeitpunkt ist am frühen Morgen oder in den Abendstunden, da dann das Wasser nicht so schnell verdunstet.

Um den Blütenknospenansatz des nächsten Jahres zu fördern, ist

es ratsam, reifen Kompost auf den Baumscheiben zu verteilen. Offene Flächen unter den Obstbäumen können auch mit Gründüngungspflanzen, wie beispielsweise *Phacelia* oder verschiedener Kleesorten, bewachsen werden.

BEERENOBST

Rückschnitt des Beerenobsts

Himbeerruten können direkt nach der Ernte zurückgeschnitten werden. Die Himbeerpflanzen sind Halbsträucher; sie treiben aus dem Wurzelstock Jungruten, die im darauffolgenden Jahr Seitentriebe hervorbringen und

GUTE APFELSORTEN

Sorte	Pflückreife; Genussreife	Geschmack	Bemerkung
'Alkmene'	Ende VIII; ab Ende VIII	süß-säuerlich, aromatisch	kein Lagerapfel
'Berlepsch'	Ende IX bis Anfang X; ab XI	fein säuerlich, aromatisch	guter Lagerapfel
'Boskoop'	Ende IX bis Anfang X; ab XI	säuerlich, würzig	beliebt für Verarbeitung
'Cox Orange'	Mitte IX; X bis II	süß, fein säuerlich	stippeempfindlich
'Elstar'	Anfang IX; ab IX	aromatisch, würzig	Hauptsorte im Erwerbsanbau
'Gala'	Anfang IX; ab IX	saftig, süß	wenig mehltauempfindlich, guter Pollenspender
'Glockenapfel'	Mitte bis Ende X;	frisch, fein säuerlich	guter Lagerapfel
'Gloster'	ab IX; ab X	leicht säuerlich	wenig mehltauempfindlich,
'Golden Delicious'	Ende IX bis Anfang X ab IX	süß, aromatisch, saftig	wenig frostempfindlich
'Goldparmäne'	Mitte bis Ende IX; ab X	süß, würzig	Blüte frostempfindlich
'Gravensteiner'	Ende VIII bis IX; ab VIII	aromatisch	schorf- und mehltauanfällig
'Idared'	X; ab X	saftig, fein säuerlich	guter Lagerapfel
'James Grieve'	Ende VII bis IX; ab VII	aromatisch, würzig	starker Junifall
'Jonagold'	X; X bis II	saftig, süß-säuerlich	frostempfindlich

JE nach Fruchtform teilt man die aromatisch duftenden Quitten in Apfel- (Foto) und Birnenquitten ein.

Auch **Johannisbeer-** und **Stachelbeersträucher** können bereits zur Ernte zurückgeschnitten werden. Entfernen Sie in erster Linie abgetragenes, überaltertes Holz (siehe Zeichnung S. 224).

...ruchten. Danach sterben die ...Ruten ab. Voraussetzung für eine ...eiche Ernte ist daher das regel- ...mäßige Auslichten der abgeernte- ...en Ruten. Mehrmals tragende ...Himbeersorten fruchten bereits ...n den Jungruten, die im gleichen

DIE zimtfarbenen Birnen der Sorte 'Boscs Flaschenbirne' sind sehr saftig.

GUTE BIRNENSORTEN

Sorte	Pflückreife; Genussreife	Fruchtgröße	Geschmack
'Alexander Lukas'	Ende IX bis X; ab X	groß, glatte Schale	süß, saftig
'Boscs Flaschen-birne'	Mitte IX; ab X	dünne Schale	saftig, würzig
'Concorde'	Ende IX; ab X	groß, schlank	saftig
'Conference'	Mitte IX; ab IX	flaschenförmig	süß, sehr saftig
'Clapps Liebling'	Mitte VIII; ab VIII	glatte Schale	fein-säuerlich, saftig
'Elsa'	Anfang X; ab X	raue Schale	süß-säuerlich
'Gellert'	Anfang X; ab X	groß, dicke Schale	aromatisch, saftig
'Gute Luise'	Ende IX bis Anfang X; ab X	mittelgroß, bauchig	saftig, süßsäuerlich
'Jeanne d'Arc'	Ende X; ab XII	groß, feste Schale	süß, sehr saftig
'Paris'	Ende X; ab XII	mittelgroß	süß, raue Schale
'Pastorenbirne'	X; ab XII	groß, glatte Schale	süßlich, saftig
'Petersbirne'	Ende VII; ab VIII	klein, feste Schale	süß, saftig
'Trevoux'	Anfang IX; ab Mitte IX	mittelgroß	süßsäuerlich, saftig
'Williams Christ'	Anfang IX; ab IX	glockenförmig	würzig, sehr saftig
'Vereinsdechant'	Mitte X; ab XI	sehr groß	würzig, süß

Erdbeeren pflanzen

Bevor Sie die Erdbeeren pflanzen, lockern Sie den Boden mit der Grabegabel und arbeiten zur ausreichenden Nährstoffversorgung reichlich Kompost (etwa 5 l/m²) in den Boden ein. Erdbeeren dürfen nicht zu tief gepflanzt werden (siehe S. 225). Wechseln Sie ungefähr alle drei Jahre den Standort der Pflanzen, da sonst leicht Bodenmüdigkeit auftritt und die Erdbeeren schädlingsanfälliger werden. Frühestens alle fünf Jahre können Sie wieder auf den ursprünglichen Standort pflanzen. Um möglichen Pilzerkrankungen vorzubeugen, setzen Sie eine Reihe Steckzwiebeln oder Schalotten

...ahr gewachsen sind. Die herbsttragenden Sorten reifen von Ende ...August / Anfang September bis ...zum ersten Frost. Sie erreichen ...an Erträgen allerdings nur knapp ...30% der sommertragenden ...Sorten.

Schneiden Sie die Ranken so ...ief wie möglich über der Erde zu- ...rück. Achten Sie darauf, dass ...keine Rutenstummel stehen blei- ...ben, da dort leicht Pilzsporen der ...Him-beerrutenkrankheit und ande- ...re Schädlinge überwintern.

DIE ursprünglich aus Frankreich stammende, sehr saftige und süße 'Alexander Lucas' ist heute die verbreitetste Birnensorte.

O B S T

JOHANNISBEERSORTEN

Sorte	Wuchs	Frucht	Geschmack
Rote Johannisbeeren			
'Kordes Trauben-wunder'	mittel, gering verzweigt	hellrot, spät-reifend	säuerlich
'Jonkheer van Tets'	stark, gering verzweigt	dunkelrot; lange Fruchtstände	säuerlich
'Rotet'	stark wachsend	groß, dunkelrot; lang gestielt	säuerlich
'Rosetta'	stark, buschig	blassrosa	säuerlich, aromatisch
Schwarze Johannisbeeren			
'Ben Lomond'	stark, buschig	schwarz, glänzend	aromatisch, säuerlich
'Ometa'	stark, breitbuschig	schwarz	süß, aromatisch
'Rosenthals Lang-traubige Schwarze'	stark, breitbuschig	tiefschwarz	säuerlich, aromatisch
'Titania'	stark wachsend	schwarz, glänzend	aromatisch
Weiße Johannisbeeren			
'Witte von Huisman'	mittelstark	weißlich-gelb	süß, aromatisch
'Primus'	stark wachsend	weißlich	säuerlich
'Werdavia'	stark wachsend	weißlich-gelb	süßsäuerlich

und zur Anlage von Blütenknospen anzuregen, schneiden Sie alle Ablegerranken dicht an der Mutterpflanze ab.

PFLANZEN-SCHUTZ

In den Astgabeln der Obstbäume siedeln sich gerne **Blutläuse** in größeren Kolonien an. Die braunrot gefärbten Läuse sondern watteartige Wachsausscheidungen aus und verursachen Saugschäden, die zu krebsartigen Wucherungen führen können. Die Bekämpfung reguliert sich meist durch die Blutlauszehrwespe. Der Nützling legt seine Eier direkt in die Blutläuse

zwischen die Erdbeeren. Auch Knoblauch wirkt als Zwischenpflanzung im Erdbeerbeet vorbeugend gegen Pilzinfektionen. Wählen Sie verschiedene Sorten mit unterschiedlichen Reifezeiten, um die köstlichen Erdbeeren über einen längeren Zeitraum hinweg ernten zu können. Wässern Sie die Jungpflanzen besonders bei trockener Sommerwitterung ausgiebig und decken Sie danach den Boden mit Mulch ab. Um bereits mehrjährige Erdbeeren noch bis zum Herbst zu stärkerem Wachstum

JOHANNISBEER-STRÄUCHER werden durch das Herausschneiden alter, abgetragener Triebe regelmäßig verjüngt.

DIE ab August reifenden Feigen gedeihen auch als Kübelpflanzen. Mittlerweile gibt es frostharte Sorten wie 'Violetta'.

ab. Hilfreich ist außerdem eine Bepflanzung der Baumscheibe mit der hübschen Kapuzinerkresse, die eine gewisse Abwehrwirkung auf Blutläuse ausübt.

Die gefräßigen Raupen des **Apfelwicklers** suchen jetzt ihre Überwinterungsquartiere auf. Geschützt durch einen festen Kokon verstecken sie sich gerne unter Rindenschuppen der Apfelbäume. Um dies zu verhindern, binden Sie

zu tief   richtig   zu hoch

ACHTEN Sie beim Pflanzen der Erdbeeren unbedingt darauf, dass sie weder zu tief (ganz links) noch zu hoch (rechte Pflanze) im Boden sitzen.

m besten einen Wellpappegürtel m den Stamm, in den sich die Raupen einspinnen. Kontrollieren ie die Fallen regelmäßig. Erneu- rn Sie die Wellpappe bei Bedarf und verbrennen Sie die alte Pappe mit den verpuppten Schädlingen. Schlangenartige Miniergänge an Blättern von Apfel-, Kirsch- und Zwetschenbäumen weisen auf die **Obstbaumminiermotte** hin. Ein rechtzeitiges Zerdrücken der sich in den Blättern befindlichen Rau- pen verhindert weiteren Minier- fraß.

PFLEGEN, ERNTEN UND VERMEHREN

Zu den Routinearbeiten gehören ach wie vor: Boden lockern, Un- kräuter entfernen und Gießen. Das Hacken ist besonders wichtig, da onst die Erdoberfläche verkrustet und hart wird und somit kaum och in der Lage ist, Wasser auf- zunehmen. Ab Mitte des Monats das Düngen einstellen.

Auf bereits abgeernteten und unkrautfreien Beeten Gründün- gung ausbringen. Das lockert den Boden und reichert ihn mit Nähr- stoffen an.

Die Kräuterernte erreicht ihren Höhepunkt. Salbei, Pfefferminze und Zitronenmelisse, solange sie noch nicht blühen, zum Trocknen ernten. Viele Kräuter eignen sich auch zum Einfrieren. Dazu gehö- ren: Basilikum, Kerbel, Estragon, Melisse, Dillkraut, Petersilie und Schnittlauch. Näheres siehe Kasten S. 226. Falls die Samen der fruchttragenden Kräuter wie Dill, Fenchel, Anis oder Kümmel noch nicht geerntet sind, wird es jetzt höchste Zeit. Kräuter wie Laven- del, Rosmarin, Salbei, Thymian, oder Ysop lassen sich in den Som- mermonaten durch Stecklinge ver- mehren. Dazu eignen sich nur Triebe gesunder Pflanzen, die

noch nicht verholzt sind. 6 bis 8 cm lange Triebe unterhalb eines Blattansatzes mit einem scharfen Messer abschneiden, die unteren Blätter vorsichtig entfernen. Dann die Stiele in einen Topf mit sandi- ger Erde stecken. Bis zum An- wachsen eine durchsichtige Plas- tiktüte überstülpen und das Gefäß in den Schatten stellen.

Einige Kräuterporträts

Die **Tripmadam** *(Sedum reflexum)* ist auch als Fetthenne bekannt;

allerdings mehr als ausdauernde Zierpflanze und weniger als Würzkraut für die Küche. Dabei schmecken die fleischigen Blätter frisch und kleingeschnitten lecker an Salaten und Rohkostgerichten. Vorteil: Außer in der Blütezeit oder bei Frost kann man Tripmadam ganzjährig ernten. Das Dickblatt- gewächs bevorzugt durchlässigen Boden und einen möglichst sonni- gen Standort. Trockenheit wird relativ gut vertragen, Nässe hinge- gen überhaupt nicht. Tripmadam lässt sich einfach vermehren. Da-

ANISSAMEN enthalten ein stark duf- tendes Öl, das bei der Aromatisierung von Schnäpsen, Likören und Bonbons Verwendung findet.

KRÄUTER

FENCHEL
(Foeniculum vulgare)
hat wohlschmeckende
Früchte, die wie das
Kraut in der Küche
vielfach Verwendung
finden.

**SO WERDEN
KRÄUTER RICHTIG
EINGEFROREN**

Basilikum, Bohnenkraut, Dill, Estragon,
Kerbel, Liebstöckel, Majoran, Petersilie
und Schnittlauch kann man gut einfrieren.
    Vorteil: Inhaltsstoffe, Aroma und
Farbe bleiben bei dieser Konservierungs-
methode weitgehend erhalten. Nur mit
dem Aussehen hapert es leider. Nach dem
Auftauen sehen Kräuter dann wenig appe-
titlich aus. Daher vor dem Einfrieren por-
tionieren und gefroren verwerten.
    Die Kräuter nach der Ernte abspülen,
trocken tupfen und zerkleinert in Beutel
oder Dosen geben.
Haltbarkeit: 6 bis 8 Monate.

zu die Triebspitze der Pflanze abschneiden, in Erde stecken und
angießen. Innerhalb kurzer Zeit ist
der Stiel bewurzelt.
    Im Garten leider nur wenig be-
kannt ist die **Pimpinelle** *(Sangui-*

sorba minor). Vielmehr begegnet
man dem vitaminreichen Heilkraut wild wachsend häufig auf
Wiesen. Die mehrjährige Pimpinelle ist ein Rosengewächs und gedeiht gut in trockener, kalkhaltiger

Erde. Je mehr Sonne sie abbe-
kommt, um so feiner ihr Aroma.

1

2

3

4

5

6

IM Sommer lassen
sich viele Kräuter leicht
durch Stecklinge ver-
mehren: Dazu mehrere
Zweige mit einem Mes-
ser oder einer Schere
an der Triebbasis (1)
abschneiden. Die obers-
ten 5 bis 7 cm langen
Triebspitzen werden an-
schließend mit einem
scharfen Messer (2) ab-
geschnitten und unten
(3) entblättert. Bohren
Sie mit einem Holzstäb-
chen Löcher in lockeres,
luftiges und zuvor an-
gefeuchtetes Substrat
und setzen Sie die
Stecklinge (4) ein. Zum
Schutz vor Austrock-
nung kann man eine
Plastiktüte, in die man
Löcher für den Gasaus-
tausch gebohrt hat (5),
mit ein paar Strohhal-
men befestigen. Nach
zwei, drei Wochen ha-
ben die meisten Steck-
linge ausgetrieben und
können nun einzeln in
einen Topf mit frischer
Erde gesetzt werden. An-
gießen nicht vergessen!

LINKS: Petersilie ist ein universelles Würzkraut, es passt nahezu an alle Gerichte, außer zu Süßem. Es gibt krause (siehe Foto) und glattblättrige Sorten.

RECHTS: Lavendel ist sicherlich eine der bekanntesten Duftpflanzen. Je nach Art und Sorte variieren die Blütenfarben in verschiedenen Blautönen und Weiß.

Das Wildkraut wird im März, April ins Freiland ausgesät. Es treibt eine tief reichende Pfahlwurzel, weshalb man sie im ausgewachsenen Stadium nicht mehr verpflanzen kann. Die kleinen, gezahnten Blätter würzen fein gehackt Salate. Pflanze zurückschneiden, sie treibt noch einmal aus. Auch der **Spitzwegerich** (Plantago lanceolata) ist ein interessantes Wildkraut und wird im Garten zwar häufig zur

Kenntnis genommen, aber leider nur relativ selten genutzt. Er gedeiht am besten in trockener Erde an einem sonnigen Standort. Das bitter schmeckende Kraut ist äußerst gesund und wohlschmeckend, sofern man nur die jungen, zarten Blätter verwendet. Geben Sie Spitzwegerich klein gehackt unter Salate, speziell im Frühjahr, oder streuen Sie ihn in Suppen.

Ein Kraut, das sich in der Küche immer mehr durchsetzt ist der aromatische Blattkoriander (Coriandrum sativum 'chinesischer'). Man nutzt die Blätter vor allem für asiatische Gerichte, für gedünstete Gemüse und Salate. Diese Koriander-Auslese lässt sich leicht durch Aussaat vermehren oder als fertige Pflanze kaufen. Das Kraut gedeiht gut in der Sonne wie im Halbschatten und braucht nahrhafte Erde.

ERNTEZEIT

Im August beginnt die Erntezeit. Ob Melonen reif sind, erkennt man an ihrem süßlichen Duft. Bei Auberginen verrät die pralle Frucht mit der spiegelnd glänzenden Schale den richtigen Zeitpunkt. Paprika kann man sowohl grün ernten oder noch einige Zeit hängen lassen. Je nach Sorte färben sie sich dann rot oder gelb. Sobald Tomaten und Gurken das Dach erreicht haben, kappt man ihre Triebspitze. Während man die vorgezogenen zweijährigen Sommerblumen im Lauf des Monats auspflanzt, werden Endivie, Kopfsalat und Fenchel für die Herbstkultur ausgesät.

EIN Korb voller gesunder Vitamine: Melone, Gurken, Tomaten, Paprika und Aubergine reifen im eigenen Gewächshaus zu solch appetitlichen Früchten heran.

SEPTEMBER

Es gibt wohl kaum etwas Schöneres, als die Früchte seiner Arbeit zu ernten. Bis es soweit ist, gibt es im Haupterntemonat noch viel zu tun. Um die Lagerfähigkeit zu erhöhen, sollte man Kernobst vor dem Abfallen pflücken. Möhren, Sellerie, Schwarzwurzeln und Weißkohl werden ausgegraben und in Kisten mit Sand eingelagert. Die stärkereichen Kartoffelknollen sind am besten im dunklen, kalten Keller aufgehoben.

TÖPFE und Kübel aus Terrakotta sind wörtlich übersetzt nichts anderes als gebrannte Erde. Das Material wird wegen seiner guten Wasser- und Luftdurchlässigkeit seit der Antike zur Herstellung von Pflanzgefäßen verwendet.

LÄNGST nicht mehr zu den Exoten im Garten zählt der Zuckermais. Der süße Kolben wird in halbreifem Zustand geerntet. Wenn das Gemüse dann nicht sofort in der Küche landet, wird der Zucker in Stärke umgewandelt und die gelben Körner verlieren ihr Aroma.

BLUMEN

SOMMERBLUMEN

Viele Sommerblumen zeigen sich auch im September von ihrer schönsten Seite. Durch regelmäßiges Ausbrechen von Verblühtem lässt sich das Blütenfeuerwerk immer wieder aufs Neue entfachen. Zur Samenbildung sollte man es erst gar nicht kommen lassen, außer natürlich, Sie wollen die Samen Ihrer schönsten Sommerblumen ernten und im nächsten Frühjahr aussäen. Durch die Samenbildung ist für ein Weiterleben

PAMPASGRAS gedeiht am schönsten an einem sonnigen Standort. Die silbrigen Blütenwedel sind ein imposanter Blickfang.

IM September geben blühende Ziergräser dem Garten eine besondere Note. Einjährige Gräser säen sich nach der Blüte oft von selber problemlos aus. Die filigranen Halme von Ziergräsern sind außerdem schmuckes Beiwerk für jeden Sommerblumenstrauß.

der Pflanze gesorgt. Sie treibt deshalb danach nur noch wenig Blüten. Werden welke Blüten allerdings vor der Samenbildung entfernt, blühen viele Sommerblumen pausenlos bis zum ersten Frost. Weniger ausdauernde Sommerblumen, die ihre Hauptblütezeit schon hinter sich haben, können jetzt aus den Beeten abgeräumt werden. Die oberirdischen Pflanzenteile kommen auf den Kompost, die Wurzeln können im Boden bleiben.

RAUBLATT-ASTERN *(Aster novae-angliae)* sind unkomplizierte und robuste Gartenpflanzen. Sie blühen bis in den Oktober hinein.

WICKEN *(Lathyrus odorata)* begeistern nicht nur durch zuverlässigen Wuchs und bezaubernde Blüten; sie sorgen auch für süßen Duft im Garten.

Zweijährige

Vorgezogene Zweijährige werden spätestens im September an ihren endgültigen Platz im Beet gepflanzt, ansonsten erst im nächsten Frühjahr. Sie finden in entstandenen Lücken der Sommerblumen- oder Staudenrabatten oder in einem vorbereiteten Beet Platz. Gießen Sie die Neuankömmlinge gut an und sorgen Sie für lockere Erde. So können die jungen Pflanzen noch vor dem Winter einwurzeln. Wenn Sie nicht alle vorgezogenen Pflanzen aus dem Anzuchtbeet oder dem Anzuchtkasten umpflanzen, so haben Sie im Frühjahr Ersatz für diejenigen Pflanzen, die den Winter im großen Beet nicht ganz so gut überstanden haben.

Einheimische Pflanzen säen

Im September ist der Boden noch warm genug, um für einige einheimische Sommerblumen eine erfolgreiche Keimung zu gewährleisten. Die Samen von Ringelblume, Kamille, Klatschmohn, Jungfer im Grünen, Levkoje, Wicke, Hainblumen oder Kornblumen können jetzt in die Erde. Sie starten im Frühjahr mit einem guten Vorsprung und blühen schon im Juni.

Die im Frühjahr ausgesäten Sommerblumen zeigen vergleichsweise erst einen Monat später ihre Blüten. Nach September sollte nicht gesät werden, damit sich die Pflanzen vor dem Winteranfang noch entwickeln können. Säen Sie früher, würden die Pflanzen zu groß werden und für Kälte und Frost anfälliger sein. Wählen Sie einen sonnigen Standort mit nicht zu nährstoffreichem Boden.

Nachdem sich die jungen Pflanzen entwickelt haben, sorgen Sie ab Oktober für Winterschutz. Eine Abdeckung mit Reisig schützt vor Kälte.

LEVKOJEN *(Matthiola incana*, hier vorn im Bild dunkel-rosa) blühen oft bis in den September hinein. An einem sonnig-warmen Standort auf nährstoffreichem Boden entfalten sich die duftenden Bauerngartenpflanzen am schönsten.

DICTE Stauden- horste können nach dem Ausgraben geteilt werden. Manchmal lässt sich das Wurzel- werk mit der Hand aus- einander reißen (un- ten). Bei verfilzten Wurzelballen tut ein Messer gute Dienste (links). Die Teilstücke sollten anschließend so schnell wie möglich wieder in den Boden gepflanzt werden.

Sie die Stauden aus und teilen Sie die Horste mit einem Spaten oder einer Grabegabel in mehrere Teile. Achten Sie darauf, dass alle Teil- stücke gut bewurzelt sind. Die Teil- stücke werden an den vorgesehe- nen Plätzen wieder eingepflanzt. Der Boden sollte locker und mit einer Dränageschicht versehen sein. Nach dem Pflanzen auch jetzt noch gründlich angießen, da- mit der Bodenschluss wiederher- gestellt wird. An ihrem neuen Platz können die Stauden noch vor dem Winter einwurzeln, um im nächsten Jahr wieder kräftige Horste zu bilden.

Durch Teilung lassen sich auch zu eng stehende Stauden oder alte Pflanzen verjüngen. Sie werden dadurch zu neuem Wachstum und Blütenbildung angeregt.

Im Herbst blühende Stauden, deren Blütezeit jetzt beginnt, teilt man nach dem Flor oder im nächs- ten Frühjahr. Dazu gehören bei- spielsweise Herbstastern oder die hohen Fetthennen-Arten. Im Sep-

tember sollte denjenigen Stauden, die sich auf Kosten anderer Gar- tenpflanzen über den Sommer zu stark ausgebreitet haben, Einhalt geboten werden.

Durch Abstechen mit dem Spa- ten werden Goldfelberich (*Lysima-chia punctata*), Kissenaster (*Aster dumosus*), Goldrute (*Solidago*-Hybriden) oder Polsterstauden wie Glünsel (*Ajuga* spec.), Sternmoos (*Sagina subulata*), Felsennelke (*Dianthus petraeus* ssp. *petraeus*) oder Goldnessel (*Lamium galeob-dolon*) auf ihren Platz verwiesen.

Die meisten Stauden sollten alle zwei Jahre geteilt werden: Herbstastern (*Aster* spec.), Mar- geriten (*Chrysanthemum* spec.), Feinstrahlastern (*Erigeron*-Hyb- riden) und Schwertlilien (*Iris bar-bata*) sind einige Beispiele dafür. Teilen Sie den Rittersporn nur alle drei bis vier Jahre.

Während viele Stauden durch Teilung zu besserem Wachstum angeregt werden, vertragen andere das Teilen weniger gut. Ungestört

STAUDEN

Vorbereitungen

Wer seine Staudenrabatte verän- dern oder ergänzen möchte, sollte jetzt mit den Vorbereitungen be- ginnen.

Vermehren

Zum Teilen von Stauden ist jetzt der richtige Zeitpunkt. Für manche Gartenpflanzen ist solch eine Ver- jüngungskur lebensnotwendig. Horstbildende Gartenstauden wie Rittersporn (*Delphinum*-Hybriden), Bergenien (*Bergenia* spec.) oder Gemswurz (*Doronicum* spec.) las- sen sich im Spätsommer gut durch Teilung vermehren. Teilen Sie jetzt aber nur Stauden, die im Frühjahr oder im Sommer blühen und bereits verblüht sind. Graben

bleiben wollen beispielsweise Prachtspiere (*Astilbe*-Hybriden), Silberkerzen (*Cimicifuga* spec.), Tränendes Herz (*Dicentra spectabilis*), Christrose (*Helleborus niger*), Taglilie (*Hemerocallis*-Hybriden), Freiland-Gloxinie (*Incarvillea* spec.), Pfingstrose (*Paeonia* spec.) und Palmlilie (*Yucca filamentosa*). Empfindlich auf Teilung reagieren auch Akelei (*Aquilegia*-Hybriden) und Türkenmohn (*Papaver orientale*). Sie sollten nur geteilt werden, wenn es unbedingt nötig wird.

Beim Türkenmohn hat sich die Vermehrung durch Stecklinge bewährt. Von September bis Januar legt man einen Teil der fleischigen Wurzeln vorsichtig frei und schneidet mit einem scharfen, sauberen Messer etwa 10 cm lange Wurzelstecklinge ab. Der obere Teil wird gerade abgeschnitten, der untere Teil, der in die Erde kommt, schräg. In lockerer, feuchter Aussaaterde bei Temperaturen um 10 °C beginnen die Stecklinge nach etwa vier bis sechs Wochen auszu-

DAS Lampenputzergras (*Pennisetum* spec.) sollte in keiner Staudenrabatte fehlen. Die Blütezeit beginnt im Spätsommer.

CHRYSANTHEMEN gehören zu den dankbarsten Spätsommerblühern. Mit ihren farbenfrohen Blüten leuchten sie bis in den Herbst hinein.

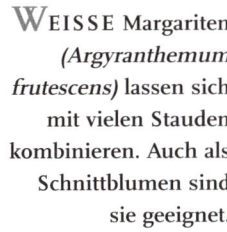

WEISSE Margariten (*Argyranthemum frutescens*) lassen sich mit vielen Stauden kombinieren. Auch als Schnittblumen sind sie geeignet.

treiben. Sobald sich Wurzeln und Blätter gebildet haben, werden die Pflanzen umgetopft.

Neue Blumenbeete anlegen

Möchten Sie im Herbst eine ganz neue Staudenrabatte anlegen, sollten Sie jetzt die ersten Vorbereitungen treffen, damit die neuen Pflanzen rechtzeitig in die Beete können. Wer seinen Boden noch nicht genau kennt, sollte eine Bodenprobe machen lassen, um später geeignete Pflanzen wählen zu können. Die zukünftigen Rabatten werden abgemessen und pflanzfertig gemacht. Soll auf einer Rasenfläche eine neue Rabatte angelegt werden, müssen zunächst die Grassoden abgehoben werden. Mit einem Spaten sticht man viereckige Rasensoden so tief wie nötig ab. Die Grassoden können an anderer Stelle im Garten Verwendung finden oder landen auf

dem Kompost. Mit Spaten und Grabegabel wird der Boden etwa 40 cm tief gelockert und mit Kompost und Pflanzerde vermischt. Muss der Boden verbessert werden, kann jetzt Sand, Lehm oder Gesteinsmehl eingearbeitet werden. Die Beetoberfläche muss fein krümelig sein. Bei gutem Boden kann noch im Oktober gepflanzt werden. Schlechte Böden, die ausgesprochen schwer und verdichtet sind, sollten jetzt nur umgegraben und erst im Frühjahr endgültig bearbeitet und verbessert werden.

Soll ein bereits vorhandenes Beet neu bepflanzt werden, ist auch hier der Boden gründlich zu lockern und mit Kompost zu vermischen. Nehmen Sie noch gut erhaltene Stauden kurzfristig aus den Beeten, um sie auf der neu bearbeiteten Fläche wieder einzusetzen.

Beete abräumen

Langsam lässt die Blütenpracht in den Beeten nach, das Wachstum wird eingestellt. Achten Sie beim Abräumen bereits verblühter Pflanzen auf Krankheiten. Pflanzenteile mit braunen oder welken Blättern deuten auf Schädlingsbefall hin und gehören nicht auf den Kompost, sondern in den Restmüll. Nur so kann eine Übertragung der Krankheiten durch Ausbringen von Kompost im nächsten Frühjahr verhindert werden.

BLUMEN

IN Pflanzkörbe (oben) gesetzt, können Tulpen zum Verwelken nach der Blüte im Frühjahr aus den Beeten genommen werden. Ein Drahtkorb (links) schützt die Zwiebeln vor Wühlmausfraß.

im Frühjahr Blausternchen (*Scilla siberica*), Schneeglöckchen (*Galanthus nivalis*), Buschwindröschen (*Anemone nemorosa*) oder Winterling (*Eranthis hyemalis*). Im Steingarten kommen die Kleinen ganz groß raus: Krokus, Traubenhyazinthen oder die kleinblütigen Narzissen- und Tulpensorten entfalten besonders in kleineren Gruppen ihren natürlichen Charme.

Lassen Sie sich beim Kauf von der Vielfalt der Sorten inspirieren. Achten Sie aber auf gesunde Zwiebeln mit fester, trockener und goldbraun gefärbter Oberfläche. Gerade in Plastikverpackungen werden Zwiebeln leicht von Schimmel- und Fäulnispilzen befallen.

WÄHREND im Bauerngarten noch sommerblühende Zwiebel- und Knollenblumen wie Dahlien blühen, werden jetzt ihre kleineren Geschwister, die im Frühjahr blühenden Zwiebelgewächse, in den Boden gesetzt.

ZWIEBELBLUMEN

Jetzt ist Pflanzzeit für Zwiebelblumen. Ab September werden die kostbaren Schätze in der Erde vergraben, um im Frühjahr Farbe in den Garten zu bringen. Die Sortenvielfalt von Blumenzwiebeln und -knollen ist riesig und für jeden Garten und Standort findet man das Passende. Großblumige Zuchtformen wie die von Tulpen und Narzissen, Kaiserkronen, Hyazinthen oder Lilien kommen besonders schön in Rabatten und Bauerngärten zur Geltung. Vor sonnigen Gehölzrändern leuchten

Zwiebeln pflanzen – Schritt für Schritt

Zwiebeln und Knollen müssen auch richtig in die Erde gesetzt werden. Die Spitze zeigt immer nach oben. Als Faustregel gilt: Zwiebeln und Knolln werden doppelt so tief gepflanzt, wie sie hoch sind. Die kleinen Zwiebelchen von Schneeglöckchen, Traubenhyazinthe, Krokus oder Blausternchen kommen daher nur etwa 5 bis maximal 10 cm tief in den Boden. Tulpen, Narzissen und Hyazinthen liegen schon 15 cm tief und Kaiserkronen müssen ganze 30 cm unter die Erde. Zum Setzen der Zwiebeln ist eine Handschaufel oder ein spezieller Zwiebelpflanzer hilfreich. Der Zwiebelpflanzer (siehe Zeichnung unten) stanzt ein Loch, gerade groß

genug für eine Blumenzwiebel, aus. Wollen Sie in Gruppen pflanzen, heben Sie mit dem Spaten eine Rasensode aus. In das Pflanzloch kommt ganz nach unten eine Dränageschicht aus Kies, denn Staunässe lässt die Speicherorgane leicht faulen. Eine Handvoll organischer Dünger, gemischt mit Gartenerde, ist eine gute Starthilfe für das nächste Frühjahr. Darauf setzen Sie die Zwiebeln. Oft sind auf der Unterseite der Zwiebeln schon die ersten Wurzeln zu erken-

SO werden die „Schätze" vergraben: Legen Sie die Zwiebeln entsprechend tief in das Pflanzloch und füllen Sie dieses anschließend mit lockerer Erde auf. Ein Zwiebelpflanzer erleichtert dabei die Arbeit.

...en. Füllen Sie das Loch anschließend mit lockerer Erde auf. Bei
Ärger mit Wühlmäusen in Ihrem
Garten empfiehlt es sich, die Zwiebeln in Drahtkörbe zu pflanzen. So
ist der Leckerbissen für die Nager
unerreichbar.

Zwiebelblumen verwildern

Viele Zwiebelblumen vermehren
sich leicht selbst, man spricht
auch von Verwildern. Traumen Sie
von einer Blütenwiese aus leuchtend gelben Narzissen oder roten
Tulpen, wählen Sie Sorten, die
zum Verwildern geeignet sind. Sie
müssen winterhart und relativ
anspruchslos sein. Außer Tulpen
und Narzissen eignen sich auch
Buschwindröschen, Winterling
und Blausterne.

Klassisch ist jedoch die Narzissenwiese. Setzen Sie die Zwiebeln
im ersten Jahr in Gruppen von vier
bis sechs Zwiebeln. Aus jeder ge-

pflanzten Zwiebel entsteht eine
Narzisse, an deren Mutterzwiebel
sich Brutzwiebelchen bilden. Dieser „Nachwuchs" zeigt im zweiten
bis dritten Jahr bereits Blüten. Bei
ungestörtem Wachstum und Düngung mit Kompost im Herbst und
im Frühjahr hat sich nach fünf bis
sechs Jahren der Traum von einer
schön blühenden Narzissenwiese
erfüllt.

Auf eines müssen Sie dabei
allerdings verzichten: frühzeitiges
Rasenmähen. Um Kräfte für den
nächsten Austrieb sammeln zu
können, müssen die Zwiebeln
Nährstoffe aus ihren Blättern speichern. Deshalb darf das Laub erst
abgemäht werden, wenn es vollständig verwelkt ist. Das ist meistens erst Ende Juni, Anfang Juli
der Fall.

Es gibt allerdings früh blühende Sorten, die dem Rasenmäher
nicht ganz so lange in die Quere
kommen.

Bunte Planung

Denken Sie bei der Planung Ihres
Zwiebelblumenbeetes daran, dass
auch in den Beeten und Rabatten
die Blätter erst entfernt werden
dürfen, wenn sie vollständig verwelkt sind. Sonst wartet man im
nächsten Jahr vielleicht vergeblich
auf die Blütenpracht. Wer die Möglichkeit hat, pflanzt hohe Frühlingsblüher weiter hinten im Beet oder
zwischen verdeckende Stauden
wie Schleierkraut. Viele setzen ihre
Zwiebelblumen im Herbst auch in
Pflanzkörbe, die sie nach der Blüte
im Frühjahr aus den Beeten nehmen und an anderer, unauffälliger
Stelle im Garten ungestört einziehen lassen.

Übrigens werden jetzt nicht
nur die Frühlingsblüher gesetzt,
auch sommerblühende Arten wie
der Zierlauch oder die Steppenkerze kommen in den Boden (siehe
Tabelle S. 236).

B L U M E N

DIE SCHÖNSTEN ZWIEBELBLUMEN

Deutscher Name (Botanischer Name)	Blütezeit	Wuchshöhe	Farbe	Standort
Riesenlauch (Allium giganteum)	VI bis VII	Bis 150 cm	lila	Sonne
Goldlauch (Allium moly)	V bis VI	30 cm	gelb	Halbschatten
Rosenlauch (Allium oreophilum)	VI bis VII	20 cm	rosa	Sonne
Strahlenanemone (Anemone blanda)	II bis IV	10 cm	weiß, blau, rosa	Sonne bis Halbschatten
Kronenanemone (Anemone coronaria)	IV bis V	30 cm	weiß, blau, rosa, rot	Sonne bis Halbschatten
Prärielilie (Camassia spec.)	V bis VI	40 bis 100 cm	weiß, blau	Sonne
Schneestolz (Chionodoxa spec.)	II bis VI	15 cm	lila, blau	Sonne bis Halbschatten
Krokus (Crocus spec.)	II bis IV	10 bis 20 cm	weiß, gelb, lila, blau, rosa	Sonne bis Halbschatten
Winterling (Eranthis hyemalis)	II bis III	5 bis 15 cm	gelb	Halbschatten
Steppenkerze (Eremurus spec.)	VI bis VII	100 bis 200 cm	gelb, weiß, rosa	Sonne
Hundszahn (Erythronium spec.)	III bis IV	20 cm	gelb, rosa, weiß	Halbschatten
Kaiserkrone (Fritillaria imperialis)	IV	100 cm	orange, gelb, rot	Sonne
Schachbrettblume (Fritilliaria meleagris)	V	20 bis 30 cm	violett, weiß	Sonne bis Halbschatten
Schneeglöckchen (Galanthus nivalis)	I bis III	10 bis 20 cm	weiß	Halbschatten
Hasenglöckchen (Hyacinthoides non-scripta)	IV bis VI	20 cm	blau	Halbschatten
Hyazinthe (Hyacinthus orientalis)	IV bis V	30 cm	blau, rosa, rot, weiß	Sonne
Zwergiris (Iris spec.)	III bis IV	15 cm	gelb, blau, weiß	Sonne
Märzbecher (Leucojum vernum)	III bis IV	20 cm	weiß	Sonne bis Halbschatten
Traubenhyazinthe (Muscari botryoides)	IV bis VI	10 bis 25 cm	blau, weiß	Sonne bis Halbschatten
Narzisse (Narcissus spec.)	II bis V	10 bis 50 cm	gelb, weiß, orange, rosa	Sonne bis Halbschatten
Milchstern (Ornithogalum thyrsoides)	IV bis V	20 bis 30 cm	weiß	Sonne bis Halbschatten
Puschkinie (Puschkinia scilloides)	IV bis V	20 cm	blau	Sonne bis Halbschatten
Blausternchen (Scilla siberica)	III bis VI	10 bis 20 cm	blau, weiß	Halbschatten
Tulpe (Tulipa spec.)	III bis VI	10 bis 60 cm	rot, rosa, weiß, gelb, orange	Sonne

DER Milchstern *(Ornithogalum thyrsoides)* vermehrt sich auf feuchtem Boden im lichten Schatten schnell.

IM Schatten von Gehölzen fühlt sich das kleine Buschwindröschen *(Anemone blanda)* am wohlsten.

RECHTS: Das Blausternchen *(Scilla siberica)* ist ein besonders charmanter Gast im Frühlingsgarten. Es blüht übrigens auch in Weiß.

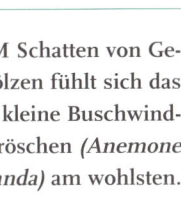

GANZ Rechts: Lilien gelten neben den Rosen als Königinnen unter den Blumen.

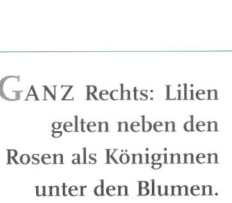

LINKS: Klassisch für jeden Garten: Tulpen in allen erdenklichen Farben und Formen. Manche Sorten blühen bis in den Juni hinein.

RECHTS: Die Kaiserkrone *(Fritillaria imperialis)* zeigt ihre stattlichen Blüten ab April.

BLUMEN

Dahlien

Der September lässt den Sommer in den schönsten Farben ausklingen. Die Stars in vielen Gärten sind jetzt die Dahlien. Im April vorgezogen, blühen sie unermüdlich seit Juni. Im Spätsommer trumpfen sie noch einmal so richtig auf. Die großblütigen Kaktusdahlien leuchten schon von Weitem und bringen Farbe in den Garten. Die schweren Blütenköpfe knicken allerdings leicht ab, deshalb sollte man neue Blütenköpfe rechtzeitig stützen. Verblühtes muss regelmäßig vor der Bildung der Samenkapsel ausgebrochen werden, dann läuft der Blütenmarathon endlos weiter bis zum ersten Frost. Jetzt lassen sich außerdem zauberhafte Sträuße aus großen und kleinen Dahlienblüten binden. Dahlien sind Frostanzeiger. Schon bei Temperaturen von wenig unter Null Grad verfärbt sich ihr Laub braun. Den Knollen in den Beeten dagegen machen leichte Fröste noch nicht aus. Droht allerdings die Erde zu gefrieren, müssen auch sie schleunigst aus dem Boden. Nur in milderen Gegenden können Dahlien oft bis Ende Oktober in den Gärten bleiben. Entfernen Sie die oberirdischen Pflanzenteile, bevor Sie die Knollen vorsichtig aus der Boden nehmen. Säubern Sie die Knollen von der anhaftenden Erde und lagern sie bis zum nächsten Jahr in kleinen Sandkistchen an einem frostfreien Platz.

ROSEN

DÜNGUNG UND BODENVORBEREITUNG

Im September sind Ihre Rosen für eine Düngung mit Patentkali (30 bis 50 g/m²) sehr dankbar, denn das Kalium hilft ihnen bei der Ausreifung der Holztriebe.

Wollen Sie im Herbst neue Rosen pflanzen, können Sie jetzt schon den Standort auswählen und vorbereiten. Geeignet sind sonnige, luftige Plätze im Garten, wo sich weder kalte noch heiße Luft staut. Der Boden sollte locker, humusreich und gut durchlüftet sein. Durchlässigkeit ist ebenfalls wichtig, denn Rosen vertragen keine Staunässe. Der pH-Wert des Bodens liegt optimalerweise bei etwa 6,5. Zur Vorbereitung der Pflanzung ab Oktober entfernen Sie alle Unkräuter und lockern Sie den Boden etwa 50 cm tief. Bei Bedarf können Sie etwas Humus einarbeiten.

Achtung: Falls an diesem Standort bereits vorher für längere Zeit Rosen standen, kann es passieren, dass die so genannte Bodenmüdigkeit auftritt. Die jungen Rosenpflanzen wachsen dann nicht richtig an und kümmern vor sich hin. Als Ursache werden giftige Stoffe vermutet, die im Boden verbliebene Wurzeln der alten Rosen ausscheiden. Bei Bodenmüdigkeit müssen Sie entweder einen neuen Platz für Ihre Rosen suchen oder die alte Erde etwa 50 bis 60 cm tief ausgraben und durch neue ersetzen.

WILDROSEN wie die Hundsrose *(Rosa canina)* verzaubern den Garten im Herbst nur dann mit ihren dekorativen Hagebutten, wenn die verwelkten Blüten im Sommer nicht abgeschnitten werden.

BÄUME UND STRÄUCHER

Pflegearbeiten

Wer im August nicht alle Pflanzarbeiten bei den Immergrünen geschafft hat, kann dies bis Mitte September nachholen. In diese Zeit fällt auch die Möglichkeit, Gehölze im Garten umzupflanzen. Das Umpflanzen geht jedoch gerade bei älteren Bäumen oder Sträuchern nicht mit einem Mal, sondern wird auf zwei Jahre verteilt.

Im ersten Jahr hebt man Mitte August zunächst einen etwa 50 cm tiefen Graben rund um den Stamm aus. Je größer der Baum ist, desto größer sollte der Radius sein, um möglichst viele Wurzeln erhalten zu können. Kräftige Wurzeln, die dabei freigelegt werden, sind mit einem scharfen Spaten oder einer starken Astschere zu kappen. Alle verletzten Wurzeln werden noch einmal nachgeschnit-

WER sich mit fruchtreichen Gehölzen Rotkehlchen und andere Gartenvögel zu Freunden macht, hat auch selbst mehr zu lachen. Denn die zierlichen Tiere machen sich außerordentlich nützlich, indem sie als Pflanzenschutzpolizei Schädlinge als Nahrung nutzen und diese im Zaum halten.

GRÖSSERE Gartenbäume umpflanzen: (1) Graben ausheben, der bis zum Folgejahr durchwurzelt. Im nächsten Jahr den Baum auf einem Holzbrett herausziehen (2) und mit einer Sackkarre (3) transportieren. Bei der Pflanzung (4) gewährleistet ein Pfahl Standfestigkeit.

ten, damit die Wunden rascher verheilen. Anschließend den Graben mit ausgereiftem Kompost oder guter Gartenerde auffüllen. Da der Baum durch den Wurzelverlust in seiner Stabilität beeinträchtigt ist, sollte man ihn mit Holzpfählen abstützen. Bis zum nächsten Sommer wird das Gehölz den Graben mit vielen neuen Wurzeln durchziehen und damit die Ballenränder festigen.

Im August des zweiten Jahres wird der Ballen dann vollends ausgegraben und mit Hilfe eines schrägen Bretts aus der Pflanzstelle gezogen. Die neuen Wurzeln halten den Ballen gut zusammen. Dann wird die Pflanze an ihren neuen Standort gebracht und eingepflanzt.

Erneutes Pfählen und regelmäßiges Gießen erhöhen die Anwuchschancen.

Gehölze für Tiere

Im September leuchtet und blitzt es überall im Garten. Die Ziergehölze haben ihren Fruchtschmuck angelegt. Darüber freuen sich nicht nur die Gartenbesitzer, sondern auch die Vögel und zahlreiche Säugetiere wie Igel und Siebenschläfer. Wer sie gezielt anlocken möchte, kann sich eine Ecke mit Vogelnährgehölzen einrichten.

Auch Hecken sind für diesen Zweck beliebt. Sträucher, auf die Vögel fliegen, sind: Zierquitten (*Chaenomeles* spec.), Hartriegel (*Cornus mas*), Felsenbirne *(Amelanchier lamarckii)*, Sanddorn *(Hippophaë rhamnoides)*, Weißdorn *(Crataegus monogyna)*, Zierkirschen und Zieräpfel *(Prunus* und *Malus* spec.), Kreuzdorn *(Rhamnus cathartica)*, Wolliger Schneeball *(Viburnum lantana)*, Gold-Johannisbeere *(Ribes aureum)*, Wilder Wein *(Parthenocissus tricuspidata/quinquefolia)*, Vogelbeeren *(Sorbus aucuparia)*, Feuerdorn *(Pyracantha coccinea)* und natürlich Wildrosen, Holunder und Haselnüsse. Auch unter den Nadelgehölzen sind einige Futterpflanzen wie der Wacholder *(Juniperus communis)*.

Wer aber nicht nur für Vögel und Säugetiere, sondern auch für Insekten im Garten etwas tun möchte, pflanzt Blütengehölze, die reichlich Pollen tragen. Dazu gehören Feldahorn *(Acer campestre)*, Lederhülsenbaum *(Gleditsia triacanthos)* und Weide *(Salix* spec.).

Viele andere Gartenbewohner wie Käfer sind auf Altholz im Garten angewiesen. Wenn es irgend-

VÖGEL ernähren sich nicht ausschließlich von Insekten, Spinnen und Würmern. Gerne naschen sie im Herbst auch die eine oder andere Beere im Garten. Lassen Sie immer ein bisschen für die kleinen und zum Teil seltenen Gartengäste wie diesen Gartenrotschwanz übrig.

wie möglich ist, sollte man deshalb überlegen, ob man einen altersschwachen Baum gleich fällt oder als Lebens- und Nahrungsraum erhält. Das morsche Holz ist wie geschaffen für Nester und Legeröhren. Von den schlüpfenden Insekten ernähren sich wiederum Vögel, Fledermäuse und andere Tiere und der Kreislauf schließt sich. Auch der Mensch profitiert von einem intakten Gefüge im Garten, denn die kleinen wie großen Gartengäste helfen, Schäd-

linge in Zaum zu halten. Die Früchte im Ziergarten verleiten nicht nur die Tiere zum Naschen.

Aussaat gesammelter Samen

Viele Früchte von Ziergehölzen lassen sich zu Säften oder Konfitüren verarbeiten. Oft verwendet man dabei nur die Samenmäntel und das Fruchtfleisch. Das Innere, die Kerne, bleibt übrig. Anstatt sie wegzuwerfen, sät man sie aus. Die Samen werden gründlich vom Fruchtfleisch gereinigt, gewaschen und abgetupft. Die meisten unserer Gartengehölze werden sofort ausgesät. Wer die Samen einige Zeit lagern möchte, vermischt sie mit feuchtem, grobem Sand, füllt das Gemisch in einen Plastikbeutel und stellt es für einige Wochen zugeschnürt in den Kühlschrank.

Vor der Aussaat brauchen einige Samen eine besondere Behandlung. Besonders hartschalige werden an einer Seite mit einer Feile eingeritzt, damit sich der Keimling leichter aus der Schale befreien kann. Kann man die Samen nicht in den Fingern halten, reibt man sie zwischen Schmirgelpapier. Viele Samen keimen besser, wenn man sie zusätzlich vorquellen

DER Herbst lädt ein zum Schmücken und Dekorieren. Nicht nur das bunte Herbstlaub, auch die vielfältigen Früchte inspirieren zu Gestecken für Haus und Wohnung. Wer kann da schon den leuchtend pinkfarbenen Beeren des Liebesperlenstrauchs *(Callicarpa bodinieri)*, den weißen Kugeln der Schneebeere *(Symphoricarpos albus)* und den Mini-Äpfelchen der Zier-Apfelbäume widerstehen?

lässt. Dazu werden sie einige Stunden in lauwarmes Wasser gelegt. Am besten eignet sich hierfür eine ausgediente Thermoskanne, die das Wasser länger warm hält.

Dann wird eine Aussaatschale mit Anzuchterde gefüllt, mit einem Brett leicht angedrückt und mit einer feinen Brause angegossen. Die Samen darauf streuen, große einzeln im Abstand von 5 cm hineinlegen. Leicht mit gesiebter Erde überzuckern und mit

nach draußen stellen – optimal ist ein Frühbeetkasten. Erst im Frühjahr siebt man die Samen dann wieder heraus und sät sie in normale Erde. Keimen auch dann nur wenige, wird die Stratifikation (Kältebehandlung) im Winter wiederholt.

Bodenvorbereitung und Pflanzung

Wer plant, eine größere Pflanzfläche mit Gehölzen anzulegen, soll-

ihn mit wertvollen Nährstoffen an und erleichtert dadurch bei größeren Flächen die Pflanzung im Frühjahr. Für die Septembersaat kommen winterharte Gründüngungspflanzen in Frage wie Luzerne *(Medicago sativa)*, Winterwicke *(Vicia villosa)*, Esparsette *(Onobrychis viciifolia)*, Ölrettich *(Raphanus sativus var. oleiformis)* und Winterraps. Die Pflanzfläche wird umgebrochen, die Krume zerkleinert und grob eben gerecht. Darauf die

DIE orangefarbenen Früchte des Sanddorns *(Hippophaë rhamnoides)* sind sehr reich an Vitamin C.

RECHTS: Der Feuerdorn *(Pyracantha coccinea)* ist im Herbst so dicht mit leuchtenden Beeren bedeckt, dass sich die Zweige unter der Last neigen.

einer Schicht feinem Kies oder Vermiculite abdecken. Zum Schluss die Saatschalen mit einem feinmaschigen Draht als Schutz gegen Tiere überziehen und nach draußen an einen geschützten Platz stellen. Noch besser ist ein Frühbeetkasten, in dem die Samen vor Mäusen sicher sind. Kontrollieren Sie nach einigen Wochen, ob die Keimlinge an die Drahtabdeckung stoßen und entfernen Sie diese rechtzeitig, bevor sich die Pflänzchen krümmen müssen.

Einige heimische Gehölze wie die Felsenbirne, der Sanddorn oder das Pfaffenhütchen brauchen eine Frostperiode, um die so genannte Keimruhe zu durchbrechen. Sie werden stratifiziert. Dazu die Samen in einem Tontopf lagenweise zwischen ein feuchtes Torf-Sand-Gemisch schichten und

te nichts überstürzen. Obwohl im nächsten Monat noch einmal Hochsaison zum Pflanzen laubabwerfender Gehölze ist, sollte man gerade auf schweren, lehmigen Böden zuvor Gründünger einsäen. Das lockert den Boden, reichert

Gründüngungspflanzen säen, die bis zum Wintereinbruch einen dichten Blätterteppich entwickeln werden. Sie bleiben bis zum Frühjahr auf den Beeten und werden einige Wochen vor der Pflanzaktion in den Boden eingearbeitet.

IGEL sind Allesfresser, die neben Insekten und anderen Kleintieren gerne an den Früchten des Gartens naschen, die über Nacht überreif zu Boden gefallen sind.

RASEN UND WIESE

IM September wird die Blumenwiese (1) zum zweiten Mal geschnitten (2). Lassen Sie beim Mähen kleine Inseln (3) als Rückzugsmöglichkeiten für die Insekten und Kleinstlebewesen stehen.

PFLEGEN UND NEU ANLEGEN

Im September wird der Rasen weiterhin wöchentlich gemäht. Ende des Monats kann man die Mähintervalle in kühleren Regionen schon verlängern.

Die Blumenwiese wird im September zum zweiten Mal geschnitten. Um die zahlreichen Lebewesen in dem Wiesenbiotop nicht auf einen Schlag ihres gewohnten Lebensraums zu berauben, empfiehlt es sich, die Wiese in zwei Arbeitsgängen zu schneiden, die etwa 14 Tage auseinander liegen (siehe Zeichnung oben).

Guter Termin für Neuanlage

Das feucht-warme Septemberklima ist sehr günstig für die Neuaussaat eines Rasens oder einer Blumenwiese. Die einzelnen Arbeitsschritte sind auf S. 91 f. dargestellt.

Wenn Sie den Rasen dieses Jahr erst einmal gedüngt haben, können Sie im September eine zweite Düngung verabreichen. Ab Ende September sollte nur noch mit rein organischem Rasendün-

ger gearbeitet werden, damit über Winter keine Nährstoffe ausgewaschen werden. Stark verfilzte Rasenflächen werden im September vertikutiert. Nähere Informationen dazu finden Sie auf S. 58 bis 59. Filz und Moos aus dem Rasen sollten im Gegensatz zum Rasenschnitt nicht als Mulchschicht im Gemüsebeet ausgebracht werden. Entweder geben Sie den Vertikutierabfall in die Grüne Tonne oder Sie kompostieren das Material unter Zusatz von Gartenkalk und stickstofffreien Gartenabfällen.

WASSERGARTEN

PFLEGEARBEITEN ZUM HERBSTBEGINN

Laub, das in den Teich fällt, stellt ein großes Problem für die Wasserqualität und somit die Gesundheit des Teiches dar. Wenn das Laub auf den Teichboden sinkt, beginnt es dort zu faulen. Dem Wasser wird dadurch viel Sauerstoff entzogen, was für alle Teichlebewesen vor allem im Winter gefährlich ist. Durch verrottendes Laub reichert sich das Teichwasser zudem mit Nährstoffen an. Das kann wiederum im Frühjahr zu Problemen mit Algen führen. Gelangen große Mengen Laub in den Teich und verrotten, verändern die sich zersetzenden Laubbestandteile außerdem den pH-Wert des Wassers. Bevor die ersten Blätter fallen, sollte deshalb ein sehr

SCHILF und Röhricht in herbstlicher Färbung werden jetzt noch nicht abgeschnitten. Sie sollten bis zum Frühjahr stehen bleiben. Wachsen viele Bäume rund um den Teich, muss er rechtzeitig vor hineinfallendem Laub geschützt werden.

feinmaschiges Laubfangnetz (in Windrichtung) über den Teich gespannt werden. Bei kleineren Teichen, oder wenn Laub trotz Netz hinein fällt, kann man es auch mit einem Kescher aus dem Wasser fischen. Natürlich sollte das Laubfangnetz gelegentlich geleert werden. Wenn sehr viel Laub darin liegt, und vor allem, wenn es nicht weit genug über den Teichrand gespannt ist, kann ein kräftiger

Wasserpflanzen pflanzt man wie Seerosen allerdings besser im Frühjahr. Wer im Sommer sorgfältig notiert hat, wo noch ein paar Farbtupfer fehlen oder Blütenfarben nicht harmonieren, kann jetzt neu dazu pflanzen oder nicht so gelungene Gruppierungen umpflanzen. Auch niedrige Teichpflanzen, die von hoch wachsenden verdeckt werden, setzt man nun an andere Plätze.

EIN feinmaschiges Laubfangnetz verhindert, dass Laub in den Teich fällt. Es wird schräg in der Windrichtung über die Teichfläche gespannt und am Rand befestigt.

EIN abwechslungsreich bepflanzter Teich nach natürlichem Vorbild ist auch im Herbst ein Blickfang im Garten.

Windstoß leicht eine größere Menge Blätter ins Wasser wehen. Die Mühe, den Teich vor hineinfallendem Laub zu schützen, sollte man sich unbedingt machen. Wer darauf verzichtet, riskiert im Winter und im nächsten Frühjahr Probleme mit der Wasserqualität, die die Freude am Teich im wörtlichen Sinn trüben können.

Pflanzung und Vermehrung

Wie im übrigen Garten ist jetzt auch rund um den Teich Pflanzzeit für Stauden. Auch Gehölze können gepflanzt werden (eine Auswahl siehe S. 244). Dabei bietet sich gleichzeitig die Gelegenheit, das Teichufer umzugestalten. Zwei Gestaltungsanregungen finden Sie auf den Seiten 269 und 270.

Gleichzeitig ist jetzt für die meisten Pflanzen rund um den Teich ein guter Zeitpunkt, um sie durch Teilung zu vermehren. Bei Teichrose (*Nuphar* spec.), Hechtkraut (*Pontederia cordata*) oder Schwertlilien (*Iris* spec.) beispielsweise trennt man Tochterrhizome ab.

Stauden unter anderem die Seggen (*Carex* spec.), Wasserdost (*Eupatorium cannabium*), Sumpfvergissmeinnicht (*Myosotis palustris*) und viele andere vermehrt man wie die meisten Stauden, indem man mit dem Spaten den Wurzelstock teilt und die eine

LAUB bringt zu viele Nährstoffe in den Teich. Wer kein Laubfangnetz aufgespannt hat, sollte die Blätter mit einem Kescher aus dem Wasser fischen.

Hälfte an anderer Stelle wieder in die Erde setzt. Bei Tannenwedel (Hippuris vulgaris) und Goldfelberich (Lysimachia nummularis) werden einfach die Ausläufer von der Mutterpflanze abgetrennt und wieder eingepflanzt.

Weitere Pflegearbeiten

Für wärmebedürftige Teichpflanzen wie Wasserhyazinthe (Eichhornia crassipes), Muschelblume (Pistia stratiotes), Schwimmfarn (Salvinia natans) und tropische Seerosenarten wird es jetzt nachts schon zu kühl. Sie werden aus dem Teich geholt und in einem Wasserbehälter bei Temperaturen von mindestens 22 °C und viel Licht überwintert.

    Umfangreichere Vorbereitungen auf den Winter sind ab Ende September vor den ersten Nacht-

GEHÖLZE FÜR DEN TEICHRAND

Deutscher Name (Botanischer Name)	Wuchshöhe	Besonderheit
Fächerahorn (Acer palmatum)	bis 5 m	schöne Herbstfärbung
Felsenbirne (Amelanchier lamarckii)	bis 8 m	weiße Blüten im April
Zwergbirke (Betula nana)	bis 1 m	nieder liegende Zweige
Blumenhartriegel (Cornus spec.)	bis 7 m	Blüten mit dekorativen Hochblättern
Sternmagnolie (Magnolia stellata)	bis 3 m	weiße Blüten im Frühling vor dem Laub
Robinie (Robinia hispida 'Macrophylla')	bis 3 m	rosafarbene Blüten von Mai bis Juni
Weide (Salix spec.)	bis 6 m	passt gut zu Naturteichen
Schneeball (Viburnum spec.)	bis 4 m	weiße bis rosa Blüten von Mai bis Juni

frösten fällig. Bis dahin sind rund um den Teich nur die üblichen Pflegearbeiten nötig: Verwelkte Blüten werden regelmäßig entfernt. Welke Blätter, die vom Ufer ins Wasser ragen, schneidet man ab. Wuchernde Pflanzen im und am Teich werden ausgelichtet.

SO LANGSAM WIRD ES HERBST

Obwohl die meisten Pflanzen in den Balkonkästen noch gut aussehen, treten doch schon einmal Lücken auf. Um diese geschickt zu kaschieren, können Sie jetzt überall angebotene Topfdahlien und niedrige Astern pflanzen. So übersteht das Arrangement noch eine Weile. Wer noch freie Töpfe hat oder schon welche freigemacht hat, weil die Sommerblumen nicht mehr gut aussahen, kann nun Topfalpenveilchen (Cyclamen spec.), Strauchveronika (Hebe spec.) oder Chrysanthemen (Dendranthema spec.), die es in zahlreichen Blütenfarben gibt, als Herbstschmuck auspflanzen. Wenn Sie Balkon und Terrasse im nächsten Jahr mit Immergrünen im Topf, wie Rhododendren, Buchs oder Nadelgehölzen, bereichern möchten, können Sie sie jetzt bereits in die Gefäße setzen. Bis zum Winter bilden sie dann ausreichend neue Wurzeln. Zimmerpflanzen, die einige Wo-

chen frische Luft geschnuppert haben, sollten jetzt wieder ins Haus geräumt werden. Kontrollieren Sie die Pflanzen auf Krankheiten und Schädlinge und die Töpfe auf unerwünschte Untermieter wie Ameisen, Asseln und Schnecken. Empfindliche Kübelpflanzen wie

BELIEBTE ZIERGRÄSER FÜR BALKONKÄSTEN UND KÜBEL

Deutscher Name (Botanischer Name)	Höhe	Blütezeit	Standort
Zittergras (Briza maxima)	40 cm	V bis VI	sonnig bis halbschattig
Japan-Segge (Carex morrowii)	20 bis 50 cm	V bis VI	schattig
Gelbbuntes Japan-Berggras (Hakonechloa macra 'Aureola')	40 bis 60 cm	VIII bis X	schattig
Blaustrahlhafer (Helictotrichon sempervirens)	50 bis 150 cm	VI bis VIII	sonnig
Mähnengerste (Hordeum jubatum)	40 bis 70 cm	VI bis VIII	sonnig
Hasenschwanzgras (Lagurus ovatus)	20 bis 40 cm	V bis VIII	sonnig
Pfeifengras (Molinia caerulea)	30 bis 90 cm	VI bis IX	sonnig bis halbschattig
Rutenhirse (Panicum virgatum)	80 bis 100 cm	VIII bis IX	sonnig
Lampenputzergras (Pennisetum alopecuroides)	50 bis 80 cm	VIII bis IX	sonnig
Kleines Pampasgras (Pennisetum setaceum)	70 bis 90 cm	VIII bis X	sonnig

Engelstrompete (*Brugmansia spec.*) und Veilchenstrauch (*Iochroma spec.*) schützen Sie mit einer Vliesabdeckung vor möglichen ersten Frösten.

Blumenzwiebeln in Töpfen

Zwiebel- und Knollenpflanzen begeistern nicht nur im frühlingshaften Ziergarten. Sie können sie im Frühjahr auch auf Balkon und Terrasse in Töpfen zum Leben erwecken. Entweder füllen Sie jeweils nur eine Pflanzenart in jeden Topf oder Schale oder gleich eine ganze Gruppe. Das hat den Vorteil, dass Sie sich über Wochen an der blumigen Pracht im Gefäß erfreuen können. Das Gefäß sollte frostfest sein und einen Abzug für Wasser besitzen. Dann füllt man eine Drainageschicht aus Blähton und darauf eine Schicht gedüngte Blu-

STECKLINGE vom Oleander: Der Oleanderstecking wird in ein Bewurzelungspulver getaucht, die Blätter etwas eingekürzt und in ein Torf-Sand-Gemisch gesteckt.

FOLIE über eingesteckten Holzstäbchen befestigen. Unter der Folie herrscht hohe Luftfeuchtigkeit, die die Stecklinge zum Bewurzeln benötigen.

menerde ein. Die größten Zwiebeln kommen zuunterst, dann wieder Erde, die nächstkleineren Zwiebeln darauf, wieder Erde, bis zuletzt die kleinsten Gewächse oben liegen und von der letzten Erdschicht bedeckt werden. Stellen Sie die so vorbereiteten Gefäße geschützt auf Balkon und Terrasse auf und bedecken Sie sie bei Frost mit Sackleinen oder Tannenreisig. Rechtzeitig im Frühjahr am gewünschten Ort aufstellen und die Blütenpracht genießen. Nach der Blüte die Zwiebeln mit organischem Volldünger versorgen und die Töpfe in den Garten stellen. Im Herbst wieder frostfrei halten und im nächsten Frühjahr aufstellen.

LINKS: Für Herbststimmung auf „Balkonien" sorgt ein Potpourri aus Blumen, hübschen Blattpflanzen, Obst, Kräutern und Gemüse.

RECHTS: Einen Vorsprung haben Zwiebeln im Topf: Über einer wasserdurchlässigen Schicht werden die Blumenzwiebeln oder Knollen ihrer Größe nach in lockeres Substrat geschichtet und zum Überwintern abgedeckt.

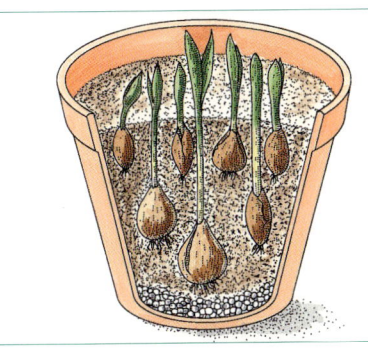

GEMÜSE

ARBEITEN FÜR DIE EINZELNEN GEMÜSE

Der September ist der Haupterntemonat des Gemüsejahres. Vor allem Beete mit kälteempfindlichen Fruchtgemüse-Arten und die restlichen Bohnen werden in kühleren Gegenden bis Ende des Monats geräumt. Viele Wurzelgemüse-Arten können dagegen noch bis Oktober auf den Beeten bleiben.

Wer Gemüse für längere Zeit lagern will, tut das, falls vorhanden, in einem kühlen, aber frostfreien, dunklen Kellerraum. Alternativ dazu eignet sich für die Lagerung ein Frühbeetkasten oder ein selbst angelegtes Erdlager. Im September füllen späte Kartoffelsorten den Lagerraum. Ideal für die Lagerung ist eine Kartoffelkiste aus Holz. Möhren und Rote Bete halten sich noch länger, wenn man sie in leicht feuchten Sand einschlägt.

Wenn Sie jetzt auf abgeräumten Beeten eine Wintergründüngung aussäen, ist der Boden den ganzen Winter über bedeckt und die Auswaschung von den im Sommer über nicht genutzten Nährstoffen deutlich reduziert. Günstig sind Winterroggen oder Winterweizen mit 180 bis 200 g Saatgut auf 10 m². Nach der Überwinterung wird die Grünmasse im April / Mai zerkleinert und leicht eingearbeitet; 14 Tage später können die Beete dann wieder bestellt werden.

Salat

Die Pflanzung neuer Sätze von Kopf-, Pflück- und Schnittsalat lohnt jetzt nicht mehr. Wenn man die Strünke vom Kopfsalat aberntet, treiben sie jedoch noch einmal aus und liefern frisches Grün. Im Gegensatz zum Kopf-, Schnitt- und Pflücksalat behalten Eissalat und Römischer Salat gekühlt einige Zeit ihre Frische.

Kohlgewächse

Nach der Ernte von Kohlrabi sofort die Blätter entfernen; sonst entziehen sie der Knolle Feuchtigkeit. Die Herbstsorten von Blumenkohl und Brokkoli sind erntereif. Falls Sie bei der Ernte von Weiß-, Rot- und Wirsingkohl feststellen, dass die Wurzeln von Kohlhernie befallen und dadurch gallenartig verdickt sind, die Pflanzenreste nicht auf den Kompost geben, sondern besser über den Hausmüll entsorgen. Damit die Rosenkohl-Ernte reich ausfällt, kann man ab Mitte September bei frühen Sorten die Triebspitze um 2 bis 3 cm einkürzen. Das Längenwachstum stoppt, und die Pflanze steckt ihre ganze Kraft in die Ausbildung der Röschen. Obwohl Grünkohl an Klima und Boden nur geringe Ansprüche stellt, kann Nährstoffmangel, Bodenverdichtung oder Staunässe zu einem vorzeitigen Vergilben der Blätter führen. Bei mangelnder Nährstoff-

IM September wird Chinakohl erntereif; die geernteten Köpfe können Sie im Gemüselager kopfüber am Strunk aufhängen.

KOHL, Möhren oder Rettich halten sich noch länger, wenn man sie in Sand einlagert. Sand schützt die Früchte vor Austrocknen und Fäulnis.

versorgung werden zunächst die unteren Blätter gelb und sterben ab. Als Soforthilfe eignet sich ein schnell wirkender mineralischer Dünger. Geernteten Chinakohl kann man am Strunk im Lagerraum kopfüber aufhängen.

Weitere Blattgemüse

Damit Endivien nicht so bitter schmecken, sollte man sie 10 bis 14 Tage vor der Ernte bleichen. Dazu die Köpfe mit einer Schnur zu-

HÄUFIG wird das Gemüse, das jetzt im September vom Beet geholt wird, nicht sofort verzehrt, sondern in einem geeigneten Raum oder in der Erdmiete eingelagert.

ammenbinden, so dass kein Licht mehr an die inneren Blätter gelangt. Viele der heute angebauten Sorten sind allerdings bei relativ engem Stand selbst bleichend. Man kann daher bei ihnen auf das Zusammenbinden verzichten. Freie Beete kann man mit Feldsalat einsäen.

Von der Salatrauke (Ruccola) können Sie einige Pflanzen voll erblühen lassen und später reife Samen ernten, die man wie Senfkörner in der Küche verwenden kann.

Zuckerhut und Chicorée benötigen, gerade bei einer milden September-Witterung, ausreichende

Wassergaben – achten Sie darauf. Ende September können Sie noch Spinat für die Überwinterung aussäen. Geernteter Spinat sollte frisch verzehrt werden, denn die Blätter verlieren schnell an Festigkeit. Sie eignen sich allerdings gut zum Einfrieren.

Stangensellerie wird im September weitgehend abgeerntet; das früher übliche Bleichen vor der Ernte ist bei den heute verbreiteten Sorten nicht mehr nötig.

Reifen Fenchel zur Ernte am Wurzelhals abschneiden und die Blattstiele einkürzen.

Mangold können Sie weiterhin nach Bedarf ernten.

Fruchtgemüse

Unregelmäßige Wasserversorgung führt bei Tomaten zum Platzen der Früchte; deswegen bei trockener Witterung nach wie vor gut wässern. Seitentriebe weiterhin ausgeizen und die Triebspitze kappen, falls das im August noch nicht geschehen ist. Tomatenfrüchte reifen noch gut aus, wenn man sie rechtzeitig mit Folienhauben vor Kälte schützt. Für die ebenfalls frostempfindliche Gurke, Paprika, Aubergine und Zucchini gilt: Bis Ende des Monats wird in Gegenden mit kühlem Klima abgeerntet; in wärmeren Gegenden

LINKS: Grüne Paprikafrüchte können während der Reife ganz neue Farben annehmen. Am bekanntesten sind die roten Früchte; es gibt aber auch gelbe und lilafarbene Varianten.

RECHTS: Der Kürbis ist das klassische Erntegemüse des Herbstes.

GEMÜSE

RHABARBER-STAUDEN kann man jetzt teilen und damit vermehren. In der Regel reichen ein bis zwei kräftige Stauden für einen Haushalt aus.

morgens mit der Grabegabel aus der Erde holt, sie tagsüber auf den Beeten liegen lässt und erst abends das Laub abdreht. Knollensellerie bei trockener Witterung wässern. Ende September kann man schon die ersten Schwarzwurzeln ernten. Jetzt ist auch Erntezeit für späte Kartoffelsorten Achten Sie darauf, dass die Erdfrüchte beim Herausholen nicht beschädigt werden. Nur trockene Kartoffeln eignen sich für die Einlagerung im Keller. Wichtig: Kartoffeln dunkel lagern, sonst werden sie grün. Ideal sind Lagertemperaturen zwischen 5 und 7°C Bei zu warmer Lagerung schrumpeln die Früchte und treiben aus; bei zu kühler Lagerung werden sie süß. Kontrollieren Sie eingelagerte Kartoffeln regelmäßig auf eventuell auftretende Bakterienfäule. Befallene Kartoffeln sofort aus dem Lagerraum entfernen und in den Müll geben.

BESONDERS praktisch ist eine Holzkiste, aus der die geernteten und eingelagerten Kartoffeln von unten entnommen werden können. Die Schlitze zwischen den Holzlatten lassen von allen Seiten genug Luft an die Kartoffeln.

Wurzelgemüse

Anfang des Monats ausgesäte Radieschen werden im Herbst noch erntereif. Rettiche und Möhren werden weiterhin nach Bedarf geerntet. Ende des Monats kann man auch die ersten Pastinakenwurzeln aus dem Boden holen. Man kann den Nitratgehalt bei erntereifen Knollen der Roten Bete ein wenig senken, wenn man die Pflanzen an einem bedeckten Tag

können die Pflanzen bis in den Oktober hinein auf den Beeten stehen bleiben. Kürbis verträgt zwar etwas mehr Kälte als die oben genannten Arten, sollte aber in sehr kühlen Lagen ebenfalls rechtzeitig geerntet werden. Geerntete Maiskolben bitte schnell verzehren; Sie verlieren sonst schnell ihren aromatisch-süßen Geschmack.

Hülsenfrüchte

Von Busch- und Stangenbohnen ist im Herbst nicht mehr viel zu erwarten; in der Regel werden die Pflanzen bis Ende September abgeerntet und man kann die Beete räumen. Das Bohnenzelt über Winter nur stehen lassen, wenn es sturmsicher in der Erde befestigt ist; einfacher ist es – auch wegen der anstehenden Bodenbearbeitung – die Bohnenstangen abzubauen.

DIE Sellerieknollen haben sich bei ausreichender Düngung bis zum September bereits zu stattlichen Exemplaren entwickelt.

GEMÜSE

SCHWARZWURZELN können jetzt geerntet werden. Zur Lagerung die Wurzeln am besten in feuchten Sand einschlagen.

dekorativ ist es, das Laub mehrerer Pflanzen zu einem Zopf zu flechten. Anfang September kann man Porree noch einmal anhäufeln, damit die Pflanzen lange, weiße Schäfte entwickeln. Der von Mai bis Juni gepflanzte Herbstporree ist jetzt erntereif. Porree hinterlässt einen stark durchwurzelten Boden, was sich positiv auf die Bodenlebewesen auswirkt.

Zwiebelgemüse

Um das Ausreifen der Gemüsezwiebeln zu fördern, kann man sie leicht mit der Grabegabel anheben, ohne sie auszugraben. Die meisten Wurzeln verlieren so den Bodenkontakt und die Blätter sterben schneller ab. Das früher oft praktizierte Umtreten des Laubs ist nicht zu empfehlen.

Einige Knoblauchsorten entwickeln Schäfte mit Brutzwiebeln. Das sind voll ausgereifte Jungpflanzen, die sich gut zur Vermehrung eignen. Dazu werden sie gepflückt und in ein vorbereitetes Beet in Reihen gesteckt, wo sie noch in diesem Jahr austreiben. Im nächsten Jahr entwickeln sie sich zügig weiter und bilden kleine Knollen. Wenn das Blattwerk der Knoblauchpflanzen im Beet eingetrocknet ist, werden sie bei trockener Witterung aus der Erde geholt. Am besten hängt man sie an einem überdachten Platz im Freien zum Trocknen auf. Praktisch und

Mehrjähriges Gemüse

Im September endet die Ernte von Blütenknospen der Artischocke. Meerrettich wird weiterhin nach Bedarf geerntet.

Rhabarberstauden kann man jetzt ausgraben und vermehren. Dazu werden sie mit einem Spaten geteilt und in Erde gepflanzt, die vorher gut mit reifem Kompost angereichert wurde.

BAUMOBST

OBST

Im Spätsommer und Herbst reifen neben Äpfeln und Birnen auch Haselnüsse, Walnüsse, Mandeln, Feigen und Kiwis heran.

Sobald sich die **Haselnüsse** braun verfärben, können sie durch Schütteln der Sträucher geerntet werden. Die Nüsse sollten ausgereift sein, da sie sonst vorzeitig schrumpfen und nicht lange haltbar sind. Wer sie nicht sofort verzehrt, lagert die Haselnüsse zum Trocknen etwa zwei bis drei Wochen an einem luftigen Ort.

Bis auf das regelmäßige Entfernen aus der Unterlage herauswachsender Bodentriebe (bei auf Baumhasel veredelten Sorten), brauchen die robusten Haselnusssträucher kaum Pflege. Im Abstand von etwa zwei Jahren werden zu dicht wachsende Sträucher ausgelichtet, damit genügend Licht ins Kroneninnere fällt.

Die anspruchslosen **Walnussbäume** sind ebenfalls sehr pflegeleicht. Da sie von Natur aus eine lockere Krone bilden, fallen in der Regel keine Schnittmaßnahmen an. Wenn der Baum jedoch zu groß wird, schneidet man jetzt im Spätsommer ganze Äste direkt an der Austriebsstelle heraus.

Da die Walnuss zum Bluten neigt, sind ihre Schnittwunden sofort mit Wundverschlussmitteln zu behandeln. Sobald die fleischigen, grünen Fruchtschalen aufplatzen und sich von den Nüssen lösen, sind diese vollreif und können aufgelesen werden. Schütteln Sie die Walnüsse am besten mit einer Stange vom Baum herunter und lesen Sie die Nüsse rasch auf, um sie vor Nässe und Fäulnis zu schützen.

FRISCH geerntete Äpfel lassen sich über Wochen im kühlen Obstlager aufbewahren.

OBST

Sind die Nüsse ausreichend getrocknet, können sie bis zu einem Jahr aufbewahrt werden.

Ähnlich wie bei den Walnüssen reifen auch die **Mandeln** in Schalen heran. Sobald sich die grünen, flaumig behaarten Früchte öffnen, sind die Mandeln vollreif. Die geeignete Baumform der Mandel ist die Hohlkrone (siehe S. 31). Ein regelmäßiger Schnitt fördert die Fruchtbarkeit, da Mandelbäume nur am einjährigen Holz Blütenknospen bilden.

Pflückreife und Genussreife

Äpfel und Birnen müssen eine bestimmte Fruchtreife entwickelt haben, bevor man das Obst erntet. Der richtige Zeitpunkt dieser Pflückreife, der vor der eigentlichen Genussreife liegt, ist für die Haltbarkeit und den Geschmack der Früchte von großer Bedeutung. Wird zu früh geerntet, schmecken die Früchte fad und neigen zum frühzeitigen Schrumpeln. Pflücken Sie die Äpfel zu spät, werden sie im Obstlager schnell mehlig-weich. Beginnen Sie mit der Ernte, wenn sich die Früchte leicht vom Zweig lösen und die Farbe der Fruchtschale eine gelblich-grüne Grundfarbe angenommen hat. Ein weiteres Kriterium ist die Farbe des Frucht-

SELTENE OBSTARTEN

Deutscher Name (Botanischer Name)	Wuchsform, Wuchshöhe	Standort- ansprüche	Reifezeit
Feige (Ficus carica)	baumartig, bis 10 m	sonnig, wind- und frostgeschützt	VIII bis XI
Holunder (Sambucus nigra)	baumartig, bis 7 m	frischer, stickstoffreicher Boden	IX bis X
Josta (Ribes nidigrolaria)	strauchartig	tiefgründiger Boden; windgeschützt	ab VII
Nashi (Pyrus pyrifolia)	baumartig, bis über 10 m	humusreicher, tiefgründiger Boden; sonnig, geschützter Standort	IX bis XI
Preiselbeere (Vaccinium vitis-idaea)	Zwergstrauch, bis 30 cm hoch	saurer Boden	VIII bis IX
Weintraube (Vitis vinifera)	Kletterpflanze, am Spalier aufleiten	tiefgründig; frost- und windgeschützt	IX bis XI

ERST zur Vollreife der Walnüsse öffnen sich die fleischigen, grünen Fruchtschalen.

fleisches und die Braunfärbung der Kerne. Schneiden Sie dazu einen Apfel auf. Ist das Fruchtfleisch leicht gelb gefärbt und sind die Kerne mittelbraun, ist der

Apfel pflückreif. Achten Sie darauf, dass die Früchte keine Druckstellen bekommen und trocken gelagert werden. Je nach Sorte benötigen Äpfel und Birnen einige Wochen bis Monate, um im Lager bis zur Genussreife nachzureifen (Tabelle S. 222 und 223).

Lagerung von Äpfeln und Birnen

Zur Obstlagerung eignet sich am besten ein frostfreier Kellerraum, bei 1 bis 5 °C und 85 bis 95 % Luftfeuchte. Obst und Gemüse sind getrennt voneinander zu lagern, da die Äpfel das Reifehormon Ethylen ausscheiden, das Gemüse schnell welk werden lässt. Um ein Schrumpeln der Früchte zu vermeiden, lagern Sie das Obst am

HOLUNDER-BEEREN, Esskastanien, Walnüsse, Pfirsiche, Quitten, Trauben und Äpfel sind auch optisch ein Genuss.

SOLCHE wunderschönen, großen Apfelbäume werden kaum noch gepflanzt, da sie nur schwer zu beernten sind.

EIN ideales Obstlager. Überdeckt man die einzelnen Lagen zusätzlich mit Zeitungspapier, schrumpeln die Früchte nicht so schnell.

Schneiden Sie dazu einjährige Langtriebe und teilen Sie diese in Triebstücke mit je etwa sechs Augen. Entblättern Sie anschließend die Triebe, um die Verdunstung zu verringern. Danach werden die Steckhölzer an einem

besten in mit Lochfolie ausgeschlagenen Holzkisten. Wer über genügend Platz verfügt, kann die Früchte auch auf Holzregalbrettern ruhen lassen. Darüber gebreitetes Zeitungspapier mindert die Verdunstung der Früchte. Kontrollieren Sie das Obst in regelmäßigen Abständen auf Fäulnisbefall.

Fallobst aufsammeln

Zu früh vom Baum gefallenes, nicht verwertbares Obst wird regelmäßig aufgesammelt.

Entsorgen Sie die Früchte nicht über den Kompost, da sich sonst

im Fallobst eingenistete Schädlinge im ganzen Garten verbreiten. Wer das Obst im Garten vernichten möchte, gräbt es am besten mindestens einen halben Meter in den Boden ein, um die Schädlinge abzutöten.

BEERENOBST

Steckhölzer von Johannisbeeren

Ende September ist die ideale Zeit zum Vermehren von Johannisbeersträuchern durch Steckhölzer.

PFLÜCKREIFE: Äpfel lösen sich beim Drehen der Frucht leicht vom Baum.

halbschattigen Standort so tief in lockere, feuchte Erde gesteckt, dass nur noch zwei Augen zu sehen sind. Im Frühjahr treiben die Aststücke aus. Wer die Triebstücke erst im Frühjahr stecken möchte, bündelt die entblätterten Hölzer und gräbt diese mit der Spitze nach unten an einen schattigen Platz im Garten ein.

Erdbeeren wässern

Um einen reichen Blütenansatz – und somit eine optimale Ernte – im kommenden Jahr zu fördern, brauchen die Erdbeerpflanzen bei trockener Witterung ausreichend Wasser. Regelmäßige Düngegaben stärken die Pflanzen zusätzlich.

OBST

IN Markenbaum-
schulen bekommen Sie
qualitativ hochwertige
Ware mit gut durch-
wachsenen Wurzel-
ballen.

SCHÄDLINGE,
die den Stamm hoch
laufen, bleiben an den
klebrigen Leimringen
hängen.

PFLANZENSCHUT

Zur Erntezeit tritt an den heranrei
fenden Früchten häufig **Monilia-
Fäule** auf. Durch winzige Beschädigungen gelangen die Pilzsporen
in das Fruchtgewebe. Sammeln Si
die befallenen Früchte und Fruchtmumien auf und entsorgen Sie
diese über den Hausmüll.

Die winzigen **Obstbaumspinn
milben** können bei Massenauf-
treten ganze Äste zum Absterben
bringen. Die zu den Spinnentierer
zählenden, rotgefärbten Milben
verursachen starke Saugschäden.
Abhilfe schafft das Entfernen der
stark befallenen Pflanzenteile.

Im Beerenobst richtet der
Johannisbeer-**Glasflügler** großen
Schaden an. Die Larven höhlen
vor allem die Triebe der schwarzer
Johannisbeere aus und bringen
dadurch die Pflanze zum
Absterben. Schneiden Sie die wel-
kenden Triebe dicht über dem
Boden ab und entsorgen Sie die
Zweige über den Hausmüll aus
Ihrem Garten.

Rückschnitt des Beerenobsts

Alte, abgetragene Himbeerruten
werden jetzt direkt über dem Erd-
boden mit einer scharfen Schere
abgeschnitten. Wichtig dabei ist,
dass keine Rutenstummel zurück-
bleiben, damit sich den Winter
über keine Pilze und Ungeziefer
einnisten können. Mit dieser Maßnahme beugen Sie der Himbeer-
rutenkrankheit vor.

Wenn Sie im Herbst neues
Beerenobst pflanzen möchten,
achten Sie auf Qualität. Gute Ware
mit ausreichender Bewurzelung
beziehen Sie über Obstbaumschu-
len. Da das Anwachsen und die
spätere Entwicklung der Obstgehölze auch von der Qualität des
Bodens abhängt, sollte man die
Pflanzstelle gut vorbereiten.

HIMBEERRUTEN
auslichten: Um die Er-
tragsfähigkeit der
Himbeeren zu erhal-
ten, werden die abge-
ernteten Ruten jeden
Herbst knapp über der
Bodenoberfläche
abgeschnitten.

DER HERBST BEGINNT

DIE wohlduftende Indianernessel kann überall stehen: im Kräuterbeet, Zier- oder Nutzgarten. Am besten ist die Wirkung, wenn man sie in Gruppen pflanzt.

wohnern Nordamerikas geschätzt wurde. Ihre dekorativen Blüten bringen Leben ins Kräuterbeet. Vorausgesetzt sie steht in feuchter, humusreicher Erde. Die Pflanze bevorzugt einen sonnigen Standort. Man vermehrt sie durch Aussaat im März und nach etwa zwei, drei Jahren im Herbst durch Teilung des flachen Wurzelstocks. Indianernesseln wirken besonders schön in Gruppen. Die roten, ungewöhnlichen Blüten erfreuen uns über viele Wochen hinweg. Die Indianernessel duftet durch und

Die Kräuterernte abschließen und nur noch für den täglichen Gebrauch schneiden. Ende des Monats mehrjährige Kräuter wie Pfefferminze, Zitronenmelisse, Schnittlauch oder Estragon durch Wurzelstockteilung vermehren. Schnittlauch zum Antreiben im Winter frühestens Ende des Monats aus dem Boden nehmen. Der Wurzelballen muss offen liegen und einige Male durchfrieren. Knoblauch für die nächste Som-

merernte jetzt stecken. Wurzeln von Meerrettich, Beinwell, Löwenzahn und Engelwurz können ab Ende des Monats ausgegraben werden.

Kräuterporträts

Die **Indianernessel**, häufig auch Scharlach-Goldmelisse oder Pferdemelisse genannt, gedeiht relativ anspruchslos. Sie ist eine Teepflanze, die schon von den Urein-

EINFASSUNGEN aus Kräutern sind schön und praktisch zugleich: Bei regelmäßigem Rückschnitt bilden die Kräuter niedrige Hecken, welche die Beete nicht beschatten. Geeignet sind z.B. Kombinationen aus Oregano und Gundelrebe (rechts) oder aus Katzen- und Pfefferminze (ganz rechts).

ANANASSALBEI *(Salvia elegans)* ist nicht winterhart. Das Kraut verströmt einen intensiven ananasartigen Duft. Ein köstliches Teekraut.

durch erfrischend. Die Blüten können für Tee oder als essbare Dekoration für Salate und in der Dessertküche verwendet werden.

Einen wunderbar belebenden Fruchtduft verströmt auch die **Zitronen-Monarde** *(Monarda citriodora)*, die bereits im Juni mit herrlichen lila bis rosa gefärbten Blüten die Blicke auf sich zieht.

Oregano *(Origanum vulgare ssp.)* wird auch Dost oder Staudenmajoran genannt. Er ist bei uns heimisch, kommt aber nur an warmen, trockenen Standorten vor. Von *Origanum* gibt es zahlreiche Arten und Sorten, die sich in Blütenfarbe, Wuchs und vor allem im Aroma unterscheiden.

Der weißblütige **Griechische Oregano** *(Origanum heracleoticum)* hat einen sehr hohen Gehalt

OREGANO ist ein aromatisches Würzkraut für Fleischgerichte, Pizza und Salatsoßen.

an ätherischen Ölen. Die frischen oder getrockneten Blätter und Blüten dieser Pflanze verleihen vielen Gerichten den typischen Oregano-Geschmack. Die Ausläufer treibenden Stauden bilden 30 bis 60 cm hohe Stiele, die von Juli bis September blühen. Oregano braucht einen sonnigen Standort, damit er reichlich Aroma ausbilden kann. Die Erde muss durchlässig und leicht kalkhaltig sein. Trockenheit wird eher vertragen als Nässe. In niederschlagsreichen Sommern leidet das Aroma stark. Im Frühjahr die Pflanzen knapp über dem Boden abschneiden, sie treiben wieder dicht aus, und organisch düngen. Oregano wird durch Aussaat im Frühjahr oder durch Wurzelausläufer vermehrt. Geerntet werden Triebspitzen und Blätter nach Bedarf, wobei die Würzkraft während der Blütezeit am höchsten ist. Sehr attraktiv sind auch

der buschige Zwerg-Oregano *(Origanum vulgare 'Compactum')* und der weißbunte *(Origanum vulgare 'Variegata')*.

Der im Sommer unermüdlich blühende **Frauenmantel** *(Alchemilla xanthochlora)* ist vor allem als schmückendes Kraut beliebt. Die relativ niedrig bleibende Staude wird gerne als Bodendecker und zur Beeteinfassungen verwendet. Frauenmantel steht am besten sonnig und in humusreichem, etwas feuchtem Boden. In der Küche findet Frauenmantel keine Verwendung, dafür jedoch als Hausmittel; als Tee bei Frauenbeschwerden zum Beispiel.

Aromatischer, aber in Gärten selten anzutreffen ist das verwandte zierliche **Silbermänteli** *(Alchemilla alpina)*. Man erntet das blühende Kraut, trocknet es behutsam und gibt es unter Haustee-Mischungen.

SILBER- UND GRAULAUBIGE KRÄUTER

Kreta-Kamille *(Antemis cretica* ssp. *cretica)*; Wermut *(Artemisia absinthum)*; Edelraute *(Artemisida nitida)*; Currykraut *(Helichrysum angustifolium)*; Lavendel *(Lavandula angustifolia)*, verschiedene Sorten; Rosmarin *(Rosmarinus officinalis)*; Salbei *(Salvia officinalis)*; Heiligenkraut *(Santolina chamaecyparissus)*; Tripmadam *(Sedum reflexum)*

HERBSTARBEITEN

Die Ernte im Gewächshaus läuft auch im Herbst weiter auf vollen Touren. Tomaten, Paprika, Gurken, Auberginen und Melonen bringen laufend köstliche Früchte hervor. Oftmals zeigen sich an Tomaten- und Gurkenpflanzen jetzt vermehrt gelbe Blätter, die von Pilzen oder Schädlingen befallen sind – ein Zeichen dafür, dass die Pflanzen nach dem Sommer „ausgepowert" sind. Da der späte Einsatz von Bekämpfungsmitteln kaum noch Erfolg zeigt, ist es besser, man erntet die Früchte im Lauf dieses Monats komplett ab.

Herbstkulturen pflanzen

Der frei werdende Platz von Tomaten- und Gurkenpflanzen kann gleich für die im Vormonat gesäten Herbstkulturen genutzt werden. Damit Endiviensalat noch genügend Zeit hat, sich zu entwickeln, sollte man ihn bereits Anfang September ins ungeheizte Gewächshaus pflanzen. Im beheizten Haus kann damit hingegen noch zwei Wochen gewartet werden. Auch Kopfsalat kommt jetzt ins Grundbeet. Wer noch einmal Kohlrabi und Fenchel heranziehen möchte, braucht dafür unbedingt ein beheiztes Gewächshaus.

UM zu vermeiden, dass die schweren Früchte der Melonenpflanze die Triebe zum Boden ziehen oder die Melonen frühzeitig abfallen, sichert man sie mit Netzen. Die Netze wiederum befestigt man an einem zusätzlich gespannten Seil am Gewächshausdach.

Winterkulturen aussäen

Bei den Terminen für die Anzucht von Spinat und Feldsalat machen sich zu Herbstbeginn die Unterschiede zwischen unbeheiztem und beheiztem Glashaus wieder deutlich bemerkbar. Während es im unbeheizten Haus Mitte bis spätestens Ende September ausgesät werden muss, kann man damit im beheizten Haus durchaus bis Ende Oktober fortfahren.

Ungetrübter Lichtgenuss

Die lichtarme Jahreszeit rückt jetzt immer näher. Damit die Gewächshaus-Bewohner trotzdem soviel Licht wie möglich abbekommen, empfiehlt es sich, nochmals gründlich die Scheiben zu reinigen. Frostnächte gibt es im September zwar selten, doch sollte man schon mal Wärmedämmplatten und Noppenfolie bereit halten.

LINKS: Die Reife der Tomaten im Herbst kann man mit Hilfe von überreifen Bananen oder Apfelschalen, die man in die Pflanze hängt, beschleunigen.

RECHTS: Auberginen sollten bei der Ernte noch fest anzufassen sein.

OKTOBER

Die letzten warmen Tage des Jahres nutzt man im Garten am besten für die Vermehrung von Stauden und Gehölzen sowie für die Ernte von spät reifenden Äpfeln. Aus dem jetzt noch liegen gebliebenen Fallobst lässt sich Saft für den Winter keltern. Der Saft ist aromatischer, wenn dafür nicht das süße Tafelobst, sondern die alten, gerbstoffreichen Mostobstsorten ausgepresst werden.

WENN im Spätherbst die wärmenden Strahlen der Sonne langsam nachlassen, zaubert uns die Blüte des Stiefmütterchens einen zweiten Frühling in unsere Gärten.

DIE aus Nordamerika stammende Kürbiswelle hat auch bei uns viele Freunde gefunden. Das handlichrunde Dekomaterial gibt es in immer neuen Farben und Formen und lässt sich, wie hier im Bild links zu sehen, gut mit Terrakotta kombinieren.

BLUMEN

SOMMERBLUMEN

Selbst für die Dauerblüher im Sommerblumenbeet ist die Saison nun endgültig vorbei. Das unermüdliche Fleißige Lieschen bringt kaum noch Blüten hervor und die noch vor ein paar Wochen so reich blühenden Schmuckkörbchen bieten nunmehr einen traurigen Anblick.

Zeit zum Aufräumen

Es genügt, wenn Sie die oberirdischen Pflanzenteile der Sommerblumen abschneiden, die Wurzeln werden in der Erde von Mikroorganismen abgebaut und ergeben einen willkommenen Dünger im nächsten Frühjahr. Kontrollieren Sie die Pflanzen auf Schädlinge und Pilzbefall, bevor sie in den Kompost kommen. Besteht der Verdacht auf eine Krankheit, geben Sie die Pflanzenteile vorsichtshalber in den Restmüll, um so einer weiteren Krankheitsverbreitung über den Kompost vorzubeugen. Oft fallen Ihnen beim Abräumen der Blütenstände kleine Samenkörner in die Hände. Möchten Sie im nächsten Jahr selbst aussäen, sammeln Sie die Samen in geschlossenen Gefäßen bis zum nächsten Frühjahr und säen dann auf der Fensterbank oder im Freiland aus.

DER Höhepunkt der Sommerblumen ist nun vorbei. Merken Sie sich diejenigen Arten und Sorten, die sich bewährt haben, und sichern Sie deren Saatgut für das kommende Jahr.

STAUDEN

Auch die Staudenbeete werden auf die kältere Jahreszeit vorbereitet. Entfernen Sie verwelkte Pflanzenteile und schneiden Sie verblühte Stauden bodennah zurück. Einige Samenstände bieten allerdings auch im Winter einen hübschen Anblick. Dazu gehören die Blütenstände der Fetthenne (*Sedum telephium*) oder der Schafgarbe (*Achillea millefolium*). Wildstauden werden ebenfalls nicht zurückgeschnitten. Sie bieten Vögeln im Winter eine willkommene Nahrungsquelle. Mit Raureif überzuckert, sind sie ein schöner Blickfang im Garten. In den Beeten sollten jetzt alle Unkräuter gründlich entfernt werden, denn sonst starten sie als Erste im nächsten Jahr in die neue Saison.

Neuanlage Schritt für Schritt

Der Oktober ist die beste Zeit für die Neuanlage von Staudenbeeten und Pflanzzeit für frühjahrs- und sommerblühende Stauden. Zuvor muss der Boden gründlich vorbe-

LINKS: Die Glattblatt-Aster *(Aster novi-begii)* trumpft bis in den Oktober hinein mit ihren vielen Sorten auf.

RECHTS: Die Samenernte von Sommerblumen macht nicht viel Mühe. Eine Aussaat im nächsten Frühjahr ist auf alle Fälle einen Versuch wert.

VIELE Stauden wie die Akelei (*Aquilegia* spec.) bilden Samen, die sich leicht ernten lassen. Legen Sie die reifen Samenstände zum Trocknen an einen warmen, dunklen Ort. Die Samen verwahren Sie bis zum nächsten Jahr in Papiertüten auf.

reitet werden. Jeder Neupflanzung geht außerdem eine Planung voraus. Die Wahl geeigneter Stauden richtet sich nach dem zukünftigen Standort. Folgende Standortkriterien müssen geprüft werden: Sonne, Schatten, Halbschatten, Bodenfeuchtigkeit, Bodentyp. Je nach Standortbedingungen werden entsprechende Pflanzen ausgewählt.

Ein Staudenbeet wird am schönsten, wenn die ganze Saison hindurch einige Stauden blühen. Kombinieren Sie im Beet also immer früh mit spät blühenden Arten. Wenn frühjahrs blühende Stauden von Sommer- und danach von Herbststauden abgelöst werden, steht Ihrem Blütenmarathon nichts mehr im Wege. Pflanzen Sie von einer Art oder einer Sorte immer mindestens drei Pflanzen in kleinen Gruppen zusammen.

Berücksichtigen Sie außerdem die Wuchshöhe der Stauden. Man unterscheidet zwischen so genannten Leitstauden, Füllstauden und Begleitstauden. Leitstauden sind Pflanzen mit hohem Wuchs, die dem Beet seine Struktur verleihen und als Höhepunkte die Blicke auf sich ziehen. Typische Leitstauden sind beispielsweise Rittersporn oder Königskerzen. Sie platziert man in Beeten oder Rabatten ent-

GRÄSER wie das Pampasgras (*Cortaderia selloana*, links, weiß) geben Vorgärten eine besondere Note. Mit ihren Federbüschen sind sie im Oktober ein Blickfang. Auch Fuchsschwanz (*Amaranthus caudatus*, Mitte) und Fetthenne (*Sedum telephium*, rechts, rote Blüte) sind im Herbst eine Bereicherung.

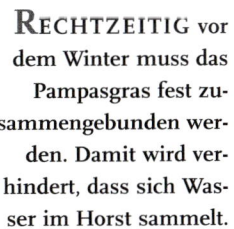

RECHTZEITIG vor dem Winter muss das Pampasgras fest zusammengebunden werden. Damit wird verhindert, dass sich Wasser im Horst sammelt.

FRÜHJAHRSBLÜHENDE STAUDEN

Deutscher Name (Botanischer Name)	Blütezeit	Wuchshöhe	Farbe	Standort
Gänsekresse (Arabis caucasica)	III bis IV	15 cm	weiß	Sonne
Adonisröschen (Adonis vernalis)	IV bis V	20 cm	goldgelb	Sonne
Purpurgünsel (Ajuga reptans)	V bis VI	15 cm	lilablau	Sonne bis Halbschatten, feucht
Blaukissen (Aubrieta spec.)	IV bis V	10 cm	blau, violett	Sonne, kalkliebend
Bergenie (Bergenia cordifolia)	IV bis V	30 cm	purpur	Sonne bis Halbschatten, feucht
Hornkraut (Cerastium arvense)	IV bis V	15 cm	weiß	Sonne
Gemswurz (Doronicum orientale)	IV bis V	40 cm	goldgelb	Halbschatten, feuchter Boden
Elfenblume (Epimedium spec.)	IV bis V	30 cm	verschiedene Farben	Halbschatten
Leberblümchen (Hepatica spec.)	III bis IV	10 cm	blau	Halbschatten, warm
Schleifenblume (Iberis sempervirens)	V	20 cm	weiß	Halbschatten, kalkliebend
Küchenschelle (Pulsatilla vulgaris)	III bis IV	20 cm	violett, rosa, weiß	Sonne, kalkhaltiger Boden
Porzellanblümchen (Saxifraga umbrosa)	V bis VII	20 bis 30 cm	weiß-rosa	Halbschatten
Immergrün (Vinca minor)	IV bis V	15 cm	blau	Schatten, warm
Duftveilchen (Viola odorata)	III bis IV	10 cm	blauviolett	Schatten, warm

sich konkurrierenden Pflanzen zu vermitteln. In der Sonne kommen dafür Bergenien oder Schleierkraut in Frage, im Schattenbeet übernehmen Funkien die Funktion der Füllstauden. Besonders schnell oder langsam wachsende Stauden sollten in eigenen Gruppen angeordnet werden.

Ganz wichtig bei der Planung ist natürlich auch die Blütenfarbe. Sie haben die Wahl zwischen einfarbiger oder mehrfarbiger Beetgestaltung. Pflanzen Sie doch einmal ein Beet ganz in Ihrer Lieblingsfarbe, Ton-in-Ton. Wer es bunt mag, kombiniert kräftige Blütenfarben miteinander. Weiße Blüten vermitteln bei einer mehrfarbigen Bepflanzung zwischen Farben, die nebeneinander weniger gut harmonieren würden.

Bevor Sie pflanzen, stellen Sie die Neuen samt Topf auf die Beete, um sich einen Gesamteindruck der Anordnung zu verschaffen. Was nicht ins Bild passt, kann so immer noch umgestellt werden. Erliegen Sie nicht der Versuchung, die neuen Stauden zu eng nebeneinander zu pflanzen, denn sie brauchen ausreichend Platz, um sich zu entfalten.

Tauchen Sie jeden Topf, bevor Sie die Pflanze herausnehmen, so lange in einen Eimer Wasser, bis keine Luftblasen mehr aufsteigen. Damit erhält die Staude von Anfang an genügend Feuchtigkeit.

Das Pflanzloch sollte etwa doppelt so tief und breit wie der Wurzelballen sein. Ist der Boden schwer, füllen Sie eine Dränageschicht aus Kies in das Pflanzloch, um Staunässe zu vermeiden. Der Wurzelballen wird anschließend in Pflanzerde eingebettet, festgetreten und gründlich angegossen. Das Pflanzen sollte allerspätestens Mitte des Monats abgeschlossen sein, damit gewährleistet ist, dass die neuen Stauden vor dem ersten Frost noch gut einwurzeln können.

weder hinten oder in die Mitte der Beetfläche.

Sie werden von niedrigeren Pflanzen umgeben, den Begleitstauden. Diese weisen eine kompaktere Wuchsform auf und sollten in Farbe und Struktur zu den Leitstauden passen. Achten Sie darauf, die niedrigsten Stauden

nach vorne zu pflanzen. Sie sollten nicht von ihren Nachbarn verborgen werden.

Füllstauden verfügen meistens über ein imposantes Blattwerk oder filigrane Blüten und lassen sich mit fast allen anderen Stauden kombinieren. Sie haben die Aufgabe, zwischen auffälligeren,

SPATEN, Besen, Rechen und Schubkarre sind im Oktober unentbehrliche Helfer bei der täglichen Gartenarbeit.

ZWIEBELBLUMEN

Im Oktober können immer noch Zwiebelblumen in den Garten gesetzt werden, die im nächsten Jahr den Frühling einläuten sollen. Auch sommerblühende Zwiebel- und Knollenblumen, die winterhart sind, können jetzt noch in den Boden.

Nicht alle Zwiebelblumen vertragen jedoch Frost. Sie müssen vor dem Winter ausgegraben werden und an einem frostfreien Ort bis zum nächsten Frühjahr gelagert werden.

Folgende Arten sind nicht winterhart: Sterngladiole (*Acidanthera bicolor*), Knollenbegonie (*Begonia*-Hybriden), Indisches Blumenrohr (*Canna-Indica*-Hybriden), Dahlie (*Dahlia*-Hybriden), Freesie (*Freesia*-Hybriden), Kaphyazinthe (*Galtonia candicans*), Gladiole (*Gladiolus*-Hybriden), Ruhmeskrone (*Gloriosa superba*), Blutblume (*Haemanthus natalensis*), Jakobslilie (*Sprekelia formosissima*), Tigerblume (*Tigrida pavonia*). Am besten überwintert man die Zwiebeln und Knollen in kleinen Holzkistchen, die mit Sand aufgefüllt werden. Zuvor werden die vertrockneten Stiele und Blätter abgeschnitten. Entfernen Sie anhaftende Erde von den Zwiebeln und Knollen.

Beschriften Sie jede Art und Sorte, damit Sie im nächsten Jahr nicht den Überblick verlieren.

Der Überwinterungsort kann dunkel und muss frostfrei sein. Einzelne Zwiebeln und Knollen sollen so platziert werden, dass sie sich nicht berühren. Zu hohe Luftfeuchtigkeit sollte vermieden werden, da die Zwiebeln und Knollen sonst leicht zu faulen beginnen.

Während der Lagerung sollten die Zwiebeln und Knollen hin und

DAHLIEN ins Haus holen: (1) Rechtzeitig vor dem ersten Bodenfrost müssen Dahlienknollen aus der Erde geholt werden. Mit einer Grabegabel geht das am besten.

(2) VOR dem Einlagern der Knollen im Winterlager werden sie gründlich gesäubert. Schneiden Sie nach dem Herausholen alle oberirdischen Pflanzenteile ab.

(3) NACHDEM die Knollen an einem luftigen, frostfreien Platz abgetrocknet sind, werden sie in Kistchen mit Torf oder Sand gelegt.

wieder kontrolliert werden. Entfernen Sie Faulstellen sofort mit einem sauberen, scharfen Messer.

Lilien pflanzen

Im Oktober können Sie Lilien pflanzen. Die Zwiebeln werden etwa doppelt so tief in den Boden gesetzt, wie sie hoch sind. Die meisten Lilien fühlen sich auf nährstoffreichem, feuchtem Boden wohl, der neutral bis schwach sauer sein sollte. Sorgen Sie für guten Wasserabfluss im Boden, denn Lilien reagieren sehr empfindlich auf Staunässe. Eine Dränageschicht im Pflanzloch ist bei schweren Böden unerlässlich.

HABEN Sie im Sommer vorgesorgt, sind nun überall im Garten die zartlila Blüten der Herbstzeitlosen (*Colchicum autumnale,* vorne Mitte) zu sehen. Dazu blühen Herbstastern und Heide.

KAUF UND PFLANZUNG VON ROSEN

LAVENDEL und Rosen duften an warmen Sommerabenden um die Wette. Sie sind optimale Partner im Blumenbeet, da das Violett der Lavendelblüten zu fast allen Rosenfarben passt.

TOPFROSEN mit Ballen (links) sind relativ teuer. Am günstigsten sind wurzelnackte Pflanzen (Mitte). Wurzelballierte Rosen werden meist mit Kartonumhüllung gepflanzt (rechts).

Von Mitte Oktober bis zum ersten Frost ist die beste Rosenpflanzzeit. Natürlich können Sie Rosen auch später setzen, sofern der Boden nicht gefroren ist. Im April sollten jedoch alle Pflanzen im Boden sein.

Nur Containerrosen, also Rosen, die mit Ballen in Töpfen angeboten werden, eignen sich auch für eine Pflanzung in den Sommermonaten. Sie sind jedoch etwas teurer.

Bevor Sie Rosen kaufen, sollten Sie sich genau über die Sorten informieren: Wie groß werden sie, wie oft und in welcher Farbe blühen sie, eignen sie sich für den vorgesehenen Platz im Garten? Rosen können Sie entweder wurzelnackt oder mit Ballen kaufen. Auch wurzelballierte Pflanzen, deren Wurzeln zum Beispiel lockere Erde vor dem Austrocknen schützt, werden häufig angeboten. Die beste Auswahl und Beratung erhalten

Sie in Baum- und Rosenschulen und bei Züchtern. Auch in Gartencentern und einigen Gärtnereien werden Sie fündig. Angebote in Supermärkten sind jedoch mit Vorsicht zu genießen, da die Qualität der angebotenen Rosen oftmals zu wünschen übrig lässt. Aber egal, wo Sie kaufen: Schauen Sie sich die Pflanzen vorher genau an. Die Triebe sollten grün, fest und glatt sein. Rosen der Güteklasse A tragen mindestens drei kräftige Triebe, die der Güteklasse B nur zwei. Bei Pflanzen ohne Ballen können Sie außerdem erkennen, ob das Wurzelwerk kräftig und gesund ist. Containerrosen müssen übrigens wirklich im Topf gewachsen und nicht als wurzelnackte Pflanzen frisch eingesetzt worden sein. Nur so ist ein gut durchwurzelter Ballen und damit ein sicheres Anwachsen auch im Sommer garantiert.

Die Pflanzung – Schritt für Schritt

Haben Sie Ihre neu erworbenen Rosen sicher nach Hause gebracht, geht es ans Einpflanzen. Falls Sie nicht sofort dazu kommen, sollten Sie **wurzelnackte Pflanzen** in einer schattigen Gartenecke flach in Erde einschlagen, damit sie nicht austrocknen. Vor dem Pflanzen werden sie dann für etwa drei Stunden kräftig gewässert, im Frühjahr sogar bis zu zehn Stunden. Wichtig ist dabei, dass Wurzeln und Veredelungsstellen komplett mit Wasser bedeckt sind. Anschließend werden die Triebe mit einer scharfen Gartenschere auf etwa 20 cm eingekürzt. Auch die Wurzeln werden auf diese Länge gekürzt und beschädigte Teile abgeschnitten. Achtung: Die feinen Faserwurzeln bitte nicht schneiden, da die Rose sie dringend zum Anwachsen benötigt. Das Pflanzloch können Sie bereits während des Wässerns der Rosen ausheben und die Wände etwas aufrauen. Die Breite und Tiefe orientiert sich am Wurzelwerk der Pflanze, das ohne abzuknicken so tief in die Pflanzgrube passen muss, dass die Veredelungsstelle etwa 5 cm unter der Erdoberfläche liegt. Wichtig: Neigt Ihr Gartenboden zu Staunässe, sollten Sie in das Pflanzloch unbedingt eine Drainage-Schicht, zum Beispiel aus Kies, einbauen. Zum Füllen der Pflanzgrube verwenden

DIE Triebe werden vor dem Pflanzen gleichmäßig auf etwa 20 cm eingekürzt.

AUCH die Wurzeln der Rosen werden mit einer scharfen Gartenschere geschnitten.

Sie am besten eine Mischung aus guter Gartenerde und Kompost. Halten Sie die Rose ins Pflanzloch und füllen Sie die Erde ein. Durch leichtes Schütteln oder Nach-oben-ziehen füllen sich auch Hohlräume. Überprüfen Sie, ob die Veredelungsstelle tatsächlich 5 cm unter der Erdoberfläche liegt. Treten oder drücken Sie die Erde dann vorsichtig an und bilden Sie dabei einen kleinen Erdwall als Gießrand rund um die Rose. Anschließend kräftig wässern. Zum Schutz vor Frost und Trockenheit wird die frisch gesetzte Rose so-

wohl im Herbst und Winter als auch im Frühjahr etwa 20 cm hoch angehäufelt.

Bei **wurzelballierten** Rosen werden die Wurzeln und die lockere Erde beispielsweise von Netzen oder Kartons zusammengehalten, die in der Regel mitgepflanzt werden können und später verrotten. Für diese Pflanzen gelten ansonsten aber die selben Pflanzhinweise wie für wurzelnackte Rosen.

Eine Besonderheit ist übrigens bei Kletterrosen zu beachten: Werden sie neben eine Hauswand oder eine Mauer gepflanzt, sollte

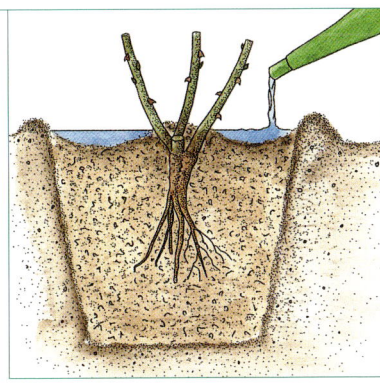
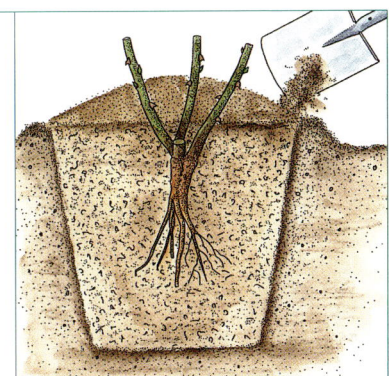

BEIM Pflanzen darauf achten, dass die Veredelungsstelle etwa 5 cm unter der Erdoberfläche liegt. Nach dem Andrücken und Wässern der Erde (rechts) wird die Rose etwa 20 cm hoch angehäufelt (ganz rechts).

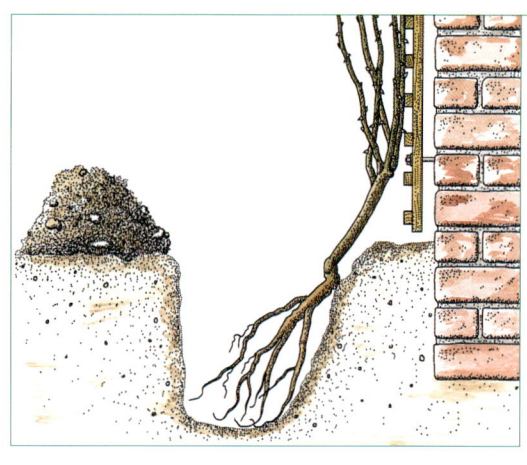

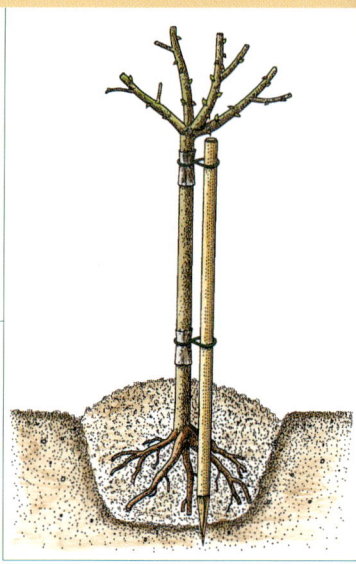

LINKS:
Kletterrosen werden leicht schräg zum Rankgitter eingesetzt.

RECHTS: Der Stütz-stab für Hochstamm-rosen wird vor dem Pflanzen eingeschla-gen. Der Abstand zum Stamm beträgt etwa 5 bis 10 cm.

das Pflanzloch etwa 30 bis 50 cm Abstand haben, damit sich die Wurzeln gleichmäßig in alle Richtungen entwickeln können. Wichtig ist bei Kletterrosen außerdem, dass die Pflanze leicht schräg Richtung Rankgitter eingesetzt wird (siehe oben).

Containerrosen werden vor dem Pflanzen in der Regel nicht geschnitten. Wässern Sie die Rose gut, bevor Sie den Topf entfernen, damit der Ballen nicht auseinander fällt. Beim Einsetzen in das Pflanzloch ist es wichtig, dass die Ballenoberfläche auf gleicher Höhe mit der Erdoberfläche liegt. Auch hier gilt natürlich: Erde einfüllen, gut andrücken und die Rose kräftig wässern.

Umpflanzen und Pflanzabstand

Im Oktober ist neben Neupflanzungen auch die richtige Zeit für das Umpflanzen älterer Rosen: Kürzen Sie die Triebe der betref-fenden Pflanzen auf etwa 20 bis 30 cm. Stechen Sie anschließend mit dem Spaten einen Wurzelballen von etwa 50 cm Durchmesser aus und heben Sie ihn vorsichtig heraus. Das neue Pflanzloch muss wie bei Containerrosen groß genug sein, dass der Ballen ohne Probleme hineinpasst und seine Oberfläche auf gleicher Höhe wie die Erdoberfläche liegt. Füllen Sie die Pflanzgrube mit Erde auf, treten Sie diese fest und gießen Sie die Rose kräftig an.

Zuletzt noch ein Hinweis zu den Pflanzabständen zwischen Rosen, die je nach Gruppe sehr unterschiedlich ausfallen. Ein Richtwert bei Beet- und Edelrosen sind etwa 40 bis 50 cm, Zwergrosen werden natürlich entsprechend enger nebeneinander gesetzt. Bei Strauchrosen wird als Abstand etwa ein Meter, bei Kletterrosen sogar 2 m empfohlen. Für Bodendeckerrosen kann keine allgemeingültige Zahl genannt werden. Der optimale Abstand liegt, je nach Wuchsform, zwischen 0,5 und 1 m und kann natürlich auch verringert werden, wenn eine schnellere Begrünung der ausgewählten Fläche gewünscht wird.

Rosenbegleiter

Ein ganzes Beet voller Rosen oder eine wunderschön buschige Strauchrose als Solitär haben si-

MIT Rosen lassen sich Gartenträume verwirklichen. Dieser dicht mit Blüten umrankte Rosenbogen erinnert ein wenig an das Märchen von Dornröschen.

herlich ihren Reiz. Dennoch bieten sich zahlreiche andere Pflanzen als Rosenbegleiter an, ohne ihnen die Schau zu stehlen. Im Gegenteil, wenn man die Königin der Blumen mit den richtigen Partnern kombiniert, kann man ihre Wirkung häufig noch verstärken.

Ein klassisches Duo bilden zum Beispiel Kletterrosen und Clematis, die sich gemeinsam an Mauern, Spalieren und auch in Bäume empor ranken. Strauch- und Wildrosen können Sie in lockere Hecken aus Blütensträuchern integrieren.

Oder planen Sie doch mal eine blühende Rabatte mit Beetrosen und Stauden, die etwa zur gleichen Zeit blühen. Allein mit der Farbe der Blüten können Sie durch harmonische Farbkombinationen, durch Ton-in-Ton-Arrangements oder durch kräftige Kontrastfarben tolle Effekte erzielen.

Wichtig bei der Auswahl der Stauden ist, dass es sich um Pflanzen handelt, die etwa die gleichen Ansprüche an Standort und Pflege haben wie Rosen. Beim Pflanzen müssen Sie darauf achten, dass sie nicht zu dicht stehen, damit

ROSENPARTNER FÜR SONNIGE BLUMENBEETE

Name (Botanischer Name)	Farbe	Blütezeit	Höhe
Stauden und Sommerblumen			
Einjähriges Schleierkraut (Gypsophila elegans)	weiß, rosa	V bis IX	50 bis 100 cm
Frauenmantel (Alchemilla mollis)	hellgelb	VI bis VII	30 bis 50 cm
Glockenblume (Campanula persicifolia)	weiß, blau	VI bis VII	100 cm
Goldgarbe (Achillea filipendulina)	gelb	VI bis IX	100 cm
Katzenminze (Nepeta x faassenii)	violett-blau	VI bis IX	30 cm
Rittersporn (Delphinium-Hybriden)	weiß, rosa, blau, violett	VI bis VII u. IX bis X	80 bis 180 cm
Salbei (Salvia nemorosa)	violett	VII bis X	30 bis 50 cm
Sommerphlox (Phlox drummondii)	gelb, weiß, rosa, rot, lila	VII bis IX	20 bis 50 cm
Gräser			
Lampenputzergras (Pennisetum alopecuroides)	rotbraun	VIII bis IX	80 cm
Reiherfedergras (Stipa barbata)	silbrig	VII bis VIII	80 cm

Sie den Boden rund um die Rosen noch regelmäßig hacken und von Unkräutern befreien können.

Zum Kombinieren eignen sich übrigens auch Sommerblumen, Gräser und schwach wachsende Laub- und Nadelgehölze. Nur auf Zwiebelblumen müssen Sie in Rosenbeeten leider verzichten: Durch die regelmäßige Bearbeitung des Bodens würden sie dort nicht lange überleben.

RITTERSPORN wird sehr gerne mit Rosen kombiniert. Allerdings muss man aufpassen, dass er neben den zarten Rosenblüten nicht zu dominant wirkt.

BÄUME, STRÄUCHER, HECKEN UND KLETTERPFLANZEN

RANKENDE und frostempfindliche Gehölze sollte man den Winter über gut einpacken. Das Aluminium hält die Kälte draußen und reflektiert die Wärmestrahlung des Hauses.

Frühjahr in Moder oder Mull und im Laufe der Monate in wertvollen Humus.

Ausnahmen sind Laubarten, die sehr schwer verrotten. Dazu zählt zum Beispiel Walnuss- und Platanenlaub. Es zersetzt sich bis zum nächsten Frühjahr nicht. Deshalb sammelt man es ein und schichtet die Blätter im Wechsel mit leicht verrottendem Material und Gehölzschnitt auf den Kompost. Das gleiche gilt für viele Nadelgehölze, die das ganze Jahr über Nadeln verlieren, die sich über kurz oder lang in dicken Schichten am Boden türmen. Auch sie verrotten nur sehr lang-

Herbstlaub

Jetzt ist der Herbst nicht mehr aufzuhalten. In allen Farbschattierungen präsentieren sich die Laubblätter. Die Pracht hält jedoch meist nicht lange an. Schon die ersten kräftigen Herbststürme fegen die Kronen schnell kahl und das Laub türmt sich am Boden. Während es auf Rasenflächen abgerecht werden sollte, kann es unter Gehölzen und Baumkronen liegen bleiben. Unter Mithilfe von Mikroorganismen im Boden verwandeln sich die Blätter bis zum

WER im Herbst den Boden gründlich vorbereitet, hat es im Frühjahr einfacher beim Pflanzen.

GERADE in jungen Jahren sind einige Gehölze frostempfindlich. Deshalb sollte man den Wurzelbereich mit Reisig oder einer dicken Schicht Mulch abdecken und die Kronen mit isolierenden Materialien wie Jute umwickeln. Folien dienen zusätzlich als Feuchtigkeitsschutz.

sam. Man sollte sie schreddern und in dünnen Lagen dem Kompost beimischen. Da bei ihrem Abbau sehr viel Stickstoff verbraucht wird, gibt man pro Schicht eine kleine Hand voll Dünger dazu.

Das Laub ist aber nicht nur ein wertvoller Humuslieferant und Dünger. Es schützt die Pflanzen auch vor strengen Frösten. Die Laubschicht wirkt wie eine Isolierung für die Wurzeln. Deshalb sollte man unter empfindlichen Bäumen wie Tulpenbaum (Liriodenvon tulipifera), Taschentuchbaum (Davidia involucrata) oder Judasbaum (Cercis siliquastrum) eine besonders dicke Laubschicht anhäufen.

Das Laub, das von den Rasenflächen übrig bleibt, kann hier verteilt werden. Dabei jedoch auf keinen Fall von Pilzen oder anderen Krankheiten befallenes Laub verwenden. Würde man es über Winter im Garten liegen lassen, können sich die Keime im Frühjahr rasant ausbreiten und weitere Gehölze anstecken. Krankes Laub wird grundsätzlich so schnell wie möglich aus dem Garten entfernt.

Bei manchen Gehölzen reicht eine Laubschicht über den Wurzeln als Winterschutz jedoch noch nicht aus. Gewürzstrauch (Calycanthus floridus), Aralie (Aralia elata), Schönfrucht (Callicarpa bodineri), Bartblume (Caryopteris x clandonensis) und einige Hartriegel-Arten (Cornus kousa, C. florida) sollte man als Jungpflanzen mit Sackleinen umwickeln oder lockeres Stroh zwischen die Äste klemmen und als Feuchtigkeitsschutz

Noppenfolie darumlegen. Binden Sie den Winterschutz gut fest, damit er bis zum Frühjahr Wind und Schneedruck Stand hält und Sie nicht noch einmal nachzurren müssen.

GROSSES Laub wie hier von Platanen verrottet nur sehr langsam. Damit es schneller geht, fährt man mit dem Rasenmäher darüber, um es zu zerkleinern, und gibt es dann erst, gemischt mit anderen Gartenabfällen, auf den Kompost.

Bodenvorbereitung

Wer nicht im September bereits Gründünger eingesät hat, kann auch jetzt im Oktober Pflanzflächen für die Frühjahrspflanzung von Gehölzen vorbereiten. Dazu wird alles Unkraut entfernt. Hart-

näckige Wurzelunkräuter wird man nur los, wenn man den Boden bis in 30 cm Tiefe von jeglichen Wurzelstücken frei liest. Erst dann wird bei schweren Lehmböden umgegraben. Bei leichten, lockeren Böden verteilen Sie sofort eine mindestens 10 cm dicke Schicht Kompost auf der Fläche und arbeiten ihn bis in 30 cm Bodentiefe ein. Zusätzlich können Sie Hornspäne, Knochenmehl oder andere organische Dünger beimischen. So bleibt bis zum Frühjahr genug

In diesen Wochen fällt im Garten eine Menge Laub an. Es ist ein wertvoller Winterschutz, da die locker aufeinander liegenden Blätter wie eine Isolationsschicht wirken. Was Rasenflächen zu viel wird, wird deshalb zusammengerecht und unter Bäumen und Sträuchern verteilt.

DER Frost lässt wunderschöne Gartenbilder entstehen, wenn er das Laub mit zartem Raureif überzieht.

Zeit, damit die Nährstoffe aus Kompost und organischen Düngern im Boden aufgeschlossen werden können und den frisch gepflanzten Gehölzen im Frühjahr sofort zur Verfügung stehen.

Neben den Frühjahrsmonaten

März und April ist jetzt noch einmal Pflanzzeit für alle laubabwerfenden Gehölze. Das gilt für Solitärpflanzen und für Hecken. Die einzelnen Pflanzschritte finden Sie auf den Seiten 52 bis 53 beschrieben.

Wässern der Immergrünen nicht vergessen

Immergrüne Gehölze, wie beispielsweise Rhododendron, Ilex sowie die Eibe, werden vor Frosteinbruch unbedingt noch einmal durchdringend gewässert. Ist der Boden erst gefroren, können die Wurzeln kein Wasser mehr aufnehmen.

Deshalb achten Sie darauf, dass alle Vorräte aufgefüllt werden, sofern der Herbst nicht ohnehin sehr regenreich ist.

GEHÖLZE MIT BESONDEREM HERBSTSCHMUCK

Deutscher Name (Botanischer Name)	Höhe	Herbstfärbung	Rindenschmuck
Zaubernuss (Hamamelis japonica, H. mollis)	3 bis 4 m	gelb	leuchtend gelb
Korkflügelstrauch (Euonymus alatus)	2 bis 3 m	karminrot	Korkleisten
Lederhülsenbaum (Gleditsia triacanthos)	20 bis 25 m	goldgelb	frischgrün
Scheinhasel (Corylopsis pauciflora)	1 bis 2 m	leuchtend gelb	
Hartriegel (Cornus alba in Sorten)	3 bis 5 m	kräftig gelb bis rot	leuchtend rot
Katsurabaum (Cercidiphyllum japonicum)	8 bis 10 m	alle Gelbtöne bis scharlachrot	schwärzlich
Fächerahorn (Acer palmatum)	3 bis 5 m	karminrot	
Rostbart-Ahorn (Acer rufinerve)	6 bis 10 m	gelb-orange bis karminrot	Streifenzeichnung
Felsenbirne (Amelanchier lamarckii)	6 bis 8 m	gelb und rot	
Birke (Betula spec.)	bis 30 m	goldgelb	abblätternd, weiß, grau oder braun-schwarz

HERBSTARBEITEN

Der Rasen stellt mit den kühler werdenden Tagen sein Wachstum mehr und mehr ein. Der Rasenmäher kommt nur noch alle 14 Tage zum Einsatz. Herabgefallenes Herbstlaub wird vom Mäher mit aufgenommen, dabei klein gehäckselt (siehe Foto S. 267) und kommt vermischt mit dem Rasenschnitt auf den Kompost.

Bei starkem Laubfall wird das Herbstlaub regelmäßig vom Rasen abgerecht, weil sonst leicht unschöne Faulstellen entstehen.

Wenn Sie den Rasen wegen der zahlreichen anfallenden Herbstarbeiten im Garten immer wieder häufig mit der Schubkarre befahren müssen, lohnt sich das Auslegen von Holzbrettern als

improvisierter Weg, um das Grün zu schonen.

Falls Sie vorhaben, im kommenden Frühjahr einen neuen Rasen oder eine Blumenwiese anzulegen, können Sie schon jetzt den Boden vorbereiten, also die vorgesehene Fläche umgraben oder maschinell fräsen sowie Unkräuter und Steine entfernen.

WASSERRAD, Steg und Holzplattform machen aus dem flachen Teich einen herrlichen Spielplatz für Kinder (keine Kleinkinder), der durch die geringe Wassertiefe ungefährlich ist. Mit einer Bepflanzung aus Bambus (im Gefäß pflanzen) und verschiedenen Gräsern wird er zudem pflegeleicht.

(1) *Sinarundinaria nitida*, **(2)** *Miscanthus sinensis* 'Silberfeder', **(3)** *Molinia aurundinacea*, **(4)** *Polygonum afine* 'Superbum', **(5)** *Carex pendula*, **(6)** *Miscanthus sinensis* 'Strictus'

HERBSTARBEITEN

Sämtliche technischen Geräte wie Pumpen und Filter werden über den Winter vom Teich entfernt und ins Haus geholt. Sprudelsteine rechtzeitig stilllegen, bevor der erste Frost kommt.

Flache Teiche

Jetzt ist es Zeit, den Teich auf den Winter vorzubereiten. Besondere Aufmerksamkeit brauchen dabei kleine Zierfischteiche, die nicht tief genug sind, um den Fischen ein gefahrloses Überwintern zu ermöglichen. Ist der Teich flacher als 50 cm, kann er im Winter bis zum Grund durchfrieren. Dabei würden Fische und auch Pflanzen sterben. Bei flachen Teichen lässt man deshalb rechtzeitig, bevor sich die Tiere auf Winterruhe eingestellt haben, einen Teil des Wassers ab und fängt vorsichtig alle Fische heraus. Man setzt sie in ein gro-

ßes, mit Wasser gefülltes Gefäß und stellt sie an einen frostfreien Ort.

Wasseraufbereitungsmittel im Überwinterungsbecken: Aquarienfilter einsetzen. Wasseraufbereitung vom Zoofachhandel zusetzen. Bei Wassertemperaturen über 10°C nur so viel füttern, wie sofort gefressen wird. Seerosen in Körben werden ebenfalls herausgenommen, wenn der Teich nicht tief genug ist. Man stellt sie in einen wassergefüllten, ausreichend großen Behälter an einen frostfrei-

en Platz, zum Beispiel den Keller. Ideal hierfür sind alte Badewannen oder große schwarze Maurerkübel aus dem Heimwerkermarkt.

Tiefe Teiche

Bei genügend tiefen Teichen können die Fische den Winter ohne Hilfe überdauern, besser ist es jedoch, Tonröhren einzulegen. Wenn die Wassertemperatur unter 12°C sinkt, werden sie nicht mehr gefüttert. In tiefen Teichen muss man

WASSERGARTEN

zwar die Seerosen nicht aus dem Wasser nehmen. Exemplare, die jedoch in weniger als 60 cm Wassertiefe stehen, müssen über den Winter an eine tiefere Stelle des Teichs gestellt werden. Deshalb setzt man sie beim Pflanzen am besten in Gitterkörbe, weil sie sich so leicht versetzen lassen. Allerdings kann es hierzu nötig sein, einen Teil des Wassers abzulassen. Wenn sich am Boden von Folienteichen viel Schlamm und zersetzendes Pflanzenmaterial (Mulm) angesammelt hat, sollte man den Teich vor dem Winter entschlammen. Das muss unbedingt rechtzeitig geschehen, bevor die Teichbewohner ihre Winterruhe beginnen. Das Entschlammen ist wichtig, da beim Verrotten des Mulms giftige Faulgase entstehen, die sich

im Winter, besonders bei geschlossener Eisdecke, tödlich für die Teichlebewesen auswirken können. Man schöpft den Schlamm mit Eimern aus dem Teich. Das geht leichter, wenn man zuvor das Wasser ganz oder zu einem großen Teil ablässt. Anschließend

wird der Teich wieder aufgefüllt. Vor dem Winter sollte die Teichfolie noch einmal gründlich auf reparaturbedürftige Stellen untersucht werden. Verschmutzungen am Folienrand durch Algen werden bei dieser Gelegenheit entfernt.

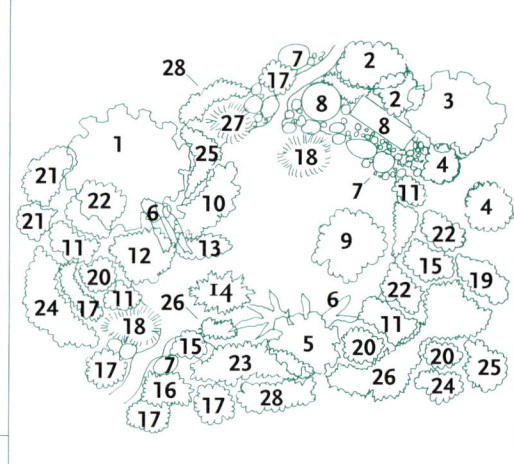

EINE Gestaltungsidee für Naturteichliebhaber: Die vielfältige Bepflanzung und die unregelmäßige Form lassen den Teich sehr natürlich wirken. Das flache Ufer ist ideal für Frösche und Kröten.

1 *Alnus incana* 'Aurea', 2 *Corylus avellana*, 3 *Sambucus nigra*, 4 *Ligustrum vulgare*, 5 *Euonymus europea*, 6 Baumstümpfe am Wasser, 7 Findling und Bachkiesel, 8 Rustikale Bank und Mühlsteintisch, 9 *Nymphaea* 'Pöstlingberg', 10 *Nuphar lutea*, 11 *Iris pseudacorus*, 12 *Nymphoides peltata*, 13 *Ranunculus aquatilis*, 14 *Sparganium erectum*, 15 *Mimulus ringens* 16 *Lysimachia nummularia*, 17 *Caltha palustris*, 18 *Scirpus lacustris*, 19 *Euphorbia palustris*, 20 *Filipendula ulmaria*, 21 *Lysimachia punctata*, 22 *Lythrum salicaria*, 23 *Myosotis palustris*, 24 *Primula veris*, 25 *Veronica beccabunga*, 26 *Polygonum bistorta*, 27 *Carex grayi*, 28 *Colchicum speciosum* in Gruppen verteilt

Arbeiten am Teichrand

Auch am Teichrand sind jetzt verschiedene Pflegearbeiten nötig. Gras, das am Ufer wächst und ins Wasser ragt, wird sorgfältig zurückgeschnitten, weil es während des Winters verrotten und das natürliche Gleichgewicht des Teichwassers stören würde. Aus dem gleichen Grund sollten Sie bei jedem Rasenschnitt und somit auch beim letzten Mähen vor dem Winter einen Grasfangkorb verwenden, damit kein Grasschnitt ins Wasser fallen kann. Pflanzen, die direkt am Teichrand wachsen und nach dem ersten Frost schlaff ins Wasser hängen, müssen zurückgeschnitten werden. Vermeiden Sie hierbei jeglichen Eintrag von abgestorbenem Pflanzenmaterial in den Teich. Achten Sie wie bei allen Schnittarbeiten direkt am Wasser darauf, dass die abgeschnittenen Triebe nicht hineinfallen. Jetzt werden auch sämtliche verwelkte Blüten entfernt. Stark wuchernde Pflanzen und solche, die man im nächsten Jahr zu kompaktem Wuchs anregen will, werden zurückgeschnitten. Dabei soll-

NICHT winterharte Seerosen oder solche, die in Teichen mit weniger als 60 cm Wassertiefe wachsen, werden jetzt zum Überwintern mit ihrem Pflanzkorb aus dem Teich genommen. Man schneidet die Blätter zurück und setzt sie im Haus in einen wassergefüllten Behälter, zum Beispiel eine alte Badewanne.

ten Sie die Pflanzen nicht bis zum Grund zurückschneiden, denn viele Tiere, die rund um den Teich leben, suchen über den Winter Schutz in der Vegetation am Ufer. Abgestorbene Halme von Rohrkolben und Schilf werden erst im März abgeschnitten. Alle etwas frostempfindlichen Pflanzen werden rechtzeitig mit Laub, Tannenzweigen oder Schilfmatten vor Frost geschützt. Einige Pflanzen

wie der Goldkolben (Orontium aquatica) vertragen keinen Frost. Sie werden mit ihrem Pflanzkorb ins Haus geholt und hell und frostfrei überwintert.

Bei der Vorbereitung auf den Winter macht ein großer Naturteich (mehr als 50 m²) am wenigsten Arbeit. Hier müssen lediglich die oben für den Teichrand beschriebenen Pflegearbeiten vorgenommen werden.

FARBENFROHE HERBSTGESTALTUNG

Auch der Herbst hat eine üppige Farbpalette zu bieten. Und die sollten Sie für die Gestaltung von Balkon und Terrasse auch ausnutzen. Im Spätsommer stehen folgende Blütenpflanzen zur Verfügung:

- Herbst-Erika (Erica gracilis) in Weiß, Rosa und Rot
  Schneeheide (Erica carnea) in vielen Sorten
- Herbstchrysanthemen (Dendranthema-Grandiflorum-Hybriden) in Weiß, Gold-, Bronze-, Rot- und Violetttönen
  Dahlien (Dahlia-Hybriden) in allen Farben außer Blau und Schwarz

- ▶ Strauchveronika (Hebe x Andersonii-Hybriden) in Weiß, Karminrot und Blauviolett
- ▶ Alpenveilchen (Cyclamen persicum) in Rosa und Rot
- ▶ Stiefmütterchen (Viola-Wittrokiana-Hybriden) in nahezu allen Farben.

- ▶ Schöne Kontraste dazu bilden Blatt- oder Strukturpflanzen wie Zierkohl (Brassica oleracea), Silberblatt (Senecio bicolor) oder das aus feinen, silberfarbigen Trieben bestehende Silberkörbchen (Calocephalus brownii).

ROBUSTE Herbstbepflanzung mit Erika (vorn), Chrysantheme und Zierkohl

BALKON UND TERRASSE

Ideal ist es, wenn Sie die Herbstbepflanzung langfristig anlegen; das heißt, Sie pflanzen ausdauernde Gewächse wie Stauden, Gräser sowie klein bleibende Gehölze und Koniferen in Gefäße, die jeweils im Herbst den Höhepunkt ihrer Pracht erreichen. Für eine langfristige Herbstgestaltung eignen sich beispielsweise:

▶ Kissenaster *(Aster dumosus)* in Weiß, Rosa, Violett und Blautönen.
▶ Fetthenne *(Sedum telephium* 'Herbstfreude') in Braunrot
▶ Enzianbleiwurz *(Ceratostigma plumbaginoides)*, enzianblaue Blüten
▶ Herbstzeitlose *(Colchicum autumnale)* in Weiß und Rosa

Neben der Blütenpracht sind es

KÜBELPFLANZEN RICHTIG ÜBERWINTERN

0 bis 5 °C (hell)	dunkel
Schmucklilie *(Agapanthus africanus)*, Zwergpalme *(Chamaerops humilis)*, Lorbeer *(Laurus nobilis)*, Pelargonie *(Pelargonium* spec.), Palmlilie *(Yucca* spec.)	Aukube *(Aucuba japonica)*, Kassie *(Cassia corymbosa)*, Korallenstrauch *(Erythrina crista-galli)*, Granatapfel *(Punica granatum)*, Hanfpalme *(Trachycarpus fortunei)*

5 bis 10 °C (hell)	dunkel
Schönmalve *(Abutilon* spec.), Strauchmargerite *(Argyranthemum frutescens)*, Kamelie *(Camellia japonica)*, Zitrus *(Citrus* spec.), Japanische Wollmispel *(Eriobotrya japonica)*, Fuchsie *(Fuchsia-*Hybriden),Brautmyrte *(Myrtus communis)*, Oleander*(Nerinum oleander)*, Bleiwurz *(Plumbago auriculata)*, Sternjasmin *(Trachelospermum jasminoides)*	Bougainvillee *(Bougainvillea* spec.), Engelstrompete *(Burgmansia)*, Hammerstrauch *(Cestrum* spec.), Feigenbaum *(Ficus carica)*, Flanellstrauch *(Fremontodendron californicum)*, Nachtschatten *(Solanum rantonnetti)*

10 bis 15 °C (hell)	
Hibiskus *(Hibiscus-Rosa-Sinensis*-Hybriden), Veilchenstrauch *(Iochroma cyaneum)*, Wandelröschen *(Lantana-Camara*-Hybriden)	

15 bis 20 °C (hell)	
Palmfarn *(Cycas revoluta)*, Zierbanane *(Ensete ventricosum)*, Zwergdattelpalme *(Phoenix roebelenii)*	

So arrangieren Sie einen hübschen Herbstkasten: **(1)** Sie setzen zuerst den kleinen Wacholder und die *Ajania* ein.

(2) NUN legen Sie die Bastschleife auf eine freie Stelle und pflanzen dort einen kleinen Buchs dazu.

(3) DIE verbleibenden Lücken nun noch mit Efeutrieben und passenden Accessoires füllen.

vor allem auch der Fruchtschmuck und die zauberhafte Laubfärbung verschiedener Gehölze, die den Balkon und die Terrasse schmücken:

▶ Berberitze *(Berberis* spec.), roter Beerenschmuck
▶ Liebesperlenstrauch *(Callicarpa bodinieri)*, violette Beeren
▶ Zierquitte *(Choenomeles japonica)*, gelbe Apfel-Früchte
▶ Waldrebe *(Clematis* spec.) mit fedrigem Fruchtschmuck
▶ Zwergmispel *(Cotoneaster* spec.), rote Beeren
▶ Scheinbeere *(Gaultheria procumbens)*, rote Beeren
▶ Torfmyrte *(Pernettya mucronata)*, weiße, rosarote oder violette Beeren
▶ Feuerdorn *(Pyracantha coccinea)*, gelborange Beeren
▶ Skimmie *(Skimmnia japonica)*, rote Beeren

Mit farbenfroher Herbstfärbung begeistern Fächerahorn *(Acer japonica)*, Felsenbirne *(Amelanchier lamarckii)*, Berberitze *(Berberis* spec.), Hartriegel *(Cornus* spec.), Pfaffenhütchen *(Euonymus alatus)*, Zaubernuss *(Hamamelis mollis)* und Wilder Wein *(Parthenocissus*

KÜBELPFLANZEN überwintern: Im Treppenhaus (rechts) überwintern Wärme lieben-de Gewächse wie die Banane. Mittelmeerpflanzen (Mitte rechts) vertragen es eine Spur kühler und dunkler. Laub abwerfende Gehölze (ganz rechts) können im Keller überwintert werden.

spec.). Genügsam und robust und somit ideale Vertreter für Dauerbepflanzungen sind kleinbleibende Koniferen. Sie geben der Pflanzung das ganze Jahr über ein grünes Gerüst. Geeignet sind Zwergwacholder (*Juniperus communis* 'Sibirica'), Silberzypresse (*Chamaecyparis pisifera* 'Snow'), Nestfichte (*Picea abies* 'Little Gem'), Blaufichte (*Picea pungens* 'Glauca Globosa'), Zwergkiefer (*Pinus mugo* 'Mops'), Japanische Rotkiefer (*Pinus densiflora* 'Alice Verkade') oder Orientalischer Lebensbaum (*Thuja orientalis* 'Aurea').

Eine weitere Auswahl dekorativer Pflanzen für den herbstlichen Topfgarten finden Sie in der Tabelle auf S. 274.

HERBSTLICHE PFLEGEARBEITEN

Kübelpflanzen einräumen

Wenn die Tage kürzer und die Nächte kälter werden, geht die Freilandzeit von Balkon- und Kübelpflanzen zu Ende. Die meisten Gewächse räumt man ein, wenn laut Wettervorhersage Temperaturen unter 5 °C zu erwarten sind. Besonders wärmebedürftige Arten wie beispielsweise Hibiskus (*Hibiscus* spec.) oder Zierbanane (*Musa* spec.), die warm überwintert werden, holen Sie am besten schon bei Temperaturen um 10 °C ins Haus. Manche kühl zu überwinternde Arten wie z.B. Granatapfel (*Punica granatum*), Oleander

(*Nerinum oleander*) oder Kassie (*Cassia* spec.) überstehen sogar kurzzeitig leichten Frost. Solange keine Nachtfröste angekündigt sind, können sie im Freien bleiben und die Triebe weiter ausreifen. Vor dem Einräumen ins Winterquartier sollten Sie bei den Gewächsen kranke und von Schädlingen befallene sowie welke und beschädigte Pflanzenteile entfernen. Zurückgeschnitten werden die Pflanzen, die zu groß für das Winterquartier sind oder bei denen ein Rückschnitt den Blütenansatz im nächsten Jahr verbessert, z.B. Engelstrompete, Kassie,

LINKS: Auch alte Körbe lassen sich passend zur Jahreszeit bepflanzen, hier mit Erika, Strauchveronika und Cotoneaster.

RECHTS: Rechtzeitig vor den ersten Frösten werden empfindliche Kübelpflanzen wie Zitrus ins Winterquartier geräumt.

BALKON UND TERRASSE

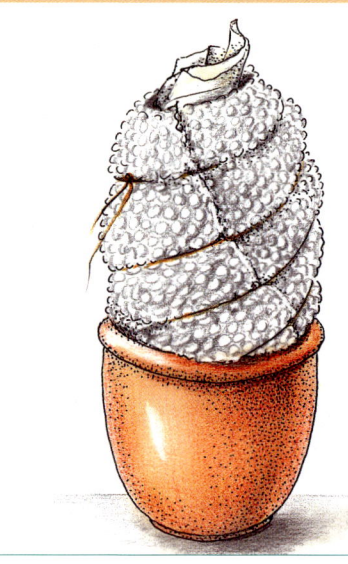

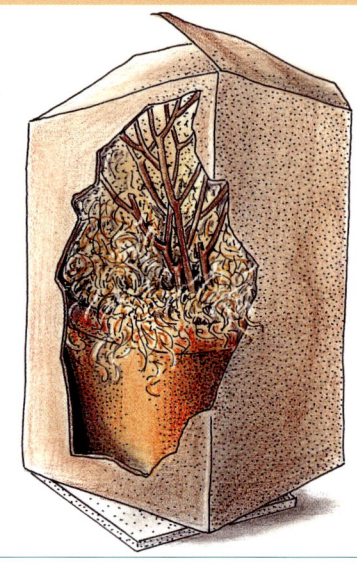

IN Vlies und Noppenfolie eingewickelt (rechts) sind Pflanzen nicht unmittelbar der Winterkälte ausgesetzt. Achten Sie darauf, möglichst auch den Topf zu isolieren. Topfrosen (ganz rechts) können, in einem mit Holzwolle ausgekleideten Karton überwintern.

Bougainvillee (*Bougainvillea* spec.), Hammerstrauch (*Cestrum* spec.), Korallenstrauch (*Erythrina* spec.), Veilchenstrauch (*Iochroma* spec.), Wandelröschen (*Lantana-Camara-*Hybriden) und Bleiwurz (*Plumbago auriculata*). Auch mehrjährige Balkonpflanzen wie Fuchsie, Pelargonie und Fleißiges Lieschen sowie sommerblühende Zwiebel- und Knollengewächse jetzt zum Überwintern einräumen. Letztere holt man aus den Töpfen, schneidet die Stängelreste handbreit zurück und legt sie in mit trockenem Sand gefüllte Kisten, die man frostfrei aufbewahrt.

Geeignete Winterquartiere

Manchmal brechen kalte Nächte schon früh herein. Daher sollten Sie rechtzeitig ein geeignetes Überwinterungsquartier suchen. Am einfachsten ist dies bei Laub abwerfenden Pflanzen wie Bougainvillee (*Bougainvillea* spec.), Engelstrompete (*Brugmansia* spec.) oder Kreppmyrte (*Lagerstroemia* spec.), denn sie können, falls kein heller Raum da ist, auch dunkel überwintert werden. Halbimmergrüne Arten wie Flanellstrauch (*Fremontodendron* spec.), Bleiwurz (*Plumbago auriculata*) sowie immergrüner Lorbeer (*Laurus nobilis*), Brautmyrte (*Myrtus communis*) und Strauchmargerite (*Argyranthemum frutescens*) benötigen einen hellen, mäßig feuchten, luftigen Raum mit gleich bleibender Temperatur. Grundsätzlich sollte das Winterquartier möglichst kühl sein. Und je kälter der Raum, desto dunkler kann er sein. Das liegt darin begründet, dass die Pflanzen während der Überwinterung auch auf gespeicherte Reservestoffe angewiesen sind, die umso langsamer aufgebraucht werden, je kühler die Umgebung ist. In warmen Räumen verbrauchen Pflanzen zu viele Reservestoffe und benötigen viel Licht zur Neubildung, welches im Winter nicht ausreichend vorhanden ist. Außerdem treten bei niedrigeren Temperaturen weniger Krankheiten und Infektionen auf, da sich die Erreger nicht so schnell ausbreiten. Die optimale Überwinterungstemperatur hängt von der jeweiligen Frosthärte der Pflanzenart ab. Die Frosthärte wird vom Gewebezustand, also auch dem Alter der Pflanze bestimmt sowie durch Pflege- und Umweltbedingungen. Sie kann sich von

BESONDERE HERBSTPFLANZEN FÜR DEN TOPFGARTEN

Deutscher Name (Botanischer Name)	Merkmale
Günsel (*Ajuga-Reptans*-Sorten)	Bodendeckerstaude mit dunkelroten, grün-roten oder gelb-rot-orange-braun-grünen Blättern
Beifuß (*Artemisia* spec.)	Staude mit silbergrauem, gefiedertem Laub
Ajania (*Ajania pacifica* 'Silver 'n' Gold')	gelb blühende Pflanze, deren grüne Blätter einen silbernen Rand haben
Enzian (*Gentiana-Scabra*-Hybride)	Bodendeckerstaude mit tiefblauen Trichterblüten
Currykraut (*Helichrysum angustifolium*)	Zwerggehölz mit schmalen, nach Curry duftenden, silbergrauen Blättern
Goldnessel (*Lamiastrum galeobdolon*)	Bodendeckerstaude mit silbrig-grünem Laub
Pfennigkraut (*Lysimachia nummularia*)	Bodendecker mit kleinem runden, grünen bis hellgelben Laub
Heiligenkraut (*Santolina* spec.)	Zwerggehölz mit feingliedrigem, silbrigem Laub
Kreuzkraut (*Senecio* spec.)	einjährige Pflanze mit tief geschlitztem, silbrigem Laub
Thymian (*Thymus* spec. und Sorten)	Gewürzstaude mit kleinblättrigem, duftendem Laub

ahr zu Jahr etwas unterscheiden. Einen wesentlichen Einfluss hat dabei die Düngung. Daher soll man zu überwinternde Pflanzen spätestens ab September nicht mehr düngen.

Hinsichtlich der Anforderungen an das Winterquartier lassen sich 4 Gruppen einteilen:

- Kaltes Winterquartier (0–5 °C)
- Kühles Winterquartier (5–10 °C)
- Temperiertes Quartier (10–15 °C)
- Warmes Quartier (15–20 °C)

Sehr häufig wird als Überwinterungsort das Treppenhaus genutzt. Dieser meist ungeheizte Raum eignet sich gut für kühl zu überwinternde Arten, sofern er hell genug ist. Genug Frischluft strömt durch die Haustür ein. Auch ungeheizte Zimmer wie Schlaf-, Gäste- oder Dachzimmer kommen in Frage, wenn man die Pflanzen in Fensternähe hell aufstellt.

Ein ungeheizter, verglaster Vorraum oder Hauseingang ist häufig kühl und hell genug für die Überwinterung. Die Pflanzen sind jedoch vor kaltem Luftzug zu schützen. Der Keller ist nur ideal, wenn er kalt ist. In einem warmen Keller fehlt meist die nötige Helligkeit. In Garagen oder Gartenhäuschen lassen sich wenig frostempfindliche

Arten überwintern, aber nur wenn die Pflanzen so spät wie möglich ein und vor dem Neuaustrieb wieder ausgeräumt werden. Außerdem muss man regelmäßig lüften.

Die beste, aber aufwendigste Überwinterungsmöglichkeit bietet ein Gewächshaus, in dem sich gewünschte Temperaturen einstellen lassen. Es sollten gute Schattier- und Lüftungsmöglichkeiten vorhanden sein, denn die Wintersonne kann das Innere stark aufheizen.

Überwinterung im Freien

Alle winterharten Pflanzen in Töpfen und Gefäßen können draußen überwintern. Drohen Dauerfröste, rückt man sie an eine wind- und regengeschützte Stelle. Große Kübel umwickelt man dann mit dicker Noppenfolie oder einem anderen Isoliermaterial. Oberirdische Teile werden bei starken Frösten mit Fichtenzweigen bedeckt oder durch schräg angelehnte Schilfmatten geschützt. Kleine Gehölze, wie z.B. Topfrosen, lassen sich in einer großen Kiste oder Schale über den Winter bringen. Zuunterst eine Drainageschicht aus Blähton einfüllen, die Zwischen-

räume mit Holzwolle oder Zeitungspapier ausstopfen. Oben drauf schützen Fichtenzweige vor Kälte und Schnee. Kästen mit Blumenzwiebeln oder winterfesten Balkonblumen wie *Bellis* oder Stiefmütterchen stellt man auf den Balkonboden und deckt sie ebenfalls mit Fichtenzweigen ab. Immergrüne wie Bambus oder Rhododendron benötigen in der Regel keine Abdeckung. Es ist doch sinnvoll, sie bei längeren Frostperioden und intensiver Wintersonne durch schräg angelehnte Schilfmatten zu schützen.

Wasserpflanzen überwintern

Bei kleinen Teichgefäßen lässt man vor den ersten Frösten das Wasser ab, bedeckt die Pflanzen mit feuchtem Laub und stellt das ganze Gefäß in einen frostfreien, dunklen Raum (Keller, Garage oder Waschküche). Bei Teichen in schweren Gefäßen wie z. B. einem Steintrog nimmt man die in Gitterkörbe getopfte Pflanzen heraus und überwintert sie in großen Wannen oder Schalen.

Die Pflanzen dabei stets feucht halten.

ALLGEMEINE ARBEITEN

Richtig kompostieren

Das im Herbst reichlich anfallende Pflanzenmaterial sollten Sie kompostieren; reifer Kompost - im nächsten Jahr auf den Beeten ausgebracht - enthält viele Nährstoffe und verbessert den Boden. Im Prinzip können alle anfallenden pflanzlichen Küchen- und Gartenabfälle kompostiert werden. Ausnahmen sind: samentragendes Unkraut, von Schaderregern befallene Pflanzenteile sowie gekochte oder fettige Speisereste. Günstig ist ein zweigeteilter Komposter:

KOMPOST wird schichtweise aufgebaut: Zuunterst kommt eine Dränageschicht aus grobem Schnittgut, nach oben hin sollte man dann abwechselnd grobes und feines Material aufschichten. Ist der Kompostierungsverlauf einmal im Gange, empfiehlt es sich, den Kompost von Zeit zu Zeit durchzumischen.

GEMÜSE

Aus der einen Hälfte können Sie reifen Kompost entnehmen, während die andere Hälfte mit frischem Material befüllt wird. Wichtig: Große Pflanzenteile wie Äste, lange und verholzte Blattstiele oder Blütenstände mit Häcksler oder Gartenschere zerkleinern. Günstig ist auch das Vermischen von groben und feinen, sowie von trockenen und feuchten Zutaten. Gesteinsmehl als Zuschlagstoff fördert die Krümelbildung. Reifer Kompost wird am besten im Frühjahr auf den Beeten ausgebracht; halbreifen Kompost können Sie auch jetzt auf den Gemüsebeeten verteilen; er wirkt über Winter wie eine Mulchdecke, im nächsten Jahr ist er zersetzt und kann dann leicht in den Boden eingearbeitet werden.

Gemüse einlagern

Optimal für die Gemüseaufbewahrung ist ein kühler, frostfreier, dunkler Raum (z.B. Keller oder Geräteschuppen). Alternativ dazu kann man im Garten eine Erdmiete anlegen. Dazu wird eine Erdgrube einen Spatenstich tief ausgehoben und mit Maschendraht und Fichtenreisig ausgelegt; eine Schicht Stroh sorgt für zusätzlichen Kälteschutz. Dann das Gemüse schichtweise einfüllen; nach jeder Gemüseschicht und als oberen Abschluss wird eine Lage Fichtenreisig und Stroh ausgebreitet. Zuletzt die Miete mit Erde abdecken. In regenreichen Gegenden ist eine Abdeckung mit Folie zu empfehlen. Das Gemüse bleibt den ganzen Winter über frisch.

ARBEITEN FÜR DIE EINZELNEN GEMÜSE

Erntereifes Gemüse wird laufend aus den Beeten geholt und nach Möglichkeit eingelagert. Frei gewordene Beete werden mit einer winterharten Gründüngung wie Winterroggen eingesät oder mit halbverrottetem Kompost bedeckt. Eine Bodenprobe gibt Aufschluss, ob der Boden gekalkt werden muss. Als Faustregel gilt: Etwa alle zwei bis drei Jahre 150 bis 200 g kohlensauren Kalk pro m² oberflächlich einarbeiten; auf lehmigen Böden genügen 80 bis 120 g Branntkalk pro m².

Um im Frühjahr ein feinkrümeliges Saatbeet zu erhalten, ist es

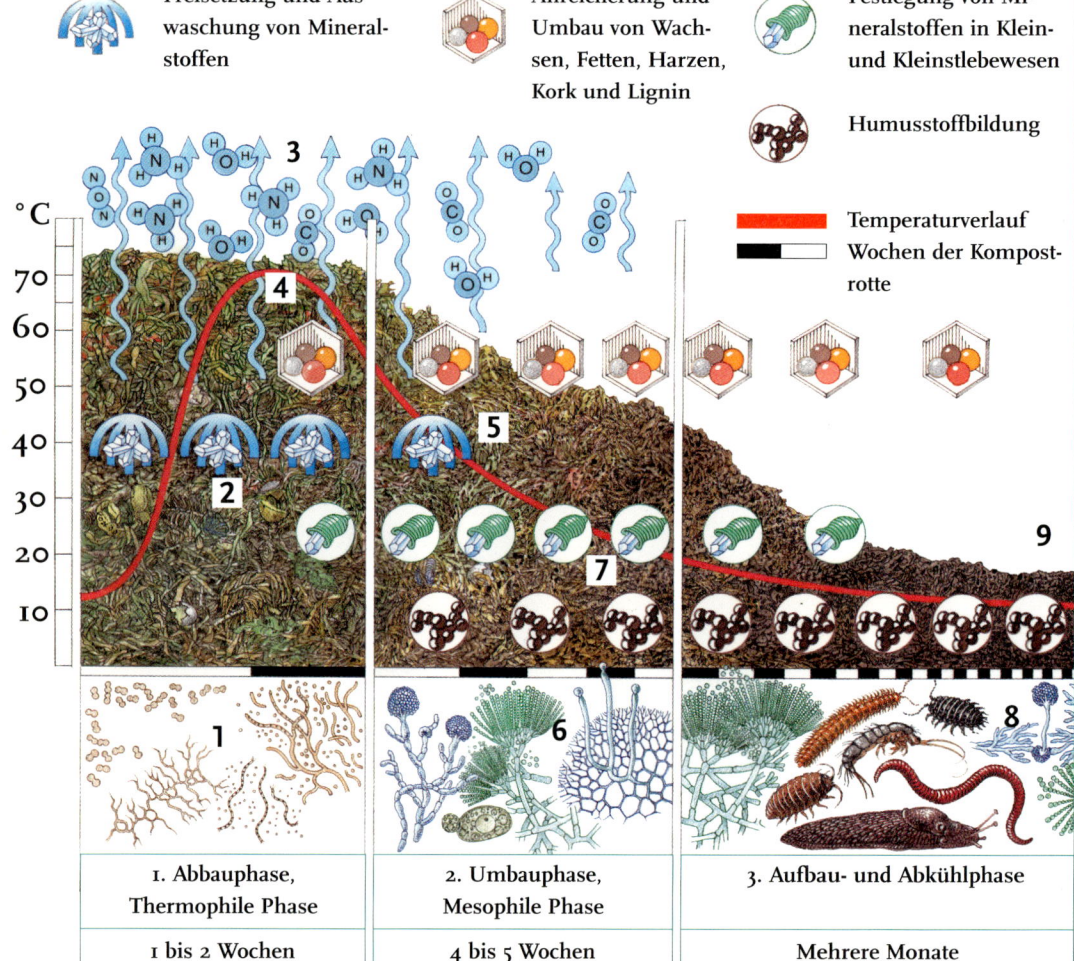

Freisetzung und Auswaschung von Mineralstoffen

Anreicherung und Umbau von Wachsen, Fetten, Harzen, Kork und Lignin

Festlegung von Mineralstoffen in Klein- und Kleinstlebewesen

Humusstoffbildung

Temperaturverlauf
Wochen der Kompostrotte

1. Abbauphase, Thermophile Phase — 1 bis 2 Wochen
2. Umbauphase, Mesophile Phase — 4 bis 5 Wochen
3. Aufbau- und Abkühlphase — Mehrere Monate

KOMPOSTIERUNGSPROZESS in drei Phasen:
1. Phase (1 bis 2 Wochen)
   - Kohlenhydrate und Eiweißstoffe werden von Bakterien und Strahlenpilzen (1) abgebaut.
   - Nährstoffe gehen durch Auswaschung (2) und Abdampfung (3) verloren.
   - Die Temperatur (4) im Haufen steigt bis über 70 °C.
   - Viele Unkrautsamen und Keime werden abgetötet.
2. Phase (ca. 1 Monat)
   - Die Temperatur (5) sinkt.
   - Anreicherung von Fetten, Wachsen, Kork, Lignin.
   - Pilzarten (6) beginnen diese über Monate zu langlebigen, braunen Huminstoffen (7) umzubauen.
3. Phase (Monate bis Jahre)
   - Zahlreiche Kleinlebewesen (8) tragen zur Reifung des Kompostes bei.
   - Der Kompost (9) kann jetzt gut für den Garten verwendet werden.

LINKS: Schwere
Böden werden im
Herbst umgegraben;
die Schollen frieren im
Winter durch und wer-
den dadurch feinkrü-
melig. Leichte und mit-
telschwere Böden wer-
den jetzt gelockert, aber
nicht umgegraben.

Gurke, Paprika, Aubergine,
Zucchini und Zuckermais werden
abgeerntet, falls das nicht schon
im September geschehen ist.

Kürbisse lässt man in der
Herbstsonne so lange nachreifen,
bis die ersten Fröste drohen; dann
muss man die Früchte ins Haus
holen und sie möglichst in einem
dunklen, kühlen Keller einlagern.
Kürbisse halten länger, wenn man

bei schweren Böden günstig, im
Oktober / November umzugraben
und die Erdschollen den Winter
über dem Frost auszusetzen. Bei
leichten und mittleren Böden genügt ein Lockern mit Sauzahn
oder Grabegabel.

Jetzt ist auch ein günstiger
Zeitpunkt, um ein Hochbeet neu
anzulegen. Die einzelnen Arbeitsschritte sind auf S. 103 erläutert.

DIE Kürbisse sind
jetzt voll ausgereift
und werden herein-
geholt. Wer will,
kann die Früchte
aushöhlen und
ein „Halloween-
Muster" in die
Frucht schnitzen.

Blattgemüse und Kohlgewächse

Die Salatbeete werden im Oktober
abgeerntet und auf den Winter
vorbereitet.

Reife Endivienköpfe sind lange
haltbar, wenn man sie im Lagerraum mit Wurzelballen in feuchten
Sand einschlägt. Frühe Sorten
vom Radicchio werden im Oktober
geerntet, Feldsalat und Salatrauke
(Ruccola) werden je nach Bedarf
geschnitten.

Ab Oktober schneidet man
auch Zuckerhut direkt über dem
Boden ab; Lagerung wie Endivien.

Chicorée gräbt man Ende Oktober aus und lässt die Pflanzen
drei bis vier Tage auf dem Beet liegen. Danach beginnt die Treiberei.

Geernteten Spinat frisch verzehren. Auch der restliche Stangensellerie und Knollenfenchel
wird vom Beet geholt und zur Lagerung in etwas feuchten Sand
eingeschlagen. Mangold kann
man abernten; in milden Gegenden kann das Gemüse sogar im
Beet überwintern.

Späte Sorten von Blumenkohl,
Brokkoli, Chinakohl, Weiß- und
Rotkohl können noch bis Mitte
November auf dem Beet bleiben;
Wirsing ist sogar noch kältever-
träglicher. Mit der Ernte von Ro-
senkohlröschen und dem Schneiden von Grünkohlblättern wartet
man besser, bis stärkere Fröste
einsetzen.

Fruchtgemüse und Hülsenfrüchte

Noch nicht ausgereifte, grüne Tomaten reifen bei 12 bis 15 °C und
relativ hoher Luftfeuchtigkeit noch
zu schmackhaften Früchten aus.
Lagern Sie Tomaten nicht in der
Nähe von Kopfkohl; die Tomaten
schmecken sonst nicht mehr so
gut. Abgepflückte Tomatenpflanzen kommen auf den Kompost,
bei Befall mit Kraut- und Braunfäule sicherheitshalber in den
Hausmüll.

einen Stiel von etwa 10 cm Länge
an der Frucht belässt.

Von den verbliebenen Stangenbohnen die letzten Hülsen abpflücken; dann die Rankhilfen ab-
bauen.

Wurzelgemüse

Die Lagerfähigkeit vieler Wurzelgemüse ist abhängig vom Erntezeitpunkt und vom Reifegrad. Deshalb sollte man Winterrettiche,
Möhren, Pastinake, Rote Bete und
Knollensellerie möglichst nicht vor
Ende Oktober aus dem Boden holen. Zur schonenden Ernte nimmt
man eine Grabegabel. Wählen Sie
dazu einen möglichst trockenen
Tag. Die Blätter der Wurzelgemüse
werden gleich nach der Ernte entfernt. Wichtig bei Roter Bete: die
Herzblätter stehen lassen, sonst
blutet die Knolle aus. Schwarzwurzeln vorsichtig mit der Grabegabel
ernten.

GEMÜSE

Zwiebelgemüse

Zwiebeln nur gut getrocknet ins Gemüselager bringen, sonst faulen sie leicht. Günstig ist das Ausbreiten der Zwiebeln auf Zeitungspapier. Wintersteckzwiebeln kann man Anfang Oktober im Abstand von 25 mal 6 cm einpflanzen; bei Frost ist eine Abdeckung mit Reisig oder Vlies günstig.

Im Oktober gesteckte Knoblauchzehen werden zwar wie die im Frühjahr gesteckten erst im kommenden August erntereif, lassen aber höhere Erträge erwarten. Porree weiterhin nach Bedarf ernten.

Mehrjähriges Gemüse

Nach der Ernte schneidet man jetzt die oberirdischen Teile der Artischocke zurück. Wer sich von Meerrettich einen Wintervorrat anlegen will, legt die Wurzeln nach dem Vergilben des Laubes frei und lagert die geernteten Stangen in feuchtem Sand ein. Abgestorbenes Rhabarberlaub gehört auf den Kompost. Das im Oktober gelb werdende Spargellaub wird bodennah abgeschnitten, da sonst Schaderreger daran überwintern können.

OBST

BAUMOBST

Pflanzung von Obstgehölzen

Die ideale Pflanzzeit der Obstgehölze ist jetzt im Herbst, von Anfang Oktober bis November.

Achten Sie beim Pflanzenkauf unbedingt auf Qualität. Am besten besorgen Sie sich die Obstbäume in Markenbaumschulen, deren Produkte besonderen Gütebestimmungen unterliegen. Wichtig sind vor allem ein gesundes Wurzelsystem und eine gut verwachsene Veredelungsstelle.

Beginnen Sie das Einpflanzen mit dem Ausheben der Pflanzgrube. Diese sollte etwa doppelt so breit wie der Wurzelballen bemessen sein. Lockern Sie die Erde der Grubensohle und reichern Sie den Boden mit etwas reifem Kompost an. Nur beschädigte und überlange Wurzeln werden bei ballenloser Ware eingekürzt. Der eigentliche Schnitt der im Herbst gepflanzten Obstgehölze erfolgt erst im Frühjahr (siehe S. 66/67). Pflanzen Sie das Gehölz in etwa so tief, wie es zuvor in der Baumschule stand; eher etwas höher als zu tief, da sich die Erde rund um den Wurzelballen später noch ein wenig setzt. Die Veredelungsstelle sollte auf jeden Fall ungefähr 10 cm über der Erdoberfläche liegen. Füllen Sie anschließend das Pflanzloch mit dem Erdaushub wieder auf, wobei Sie durch leichtes Rütteln der Gehölze Hohlraumbildungen im Erdreich vermeiden. Treten Sie danach die Erde der Pflanzstelle leicht an und wässern Sie das Obstgehölz ausgiebig.

Bestimmte Pflanzen gedeihen nur an sauren Standorten zufriedenstellend. Dazu gehört beispielsweise auch die Heidelbeere, die einen Boden-pH-Wert von 4 bis 5 benötigt. Füllen Sie daher

BAUM pflanzen:
(1) Zuerst wird eine ausreichend große Pflanzgrube ausgehoben.

(2) BEI Ballenware muss vor dem Einpflanzen unbedingt das Ballentuch gelockert werden.

(3) DER Baum sollte so tief eingepflanzt werden, wie er zuvor in der Baumschule stand.

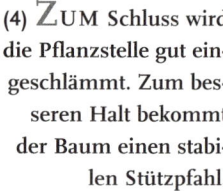

(4) ZUM Schluss wird die Pflanzstelle gut eingeschlämmt. Zum besseren Halt bekommt der Baum einen stabilen Stützpfahl.

WILDOBST FÜR DEN GARTEN

Deutscher Name (Botanischer Name)	Wuchsform, -höhe	Frucht	Reifezeit	Standort
Apfelbeere (Aronia melanocarpa)	Strauch; 1,5 m	klein, violett-schwarz	VIII	anspruchslos
Eberesche (Sorbus aucuparia)	Baum; bis 15 m	klein, kugelig; rot, viel Vitamin C	Ende XIII bis X	sonnig
Felsenbirne (Amelanchier lamarckii)	strauch-/baum-artig; bis 10 m	erbsengroß, rotviolett	VII bis VIII	sonnig
Kornelkirsche (Cornus mas)	strauch-/baum-artig, bis 8 m	glänzend schwarzrot	VIII bis X	halbschattig
Mehlbeere (Sorbus aria)	Großstrauch; bis 10 m	klein, kugelig, rot	X	kalkhaltiger Boden
Sanddorn (Hippophaë rhamnoides)	strauch-/baum-artig; bis 10 m	sehr klein, kugelig, gelb bis orangerot, viel Vitamin C	XI	tiefgründiger Boden
Schlehe (Prunus spinosa)	Strauch; bis 5 m	klein, rund, schwarz	IX bis X	anspruchslos

beim Pflanzen das obere Viertel der Grube mit feinem Rinden-mulch auf, der für ein saures Bodenmilieu sorgt.

Esskastanien und Feigen

Die zwischen Mitte Oktober und Mitte November reifenden Edelkastanien fallen samt ihren stacheligen Hüllen vom Baum. Da die Früchte nicht zu lange am Boden liegen bleiben sollten, müssen Sie mehrmals wöchentlich, am besten mit dicken Arbeitshandschuhen aufgelesen werden. Gründliches Trocknen verhindert das Auftreten von Schimmel. Als geröstete, heiße „Maroni" sind die Kastanien eine wahre Delikatesse. Pflanzen Sie nur veredelte Bäume, die nach etwa vier bis sechs Jahren fruchten. Bei Kastaniensämlingen kann sich die ertraglose Zeit über 20 Jahre hinziehen.

Die ursprünglich aus dem Mittelmeerraum stammenden Feigen (Abb. siehe S. 224) reifen in klimatisch begünstigten Regionen bis Anfang Oktober. Mittlerweile gibt es frostharte Sorten, die nicht nur als Obstgehölz den Garten bereichern, sondern mit ihren unverwechselbar handförmig geteilten Feigenblättern auch einen hohen Zierwert im Garten darstellen. Zum Frischverzehr erntet man die Feigen, wenn sie sich unter leichtem Druck vom Zweig lösen. Besonders aromatisch schmecken die weichen, vollreifen, violettbraun gefärbten Früchte. Da die reifen Feigen auch bei Vögeln äußerst beliebt sind, empfiehlt es sich, zumindest kleinere Feigenbüsche, mit einem speziellen Vogelnetz abzudecken. Binden Sie dieses sorgsam zu, damit sich keine Vögel verfangen können.

SCHLEHEN verlieren nach dem ersten Frost ihren bitteren Geschmack.

ESSKASTANIEN reifen in stacheligen Fruchtschalen heran.

O B S T

DIE roten Hagebutten der Frucht-Rosen leuchten noch bis in den Winter hinein.

AUS den saftigen, schwarzen Holunderbeeren lässt sich leckerer Saft gewinnen.

Wildobst

Zur Erntezeit im Herbst wird die Fülle der verschiedenen Obstgehölze deutlich. Neben den Kulturobstarten wie Kern-, Stein- und Beerenobst zählt man die frei in der Natur vorkommenden oder züchterisch kaum bearbeiteten Obstarten zum so genannten Wildobst (siehe Tabelle S. 279). Mit dem Rückgang der Bauerngärten gerieten sie ein wenig in Vergessenheit, dabei ist gerade diese Gruppe der Obstgehölze außerordentlich formenreich und meist anspruchslos und pflegeleicht.

Die Pflückreife vieler Wildobstarten fällt in die Herbstmonate. Bei der Schlehe oder der Mispel beispielsweise wird der herbsaure Geschmack der Früchte erst durch Frosteinwirkung gemildert.

Neben der Verwendung der reifenden Früchte haben viele Wildobstarten auch einen besonderen Zierwert. Zum Beispiel die wohlriechenden Blüten von Ölweide und Mahonie oder die wunderschönen, zart rosafarbenen Blüten der Wildrosen und deren leuchtend rote Hagebutten, die glänzenden, schwarzroten Holunderbeeren und die auffälligen rot und orangefarbenen Früchte der Vogelbeeren.

Lagerung von Äpfeln und Birnen

Unter optimalen Bedingungen können Sie Äpfel und Birnen über einen längeren Zeitraum problemlos aufbewahren. Gute Apfel-Lagersorten sind: 'Cox Orange', 'Elstar', 'Idared', 'Jonathan', 'Glockenapfel', 'Gloster'; gute Birnen-Lagersorten: 'Alexander Lucas', 'Boscs Flaschenbirne', 'Conference', 'Köstliche von Charneu'.

Pflegearbeiten

Im Herbst anfallendes Laub der Obstgehölze sollte nicht auf Rasenflächen liegen bleiben, da es zu Fäulnis kommen kann. Nehmen Sie es beim Mähen mit auf oder verteilen Sie es als etwa 15 cm dicke Schicht auf Gemüsebeeten oder um Stauden herum.

Unbewachsene Wurzelflächen unter Beerensträuchern und Baumscheiben werden leicht gelockert; zur Nährstoffversorgung können Sie oberflächlich reifen Kompost einarbeiten. Entfernen Sie dabei störenden Unkrautbewuchs. Danach wird das Ganze mit einer dünnen Mulchschicht abgedeckt, die im Frühjahr zur Obstbaumblüte unbedingt wieder zu entfernen ist, da offene Böden die Gefahr des Blütenfrostes senken. Zu frühzeitiger Schnitt der Obstgehölze vergrößert die Gefahr von Frostschäden. Warten Sie damit besser bis Anfang Februar (siehe S. 31).

ATTRAKTIVES Wildobst-Allerlei: Vogel- und Holunderbeeren, Schlehen, Hagebutten, Sanddorn, Weißdorn, Hagebutten und Nüsse.

Pflanzenschutz

An den Baumstämmen befestigte **Wellpapperinge** hindern schädliche Insekten am Hinauflaufen in die Baumkrone. Sie verpuppen sich stattdessen in der Pappe und können somit eingesammelt und vernichtet werden.

Die zur Eiablage an Baumrinden hoch laufenden flügellosen Frostspannerweibchen lassen sich gut mit angebrachten **Leimringen** fangen.

Durch **Obstbaumkrebs** verursachte Wucherungen sind mit einem scharfen Messer tief aus dem Holz herauszuschneiden. Mit Fungiziden angereicherte Wundverschlussmittel helfen, einen erneuen Befall des pilzlichen Erregers zu verhindern.

BEERENOBST

Kiwi-Ernte

Die Erntezeit der beliebten, sehr erfrischend und aromatisch schmeckenden Kiwi erstreckt sich

DIE winterharte Weiki (*Actinidia arguta* 'Weiki') fällt durch ihre kleinen, glattschaligen Früchte auf. Sie eignen sich zum Frischverzehr, für Marmeladen oder ganz besonders zur Weinherstellung.

bis Mitte November. Im Gegensatz zu den meisten Beerenfrüchten können Sie die gut ausgereiften Kiwi über Monate an einem kühlen Ort aufbewahren. Sie enthalten viel Vitamin C und schmecken vollreif am besten, wenn das grüne Fruchtfleisch angenehm weich ist. Kiwipflanzen sind ro-

DIE auffällig roten Beeren der Eberesche enthalten viel Vitamin C.

bust, wenig krankheitsanfällig und benötigen in den ersten drei bis fünf Jahren keinen besonderen Schnitt. Die wuchskräftigen, bis zu acht Meter lang wachsenden Ranken verzweigen sich stark. Sie sollten regelmäßig an einem Stützgerüst aufgeleitet werden. Da die männlichen und weiblichen Blüten auf verschiedenen Pflanzen vorkommen (siehe S. 198), sollten Sie unbedingt Kiwi beiderlei Geschlechts pflanzen. Lässt die Fruchtbarkeit nach einigen Jahren nach, werden die aus den Haupttrieben wachsenden Seitentriebe auf etwa fünf Blätter oberhalb des Fruchtansatzes gekappt.

OBST

DIE Früchte der Kiwi *(Actinidia deliciosa)* reifen erst spät im Herbst. Nach dem Pflücken sind sie noch hart und lassen sich gut lagern. Für den Verzehr sollte man sie ein bis zwei Wochen in der Wohnung liegen lassen.

Neben den großfrüchtigen, dicht behaarten Kiwis *(Actinidia deliciosa)* gibt es auch solche mit kleinen, glattschaligen Früchten. Davon wurde vor nicht allzu langer Zeit in Deutschland eine neue sehr frostharte Sorte ausgelesen: Die 'Weiki', deren Früchte früher reifen und ein aromatisches Stachelbeerenaroma entwickeln (siehe S. 281).

Pflege im Erdbeerbeet

Erdbeerpflanzen werden von störendem Unkrautbewuchs befreit. Bei trockener Witterung sind die Erdbeerbeete zu wässern.

Vermehrung durch Absenker

Solange der Boden noch nicht gefroren ist, lassen sich Brombeeren, Haselnüsse und auch Heidelbeeren gut durch Absenker (siehe genaue Anleitung S. 106) vermehren.

KRÄUTER

ERSTE WINTERVORBEREITUNGEN

Mehrjährige Kräuter und Heilpflanzen jetzt pflanzen oder teilen. Blattkräuter für den täglichen Bedarf in geringen Mengen ernten. Empfindliche Arten wie Thymian, Salbei und Lavendel dürfen Sie jedoch nicht mehr stark zurückschneiden.

Wenn erste Nachtfröste angekündigt sind, nicht ganz winterharte Kräuter in den Beeten abdecken und empfindliche Kübelpflanzen wie Ananas-Salbei, Rosmarin, Lorbeer, Süßkraut oder Zitronenverbene in ein helles, frostfreies Winterquartier holen.

Merrettich, Beinwell-, Engelwurz- und Löwenzahnwurzeln können noch geerntet werden. Außerdem können Löffelkraut, Winterportulak und Salatrauke noch bis Mitte des Monats ins Frühbeet oder Gewächshaus gesät werden.

Gegen Ende des Monats den Schnittlauch zurückschneiden und samt seinem Wurzelballen zum späteren Antreiben ausgraben. Der Wurzelballen muss mehrmals durchfrieren.

Kräuter fürs Zimmer

Wer auch im Winter nicht auf frische Würze verzichten möchte, sollte es einmal mit Zimmer-Knoblauch, Zitronengras, Jamaika-Thymian, Aztekischem Süßkraut und dem aromatischen Basilikum 'African Blue' versuchen. Wenn es nicht gar zu warm ist, kann man die Kräuter relativ gut am Zimmerfenster halten. Und aus Blättern und Triebspitzen des Frucht-Salbei *(Salbei dorisiana)* können Sie Tee kochen, Salate und Desserts verfeinern. Ein weiteres Teekraut fürs Zimmer ist Moujean-Tee.

HEILIGENKRAUT *(Santolina chamaecyparissus)* hat filigranes, silbriges Laub und treibt im Juli und August bezaubernde gelbe Blüten.

Thymian-Kunde

Thymian (*Thymus* spec.) gibt es in großer Vielfalt.

Besonders populär ist **Zitronenthymian** (*Thymus citriodorus*), den es in zahlreichen Sorten gibt. Im Gegensatz zu den würzigen *Thymus-Vulgaris*-Sorten schmecken sie fruchtig-leicht.

Thymian stellt keine besonderen Ansprüche, von einem sonnigen, warmen Standort einmal abgesehen. Bevorzugt wird kalkhaltige, magere Erde. Starthilfe wie bei den meisten Kräutern ist reifer Kompost. Beim Topf-Thymian bereits im Juli das Düngen einstellen, sonst ist die Winterhärte nicht mehr gegeben.

Vermehrt wird das Würzkraut durch Aussaat, Stecklinge oder Wurzelstockteilung, die bei älteren Exemplaren zwecks Verjüngung der Pflanze ohnehin zwingend erforderlich ist.

BERG-BOHNEN-KRAUT *(Satureja montana)* hat kurz vor und während der Blüte die beste Würzkraft.

LORBEER *(Laurus nobilis)* ist unverzichtbarer Bestandteil der guten Küche. Der immergrüne Strauch muss auf jeden Fall frostfrei überwintert werden.

WINTERVORBEREITUNGEN

Spätestens mit den ersten Frostnächten nimmt man im temperierten Haus und Warmhaus die stationäre Heizungsanlage wieder in Betrieb. Im Kalthaus sollte der mobile Heizlüfter bereitstehen, um bei Bedarf für frostfreie Nächte sorgen zu können. Gleichzeitig empfiehlt es sich, alle Verschraubungen am Haus nachzuziehen und die Gummiabdichtungen zu überprüfen, damit keine unnötigen Wärmeverluste entstehen.

Einräumen der Überwinterungsgäste

Sobald Temperaturen unter 5 °C zu erwarten sind, müssen die frostempfindlichen Kübelpflanzen ins Gewächshaus gebracht werden. Je länger man diesen Termin hinauszögert, umso abgehärteter gehen die Pflanzen ins Winterquartier.

Damit man möglichst viele Pflanzen auf dem engen Raum unterbringt, schneidet man alle Triebe um ein Drittel zurück.

Frostschutz für Frühbeetkästen

Falls noch nicht geschehen, deckt man den Frühbeetkasten wieder mit Fenstern ab. Tagsüber sollten sie jedoch weitgehend offen bleiben, damit die Pflanzen nicht unter zu hoher Luftfeuchtigkeit leiden. Zum Schutz vor kalten Nachttemperaturen werden die Fenster abends jedoch geschlossen und bei Bedarf zusätzlich mit Strohmatten oder Hartschaumplatten von außen isoliert.

FÜR die meisten Kübelpflanzen bietet das frostfrei gehaltene Kalthaus ideale Überwinterungsbedingungen. Vor dem Einräumen sollte man alle Pflanzen nochmals auf Schädlinge überprüfen. Im kalten Gewächshaus ist der Wasserbedarf deutlich reduziert.

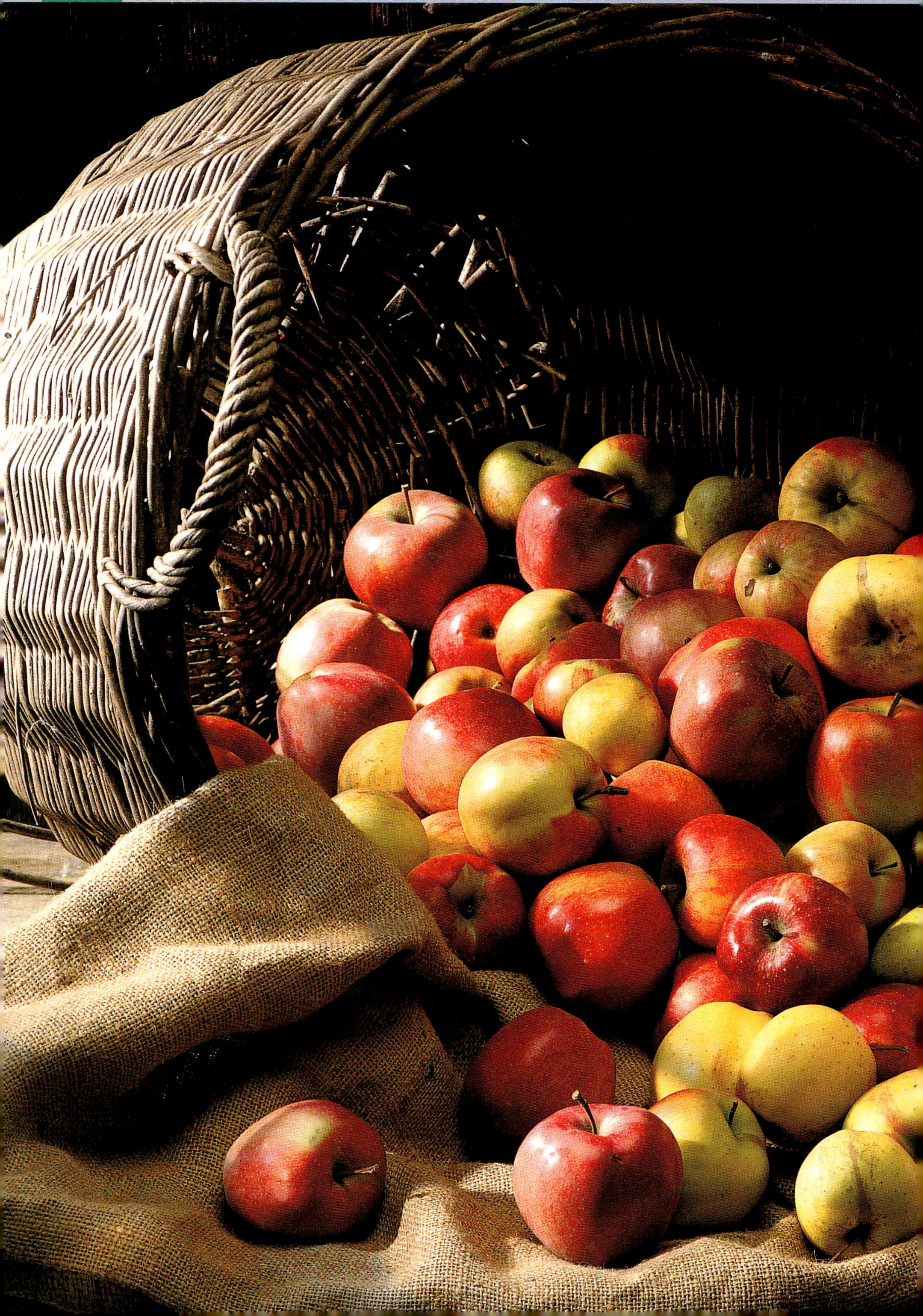

NOVEMBER

Auch wenn es draußen im Garten langsam ungemütlich wird, ist für den wahren Gartenfreund die Saison noch nicht zu Ende. Zuschneiden und Abrechen, Abdecken und Schreddern sind wichtige Arbeiten, die das Blühen und Grünen im nächsten Jahr sichern. Ein saftiger Apfel aus dem Lagerkeller gibt Kraft für den Endspurt.

IM Spätherbst kann man in warmen Gebieten noch niedrige Gehölze und Hecken pflanzen. Kleinere Pflanzen werden vom Wind weniger gebeutelt und überstehen daher auch ohne angewachsenes Wurzelwerk den Winter.

BEVOR der Boden zufriert, ist auch die ideale Zeit für eine komplette Umgestaltung des Gartens. Ohne das Laubkleid erscheint der Garten aufnahmebereiter für Neuerungen.

SOMMERBLUMEN

Im November werden die Sommerblumen vollständig abgeräumt. Auch aus den gemischten Rabatten und aus dem Steingarten werden alle einjährigen Saisonblüher entfernt.

Auf den leeren Beeten lassen sich jetzt Unkräuter besonders gut hacken. Vor allem Wurzelunkräuter müssen sorgfältig entfernt werden.

In die entstandenen Lücken können Sie jetzt Zierkohl pflanzen.

schutz verwendet, doch ist das saure Material vor allem bei Kalk liebenden Stauden fehl am Platze. Torfmull speichert im Winter außerdem zuviel Feuchtigkeit, so dass Fäulnis gefördert wird. Immergrüne Stauden müssen an frostfreien Tagen gegossen werden, damit sie nicht vertrocknen.

Tipp: Der November ist die beste Zeit, um Frostkeimer auszusäen. Die Samen von Primeln,

Trollblume, Hungerblümchen, Christrose, Enzian, Duftveilchen, Anemone, Tränendem Herz, Eisenhut oder Küchenschelle gehören dazu und keimen erst, wenn sie Temperaturen zwischen −2 °C und −6 °C ausgesetzt waren. Die Aussaat erfolgt im Zimmer in kleinen Kistchen, die man an einem geschützten, schattigen Platz im Garten bis zum Rand in die Erde eingräbt.

DIE hohen Fetthennen *(Sedum spectabile)* gehören mit ihren roten Blütentellern zu den letzten blühenden Gästen im Staudenbeet. Die verblühten Samenstände sehen den ganzen Winter über schön aus.

ZWIEBELBLUMEN

Kontrollieren Sie die nicht winterharten Blumenzwiebeln im Winterlager regelmäßig auf faulige Stellen. Im Herbst gesetzte Zwiebelblumen decken Sie mit einer Reisigschicht ab. An frostfreien Tagen können Sie zwar immer noch Zwiebeln setzen, allerdings lassen die Blüten im kommenden Frühjahr eine Zeit lang auf sich warten.

Er fühlt sich auch bei Frost noch wohl und seine Farben leuchten umso intensiver, je kälter es wird. Die im Sommer gepflanzten Zweijährigen haben an ihren Plätzen inzwischen größere Rosetten gebildet, die über die Wintermonate vor Kälteschäden geschützt werden müssen. Decken Sie jetzt Isländischen Mohn, Goldlack oder Vergissmeinnicht locker mit Tannen- oder Fichtenzweigen ab.

STAUDEN

Der richtige Winterschutz ist auch bei Stauden wichtig. Strohmatten, Tannen- und Fichtenreisig sind das richtige „Verpackungsmaterial". Oft wird Torfmull als Winter

SPÄTE Schönheit Eisenhut. Doch auch seine Blüten verabschieden sich allmählich. Vorsicht beim Abräumen: Die Pflanze enthält Aconit, ein hochgiftiges Alkaloid, das im Mittelalter als Waffe eingesetzt wurde.

FROSTSCHUTZ

HOCHSTAMM-ROSEN sind sehr empfindlich, da ihre Veredelungsstelle nicht unter der Erde liegt. Ein sorgfältiger Winterschutz mit Reisig, Sackleinen oder Jutesäcken ist daher sehr wichtig. Auch ein bis über die Krone mit Laub oder Stroh gefüllter Drahtkäfig hilft ihr, die kalte Zeit gut zu überstehen.

Frostschutz

Frost und kalter Wind sind in den Wintermonaten Gift für Ihre Rosen. Aber auch wärmende Sonnenstrahlen können gefährlich werden, da sie die Pflanzen zu einem verfrühten Austrieb verleiten. Denken Sie daher immer rechtzeitig an ausreichenden Winterschutz. Geeignet sind dafür Tannen- und Fichtenzweige, Sackleinen oder Stroh.

Beet- und Edelrosen sowie **Strauchrosen** werden damit gut abgedeckt, nachdem ihr Wurzelbereich etwa 20 bis 30 cm hoch mit Gartenerde oder Kompost angehäufelt wurde.

Etwas umständlicher ist der Schutz von **Kletterrosen**: Am bes-

ten werden sie mit schuppenförmig am Spalier befestigtem Nadelreisig oder mit Sackleinen abgedeckt. Der Fußbereich muss ebenfalls etwa 30 cm hoch angehäufelt werden.

Junge **Stammrosen** sind noch biegsam und können daher folgendermaßen für die Winterzeit präpariert werden: Entfernen Sie alle noch verbliebenen Blätter. Lösen Sie den Stamm vom Stützstab und umwickeln Sie ihn mit Reisig oder Sackleinen. Lockern Sie den Wurzelbereich ein wenig und biegen Sie den Stamm vorsichtig zum Boden. Dort wird er mit Haken in der Erde verankert. Bedecken Sie die Krone bis über die Veredelungsstelle locker mit Erde. Auch der Fuß der Stammrose wird

mit Erde angehäufelt. Achtung: Wenn Sie den Winterschutz im Frühjahr wieder entfernen, den Stamm langsam und vorsichtig wieder aufrichten!

Ältere Stammrosen lassen sich nicht mehr biegen und müssen daher anders vor Frost geschützt werden: Umwickeln Sie den Stamm ebenfalls mit Reisig oder Sackleinen und schützen Sie Krone und Veredelungsstelle mit Reisig. Stülpen Sie einen Jutesack über die Krone und binden Sie ihn darunter zusammen. Den Fuß des Stammes schützen Sie mit angehäufelter Erde.

Eine andere Möglichkeit, Stammrosen und auch hohe Strauchrosen zu schützen, ist ein hoher Drahtkäfig, der um die Rose gebaut und mit Laub oder Stroh gefüllt wird. Übrigens: Wildrosen, vor allem einheimische Arten, benötigen in der Regel keinen Winterschutz.

KLETTERROSEN werden mit Sackleinen oder Nadelreisig abgedeckt. Optimal ist es, wenn Sie die Zweige schuppenförmig von unten nach oben anbringen, damit Regenwasser gut ablaufen kann.

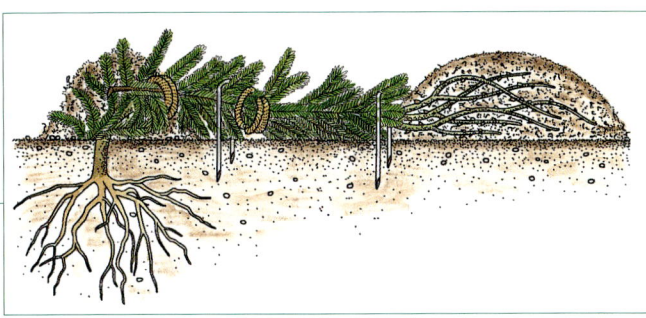

LINKS: Beet- und Edelrosen mit Erde anhäufeln und mit Reisig abdecken.

RECHTS: Junge Stammrosen umbiegen und schützen.

ZIERGEHÖLZE

WINTERRUHE

Ende November kehrt im Garten endgültig die Winterruhe ein. Bäume und Sträucher haben ihre Reserven eingelagert und die Blätter abgeworfen.

Heckenschnitt

In dieses Ruhestadium, das bis Ende Februar anhält, fällt der zweite Schnitt sommergrüner Hecken. In Mittelgebirgslagen und den Al-

HECKEN verjüngen: Laubgehölzhecken vertragen jetzt auch einen radikalen Rückschnitt. Da dies die Pflanzen jedoch viel Kraft kostet, verteilt man die Verjüngung auf zwei bis drei Jahre und nimmt sich jedes Jahr nur eine Flanke vor.

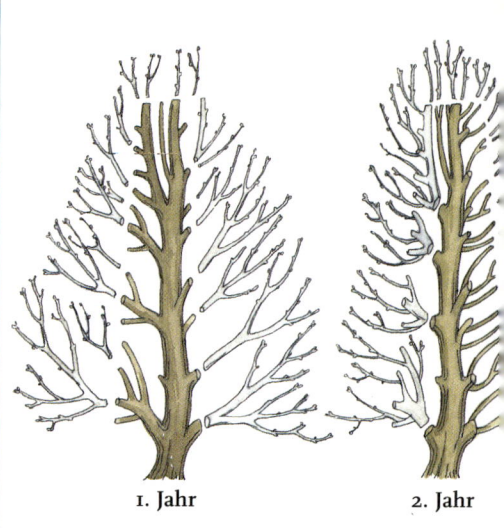

1. Jahr   2. Jahr

AUCH beim Heckenschnitt ist Fantasie gefragt. Wenn man die Kronen wellen- oder kastenförmig schneidet, entstehen interessante Muster, die die Blicke auf sich ziehen. Wie bei anderen Hecken genügt auch hier ein ein- bis zweimaliger Schnitt im Jahr.

Verjüngung dieser Art sind folgende Arten geeignet: Hainbuche (Carpinus betulus), Geißblatt (Lonicera spec.), Eibe (Taxus baccata), Weißdorn (Crataegus monogyna), Buche (Fagus sylvatica) und Stechpalme (Ilex spec.).

Nadelgehölzhecken lassen sich dagegen nicht ohne weiteres verjüngen, da sie aus altem Holz nicht wieder austreiben. Bei lückigen Hecken beschränkt man sich darauf, Zweige zusammenzubinden oder so zu leiten, dass sie in die Löcher hineinwachsen und diese damit verschließen.

pen kann es ratsam sein, mit dem Schnitt bis zum Februar zu warten. Bei Nadelgehölzhecken und immergrünen Laubgehölzen lässt man sich mit dem zweiten Schnitt meist bis März Zeit.

Manchmal kann es notwendig werden, Hecken zu verjüngen, wenn sie über einige Jahre vernachlässigt wurden. In solchen Fällen nimmt man zunächst eine Flanke 10 bis 15 cm über die gewünschte Breite hinaus zurück. Der Rest wird nur im üblichen Maß korrigiert. Erst im darauf folgenden Jahr kommt die zweite Flanke an die Reihe, im dritten Jahr die Wipfel. Auf diese Weise haben die Pflanzen jeweils ein Jahr Zeit, den Verlust auszugleichen und sich bis zur nächsten Verjüngungskur gut zu erholen. Für eine

ALLE streng geformten Hecken werden 2-mal im Jahr geschnitten. Nach dem Sommerschnitt von Juni bis August folgt nun der Winterschnitt. Er kann von Ende November bis März erfolgen. Dabei werden ältere Exemplare ausgelichtet, indem man einige der ältesten Äste ganz herausnimmt.

LETZTE ARBEITEN IM HERBST

Herabgefallenes Herbstlaub und kleinere Zweige werden nach wie vor vom Rasen abgerecht. Ein letzter Räumschnitt mit dem Rasenmäher kann Mitte bis Ende des Monats stattfinden. Der Rasenmäher wird nach dem letzten Mäheinsatz gründlich gereinigt und bei Bedarf geölt. Fest sitzende Grasreste kratzt man am besten mit einer stabilen Drahtbürste ab.

Für alle Mähertypen gilt: Schneidmesser überprüfen und – falls Sie das dafür notwendige Werkzeug zu Hause nicht zur Verfügung haben – in der Werkstatt nachschleifen lassen. Gerade den hochwertigen Motormähern bekommt das Nachschleifen der Messer in der Fachwerkstatt grundsätzlich besser. Bei Benzinmähern über Winter den Treibstoff ablas-

sen, den Luftfilter wechseln, die Zündkerzen erneuern und den Ölwechsel nicht vergessen. Andere Reparaturarbeiten an elektronischen oder mechanischen Teilen des Motors sollten Sie grundsätzlich der Fachwerkstatt überlassen. So vorbereitet, wird der Rasenmäher zu Beginn der nächsten Gartensaison garantiert gleich wieder gut durchstarten.

WINTERVORBEREITUNGEN

Jetzt kann der Teich schon zum ersten Mal zufrieren. Mit einem Eisfreihalter sollte man verhindern, dass sich eine geschlossene Eisdecke bildet, unter der sich Faulgase anreichern können. Das ist besonders wichtig, wenn Fische im Teich leben. Zusätzlich kann man mit einem Ausströmer (20 bis 30 cm unter der Wasseroberfläche) oder einem Oxidator für Sauerstoffzufuhr sorgen. Dieser verhindert jedoch nicht, dass der Teich zufriert. Strohballen als Hilfsmittel gegen Zufrieren eignen sich nicht. Sie können Stoffe ans Wasser abgeben, die den Teichlebewesen schaden.

EIN spezieller Eisfreihalter aus dem Teichfachhandel sorgt dafür, dass die Teichoberfläche nicht völlig zufriert. Sauerstoffmangel würde sonst zu unerwünschten Fäulnisprozessen führen, die der Tier- und Pflanzenwelt schaden könnten.

AB INS WINTERQUARTIER

Jetzt ist auch für milde Regionen der letzte Termin, alle nicht winterharten Balkon- und Terrassenpflanzen ins Winterquartier zu räumen. Vorher sollten die Gewächse natürlich gründlich ausgeputzt werden, manche Arten benötigen nun auch einen Rückschnitt. Zum einen werden durch diese Maßnahme sperrige Triebe entfernt, die sonst zu viel Platz in Anspruch nehmen würden, zum anderen regt der Rückschnitt bei vielen Arten, wie z.B. Pelargonien und En-

gelstrompeten (Brugmansia spec.), einen kräftigen Neuaustrieb im Frühjahr an. Beim Schneiden ist stets die Lage der Knospen zu beachten. Am besten schneiden Sie möglichst nur einige Millimeter oberhalb einer Knospe; und zwar schräg von der Knospe weg nach unten. Pelargonien lassen sich überaus Platz sparend überwintern, wenn Sie sie kopfüber in Säcken aufhängen.

Gleichzeitig mit dem Einräumen ins Winterquartier können

Sie Gelbsticker gegen Schädlinge aufhangen.

Ansonsten benötigen immergrüne Pflanzen in Töpfen an frostfreien Tagen ausreichend Feuchtigkeit. Außerdem sollten Sie empfindliche Freilandgehölze wie Obst in Trögen und Kübeln im Wurzelbereich mit einer Mulchdecke aus Laub oder Tannenreisig vor Frost schützen.

In freie Schalen und Kästen können Sie nun Stiefmütterchen fürs Frühjahr pflanzen.

GEMÜSE

DAS GEMÜSEJAHR GEHT ZU ENDE

SCHWARZE Mulchfolie – im Herbst auf Beeten ausgebracht – unterbindet vorzeitigen Unkrautwuchs im Frühjahr. Stark Ausläufer bildende Unkräuter wie die Quecke lassen sich allerdings auch dadurch nur schwer bekämpfen.

Lager- und Wintergemüse bestimmen jetzt den Speiseplan. Kontrollieren Sie regelmäßig eingelagertes Gemüse, ob sich Lagerschädlinge ausbreiten, und sortieren Sie befallene Früchte aus. Die letzten Sätze von Blumenkohl, Brokkoli, Chinakohl, Weiß- und Rotkohl werden bis Mitte des Monats abgeerntet. Wirsingkohl weiterhin nach Bedarf ernten. Wenn es einmal gefroren hat, beginnt die Ernte von Rosenkohl und Grünkohl. Auch die letzten Endivien werden bis Ende des Monats geschnitten.

Die frühen Sätze von Radicchio werden geerntet; späte Sätze überwintern auf dem Beet. Feldsalat und Salatrauke weiterhin nach Bedarf schneiden. Beim Feldsalat empfiehlt sich eine schützende Vliesabdeckung. Bis Mitte November holt man die letzten Zuckerhut-Pflanzen vom Beet.

Beim Chicorée beginnt die Treiberei: Dazu von den im Oktober aus der Erde geholten Pflanzen das Laub 3 bis 5 cm über dem Wurzelhals abschneiden. Dann die Wurzeln in einem mit Erde gefüll-

ten Eimer (mit Wasserabzugslöchern) aufstellen und mit einem zweiten Eimer abdecken. Wenn die Erde austrocknet, muss gegossen werden. Spinat weiterhin nach Bedarf schneiden. Abgeerntete Pflanzen nicht herausreißen; die Wurzeln verbessern die Bodenfruchtbarkeit. Winter-Steckzwiebeln brauchen bei kühler Witterung einen Winterschutz. Porree wird bei offenem Boden weiterhin geerntet; bei zu kühlen Temperaturen kann eine Vliesabdeckung sinnvoll sein.

LINKS: Das Spatenblatt wird zuerst gründlich gereinigt, dann bei Bedarf nachgeschliffen und zuletzt eingefettet.

RECHTS: Mit einer stabilen Drahtbürste kann man am einfachsten fest sitzende Erdreste von der Grabegabel entfernen.

Den Gemüsegarten winterfest machen

Alle Ernterückstände werden von den Beeten abgesammelt und kommen auf den Kompost. Aufgrund der kühlen Witterung abgestorbene Gründüngerpflanzen werden leicht in den Boden eingearbeitet. Es kann nützlich sein, die Gründünger vorher mit einem Rasenmäher zu zerkleinern. Falls es im Oktober noch nicht geschehen ist, schwere Böden umgraben, mittelschwere und leichte Böden lockern. Auch halbreifen Kompost kann man noch auf den geräum-

GEMÜSE

RAUREIF hat sich wie feiner Puderzucker über die Blätter des Wirsingkohls gelegt.

ten Beeten ausbringen. Falls Sie eine Rasen- oder Wiesenfläche in ein Gemüsebeet umwandeln wollen, können Sie die Fläche jetzt umgraben, so dass man von der grünen Pflanzendecke nichts mehr sieht. Angebrochene Saattüten kühl und trocken lagern, so bleibt das Saatgut am längsten keimfähig. Auch die Gartengeräte können jetzt etwas Pflege gebrauchen. Alle Handgeräte werden mit Wasserstrahl und einer Drahtbürste gereinigt. Rostige Spaten mit einer Bohrmaschine plus Drahtbürstenaufsatz wieder blank schleifen. Danach bei Bedarf das Spatenblatt schärfen und einölen. Kontrollieren Sie auch die Holzgriffe auf ihre Stabilität. Lässt sich ein alter oder abgebrochener Stiel nicht aus der Tülle entfernen, kann man ihn auch über offenem Feuer ausbrennen. Außerdem sollte man Gartenmesser und Gartenscheren reinigen, nachschärfen und einölen.

BAUMOBST UND BEERENOBST

Winterschutz für Obstgehölze im Topf

Im Topf wachsende Obstbäume (Ballerinas) und Beerensträucher sind stark frostgefährdet, da die Wurzeln wegen des geringen Topfvolumens viel schneller als im Gartenboden auskühlen und durchfrieren. Schützen Sie deshalb die Gefäße ab Mitte November mit isolierenden Materialien wie Reisigmatten oder Noppenfolien.

Vermehrung von Himbeeren

Himbeeren oder Johannisbeeren können Sie leicht durch Stecklhölzer vermehren. Verwenden Sie dazu ausgereifte, einjährige Triebe, die Sie direkt nach dem Schneiden so tief in die Erde stecken, dass noch zwei bis drei Augen aus dem Boden hervorschauen. Halten Sie die Erde so lange feucht, bis sich die Triebe selbst bewurzelt haben.

BEERENSTRÄUCHER (hier Himbeeren) lassen sich leicht durch Stecklhölzer vermehren.

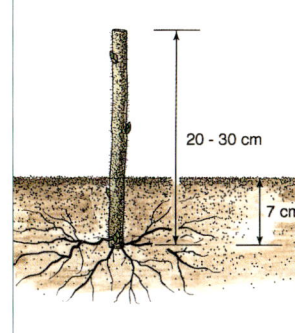

20 - 30 cm

7 cm

OBST

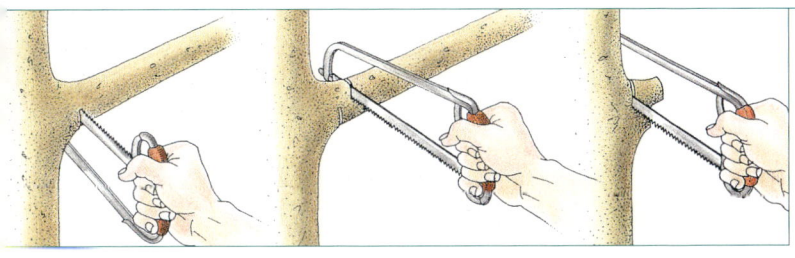

RICHTIGES Absägen: Sägen Sie den Ast zunächst von unten an, danach von oben, bis er abbricht. Den Stummel direkt am Stamm absägen.

WINTERVORBEREITUNGEN

Kräuter in Töpfen an die Hauswand rücken, etwas schräg oder auf Holzlatten stellen; die Pflanzen mit Reisig abdecken. In rauen Lagen die Töpfe zusätzlich mit Noppenfolie oder Stroh umwickeln. Frostempfindliche Kräuter im Beet mit Reisig bedecken. Schnittlauch ausgraben, in eine Steige legen und durchfrieren lassen. Später die Wurzelstücke auf Töpfe verteilen, neue Erde auffüllen und gestaffelt auf der Fensterbank oder im Gewächshaus antreiben.

Tipp: Kräuterkissen fördern den Schlaf. Mischung aus Johanniskraut, Melisse, Hopfen, Honigklee, Beifuß, Rosen- und Lavendelblüten in eine Kissenhülle geben und unter das Kopfkissen legen.

TOPFKRÄUTER überwintert man am besten mit Reisig abgedeckt an der Hauswand.

KRÄUTER

DAS GARTENJAHR VERLÄNGERN

Mit Beginn des Spätherbstes kehrt im Garten langsam Ruhe ein, während im Gewächshaus und Frühbeet noch einige wichtige Arbeiten anstehen.

Um im unbeheizten Glashaus und im Frühbeet die Saison so lange wie möglich auszudehnen, ist ein wirksamer Frost- und Kälteschutz unerlässlich. Allerdings geht eine wirksame Wärmedämmung immer auch mit einer Reduzierung der Lichtdurchlässigkeit einher. Aus diesem Grund sollte man bis Mitte November warten, bevor Noppenfolie oder Hartschaumplatten am Gewächshaus befestigt werden.

Optimale Nutzung des Frühbeets

Kopfsalat und Radieschen werden schon Anfang des Monats geerntet. Der robustere Endiviensalat liefert hingegen bei milder Witterung bis in den Dezember hinein schmackhafte Salatköpfe. Feldsalat und Spinat vertragen zwar problemlos einige Minusgrade, leiden jedoch schnell unter den wärmenden Strahlen der Wintersonne. Ihre Blätter verdunsten dann mehr

Wasser, als die Wurzeln aus dem gefrorenen Boden aufnehmen können. Vorbeugen kann man, indem man die Kulturen rechtzeitig mit Vlies oder Folie abdeckt.

Einen wesentlichen Beitrag zum Gedeihen der Salatpflanzen liefert zudem auch das richtige Ausbalancieren zwischen Frischluftzufuhr und Kälteschutz. So oft

wie möglich sollten an frostfreien Tagen die Fenster offen stehen, während in der kälteren Nacht eine isolierende Abdeckung vor zu starken Frösten schützt. Wer sein Frühbeet schon komplett abgeerntet hat, findet hier genügend Platz um Wurzelgemüse, Salate und Kohl einzulagern. So hat man über einen langen Zeitraum immer frisches Gemüse zur Hand.

WENN Mitte November der Lichteinfall geringer wird, hilft eine Lage Noppenfolie, die Kälte so lange wie möglich draußen zu lassen.

IST das Frühbeet abgeerntet, kann man den freien Platz wunderbar zum Einlagern von Gemüse wie Möhren, Porree, Radicchio, Endivien, Grünkohl und Rosenkohl verwenden. Den Kasten anschließend mit Noppenfolie oder Schilfrohr von außen isolieren.

ENDIVIENSALAT erträgt zwar ohne weiteres Temperaturen bis −5 °C, doch sollte man das Beet bei angekündigter Minustemperatur vorsorglich mit Vlies oder Folie abdecken.

Beheizte Gewächshäuser isolieren

Eine Wärmeisolierung ist nicht nur für das unbeheizte Gewächshaus, sondern ebenso für Kalthaus und temperiertes Haus empfehlenswert. Als sehr effektiv erweist sich eine Luftpolsterfolie, die eine Energieeinsparung von bis zu 40 Prozent bewirkt. Voraussetzung ist, dass sie das Gewächshaus komplett von außen verkleidet. Zur sturmsicheren Befestigung dienen spezielle käufliche Befestigungsklammern.

Die bodennahen Flächen der Seitenwände bekommen durch Hartschaum- oder Styroporplatten eine zusätzliche Isolierung. Sie können innen oder außen am Haus befestigt werden.

Erste Ernte von Feldsalat und Spinat

Feldsalat ist reich an Vitaminen und Mineralstoffen und ergibt durch seinen nussigen Geschmack einen ganz besonders delikaten Salat. Ganz ähnlich in Kultur und Ernte ist ihm der Spinat. Da dieser sehr schnell schosst, sollte man ihn fortlaufend, aber in geringerer Mengen aussäen. Auch wenn es die kalten Temperaturen im Winter schnell vergessen lassen, ist es wichtig, die Kulturen von Zeit zu Zeit zu gießen.

LINKS: Der unkomplizierte Feldsalat bereichert den Speisezettel den ganzen Winter über. Je nach Bedarf kappt man seine kleinen Blattrosetten direkt über der Erdoberfläche.

RECHTS: Spinat sollte immer möglichst frisch verarbeitet oder zur Konservierung eingefroren werden. Man schneidet entweder die ganze Pflanze ab oder erntet einzelne Blätter von außen nach innen.

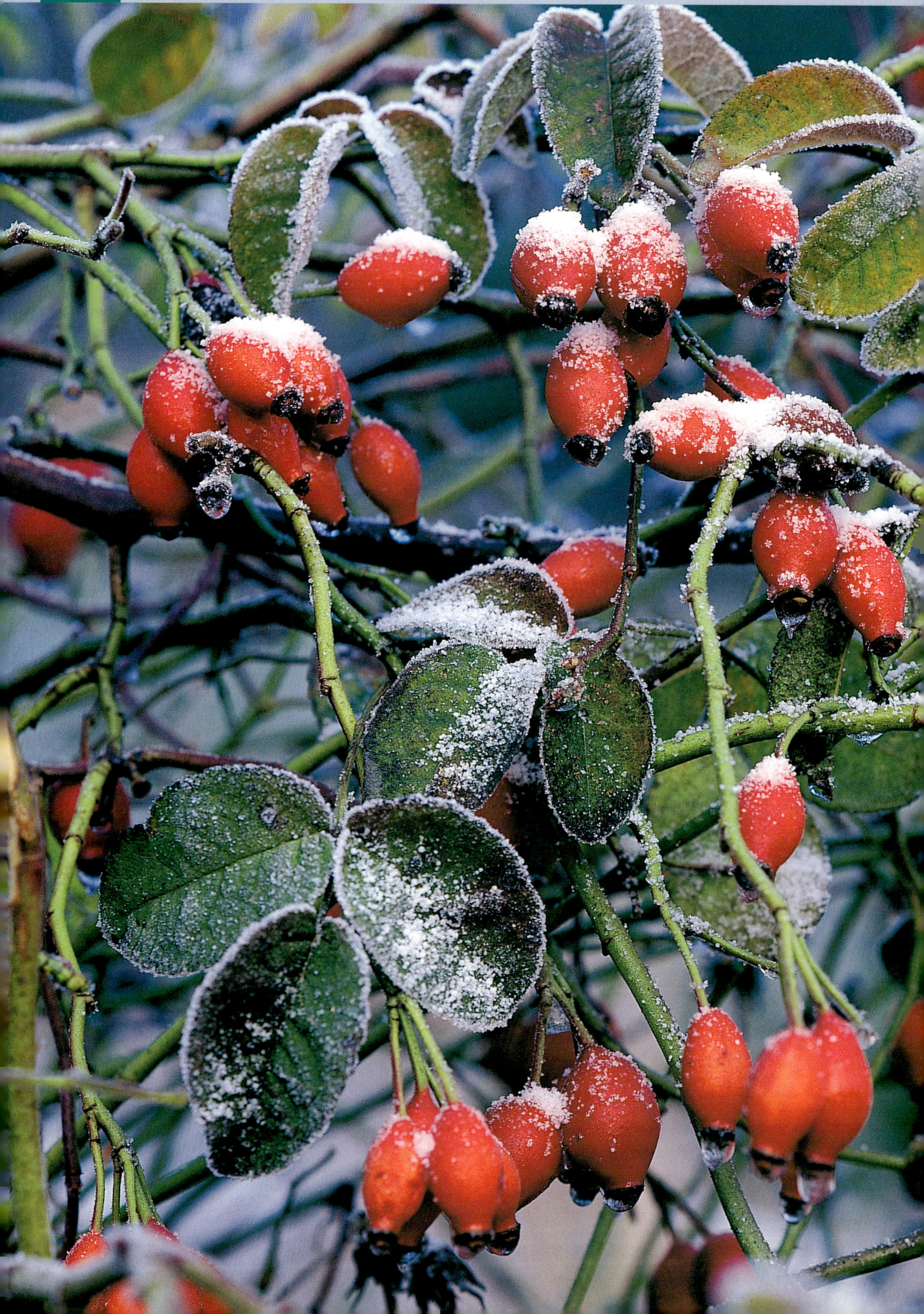

DEZEMBER

Hagebutten gehören zu den wenigen Früchten, die bei ihrer Reife nicht abfallen, sondern, sofern sie nicht von Vögeln verspeist werden, bis zur Blüte im nächsten Sommer am Strauch hängen. Ihre rote Farbe bietet einen angenehmen Kontrast zum winterlichen Weiß.

DIE offenen Metallflächen seiner Gartengeräte sollte man vor dem Angriff durch Sauerstoff und Luftfeuchtigkeit mit einer ordentlichen Portion Fett schützen.

ÜBER den Tellerrand hinausschauen und sich Ideen für die Gestaltung und Anlage von Gärten zu holen ist nie verkehrt. Ein Ausflug in die Theorie der Gartenplanung kann für Besitzer von alten und verwilderten Gärten sehr aufschluss-reich sein.

BLUMEN

EIN- UND MEHRJÄHRIGE BLUMEN

Beete und Rabatten werden winterfest gemacht. Reisig und Laub schützt empfindliche Pflanzen vor Frostschäden. In den feuchten Wintermonaten wird der Boden oft schwer und nass. Sorgen Sie in den Beeten für Wasserabfluss, damit anhaltende Feuchtigkeit nicht die Wurzeln faulen lässt.

Jetzt bieten Samenstände von Wildstauden auf den sonst recht kahlen Beeten willkommene Abwechslung. Vögel freuen sich über die Samen als zusätzliche Futterquelle. Ein Winterbeet muss keinesfalls eintönig wirken. Verdecken Sie Winterschutzfolie unter einer Lage Tannen- oder Fichtenreisig. Alte Wurzeln aus dem Garten sind mit ihren bizarren For-

men auf kahlen Beeten ein ungewöhnlicher Blickfang. Ziergräser stellen mit Raureif überzogen oft wahre Kunstwerke dar und Winterheide oder Zierkohl sorgen für etwas Farbe im Garten. Auch im Dezember ist es noch möglich,

Frostkeimer auszusäen. Ansonsten können Sie die Winterwochen nutzen, um sich Gedanken über die Bepflanzung Ihres Gartens im nächsten Jahr zu machen. Bereits jetzt können Pflanzen für die kommende Saison bestellt werden.

IN der Wintersonne sind die Samenhäubchen des Schuppenkopfs *(Cephalaria gigantea)* kleine Schmuckstücke im Garten.

ROSEN

ROSEN SCHÜTZEN UND DÜNGEN

HAGEBUTTEN sind auch im Winter sehr dekorativ und außerdem eine wichtige Nahrungsquelle für Vögel.

Spätestens im Dezember sollten Sie Ihre Rosen vor den winterlichen Temperaturen schützen. Wollen Sie organische Dünger, wie zum Beispiel gut abgelagerten Pferde- oder Rindermist oder ausgereiften Gartenkompost, einsetzen, so ist ab Dezember die richtige Zeit dafür. Da organischer Dünger nur langsam von Bodenlebewesen zersetzt wird, stehen den Rosen die Nährstoffe ab dem

Frühjahr pünktlich zum Wachstumsbeginn zur Verfügung.

Ansonsten bleibt Ihnen im Dezember genug Zeit, Rosenbücher und -kataloge zu wälzen und neue Sorten auszusuchen, die im nächsten Sommer in Ihrem Garten blühen sollen. Und falls Ihre Sehnsucht nach Rosen dabei zu groß werden sollte, dann gönnen Sie sich doch einfach einen Strauß aus dem Blumenladen.

ZIERGEHÖLZE

BÄUME, STRÄUCHER, HECKEN, KLETTERPFLANZEN

Wer seine Bäume das ganze Jahr hindurch optimal pflegt, kann sich gesunder, stattlicher Exemplare erfreuen. Doch was tun, wenn die Bäume mit den Jahren viel zu groß werden?

Das Fällen unansehnlicher oder alter Bäume überlässt man am besten einem Fachmann. Er weiß, wie man in die Kronen klet-

tert und Schnitt für Schnitt abträgt, ohne Nachbarbäume oder Gebäude zu beschädigen. Bevor Sie einen Baumpfleger oder Landschaftsgärtner beauftragen, sollten Sie sich bei den Umwelt- und Naturschutzämtern nach den örtlichen Baumschutzverordnungen erkundigen. Die Städte und Gemeinden haben detailliert festge-

legt, welche Bäume geschützt sind und nur mit Genehmigung gefällt werden dürfen. Maß hierfür ist in der Regel der Stammumfang in 1 m Höhe. Bei geplanten Neupflanzungen sollte man sich ebenfalls vorher mit dem geltenden Recht befassen, da in jedem Bundesland die Grenzabstände zum Nachbarn in Abhängigkeit von der zu erwartenden Höhe des Gehölzes individuell festgelegt sind. Viel einfacher wäre es allerdings, wenn man sich vorher mit seinem Nachbarn unterhält und ihn von seinem Vorhaben unterrichtet. So vermeidet man Grenzstreitigkeiten, noch ehe sie begonnen haben. Denn wie viel schöner ist das Gartenleben, wenn man sich auch mit den Nachbarn gut versteht und seinen Garten so richtig genießen kann.

Vielleicht sogar einmal zusammen bei einem kleinen oder größeren Grillfest – im nächsten Jahr versteht sich.

DIE roten Früchte der Stechpalme sind nicht nur ein Hingucker für den Winter-Garten. Sie lassen sich gut in weihnachtlichen Gestecken verwenden.

BETRETEN UNERWÜNSCHT!

Im Dezember sollten Sie den Rasen möglichst in Ruhe lassen und nicht betreten. Gerade bei Frostwetter brechen die Halme beim Betreten ab und im nächsten Jahr können dort Faulstellen entstehen. Wenn sich nach starken Regenfällen Pfützen bilden, die nur sehr langsam verschwinden, sollten Sie im kommenden Frühjahr Gegenmaßnahmen einleiten (Aerifizieren, Dränage).

DEN TEICH NICHT ZUFRIEREN LASSEN

Wo ein Eisfreihalter fehlt, kann man bei zugefrorenem Teich mit warmem Wasser ein Loch ins Eis schmelzen. Das sorgt für Luftzufuhr und dient Vögeln als Trinkstelle. Auf keinen Fall sollen Sie eine geschlossene Eisdecke aufhacken. Das würde die Teichbewohner in ihrer Winterruhe stören.

IDEALER WINTERSCHUTZ

Vor allem Immergrüne in Töpfen, wie Buchs, Eibe und Rhododendron, benötigen häufig Winterschutz. Am besten die Pflanzen an einer sonnen- und windgeschützten Wand aufstellen. Die grünen Pflanzenteile können mit einer Vlieshaube oder Fichtenreisig vor Frost, aber auch vor starker Sonneneinstrahlung an frostfreien Tagen geschützt werden. Den Topf schützen Sie durch Umwickeln mit Sisalmatte, Sackleinen oder Noppenfolie. Styropor oder Holz unter dem Gefäß hält die Kälte von unten fern. Pflanzen mit großen Blättern oder langen Trieben gut zusammenbinden und mit Sackleinen umhüllen. Abgeräumte, nicht über Winter bepflanzte Gefäße können Sie mit Tannenzweigen, Zapfen, Gräserblüten und hübschen Accessoires dekorativ schmücken.

BALKONBE-PFLANZUNGEN mit Immergrünen sollten auch im Winter gewässert werden.

DER GEMÜSEGARTEN IM WINTER

Wo wegen klimatisch besonders ungünstiger Lage starker Frost zu erwarten ist, sollte man den Rosenkohl jetzt abernten; Röschen, die man nicht sofort verwerten kann, werden im Gefrierschrank eingefroren; sie verlieren dort kaum an Geschmack. Grünkohl ist im Vergleich zu Rosenkohl etwas kälteunempfindlicher und kann noch im Beet stehen bleiben.

Der im November angetriebene Chicorée ist jetzt erntereif. Spinat, Feldsalat und Zwiebeln sind nach wie vor für einen Winterschutz dankbar. Porree verträgt als Wintergemüse zwar einige Kältegrade, doch wiederholtes Gefrieren und Auftauen lässt die Schäfte weich werden und faulen. Wo diese Gefahr besteht, werden die Porreestangen ausgegraben und an geschützter Stelle in Erde eingeschlagen.

Ein häufiger Schädling im Gemüsegarten ist die Wühlmaus. Die auch im Winter aktiven Tiere lassen sich jetzt leicht mit Ködern locken. Ausgelegtes frisches Gemüse lockt die Nager an; wer die Tiere nicht töten möchte, verwendet Lebendfallen und setzt sie weit entfernt vom eigenen Garten wie-

RASEN UND WIESE

WASSER-GARTEN

BALKON UND TERRASSE

GEMÜSE

GEMÜSE

der aus. Wichtig: Für alle Arbeiten sollte man Handschuhe anziehen, denn menschlicher Geruch an Fallen oder Köder schreckt die Nager ab.

Möhren, Zwiebeln und andere Lagergemüse werden selbst bei optimaler Lagerung nicht besser, sondern verlieren mit der Zeit an Frische und Geschmack. Man sollte sie deshalb nach und nach verbrauchen. Von Lagerfäule oder -schädlingen befallene Früchte werden nach wie vor sofort aussortiert und weggeworfen.

ROSENKOHL schmeckt genau wie Grünkohl erst dann richtig gut, wenn es einmal gefroren hat.

BAUMOBST UND BEERENOBST

OBST

VOR dem Weißen der Stämme werden lose Rindenstückchen und Fäulnispilze mit einer Bürste entfernt.

Frostrisse vermeiden

Starke Sonneneinstrahlung kann zu Frostrissen im Holz führen, in denen sich leicht Krankheitserreger und Schädlinge ansiedeln. Vermeiden Sie diese Schäden durch rechtzeitiges Weißen der Stämme mit im Handel erhältlichen Kalk-Präparaten. Die weiße Farbe reflektiert die Sonnenstrahlen und vermindert dadurch die Erhitzung des Holzes. Zuvor wird der Baumstamm gründlich abgebürstet.

Eine weitere Möglichkeit, Frostrisse zu vermeiden, besteht darin, die der Sonne zugewandte Seite des Stammes mit Brettern zu schattieren oder den Baumstamm mit Bastmatten zu umwickeln. Letztere Methode beugt zusätzlich Wildverbiss vor.

Obstlager kontrollieren

Überprüfen Sie das gelagerte Obst regelmäßig auf Schädlings- und Fäulnisbefall.

Hungrige Nager

Besonders junge Obstgehölze sind bei Hasen, Kaninchen und Rehen im Winter sehr beliebt. Schützen Sie deshalb Ihre Obstbäume und Beerenhochstämmchen mit im Handel erhältlichen Kunststoffbandagen oder Drahtmanschetten.

Diese sollten eine Höhe von mindestens 60 cm haben.

Edelreiser und Steckholz

Wer im kommenden Frühjahr seine Obstbäume veredeln möchte, schneidet jetzt an frostfreien Tagen Edelreiser und Steckhölzer. Wählen Sie einjährige Asttriebe aus, die nicht unter der Stärke eines Bleistiftes liegen sollten. Schneiden Sie die Triebe auf eine Länge von etwa 20 cm; achten Sie darauf, dass mindestens zwei Augen im Aststück vorhanden bleiben. Um das Austrocknen der Hölzer zu verhindern, lässt man über dem oberen Auge wenige Zentimeter stehen. Bis zur Verwendung im Frühjahr werden die Reiser etikettiert, gebündelt, in feuchtem Sand eingeschlagen und an einem kühlen Raum gelagert.

WINTER IM KRÄUTERGARTEN

ZUR Stimmungsaufhellung täglich zwei bis drei Tassen Johanniskraut-Tee regelmäßig über drei Wochen hinweg trinken.

An frostfreien Tagen können Meerrettichwurzeln, Winterportulak und Löffelkraut laufend geerntet werden. Kräuter, die wie Rosmarin, Zitronenverbene und Süßkraut im Haus überwintern, regelmäßig gießen. Der Wurzelballen darf nicht

völlig austrocknen. Wichtig: Auf Schädlingsbefall überprüfen. Das gilt auch für Kräuter, die im Frühbeetkasten oder Kalthaus stehen. Hier an sonnigen, frostfreien Tagen lüften. Samenreste vom zu Ende gehenden Jahr sortieren.

BODENPFLEGE IM GEWÄCHSHAUS

Früher wurde die winterliche Ruhepause im Gewächshaus häufig dazu genutzt, den Boden wieder "auf Vordermann" zu bringen. Dazu gehörte das kräftige Durchspülen des Bodens mit viel Wasser. Zweck war es, durch übermäßige Mineralstoffdüngung verursachte Salzreste und andere Schadstoffe gründlich auszuschwemmen. Nebeneffekt war ein hoher Wasserverbrauch und eine Belastung des Grundwassers. Glücklicherweise sind solch drastische Maßnahmen heutzutage kaum noch erforderlich. Statt hoch konzentrierter Mineraldünger, die schnell zu einer Überdüngung des Bodens führen, werden heute viel öfter organische Dünger eingesetzt, die den Boden auf natürliche Art und Weise verbessern.

Bodenanalyse

Aufgrund der höheren Bodentemperaturen im Gewächshaus werden organische Stoffe schneller abgebaut als unter freiem Himmel. Um ein Gespür für den Bedarf an organischem Material zu bekommen, sollte man anfangs in regelmäßigen Zeitabständen eine Bodenanalyse durchführen. Der Fachhandel bietet dafür leicht verständliche Probensets an.

Bodenverbesserung

Noch bevor der Boden durchgefroren ist, arbeitet man gut verrotteten Kompost zur Humusbildung ein. Als Anhaltspunkt rechnet man etwa fünf Liter Kompost pro m² Boden. Zur Grunddüngung kann man gleichzeitig Rindermist vom Bauernhof oder Pferdemist vom Reiterstall einarbeiten.

LASSEN Sie Ihre Gewächshauserde regelmäßig durch eine Bodenanalyse (siehe S. 54) überprüfen. Den pH-Wert können Sie leicht mit Hilfe von Teststreifen aus dem Fachhandel (1) ermitteln. Ideal für viele Kulturen sind Werte zwischen 5,5 und 6,5. In diesem Bereich (2) sind die meisten Nährstoffe im Boden gelöst und für die Pflanze verfügbar. Bei zu niedrigen pH-Werten hilft eine Kalkung (3), bei zu hohen eine Gabe „sauer wirkender Dünger" (4) aus dem Fachhandel. Unreifer Kompost kann sehr viel Kochsalz enthalten, das die Nährstoffaufnahme behindert. Verwenden Sie daher nur gut abgelagerten Kompost (5) zur Bodenverbesserung.

	4 pH	5 pH	6 pH	7 pH	8 pH
N, S, K, Ca, Mg					
P, B	**2**				
Fe, Mn, Cu, Zn					
Mo					
AL					

ADRESSEN

von Versandgärtnereien, Herstellern und Vertreibern von Samen, Blumenzwiebeln, Gewächshäusern, Geräten, Pflanzenpflegemitteln, Rosen, Gehölzen und vielen mehr können Sie den einschlägigen Gartenzeitschriften entnehmen. Im Brachenfernsprechbuch finden Sie Adressen des ortsansässigen Gartenfachhandels.

Die folgende Liste erhebt keinen Anspruch auf Vollständigkeit.

VEREINE UND VERBÄNDE

Deutschland
Zentralverband Gartenbau e.V.
Godesberger Allee 142-148
53175 Bonn
Postfach 20 14 63, 53144 Bonn
URL: www.g-net.de/zvg

Bundesverband Deutscher Gartenfreunde
Steinerstr. 52
53225 Bonn
URL: www.kleingarten-bund.de

Österreich
Zentralverband der Kleingärtner, Siedler und Kleintierzüchter Österreichs
Getreidemarkt 11/10
A – 1060 Wien
E-Mail: zvwien@via.at

Schweiz
Schweizer Familiengärtnerverband
c/o Frau Erika Seitz
St. Johannesstrasse 2
CH – 6300 Zug
E-Mail: seitzug@bluewin.ch

LIEBHABERGESELLSCHAFTEN

Deutsche Citrusgesellschaft
c/o Peter Klock
Stutsmoor 42
22607 Hamburg

Gesellschaft der Heidefreunde
c/o Jürgen Schröder
Lütjenmoor 66
22850 Norderstedt

Interessengemeinschaft Passiflora
c/o Jens Buddrich
Amselstr. 75
24837 Schleswig

Deutsche Efeu-Gesellschaft
c/o Robert Krebs
Hauptstr. 48
24890 Stolk

Bonsai-Club Deutschland
c/o Dieter Paul
Dammhalmsweg 35
26441 Jever

Deutsche Rhododendron-Gesellschaft
c/o Julia Westhoff
Marcusallee 60
28359 Bremen

Gesellschaft für Fleischfressende Pflanzen
c/o Dr. Rolf Hübert
Rüsbgerstr. 8
30459 Hannover

Deutsche Fuchsiengesellschaft
c/o Hans-Peter Peters
Pankratiusstr. 10
31180 Giesen-Großförste

Deutsche Orchideengesellschaft
c/o Gerd Röllke
Flößweg 11
33758 Schloss Holte-Stukenbrock

Gesellschaft der Wassergartenfreunde in der Intern. Water Lily Society
c/o Herbert Bollerhey
Eichenberger Str. 19
34233 Fuldatal-Rothwesten

Deutsche Dendrologische Gesellschaft
c/o Andreas Bärtels
Hünstollenstr. 32
37136 Bösinghausen-Waake

Europäische Buchsbaum- und Formschnitt-Gesellschaft
c/o Raphael Witte
Oberstr. 36
52349 Düren

Deutsche Dahlien-, Fuchsien- und Gladiolengesellschaft
c/o Elisabeth Göring
Drachenfelsstr. 9 a
53177 Bonn

Deutsche Bromeliengesellschaft
c/o Ursula Börner
Steiler Weg 15
57076 Siegen

Europäische Bambus-Gesellschaft
c/o Edeltraud Weber
John-Wesley-Str. 4
63584 Gründau 2 Rbn.

Gesellschaft der Staudenfreunde
c/o Brigitte Wörfel
Meisenweg 1
65795 Hattersheim

Deutsche Kameliengesellschaft
c/o Gerhard Kasimir
Stahlbühlring 96
68526 Ladenburg

Deutsche Kakteen-Gesellschaft
c/o Gretel Rothe
Betzenriedweg 44
72800 Eningen unter Achalm

Internationale Clematis-Gesellschaft
c/o Walter Hörsch
Hagenwiesenstr. 3
73066 Uhingen

Verein Deutscher Rosenfreunde
c/o Hanni Bartetzko
Waldseestr. 14
76530 Baden-Baden

European Palm-Society
c/o Tobias W. Spanner
Tizianstr. 44
80638 München

AMTLICHE PFLANZENSCHUTZBERATUNG

Landesanstalt für Landwirtschaft
Fachbereich für Integrierten Pflanzenschutz
Stübelallee 2
01307 Dresden

Pflanzenschutzamt Berlin
Mohriner Allee 137
12347 Berlin

Landesamt für Ernährung, Landwirtschaft und Flurneuordnung
- Dezernat Pflanzenschutz -
Ringstr. 1010
15236 Frankfurt (O)/Markendorf

Landespflanzenschutzamt
Graf-Lippe-Str. 1
18059 Rostock

Institut für Angewandte Botanik
Abt. Pflanzenschutz
Marseiller Str. 7
20355 Hamburg

Pflanzenschutzamt
Westring 383
24118 Kiel

Institut für Pflanzenschutz und Pflanzenbau
Sedanstr. 4
26121 Oldenburg

enator für Umweltschutz und
tadtentwicklung
Pflanzenschutzdienst -
roße Weidestr. 4-16
8195 Bremen

ehr- und Versuchsanstalt für
artenbau
Heisterbergallee 12
0453 Hannover

Pflanzenschutzdienst
Am Versuchsfeld 17
4128 Kassel/Harleshausen

Landespflanzenschutzamt
erchenwuhne 125
9128 Magdeburg

Landwirtschaftskammer
Westfalen-Lippe
Institut für Pflanzenschutz, Saatgut-
untersuchung und Bienenkunde
Nevinghoff 40
8147 Münster

Pflanzenschutzamt der
Landwirtschaftskammer Rheinland
Siebengebirgstr. 200
3229 Bonn

Landesanstalt für Pflanzenschutz und
Pflanzenbau
Essenheimer Str. 144
5128 Mainz/Bretzenheim

Hessisches Landesamt für Ernährung,
Landwirtschaft und Landesentwicklung
Pflanzenschutzdienst -
Friedrich-Wilhelm-von-Steuben-Str. 2
60487 Frankfurt/M.

Pflanzenschutzamt Saarbrücken
Lessingstr. 12
66121 Saarbrücken

Landesanstalt für Pflanzenschutz
Reinsburgstr. 107
0197 Stuttgart

Bay. Landesanstalt für Bodenkultur
und Pflanzenbau
Menzinger Str. 54
80638 München

Thüringer Landesanstalt für
Landwirtschaft
Referat Pflanzenschutz
Kühnhauser Str. 101
99189 Erfurt-Kühnhausen

LUFA = Landwirtschaftliche Untersuchungs-
und Forschungsanstalt

STAATLICHE BODENUNTER-SUCHUNGSANSTALTEN

Deutschland
Sächsische Landesanstalt für
Landwirtschaft
Institut für Landwirtschaftliche
Untersuchungen
LUFA Leipzig / Möckern
Gustav-Kühn-Str. 8
04159 Leipzig

LUFA des Landes Sachsen-Anhalt
Schiepziger Str. 29
06120 Halle / Lettin

LUFA Thüringen
Naumburger Str. 98
07743 Jena

LUFA Potsdam
Templiner Str. 21
14473 Potsdam

LUFA Rostock
Graf-Lippe-Str. 1
18059 Rostock

Institut für Angewandte Botanik
Abt. KVT
Marseiller Str. 7
20355 Hamburg

LUFA Kiel
Institut f. Tiergesundheit
und Lebensmittelqualität
Gutenbergstr. 75-77
24116 Kiel

LUFA der Landwirtschaftskammer
Weser-Ems
Jägerstr. 23-27
26121 Oldenburg

LUFA Hameln
Finkenborner Weg 1 a
31787 Hameln

Hessische Landwirtschaftliche
Versuchsanstalt
Landw. Untersuchungsamt
Am Versuchsfeld 13
34128 Kassel / Harleshausen

LUFA Westfalen-Lippe
Nevinghoff 40
48147 Münster

LUFA Bonn / Landwirtschaftskammer
Siebengebirgsstr. 200
53229 Bonn

Landes-Lehr- und Versuchsanstalt für
Landwirtschaft, Weinbau und
Gartenbau
Institut für Bodenkunde
Egbertstr. 18
54295 Trier

Hess. Landwirtschaftliche
Versuchsanstalt
Rheinstr. 91
64295 Darmstadt

LUFA Speyer
Bezirksverband Pfalz
Obere Langgasse 40
67346 Speyer

Landesanstalt für
landwirtschaftliche Chemie
Bodenabteilung
Emil-Wolff-Str. 14
70599 Stuttgart

LUFA Augustenberg
Neßlerstr. 23
76227 Karlsruhe

Bayerische Hauptversuchsanstalt für
Landwirtschaft
85350 Freising-Weihenstephan

Bayerische Landesanstalt für
Weinbau und Gartenbau
Abt. Kellerwirtschaft u.
Untersuchungswesen
Herrnstr. 8
97209 Veitshöchheim

Österreich
Höhere Bundeslehr- und
Versuchsanstalt für Gartenbau
Grünbergstr. 24
A-1131 Wien / Schönbrunn

Bundesanstalt für Bodenwirtschaft
Denisstr. 31-33
A-1200 Wien

Bundesanstalt für Agrarbiologie
Wieninger Str. 8
A-4020 Linz

Tiroler Landwirtschaftliche
Untersuchungs- und Versuchsanstalt
LUVA
A-6200 Rotholz 46

Landwirtschaftlich-chemische Landes-
versuchs- und Untersuchungsanstalt
Burggasse 2
A-8010 Graz

Schweiz
E. Schweizer
Samen A.G.
Maienstr. 8
CH-3602 Thun

UFAG Laboratorien
Kornfeldstr. 2
CH-6210 Sursee

Labor Roth A.G.
Rieterstr. 102
CH-8002 Zürich

REGISTER

Halbfette Seitenzahlen verweisen auf Abbildungen

Ableger, Erdbeeren **198**, 198
Absenken 106
 – Brombeeren 106
 – Heidelbeeren 106
 – Himbeeren 106
 – Johannisbeeren 106
 – Stachelbeeren 106
Abutilon spec. 140
Acanthus spinosus 81
Acer campestre 240
Acer japonicum 'Aconitifolium' 53
Acer palmatum 244, 268
Acer rubrum 53
Acer rufinerve 268
Achillea filipendulina 265
Achillea millefolium 207
Achselbulben 208
Achterschlaufe, Gehölzpflanzung 53
Acidanthera bicolor 98, 159, 261
Acker-Kratzdistel 146
Aconitum ardensii 21
Acorus calamus **132**
Actinidia arguta 'Weiki' **281**
Actinidia deliciosa 282, **282**
Adonis amurensis **12**
Adonis vernalis 260
Adonisröschen **12**, 260
ADR-Rose 24
Agapanthus africanus 141, 165
Ageratum houstonianum 20
Agrophyron repens 118
Argyranthemum frutescens **233**
Ajania 274
Ajania pacifica 274
Ajuga reptans 260
Ajuga-Reptans-Sorten 274
Akelei **119**
 – Samen ernten **259**
Alant 158
Alcea rosea 156
Alchemilla alpina 254
Alchemilla mollis 81, 265
Alchemilla xanthochlora 254
Algen 164
Algen, Soforthilfe 213
Algenblüte 164, 187, 213
Algenvermehrung 135
Alisma plantago-aquatica 131
Allium giganteum 120, 236
Allium moly 120, 236
Allium oreophilum 236
Allium sativum 71
Allium schoenoprasum 201
Allium tuberosum **200**, 201
Alpenveilchen 271
Alstroemeria-Ligtu-Hybriden 98
Alte Rosen 49, 50
Alyssum saxatile **83**
Amaranthus caudatus **259**
Ameisen 79
Amelanchier lamarckii 53, 240, 244, 268, 279
Amerikanische Eberesche 53
Ananas-Minze 200
Ananassalbei 254, **254**
Anemone blanda 236, **237**
Anemone coronaria **84**, 236

Anemone hupephensis var. japonica 82
Anethum graveolens 109
Angelica archangelica 152, 175
Anhäufeln
 – Beerensträucher 107, **197**, 198
 – Porree 194
 – Rosen 48, 209
Anis 109, **224**
Anlage
 – Blumenbeet 233, 277
 – Blumenwiese 93, 268
 – Hochbeet **103**
 – neue Hecken 88
 – Rasen 268
Anthemis nobilis 152
Anthemis tinctoria **79**, 81
Anthriscus cerefolium 71
Antirrhinum majus 20
Antreiben, Knollenbegonien 28
Anzucht zweijähriger Sommerblumen 117
Äpfel ausdünnen **171**
Äpfel, Lagerung 250 f, 280
Äpfel, Pflückreife **251**
Apfelbeere 279
Apfeldorn 53
Apfel-Lagersorten 280
Apfelquitte **223**
Apfelschorf **67**
Apfelsorten 222
Apfelwickler 150, 224
Aprikosenbäume, Rückschnitt 67
Aprikosensorten 104
Aquilegia caerula **119**
Aquilegia spec. **259**
Arabis caucasica 260
Argyranthemum frutescens 140
Aronia melanocarpa 279
Artemisia abrotanum 152
Artemisia absinthum 109
Artemisia dracunulus 109
Artemisia spec. 274
Artischocken 169
 – ernten **194**, 194, 221, 249
 – pflanzen 145
   zurückschneiden 2/8
Aruncus dioicus 158
Astbruch 197, 222
Aster amellus 158
Aster dumosus 272
Aster novae-angliae **230**
Aster novi-begii **258**
Astilbe-Hybriden 82
Atlasblume 80
Auberginen **255**
 – erkennen der Reife 227
 – ernten 219, 277
 – erste Ernte 193
 – pflanzen 168
 – vorkultivieren 99
Aubrieta-Hybriden **83**, 260
Ausdauernde Kräuter 109
Ausdünnen, Äpfel **171**
Ausgeizen, Gurken 177
Ausläufer entfernen, Erdbeeren 172
Auslichten
 – Himbeerruten 223, 252, **252**
 – Johannisbeersträucher 224
Aussaat
 – Balkonpflanzen 28, 62
 – einjährige Kletterpflanzen 90
 – Frostkeimer 286, 296
 – für den Schatten 217

 – Gemüse **29**, 112
 – Gurken 112
 – ins Grundbeet 74, **74**
 – Kräuter 70
 – Kübelpflanzen 28, 62
 – Lichtbedarf 39
 – Ruccola **33**
 – Salatrauke 33
 – Sommerblumen **21**, 20, 43 f, 74, 153, 231
 – Utensilien 38
 – Zusatzbelichtung 30
Aussaaterde 20
Außenschattierung **17**, **177**
Auswintern, Kübelpflanzen 75
Automatische Bewässerung **110**
Azaleenerde 95

Bachehrenpreis 131
Bakterienfäule an Kartoffeln 248
Balkonblumen
 – ausputzen **188**
 – zurückschneiden 188
Balkonkästen bepflanzen **97**, **136**
Balkonpflanzen
 – Aussaat 28, 62
 – mit Fruchtschmuck 272
 – Rückschnitt 61, **289**
 – Winterpflege 14
 – Winterquartiere 274 f
Ballenware 210
Ballerinas **291**
Bandaussaat **143**
Bärenklau 81
Bartfaden 20
Bartnelken 156
Bärwurz 152
Basilikum
 – Genoveser 71, **71**
 – Griechisches **151**
 – und Schnecken 151
Bäume umpflanzen 239, **239**
Bäume, kleine 53
Baumhasel 249
Baumobst, Winterschnitt 30
Baumobstarten
 – Blütezeit 69
 – Fruchtreife 69
Baumscheiben **68**, 107
Baumschösslinge entfernen 163
Bechermalve 80
Beerenobst
 – Anhäufeln **197**, 198
 – Düngung 198 f
 – Pflege 172
 – Reife 197
 – Schnitt 69, 222
 – Vermehrung 106, **106**, **198**
Beerenobstarten
 – Blütezeit 69
 – Fruchtreife 69
Beerensträucher
 – Anhäufeln 107
 – Bodentrockenheit 149
 – Pflege 106, 149
Beet- und Balkonpflanzen
 – Blütenfarben 139
 – Düngung 165 f
 – Nährstoffmangel 166
Beete
 – abräumen 233
 – Gestaltung 116 f
 – Winterschutz 296
Beeteinfassung aus Kräutern 33, 253

Beetrose 'Playboy' **48**
Beetrosen
 – Sorten 48
 – überwintern 287, **287**
 – zurückschneiden **85**
Befruchtung, Obstgehölze 104
Begleitstauden 259 f
Begonia x tuberhybrida 20, 137
Begonia-Hybriden 159, 261
Begonie
 – Aussaat 20
 – vortreiben 62
Beifuß 274
Beinwell 70
Bellis perennis **116**, 156
Benzinmäher **27**
Bepflanzung von Kästen 136
Berberis julianae 211
Berberis spec. 272
Berberis thunbergii 88
Berberis x stenophylla **87**
Berberitze 211, 272
Bergaster 158
Berg-Bohnenkraut 109, 173, **283**
Bergenia cordifolia 260
Bergenie 260
Bergflockenblume 81
Berglorbeer 211
Bergminze, großblütige 152
Betula nana 244
Betula spec. 268
Bewässerung
 – automatische **110**, 215
 – im Urlaub 215
 – Obstgehölze 222
 – unregelmäßige 204
Bewässerungsarten 110
Bewässerungscomputer 110
Bewurzelungspulver 62
Bidens ferulifolia 137
Bienen 104
Bienenfreund 99, 146
Bierfallen 102, 182
Binse 131, 164
Birke 268
Birnen
 – ernten 221
 – Genussreife 221
 – Lagerung 250 f, 280
 – Lagersorten 280
 – Sorten 223
Birnengallmücke 107, **107**
Birnengitterrost 107, **107**
Birnentomate, Gelbe **218**
Blattfallkrankheit 150
Blattgemüse 65, 99, 143, 168, 218, 246, 277
Blattkäfer **127**
Blattkoriander 227
Blattläuse 123, 182, 190, **191**
Blattlauskolonien dezimieren 185
Blattmangold ernten 193, 219
Blaue Erbsen **169**
Blaue Lupine 99
Blaufichte 273
Blaukissen **83**, 260
Blauregen **90**
Blausternchen 236, **237**
Blaustrahlhafer 244
Blautafeln 177
Bleiwurz **140**, 142, 166
Blumen schneiden 206
Blumenbeet anlegen 233
Blumenhartriegel 244
Blumenkohl **75**, 277, 290
 – ernten 193, 246

– pflanzen 99, 168
– Vergrünen **192**
Blumenrasen 58
Blumenrohr, Indisches 98
– vortreiben 62
Blumenwiese
– anlegen 93, 129
– Pflege 163, 212
– schneiden 242, **242**
Blumenzwiebeln in Töpfen 245, **245**
Blutblume 120, 261
Blütenfarben
– Beet- und Balkonpflanzen 139
– Kübelpflanzen 139
– Stauden 260
Blütengehölze 240
Blütenknospe **66**
Blütezeit, Zwiebel- und Knollen- blumen 121
Blutläuse 68, 224
Blutlauszehrwespe 224
Blutmehl 195
Blutweiderich 131
Bodenanalyse 30
Bodendeckerrosen 50
Bodenfeuchte 222
Bodenheizkabel 35, **35,** 37, **37**
Bodenleben 22
Bodenmüdigkeit 238
Bodenprobe 29, **29,** **54,** 276
Bodenschluss 63, 64
Bodenstruktur 22
Bodenthermometer **17,** 39
Bodentrockenheit 149
Bodentypen 22, 145
Bodenverbesserung 21, 28, 29, 99, 299
Bohnenfliege 169
Bohnentipis 144
Bohnenzelt **145**
Borago officinalis 70, 109
Borretsch 70, **109,** 109
Boscs Flaschenbirne **223**
Botrytis 199
Bougainvillea glabra 141
Bougainvillee 'Variagata' **138**
Brassica oleracea 271
Braunfäule 170, 219
Breitwegerich 146
Brennesselbrühe **128**
Briza maxima 244
Brokkoli **101,** 277, 290
– ernten 192, 193, 218, 246
– pflanzen 99
– Seitentriebe 168
Brombeeren
– absenken 106
– aufleiten 106, 149, **149**
– auslichten 197
– Schnitt 69
– Seitentrieb kürzen 172
– Sortenauswahl 196
Brugmansia spec. 141
Brühen
– Grundrezept 147
– wirksame Pflanzen 147
Brutknollen 23
Brutzwiebeln **159,** 208
Buchs **52,** **56,** 88, **98,** **185**
Buddleja davidii **25,** **211**
Busch-Basilikum 71
Buschbohnen
– ernten 194
– säen 144, 168

Buschtomaten pflanzen 144
Buschwindröschen **237**
Butomus umbellatus 131
'Büttners Rote Knorpel' **196**
Buxus sempervirens 88

Calceolaria integrifolia 138
Calendula officinalis 80, **157,** **205**
Callicarpa bodinieri **240,** 272
Callistephus chinensis 20
Callitriche spec. 164
Calluna 126
Calocephalus brownii 271
Caltha palustris **133**
Camassia spec. 236
Camellia spec. 166
Campanula medium 156
Campanula persicifolia 265
Canna, Pflanzung 121
Canna indica 120
Canna-Indica-Hybriden 98, 159, 261
Carex elata **132**
Carex morrowii 244
Carpinus betulus 88
Carum carvi 109
Centaurea montana 81
Cephalaria gigantea **296**
Cerastium arvense 260
Ceratophyllum demersum 164
Ceratostigma plumbaginoides 272
Cercidiphyllum japonicum 268
Chaenomeles spec. 240
Chamaecyparis lawsoniana 88
Chamaecyparis pisifloro 273
Chamomilla recutita 109, 175
Cheiranthus cheiri **117,** 156
Chicorée
– ausgraben 277
– hacken 193, 218
– säen 143
– Treiberei 290
– vereinzeln 168
– wässern 247
Chinakohl 220, 277, 290
– auspflanzen 218
– Erdfloh 193
– lagern 246
– säen 168
Chinaschilf **45**
Chionodoxa spec. 236
Chirocèe ernten 297
Choenomeles japonica 272
Christrose 12, 82
Chrysanthemen **233**
Chrysanthemum balsamita 152
Chrysanthemum frutescens 43
Cimicifuga simplex 158
Cimicifuga spectabilis 82
Clarkia amoena 80
Clematis **80**
– Schnitt **26**
– Sorten 26
Clematis spec. 272
Climber 50, 51
Cochlearia officinalis 70
Colchicum autumnale **182,** 261, 272
Commelina tuberosa 98
Containerpflanzen 210
Containerrosen 262, 264
Containerware, Pflanzung 149
Convallaria majalis **119**
Coreopsis spec. **205**
Coriandrum sativum 109, 152, 227
Cornus 244

Cornus alba 268
Cornus kousa 53
Cornus mas **240,** 279
Cortaderia selloana **259**
Corylopsis pauciflora **87,** 268
Cosmos spec. 20
Cotoneaster salicifolius 211
Cotoneaster spec. 272
Crataegus monogyna 240
Crataegus x lavallei 53
Crinum x powellii 98
Crocosmia masoniorum 159
Crocosmia x crocosmiiflora 98
Crocus spec. 236
Cryptomeria japonica **89**
Cuminum cyminum 152
Cupressocyparis leyandii 88
Currykraut 152, 274
Cyclamen persicum 271

Dahlia-Hybriden 98, 120, 159, 261, 271
Dahlien 84, 98, **159,** 159, 183, 238, 261, 271
– lagern **261**
– Pflanzung 47, 121
– stützen **183**
Dahlienknollen teilen 84, **84**
Dämmmaterialien 35, 39
Daphne cneorum 211
Delphinium drummondii **79,** 80
Delphinium-Hybriden 43, 265
Dendranthema-Grandiflorum- Hybriden 271
Dianthus barbatus 156
Dibbel-Saat **143**
Dicentra spectabilis 82
Dicke Bohne säen 65
Dickmaulrüssler 127, 182
Digitalis grandiflora 156, **157**
Dill 109
Dimorphotheca spec. 43
Direktsaat Sommerblumen **78,** 78, 117
Distel 147
Dochtbewässerung 215
Doppelverglasung 73
Doronicum orientale 260
Dorotheanthus spec. 43
Dörrapparat 176
Dotter-Berberitze **87**
Drahtmanschetten 298
Drahtspalier 106
Drainagematerial 82
Duftsteinrich **74,** 74
Duftveilchen 260
Dünger, organischer 195
Düngerstäbchen 166
Düngung
– Beerenobst 198 f
– Beet- und Balkonpflanzen 165 f
– Gehölze 87
– Rosen 238
– Stangenbohnen 169
Dunkelkeimer 43

Eberesche 279
Eberraute 152
Echinacea purpurea **205**
Echter Mehltau 189
Edelkastanien 279
Edelreiser 105, 298
Edelrose 'Burgund' **49**
Edelrosen
– Sorten 48

– überwintern 287, **287**
– zurückschneiden **85**
Edelsorte 105
Efeu **26**
Ehrenpreis 58, 212
Eibe 88
Eichhornia crassipes 130, 244
Einjährige Kräuter 109
Einkauf, Ziergehölze 52
Einlagerung, Gemüse 276
Einlegegurken
– ernten 193
– pflanzen 168
Einzelkornaussaat **143**
Eisendünger 124
Eisenhut **21,** 82, **286**
Eisenkraut 20
Eisenmangel, Rosen **122**
Eisenmangel-Chlorose 124
Eisfreihalter 289, **289**
Eissalat
– Ernte 192
– früher 36
– gießen 218
– pflanzen 99
– säen 65
Elektroheizung 16
Elektromäher **27**
Elektroöfen 16
Elfenblume 158, 260
Elodea canadensis 164
Elritzen **134**
Endivie 220
– auspflanzen 218
– bleichen 246
– ernten 290
– lagern 277
– säen 168, 193
Endiviensalat abdecken **293**
Energiesparlampen 29
Engelstrompete 97, 141
Engelwurz 152, 175
Englische Rosen 49, 50
Entengrütze 214
Entschlammen, Teich 270
Entspitzen, Stauden 119
Enzian 274
Enzianbleiwurz 272
Epimedium grandiflorum 158
Epimedium spec. 260
Eranthis hyemalis 23, **23,** 236
Erbsen
– blaue **169**
– Rankhilfe **145**
Erdbeerableger **198,** 198
Erdbeerdünger 107
Erdbeeren 172, 198
– Ausläufer entfernen 172
– Blütenansatz fördern 251
– Ernte 172, 198
– Pflanzung 223, **225**
– Pflege 107, 149, 172
– Pilzinfektion 224
– Sortenauswahl 172
Erdbeerpflanzen
– Ertrag 150
– markieren **172**
Erdbeerstängelstecher 107, **107**
Erdfloh am Chinakohl 193
Erdheizkabel **17**
Erdkröten **135**
Erdmiete 276
Eremurus spec. 236
Erhaltungsschnitt 32
Erica carnea 271
Erica gracilis 271

Ernte
– Kernobst 221
– Kiwi 281
– Samen 181
Eruca sativa 33, 109
Erythronium spec. 236
Erziehungsschnitt
– Pyramidenkrone **31**
– Hecken 162
Eschscholzia californica 80
Esparsette 241
Esskastanien 279, **279**
Ethylen **32**
Eucomis bicolor 98
Eucomis punctata 120
Euonymus alatus 268
Euryops spec. **140**

Fächerahorn 244, 268
Fächerblume 140
Fagus sylvatica 88
Fallobst 251
Falscher Mehltau 189
– an Rosen 123
Färberkamille **79**, 81
Farbgestaltung mit Sommer-
blumen 43 f
Farbkombinationen **78**
Farbkreise **78**
Farne 45
Faulstellen, Rasen 14
Feige **224**, 250, 279
Feldahorn 240
Feldsalat 220, 290, 293, **293**
– ernten 168, 277
– säen 65, 218
Felsenbirne 53, 240, 244, 268,
279,
Fenchel **70**, **226**
– ernten 247
Fensterheber **17**
Fensteröffner, automatischer 72
Fetthenne **259**, 272, **286**
Feuchtzone 130 f
Feuerbrand **126**
Feuerdorn 88, 240, **241**, 272
Feuerlilien 120, **121**
Feuersalbei, roter **137**
Ficus carica 250
Fieberklee 131
Filipendula palmata 158
Filipendula ulmaria 131
Filterpumpe 60
Filz 242
Fingerhut 156, **157**
Fischbestand kontrollieren 60
Fische einsetzen 164
Fischfutterring 135
Flachwasserzone 130 f
Flammenblume 44
Flanellstrauch 166
Fleißiges Lieschen 138
Flieder **55**
Florfliege 122
Floribundarosen 49
Flüssigdünger 166
Foeniculum vulgare **70**, **226**
Folienabdeckung 64
Foliengewächshaus **73**
Formpflanzen schneiden 136, 214
Fräse **91**
Fraßschäden 12
Frauenmantel 81, 254, 265
Freesia-Hybriden 261
Freesie 261
Freilandgurke **112**

Freilandsaat, Gemüse **99**
Fremontodendron spec. 166
Frischhaltemittel 207
Fritillaria imperialis 208, 236, **237**
Fritillaria meleagris 236
Froschbiss 131, 164
Froschlöffel 131
Frosteinbruch 268
Frostempfindliche Gehölze 31
Frosthärte, Kübelpflanzen 274,
275
Frostkeimer, Aussaat 286, 296
Frostrisse **32**, 32, 104, 298
Frostschutz
– Frühbeetkästen 283
– Obstblüten 104
– Obstgehölze 149
– ungeheiztes Gewächs-
haus 75
Frostspanner **31**
Fruchtansatz 171
Fruchtausdünnung 171
Fruchtbehang 171
Früchte, Lagerung **32**
Fruchtfolge 101, 170
Fruchtgemüse 99, 144, 168, 193,
219, 247, 277
Fruchtschäden 172
Fruchttriebe am Pfirsich 67, **68**
Frühbeet
– Frostschutz 283
– Gemüse einlagern 292
– isolieren 75
– Nutzung im Herbst 292
– packen 34, **34**
– Selbstbau 35
– selbstlüftendes 72
Frühgemüse ernten 153
Frühlingsplatterbse 158
Fuchsia-Hybriden 138
Fuchsie 138, **140**
Fuchsschwanz **259**
Füllstauden 259 f
Funkie 82, **213**

Gaillardia-Hybriden 80
Gaillardia spec. 43
Galanthus nivalis 23, **23**, 236
Gallmilben 68
Galtonia candicans 98, 120, 261
Gänseblümchen 58, 146, 212
Gänsefingerkraut 146
Gänsekresse 260
Gartenblankglas 73
Gartengeräte reinigen 291
Gartenklarglas 73
Gartenteich, Pflanzen 131
Gartenzone 130, 132
Gauklerblume 44, **132**
Gaultheria procumbens 272
Gebrauchsrasen 92
Gehölze
– Düngung 87
– frostempfindliche 31
– für Hecken 88
– mit Herbstschmuck 268
– pflanzen 52, 53, 267
– Pflege 87
– Schnitt 24
Geißfußpfropfung **105**
Geiltriebe 28
Gelbe Lupine 99
Gelbe Strauchmargerite **140**
Gelbrandkäfer **134**, 135
Gelbsticker 289
Gelbtafeln 177, 190

Gemswurz 260
Gemüse
– auspflanzen 63
– Aussaat **29**, 65, 112
– Düngung 194 f
– einlagern 276, 292
– Folienabdeckung 64
– Freilandsalat 64, **99**
– Fruchtfolge 101, 170
– gießen 192
– hacken 217
– kältetolerantes 220
– lagern 246
– Lagerschädlinge 290
– mehrjähriges 64, 100, 145,
169, 194, 221, 249, 278
– Mischkultur 102
– mulchen 145
Nährstoffmangel 195
– Vliesabdeckung 64
– Wassermangel 167
Gemüsejungpflanzen pikieren 74
Gemüsepaprika 112
Gemüsesamen ernten 191
Gemüsezwiebeln ernten 249
Genoveser Basilikum **71**
Gentiana-Scabra-Hybride 274
Genussreife 221, 250
Geranienerde 95
Geranium sylvaticum 158
Gestaltung
– Beete 116 f
– Terrassen **216**, 216 f
Gewächshaus
– Arten 16
– Aussaatbeginn 36
– beheiztes 16
– Bewässerungsarten 110
– Bodenanalyse 299
– Bodenpflege 299, **299**
– Bodenverbesserung 299
– Eindeckmaterialien 73
– Einrichtung 17
– Fensteröffner Typen **73**
– Frostschutz 292
– Frühjahrsputz 37
– Heizsysteme 37
– Kübelpflanzenüberwinte-
rung 37
– Lüften 72, **73**, 201
– Schädlingsbekämpfung 177
– unbeheiztes 16, 74
– Wärmedämmung 292
– Zwiebelblumen vortreiben
37
Giersch **146**
Gießen
– Gemüse 192
– Sommerblumen 180
– Ziergehölze 184
Gießgerät **17**
Gießrand 119
Gießwasserqualität 185
Gießwasserbecken **17**
Gießwasserpumpautomat **17**
Ginkgo biloba 211
Ginster, Schnitt **88**
Gladiolen 98, **121**, 159, 261,
– stützen 183
– Pflanzung 47
Gladiolen-Thrips 183
Gladiolen-Wildarten 120
Gladiolus-Hybriden 98, 120, 159,
261
Glasflügler, Johannisbeer- 252
Glattblatt-Aster **258**

Glechoma hederacea 175
Gleditsia triacanthos 240, 268
Glockenblumen **158**, 265
Gloriosa superba 120, 261
Goldblasenbaum 53
Goldfelberich 82, **205**
Goldgarbe 265
Gold-Johannisbeere 240
Goldlack 117, 156
Goldlauch 120, 236
Goldmohn 80
Goldnessel 274
Goldregen 53, **87**
Goldrute 81
Goldzweizahn 137
Gräser 45
– als Rosenbegleiter 265
– für Balkonkästen 244
– für Kübel 244
– zurückschneiden **44**
Grasschnitt **59**
Graulaubige Kräuter 254
Grauschimmel 183, 199
Grenzabstände 296
Grenzstreitigkeiten 297
Griechischer Oregano 254
Griechisches Basilikum **151**
Große Grüne Reneklode **104**
Grundbeet
– Anlage 17
– Aussaat **74**, 74
Gründünger
– Aussaat 65, 99, 191, 246
– Probleme 217
Gründüngerpflanzen 241, 290
Grünkohl 220, 297
Grünkohl
– ernten 290
– säen 143
– Standfestigkeit 193
Grünspargel **170**
Grünspargelkultur 100
Grünspargel schneiden 145
Grünstecklinge 204
Gundelrebe 175, **176**
Günsel 58, 274
Gurken
– ausgeizen 177, **177**
– ernten 277
– gießen 219
– pflanzen 144
– vorkultivieren 99
Gypsophila elegans 80, 265
Gypsophila spec. 207

Hacken 186
– Gemüse 217
Häckseln, Herbstlaub 268
Haemanthus natalensis 261
Hagebutten **280**
Hahnenfuß 146
Hainbuche 88
Hakenlilie 98
Hakonechloa macra 244
Hamamelis japonica 268
Hamamelis mollis 268
Hängepetunien **137**
Hanging Baskets 136
Hartriegel 240, 268
Hase 298
Haselnüsse 249
Hasenglöckchen 236
Hasenschwanzgras 207, 244
Hauszwetsche **104**
Hebe x Andersonii-Hybriden 271
Hechtkraut 131

Hecken
 – Anlage 88
 – Erziehungsschnitt 162
 – pflanzen 56, **56**
 – Schnitt 211, 288
 – Schnittwerkzeuge **162**
 – Sommerschnitt 161
 – verjüngen 288, **288**
Hecken-Berberitze 88
Heckenformen **57**
Heckenkirsche 88
Heidekräuter 126
Heidelbeere
 – absenken 106
 – alte Triebe entfernen 197
 – Schnitt 69
Heidelbeersträucher **199**
Heiligenkraut 152, 274, **282**
Heizkörper, Rippenrohr **37**
Helianthus annuus 80
Helichrysum angustifolium 274
Helichrysum bracteatum 43, 207
Helichrysum italicum 152
Helictotrichon sempervirens 244
Helipterum spec. 207
Helleborus niger **12**, 82
Hepatica spec. 260
Herbstanemone 82
Herbstchrysanthemen 271
Herbst-Erika 271
Herbstlaub 266
 – häckseln 268
Herbstpflanzen für den Topf-
  garten 274
Herbstzeitlose **182**, 183, **261**, 272
Hibiscus-Rosa-Sinensis-Hybriden
  141
Himbeeren
 – absenken 106
 – anbinden 106
 – aufbinden 149
 – auslichten 197, 172, 252, **252**
 – Schnitt 69
 – Sortenauswahl 196
 – Steckholzvermehrung 291
 – zurückschneiden 222
Hippophaë rhamnoides 240, **241**,
  279
Hippuris vulgaris **130**
Hirtentäschelkraut 147
Hochbeet
 – anlegen **103**, 277
 – Wühlmäuse 103
Hochdruck-Natriumdampf-
  lampen 39
Hochstammrosen
 – pflanzen **264**
 – Winterschutz **287**
Hohlkrone **30**
 – Erziehungsschnitt 31
 – Pflanzschnitt 66
Holunder 250, **280**
Honigtau 190
Hordeum jubatum 207, 244
Hornblatt 164
Hornkraut 260
Hornmehl 96, 195
Hornspäne 96, 195
Hornveilchen **138**
Hortensien **53**
Hosta spec. 82
Hottonia palustris 164
Hülsenfrüchte 65, 100, 144, 168,
  193, 220, 248, 277
Hundsrose **238**
Hundszahn 236

Hyacinthoides non-scripta 236
Hyacinthus orientalis 236
Hydrocharis morsus-ranae 131, 164
Hygromull 96
Hygrostat **17**
Hymenocallis narcissiflora 120
Hypericum perforatum 174
Hyssopus officinalis 152

Iberis sempervirens 260
Iberis spec. 43, 80
Igel 182, **241**
Ilex aquifolium 88
Immergrün 260
Immergrüne
 – Arten 88
 – Winterschutz 297
Immergrüne Hecken, Schnitt 211
Immergrüne Laubgehölze 211
Immergrüner Schneeball 211
Impatiens walleriana 138
Indianernessel 109, 253
Indisches Blumenrohr 120, 159,
  261
 – vortreiben 62
Inkalilie 98
Inkarnatklee 191
Inula ensifolia 158
Iris bakeriana 23
Iris histrioides 23
Iris pseudacorus **132**
Iris sibirica **133**
Iris spec. 236
Islandmohn 156
Isolierung Frühbeet 75
Ixia-Hybriden 98

Jakobsleiter **80**
Jakobslilie 120, 159, 261
Japan-Berggras, Gelbbuntes 244
Japanische Rotkiefer 273
Japanischer Blumen-Hartriegel 53
Japanischer Feuerahorn 53
Japan-Segge 244
Jasmin 166
Jasminum spec. 166
Jauchen 147 f
 – Grundrezept 148
Johannisbeere, Schwarze 224
Johannisbeere, Weiße 224
Johannisbeeren **149**, **199**
 – absenken 106
 – auslichten 197, **224**
 – Kopfstecklinge 198
 – Rost 199
 – Schnitt 69
 – Sorten 224
 – Steckhölzer 251
 – zurückschneiden 223
Johannisbeer-Glasflügler 252
Johanniskraut 173, 174, **176**
Josta 250
Jostabeeren aufbinden 149
 – auslichten 172
Juncus ensifolius 131
Juncus spec. 164
Jungfer im Grünen 80, 207
Jungpflanzen abhärten 153
Jungpflanzen setzen **63**
Junifall 171
Juniperus communis 240
Juniperus communis 'Sibirica' 273

Kaiserkronen **120**, 208, 236, **237**
 – Pflanzung 208
Kaktusdahlien 238

Kalk 96
Kalkammonsalpeter 195
Kalkanstrich **32**
Kalkausblühungen **28**
Kalkbedarf 276
Kalkpräparate 298
Kalmia latifolia 211
Kalmus **132**
Kalter Kasten 34
Kaltkeimer 43
Kamelie 166
Kamille 109, 175, **176**
Kamille, Römische 152
Kaninchen 90, 298
Kantenstecher 91
Kaphyazinthe 120, 261
Kapillarsperre 60
Kapkörbchen 43
Kapuzinerkresse 108, 173
Karbonathärte 27
Kartoffelkäfer 170
Kartoffeln
 – anhäufeln 169
 – auspflanzen 100, 144
 – Bakterienfäule 248
 – lagern 248, **248**
 – mittelfrühe 220
 – Solanin 221
 – vorkeimen 65
Kästen bepflanzen **97**
Kasten, kalter und warmer 34 f
Katsurabaum 268
Katzenminze 265
Keimtest 30
Keramikgefäße 97
Kerbel 71
Kernobst, Erntezeitpunkt 221
Kerria japonica **87**
Kescher 243
Kirschfruchtfliegenfalle **150**
Kissenaster 272
Kissenprimel **22**, 22
Kiwi 281 f, **282**
 – Befruchtung 198
 – Ernte 281
 – Schnitt **68**, 198
Klatschmohn **43**
Klebschwertel 98
Klee 58, 212
Kleine Bäume 53
Kleines Pampasgras 244
Klettergerüste 98
Kletterpflanzen
 – Einjährige aussäen 90
 – Rankgerüst 97 f
 – setzen 57
 – Sommerschnitt 128
 – Triebe festbinden 90
Kletterpflanzengruppen **89**
Kletterrose 'Kiftsgate' **51**
Kletterrose 'Super Excelsa' **51**
Kletterrosen 50 f
 – anbinden **184**
 – pflanzen 263, **264**
 – schneiden **86**
 – überwintern 287, **287**
Klopfprobe **127**
Knoblauch
 – Brutzwiebeln 249
 – ernten 169, 221
 – setzen 71, 100
Knochenmehl 195
Knollen überwintern 261
Knollenbegonie 121, 137, **137**, 159,
  261
 – antreiben 28

Knollenblumen, Blütezeit 121
Knollenfenchel
 – anhäufeln 193
 – auspflanzen 143
 – lagern 277
 – vereinzeln 168, 219
Knollenpflanzen, sommer-
  blühende für den Balkon 98
Knollensellerie
 – auspflanzen 144
 – ernten 194
 – hacken 169
 – Lagerfähigkeit 277
 – Schosser 220
 – vorziehen 100
 – wässern 248
Knospe, schlafende **66**
Knöterich **128**
Koelreuteria paniculata 53
Kohlfliege, Kleine und Große 170
Kohlgewächse 63, 99, 143, 168,
  193, 218, 277
Kohlhernie 246
Kohlrabi **101**
 – auspflanzen 218
 – ernten 193, 246
 – pflanzen 99, 168
 – säen 168
 – Wasserversorgung 143
Kohlweißling, Kleiner und Großer
  170
Kokardenblume 43, 80
Komplementärfarben **78**
Kompost 95, 195, 299, **299**
 – aufbauen 275, **275**
 – Abbauphasen 276
Kompostieren 275
 – Laub 266
 – Nadeln 266
Kompostierungsprozess 276
Kompostrotte 276
Koniferen, kleinbleibende 273
Königskerzen **116**, 156
Kopfkohl, Lagerung **15**
Kopfsalat **111**
 – früher 36
 – 'Lollo Rosso' **63**
 – pflanzen 99
 – schossfeste Sorten 192
Kopfstecklinge
 – Pelargonien **166**
 – Sommerblumen 75
Kopulation 105, **105**
Koriander 109, 152, 227
Korkflügelstrauch 53
Kornelkirsche 279
Kränze **206**
Krause Petersilie **227**
Kräuter
 – als Beeteinfassung 253
 – ausdauernde 109
 – Aussaat 33, 70
 – einfrieren 225, 226
 – Einjährige 109
 – für das Zimmer 282
 – graulaubige 254
 – im Topf, Pflegetipps 151
 – Mehrjährige 200
 – Mehrjährige pflanzen 108
 – Pflegearbeiten 200
 – silberlaubige 254
 – Stecklingsvermehrung **226**
 – trocknen 175 f, **175**
 – umtopfen **108**
 – zur Beeteinfassung 33
 – Zweijährige 109

Kräuterkissen 291
Kräutertee 201, **298**
Krautfäule 102, 170, 219
Krebsschere 131
Kreuzdorn 240
Kreuzkraut 274
Kreuzkümmel **109**, 152
Krokus 22, **120**, 236
Krone auslichten 196
Kronenanemone **84**, 236
Kronenerziehung 31
Kronenformen **30**
Kronenverjüngung 32
Kübelpflanzen
  – abhärten 112
  – ausräumen 153
  – Aussaat 28, 62
  – auswintern 75
  – Blütenfarben 139
  – einräumen 273, **283**
  – Frosthärte 274, 275
  – ins Freie setzen 96
  – mit Fruchtschmuck 272
  – Rückschnitt 289
  – Stecklinge schneiden 62
  – transportieren **138**
  – überwintern 37, 272 f, **273** f
  – Überwinterung im Freien 14,
    275
  – umtopfen **62**, 61, **96**
  – verholzende 166
  – wärmebedürftige 273
  – Winterquartiere 274 f
  – zurückschneiden 61
Küchenschelle 260
Kümmel 109
Kulturschutznetz 169
Kunststofftöpfe 97
Kürbis 193, 219, **247**
  – ernten 248
  – lagern 277
  – pflanzen 144
  – vorkultivieren 99

Laburnum anagyroides **87**
Laburnum watereri 53
Lagerfähigkeit
  – Kernobst 221
  – Knollensellerie 277
  – Möhren 277
  – Pastinake 277
  – Rote Bete 277
  – Winterrettiche 277
Lagerschädlinge 290
Lagerung
  – Äpfel 250, 280
  – Birnen 250
  – Dahlien 261
  – Früchte 32
  – Gemüse 246, 276
  – Kartoffeln 248, **248**
  – Kohlkopf **15**
Lagurus ovatus 207, 244
Laichkraut 164
Lamiastrum galeobdolon 274
Lampenputzergras **45**, 207, **233**,
  244, 265
Lampionblume 207
Langzeitdünger 165
Lantana-Camara-Hybriden 142,
  166, **190**
Lärmschutzhecken 57
Lathyrus vernus 158
Latschenkiefer **89**
Laub 266 f, 280
Laubfangnetz 243, **243**

Laubgehölze, Immergrüne 211
Laubknospe **66**
Laufenten 182
Laurus nobilis **283**
Lavandula angustifolia 81, 88, 207
Lavatera trimestris 80
Lavendel 81, **151**, 207, **227**
Lebensbaum 88
Lebensbaum, Orientalischer 273
Leberbalsam 20
Leberblümchen 260
Lederhülsenbaum 240, 268
Leguminosen 191
Leimringe **31**, 281
Lein 158
Leitstauden 259
Lemna spec. 214
Lemon-Basilikum 152
Leuchtstofflampe **17**
Leucojum vernum 47, 236
Levkoje 44, **231**
Leylandzypresse 88
Liatris spicata 81
Libellen 135, **135**
Lichtbedarf, Aussaat 39
Lichtkeimer 43
Liebesperlenstrauch **240**, 272
Liebstöckl vermehren 109
Ligustrum ovalifolium 88
Lilien **237**
  – pflanzen 47, 261
  – vermehren 208
Lilienhähnchen 183
Lilium bulbiferum 120, **121**
Lilium candidum **183**
Link-Stakes 118, **118**
Linum perenne 158
Lippia citriodora 152
Lobelia erinus 138
Lobelia spec. 20, 138
Lobularia maritima **74**, 74
'Lollo Rosso' **111**
Lonicera nitida 88
Lorbeer **283**
Löwenmäulchen 20
Löwenzahn 58, 146, **187**, 212
LUFA 29
Luftbefeuchter **17**
Luftpolsterfolie 293
Luftpumpe 27
Luftumwälzer 17, **17**, 72
Lüftungsklappen 17, **17**
Lunaria annua 207
Lupinen 191
Luxmeter 39
Luzerne 65, 191, 241
Lysimachia punctata 82, **205**
Lysimachia nummularia 131
Lythrum salicaria 131, 274

Mädchenauge **205**
Mädesüß 131, 158
Madonnenlilie 120, **183**
  – Pflanzung 208, **208**
Mageriten, Weiße 233, **233**
Magnolia stellata 244
Magnolia x soulangiana 53
Magnolien **55**
Mähnengerste 207, 244
Mahonie **13**, 280
Maiglöckchen **119**
Mais
  – anhäufeln 168, 193
  – ernten 248
Majoran 108, **173**, 174

Mandelbäumchen **98**
Mandeln 250 f
Mangelsymptome 166
Mangold
  – ernten 193, 219, 247, 277
  – säen 99, 168
  – vereinzeln 143
Männertreu 20
Marienblatt 152
Mariendistel **70**, 109
Marienglockenblume 156
Marienkäfer 122, 123
Markerbsen **169**
  – ernten 168
  – säen 100
Maroni 279
Märzenbecher **47**, 236
Maßliebchen **116**, 156
Matthiola incana **231**
Matthiola spec. 44
Maulwürfe **58**
Medicago sativa 241
Meerrettich
  – ernten 249
  – Fechser 100
  – lagern 278
  – Seitenwurzeln abschneiden
    169
  – Wurzelstecklinge 100
Mehlbeere 279
Mehltau 68
  – an Stachelbeere 150
  – Echter 189
  – Echter an Rosen **122**, 123
  – Falscher 189
  – Falscher an Rosen 123
  – Falscher an Salat 218, 170
Mehrjähriges Gemüse 64, 100,
  145, 169, 194, 221, 249, 278
Melissa officinalis 109
Melisse 109
Melonen 112
  – bestäuben **177**
Mentha aquatica 131
Mentha pulegium **27**
Mentha suaveolens 200
Mentha x piperita 152, 200
Menyanthes trifoliata 131
Meum athamanticum 152
Milchstern 236, **237**
Minierfliege **127**, 191
Minima-Maxima-Thermometer
  17, 39
Mini-Petunien **139**
Minze, Thüringer 200, **200**
Mirabilis jalapa 98
Miscanthus sinensis **45**
Mischkultur 102
Mispel 280
Mittagsblume 43
Mohn **21**, 22
Möhren
  – ernten 220, 248
  – Grünfärbung 169
  – Lagerfähigkeit 277, **298**
  – letzte Aussaat 194
  – säen 65, 100, 144, 169
Möhrenfliege 102
Molinia caerulea 244
Moluccella laevis 207
Monarda citriodora 152, 254
Monarda didyma 109

Monatserdbeeren 107
Monilia 68, 107, **107**, 199, 252
Montbretie 98, 159
  – Pflanzung 47
Moos 59, 242
Motorfräse 91
Motorhacke **91**
Mottenschildlaus 190
Mulchdecke 149
Mulchen 145, 186, 198
Mulchfolie 145, 290
Mulchmaterial 145
Multimentha-Minze **200**
Multitopfplatten 38
Muscari bortryoides 236
Muschelblume 207, 244
Myosotis-Hybriden **117**
Myosotis sylvatica 156
Myriophyllum spec. 164

Nachtkerze 81
Nachtschatten 142, 166
Nacktschnecken 102
Nadelgehölze
  – bluten 211
  – Pflanzung **209**
  – Stecklinge 210
Nährelemente 165
Nagetiere **12**
Nährstoffmangel
  – Balkonpflanzen 166
  – Gemüse 195
Nährstoffversorgung, Beeren-
  sträucher 106
Narcissus spec. 236
Narren- und Taschenkrankheit
  107, **107**
Narzisse **47**, **120**, 236
Narzissenwiese 235
Nashi 250
Natriumdampflampen,
  Hochdruck- 39
Naturteich 132, **270**
Nematoden 124
Nemesia-Hybriden 44
Nepeta x faassenii 265
Nerine bowdenii 120
Nerium oleander 142
Nestfichte 273
Neuaussaat, Rasen 91
Nicotiana alata 20
Nigella damascena 80, 207
Nistkästen 55
Nitratgehalt 36
Nitratwerte 87
Noppenfolie 292
Nothofagus antarctica 53
Nuphar lutea 131
Nützlinge 122
Nutzterrassen **142**
Nymphaea-Hybriden 131
Nymphoides peltata **131**, 164

Obst, Lagerfähigkeit 221
Obstarten, seltene 250
Obstbäume
  – Gütebestimmung 278
  – Winterschnitt 31
Obstbaumkrebs 281
Obstbaumminiermotte 225
Obstbaumspinnmilbe 252
Obstblüte, Frostschutz 104
Obstgehölze
  – Befruchtung 104
  – Bewässerung 222
  – Formieren 171

– im Topf 291
– Pflanzung 66, 278
– Sommerschnitt 195 f
– Veredlung 105
Obstlager **251**
Obstlagerung 250
Ocimum americanum 152
Ocimum basilicum 71
Oenothera tetragona 81
Ohrwürmer 182
Oleander 142,**188**
– Stecklinge **245**
Oleanderkrebs 189
Ölfleckenkrankheit 189
Ölrettich 99, 146, 192, 241
Ölweide 280
Omphalodes verna 158
Onobrychis viciifolia 241
Orangen-Thymian 152
Oregano **254**, 254
– vermehren 109
– Griechischer 254
Organischer Dünger 195
Orientalischer Lebensbaum 273
Origanum heracleoticum 254
Origanum majorana 174
Origanum vulgare ssp. 109
Ornithogalum thyrsoides 236, **237**
Oxidator 27, 289

Palmenerde 95
Pampasgras **230**
– zusammenbinden **259**
– Kleines 244
Panicum virgatum 244
Pantoffelblume 138
Papaver nudicaule 156
Papaver rhoeas **43**
Paprika **247**
– anhäufeln 193
– ernten 219, 277,
– pflanzen 144, 168
– vorkultivieren 99
Parthenocissus quinquefolia 240
Parthenocissus tricuspidata 240
Pastinake
– ernten 248
– hacken 169
– Lagerfähigkeit 277
– säen 100
– wässern 220
Pelargonien 139
– Kopfstecklinge **166**
– vermehren **61**
Pelargonium peltatum 139
Pelargonium zonale 139
Pennisetum alopecuroides 244, 265
Pennisetum setaceum 244
Pennisetum spec. 207, **233**
Penstemon spec. 20
Perlite 95
Perlmutterfalter **82**
Pernettya mucronata 211, 272
Persischer Klee 65, 191
Peru-Guano 195
Petersilie, Krause 70, **227**
Petroselinum crispum 70
Petunia-Hybriden 139
Petunie 139, **139**
Pfefferminze 152, 200
– vermehren 109
Pfeifengras 244
Pfeilkraut **131**
Pfennigbuche 53
Pfennigkraut 131, 274

Pferdemelisse 253
Pferdemist-Heizung 35
Pfingstrosen **118**
Pfirsich
– echte Fruchttriebe 67
– Schnitt 67, 196
Pflanzabstände Rosen 264
Pflanzbeet herstellen 63
Pflanzenleuchte 39
Pflanzenschutz
– Obst 68
– Rosen 122
– Ziergehölze 127
Pflanzerde mischen 95
Pflanzgefäße 97
Pflanzschnitt 66
Pflanzschnur 78
Pflanzstab 119
Pflanzung
– Canna 121
– Containerware 149
– Dahlien 47, 121
– Erdbeeren 223
– Gehölze 52, 53
– Gemüse 63
– Gladiolen 47
– Hecken 56, **56**
– herbstblühende Zwiebel-
  blumen 183
– Hochstammrosen **263**
– Kletterrosen **264**
– Lilien 47
– Montbretien 47
– Obstgehölze 66, 278
– Rhododendron 125
– Rohrkolben **131**
– Rosen 48, 263, **263**
– Salat 63, **64**
– Seerosen 94, **94**
– Sommerblumen 117
– Stauden 260
Pflanzzeit
– laubabwerfende Gehölze 267
– Rosen 262
– Stauden 80
– Zwiebelblumen 208, 234
Pflaumenrost 199
Pflaumensorten 104
Pflaumenwickler 150
Pflege
– Beerensträucher 149, 172
– Erdbeeren 172
Pflückreife 250
– Äpfel **251**
Pflücksalat
– hacken 192, 218
– ernten 167
– früher 36
– pflanzen 99
– säen 65
Phacelia 99, 146, 192, **219**, 222
Phlox drummondii 44, 265
pH-Wert 27, 30
Physalis spec. 207
Picea abies 'Little Gem' 273
Picea pungens 'Glauca Globosa' 273
Pieris floribunda 211
Pikieren
– Gemüsejungpflanzen 74
– Sommerblumen 42, **42**, 79
Pikierstab 38
Pillensamen 78
Pimpinella anisum 109
Pimpinelle 226
Pinus densiflora 'Alice Verkade' 273

Pinus mugo 'Mops' 273
Pistia stratiotes 130, 244
Plantago lanceolata 227
Plumbago auriculata **140**, 142, 166
Poleiminze **27**
Polemonium caeruleum **80**
Pollenspender 104
Polsterstauden 232
Polyantharosen 49
Polygonatum multiflorum 158
Polygonum amphibium 131
Polygonum bistorta 131
Pontederia cordata 131
Porree **28**, 220
– anhäufeln 145, 194
– ausgraben 297
– auspflanzen 100, 169
– ernten 278
Porzellanblümchen 260
Posthornschnecke 135, **135**
Potamogeton spec. 164
Prachtlilie 120
Prachtscharte 81
Prachtspiere 82
Prachtstauden 81
Prärielilie 236
Preiselbeere 250
Primeln **22**, **46**, **95**
Primula denticulata 22
Primula elatior ssp. 158
Propangasheizung 16
Prunus serrulata 53
Prunus spinosa 279
Prunus triloba **98**
Puffbohne 65
Pulsatilla vulgaris 260
Purpurgünsel 260
Puschkinia scilloides 236
Pycnanthemum pilosum 152
Pyracantha coccinea 240, **241**, 272
Pyracantha coccinea 'Red Co-
  lumn' 88
Pyramidenkrone **30**
– Erziehungsschnitt 31, **31**
– Pflanzschnitt 66, **67**
Pyrus pyrifolia 250

Quecke 118, 146
Quickpott-Anzuchtplatten **75**
Quick-Sticks 79

Rabatten anlegen 233
Radicchio 218, 220
– ernten 277, 290
– säen 168, **193**
Radieschen
– ernten 248
– Freilandsorten 36
– frühe Sorten 36
– säen 65, 100, 144, 169, 220
Rambler 50, 51
Rankenpflanzen **89**
Rankgerüste 98
– für Kletterpflanzen 97 f
Rankhilfe, Erbsen **145**
Ranunculus aquatilis 131, 164
Ranunculus asiaticum **84**
Ranunkelstrauch **87**
Raphanus sativus var. oleiformis 241
Rasen
– Aerifizier-Geräte 129
– aussäen **93**
– bewässern **93**, 187
– düngen 59, **59**

– Erdbohrer 129
– Faulstellen 14
– mähen 58, 129, **129**
– Mooswachstum 59
– Neuanlage 91
– renovieren 92
– Schnitthöhe 58
– Sommerpflege 163
– vertikutieren 59, 242
– Zusatzbewässerung 186
Rasenaussaat, Bodenvorberei-
  tung 91
Rasenfilz 59, 242
Rasenkante 58, 91, **129**
Rasenmäher
– reinigen 27, 289
– Typen **27**
– Wartungsarbeiten 27
Rasenpflege **58**, 91, 212
Rasenschere 129
Rasentrimmer 129, **129**
Rasenunkräuter 212
Raublattastern **230**
'Red Haven' **196**
Regenwürmer 158
Reh 12, 298
Reife, Beerenobst 197
Reifungshormon **32**
Reihenaussaat **143**
Reihensaaten vereinzeln 167
Reiherfedergras 265
Reneklode, Große Grüne **104**
Rettich 110
– ernten 248
– säen 65, 100, 144, 169, 194
– vorkultivieren **99**
Rhabarber **148**
– als Schneckenfalle 194
– ernten 145, **170**
– Oxalsäure 169
– pflanzen 64
– teilen **248**
– vermehren 249
– wässern 221
Rhamnus cathartica 240
Rhododendron camtschaticum 126
Rhododendron ferrugineum 126, 127
Rhododendron luteum **126**, 127
Rhododendron williamsianum 126, 127
Rhododendron yakusimanum 126, 127
Rhododendron
– Begleiter 126
– Blüten ausbrechen **125**
– Erde 125
– Pflanzung 125
– Sorten 127
– Zikaden 127
Ribes aureum 240
Ribes nidigrolaria 250
Richtig gießen 184 f
Riesenlauch 236
Riesen-Zierlauch 120
Rindenmulch 87, 145, 149
Rindenpfropfen 105, **105**
Ringelblume 80, **109**, **157**, **205**
Rippenrohrheizung **17**, 37
Risslinge 210 f
Rittersporn 43, **79**, 80 , 265
Robinia hispidia 'Macrophylla' 244
Robinie 244
Robuste Rosen 24

Rohrkolben
– als Starkzehrer 164
– pflanzen **131**
Rollrasen 92, **92**
Römische Kamille 152
Römischer Salat
– ernten 167
– pflanzen 99
– säen 192
– vereinzeln 218
Rosa canina **238**
Rosa omeiensis f. *pteracantha* **85**
Rose 'Heidesommer' **51**
Rosen
– ADR- 24
– Alte 49, 50
– anhäufeln 48, 209
– ausputzen 160, **160**
– Bodenmüdigkeit 238
– Düngung 86, 160, 238
– Echter Mehltau **122,** 123
– Eisenmangel **122**
– Englische 49, 50
– Falscher Mehltau 123
– Frostschutz 287
– Güteklassen 262
– Holztriebe 238
– Kauf 262
– pflanzen 48, **263**
– Pflanzenschutz 122
– Pflegearbeiten 160
– robuste 24
– Schneebruchgefahr 12
– schützen **296**
– Stecklinge **209**
– umpflanzen 264
– Veredelungsunterlagen 209
– Verjüngungsschnitt 85
– Vermehrung 209
– Viruskrankheiten 124
– Wildtriebe **124**
– Winterschutz entfernen 48
Rosenbegleiter 264 f
Rosenblattläuse **122**
Rosenblattrollwespe 124
Rosenblattwespe 123
Rosenbögen **124**
Roseneibisch **212**
Rosengallwespe **123**
Rosengruppen 49
Rosenkohl, 220, **298**
– ernten 290, 297
– pflanzen 143
– Standfestigkeit 193
– wässern 218
Rosenlauch 236
Rosenneuheitenprüfung,
Allgemeine Deutsche 24
Rosenpartner 265
Rosenpflanzzeit 262
Rosenrost 123
Rosenschnitt 85
Rosentriebbohrer **122,** 124
Rosenzikade 124
Rosmarin 151, **152**
Rosmarinus officinalis 152
Rost, Johannisbeeren 199
Rostbart-Ahorn 268
Rostpilze 189
Rotahorn 53
Rote Bete
– ernten 194, **194**
– Lagerfähigkeit 277
– Nitratgehalt senken 248
– säen 100, 169
– wässern 220

Rote Spinne 191
Rotkiefer, japanische 273
Rotkohl 220
– auspflanzen 168
– ernten 193, 218, 290
– pflanzen 63, 99
Rotpusteln 68
Ruccola 109
– Direktsaat 218
– ernten 277
– säen **33,** 193
– Samen ernten 247
Rückschnitt
– Balkonpflanzen 61, 289
– Beerenobst 222, 252
– Beetrosen **85**
– Edelrosen **85**
– Himbeerruten 222
– Johannisbeeren 223
– Kletterrosen **86**
– Kübelpflanzen 61, 289
– Stachelbeeren 223
– Stammrosen **86**
Rudbeckia hirta 44
Ruhmeskrone 261
Rumex acetosa 71
Russischer Estragon 109
Rußtaupilze 190
Ruta graveolens 201
Rutenhirse 244

Saatbänder 65
Saatteppiche 79
Sagittaria sagittifolia **131**
Salat 63, 65, 99, 143, 167, 192,
218, 246
– Falscher Mehltau 170
– Mehltaubefall 218
– pflanzen 63, **64**
– Sommersorten 218
– Temperaturansprüche 36
Salatgurken 112
Salatrauke
– Direktsaat, 218
– ernten 143, 168, 277
– säen **33,** 99, 193
– Samen ernten 247
Salbei 71, 81, **176,** 265
Salix spec. 240, 244
Salomonsiegel 158
Salvia elegans **254**
Salvia nemerosa 81, 265
Salvia officinalis **71, 176**
Salvia spec. 20
Salvia triloba **176**
Salvie 20
Salvina natans 130, 244
Sambucus nigra 250
Samen
– ernten 181
– lagern 240
– Stauden 158
Samenbildung 158
Samenernte, Sommerblumen 258
Samenunkräuter 147
Sanddorn 240, **241,** 279
Sanguisorba minor 226
Santolina chamaecyparissus 152,
282
Santolina spec. 274
Satureja grandiflora 152
Satureja hortensis 173
Satureja montana 109, 173, **283**
Sauerampfer 71
Sauerkirschenschnitt 196
Sauerkirschsorten 104

Sauerstoff, Teich 27
Säulenrost 199
Saxifraga umbrosa 260
Scadoxus multiflorus 120
Scabiosa atropurpurea 44
Scabiosa stellata 207
Scaevola saligna 140
Schachbrettblume 236
Schachtelhalm 146
Schaderreger
– Balkonpflanzen 189
– Kübelpflanzen 189
Schädlingsbekämpfung, Stauden
182
Schafgarbe 207
Schalerbsen
– ernten 144, 168
– säen 65
Schälgurken pflanzen 168
Scharlach-Goldmelisse 253
Schattenglöckchen 211
Schattierungen 73
Scheiben reinigen 255
Scheinbeere 272
Scheinhasel **87,** 268
Scheinzypresse 88
Schildläuse 177, 190, **191**
Schlafende Knospe **66**
Schlangengurken 112
Schlanke Spindel
– Erziehungsschnitt 31
– Pflanzschnitt 66
Schlehe 279, **279,** 280
Schleierkraut 80, 207
– Einjähriges 265
Schleifenblume 43, 80, 260
Schlingpflanzen **89**
Schmetterlingsstrauch **25, 211**
Schmierläuse 190
Schmuckkörbchen 20, **20**
Schmucklilie 141, 165
Schnecken **102,** 182
Schneckenfraß 102
Schneckenkorn 103, 182
Schneckenzaun 102, **102,** 182
Schneeball
– als Teichrandgehölz 244
– Immergrüner 211
– Wolliger 240
Schneebeeren **240**
Schneebruch 13
Schneeglöckchen 23, **23,** 120, 236
Schneeheide 271
Schneestolz 236
Schnitt
– Beerenobst 69
– Formpflanzen 136, 214
– Ginster **88**
– immergrüne Hecken 211
– Kiwi 198
– Kopfstecklinge 166
– Sauerkirschen 196
– Steckhölzer 298
– Süßkirschen **196**
Schnitt-Knoblauch **200,** 201
– vermehren 109
Schnittlauch 173, **173,** 201
– vermehren 109
– zurückschneiden 282
Schnittmangold vereinzeln 143
Schnittsalat
– früher 36
– hacken 192, 218
– säen 65
Schnittwunden, Behandlung **67**
Schönhäutchen 120

Schönmalve 140
Schopflilie 98, 120
Schuppenkopf **296**
Schutzmanschetten **12**
Schwachzehrer 101
Schwanenblume 131
Schwarzäugige Susanne **90**
Schwarze Bohnenlaus 170
Schwarze Johannisbeeren 224
Schwarze Seerosenblattlaus 187
Schwarzwurzeln
– hacken 169
– wässern 220
– ernten 248, **249**
– säen 65
– vereinzeln 100
Schwebfliege 122
Schwebfliegenlarven **128**
Schwimmblattpflanzen 187
– auslichten 187
Schwimmblattzone 131
Schwimmfarn 130, 244
Scilla siberica 236, **237**
Scirpus lacustris 164
Sedum reflexum 225
Sedum spectabile **286**
Sedum telephium **259,** 272
Seekanne 131, 164
Seerosen 131
– Arten 135
– Pflanzung 94, **94**
– Rhizome teilen **94**
– Tiefenzone 131
– überwintern 270, **271**
– Vermehrung 94
Seerosenblattkäfer 187, **188**
Seerosenblattlaus, Schwarze 187
Seerosenzone 130
Seerosenzünsler 188
Segge **132**
Seidelbast **52,** 211
Selbstbau, Frühbeet 35
Sellerie **248**
– Knollen freilegen 220
Senecio bicolor 271
Senecio spec. 274
Senf, Weißer 192
Sicheltanne **89**
Silberblatt 271
Silberkerze 82, 158
Silberkörbchen 271
Silberlaubige Kräuter 254
Silberling 207
Silbermänteli 254
Silberzypresse 273
Silybum marianum **70,** 109
Sitka Fichtenläuse **126**
Skabiose 44
Skimmia japonica 211, 272
Solanum rantonnettii 142
Solanum spec. 166
Solartrockner 176
Solidago-Hybriden 81
Sommeraster 20
Sommerblühende Zwiebel-
blumen setzen 23, 46
Sommerblumen
– Anzucht zweijähriger 117
– Aussaat 20, **21,** 43 f, 74
– Bewässerung 204
– Direktsaat 78, **78,** 117
– Einheimische aussäen 231
– Farbgestaltung 43 f
– Farbkombinationen **78**
– gießen 180
– Grünstecklinge **204**

– ins Freie setzen 153
– ins Freiland säbare 79, 80
– Jungpflanzenkauf 79
– Kopfstecklinge schneiden 75
– Pflanzung 117
– pikieren 42, **42**
– Samenernte 258
– Standort für Zweijährige 156
– vorgezogene pikieren 79
– Vorkultur 20
– Zweijährige 230
– Zweijährige auspflanzen 20
– Zweijährige aussäen 153
– Zweijährige überwintern 286
Sommerbohnenkraut 173
Sommerflieder 24, **25**
Sommergrüne 88
Sommerhyazinthe 98
Sommerphlox 265
Sommerschnitt 197, **197**
– Hecken 161
– Kletterpflanzen 128
– Obstgehölze 195 f
Sommersträuße **207**
Sommerveredelung 197
Sonnenblume **43**, 80, **204**
Sonnenflügel 207
Sonnenhut 44, **205**
Sorbus americana 53
Sorbus aria 279
Sorbus aucuparia 240, 279
Sortenauswahl
– Erdbeeren 172
– Steinobst 104
Spargel 221
– ernten 169
– pflanzen 100
Spätfröste 31
Spezialdünger 166
Spielrasen 92
Spinat 193, 220, 277, 293, **293**
– ernten 168, 219, 293
– säen 65, 143, 247
Spindelkrone **30**
Spindelkrone, Erhaltungsschnitt 32
Spindelmäher **27**
Spinnmilben 123, 191
Spitzendürre (Monilia) 68, 107, **107**, 199, 252
Spitzwegerich 227
Sportrasen 92
Spreizklimmer **89**
Sprekelia formosissima 120, 159, 261
Stachelbeeren **172**, 198
– absenken 106
– Kopfstecklinge 198
– Mehltau 150
– Schnitt 69, 223
Stacheldrahtrose **85**
Stammrosen
– überwintern 287, **287**
– zurückschneiden **86**
Standort, zweijährige Sommerblumen 156
Standortansprüche 81
Stangenbohnen 112, **145**
– Auspflanztermin 112
– Düngung 169
– ernten 194, 220, 277
– hochleiten 169
– säen 144
Stangenbohnensorte 'Blauhilde' **220**

Stangensellerie
– anhäufeln 193
– auspflanzen 143
– ernten 219, 247
– vorkultivieren 99
Starkzehrer 63, 167
– Teichpflanzen 164
Stauden 118, 181, 205
– anbinden 119, **119**
– Anordnung 81
– Blütenfarbe 260
– entspitzen 119
– frühjahrsblühende 260
– für den Schatten 82
– für die Sonne 81
– horstbildende 232
– Pflanzung 81, 260
– Pflanzzeiten 80
– Pflegearbeiten 157
– Samen ernten 158
– Schädlingsbekämpfung 182
– Standortansprüche 81
– Standortkriterien 259
– Stützgitter 119
– Stützhilfen 82
– teilen 45, 82, **81**, **181**, 232 f, **232**
– verjüngen 232
– vermehren 232
– Verzweigungen anregen 119
– Winterschutz 286
– Wurzelstecklinge 22
Staudenbeete, Neuanlage 259 f
Stechpalme 88
Steckhölzer
– Himbeeren 291
– Johannisbeeren 251
– schneiden 298
– Ziergehölze 54
Stecklinge 204, 210 f
– Kübelpflanzen 62, 214
– Nadelgehölze 210
– Oleander **245**
– Rosen **209**
Steckzwiebeln
– ernten 145
– stecken 64
Stegdoppelplatten **17**, 34, **35**, 73
Stegdreifachplatten 73
Steingarten
– Anlage 83, **83**
– Pflanzenauswahl 83
– Steine auswählen 83
Steinkraut 83, **83**
Steinobst, Sortenauswahl 104
Steppenkerze 236
Sternbergia 183
Sterngladiole 98, 159, 261
Sternjasmin 166
Sternmagnolie 244
Sternrußtau **122**, 123
Sternskabiose 207
Stickstoffsammler 65, 191
Stiefmütterchen **138**, 156, 271
Stielmangold
– ernten 193, 219
– vereinzeln 143
Stipa barbata 265
Stockrose 156, **180**
Strahlenanemone 236
Stratifikation 241
Stratiodes aloides 131
Strauchmargerite 140
Strauchmispel 211
Strauchrosen
– alte Triebe entfernen **85**

– 'Bourbon Queen' **51**
– 'Fritz Nobis' **49**
– 'Gertrude Jeckyll' **50**
– Sorten 49
– überwintern 287
Strauchveronika 271
Sträuße 206
Streifenfundament **17**
Streuwagen 91
Strohblume 43, 207
Studentenblume 44, **205**
Stützgitter, Stauden 119
Styrodurplatten 35
Styromull 95
Substrat 95
Sumpfdotterblume **133**
Sumpfschwertlilie **132**
Sumpfzone 130, 131
Surfinia-Petunien **137**
Süßkirsche 'Hedelfinger' **104**
Symphoricarpos albus **240**
Symphytum officinale **70**

Tagblume 98
– vortreiben 62
Tagetes-Hybriden 44, **205**
Tagpfauenauge **82**
Tannenwedel **130**
Taubnessel 147
Tausendblatt 164
Taxus baccata 88
Tee 147
– Grundrezept 148
Teehybriden 49
Teich
– bepflanzen 130
– Bepflanzungsvorschlag **60**
– entschlammen 270
– Filtergeräte 213
– Fische einsetzen 164
– Nährstoffangebot 164
– Pflanzkörbe 133
– Pflegearbeiten 130
– Reparaturarbeiten 60
– Sauerstoffgehalt 27
– Schädlingskontrolle 187
– Starkzehrer 164
– Überlauf reinigen 60
– verrottendes Laub 242 f
– Wasseraufbereitung 269
– Wasserqualität 242
Teichanschlusszone 132
Teiche
– flache 269
– tiefe 269 f
Teichfolie 60
– Risse 14
Teichpflanzen
– exotische 130
– teilen 243
– überwintern 244
– vermehren 243
Teichpflanzenkauf 134
Teichpflege, März 60
Teichrand
– Gehölze 244
– Wintervorbereitungen 271
Teichrose, Gelbe 131
Teichsimse 164
Teichufer umgestalten 243
Teilung
– Dahlienknollen 84, **84**
– Kräuter 108
– Stauden 45, 82, **81**, 181, 232 f, **232**

Tellerkrone
– Erziehungsschnitt 31
– Pflanzschnitt 66
Temperaturregler **17**
Terminalknospe **66**
Terrakottagefäße 97
Terrassengestaltung **216**, 216 f
Thermometer, Minima-Maxima- **17**, 39
Thripse 177
Thuja orientalis 'Aurea' 273
Thuja plicata 88
Thüringer Minze 200, **200**
Thymian 109, **200**, 274, 283
Thymus citriodorus 283
Thymus spec. 274, 283
Thymus vulgaris var. fragantissimus 152
Thymus vulgaris ssp. 109
Tiefenzone 130
Tiefwurzler 192
Tigerblume 98, 120, 159, 261
Tigerlilien 208
Tigrida pavonia 98, 120, 159, 261
Tomaten **255**
– ausgeizen 168, 193
– Blütenknospen ausknipsen 219
– hochleiten 168
– lagern 277
– Pflanzabstand 112
– pflanzen 144
– vorkultivieren 99
– Wasserversorgung 247
Tomatenzelt **168**
Tongefäße 97
Töpfe 97
Topfgarten, Herbstpflanzen 274
Topfgemüse 139
Topfkräuter 139
– Pflegetipps 152
– überwintern 291
Topfobst 139
Topfpflanzen überwintern 274
Toprosen **95**, **262**
Topiaries **185**
Torfmyrte 211, 272
Trachelospermum jasminoides 166
Tränendes Herz 82
Trapa natans **131**
Traubenhyazinthe 236
Triebe herabbinden 171
Tripmadam 224
Trockenblumen **207**
Trockenheit, Fruchtschäden 172
Trockenperioden 186
Trockensträuße 207
Trocknen, Kräuter **175**, 175 f
Trollblume **180**
Trollius europaeus **180**
Tropaeolum majus 173
Tröpfchenbewässerung, automatische **17**
Tropfschläuche 215
Tulipa spec. 236
Tulpen **47**, 236, **237**
– einlagern **159**
Tulpen-Magnolie 53
Türkenmohn, Vermehrung 233
Typha minima 131
Typha spec. **131**, 164

Überwinterung
– Beetrosen 287
– draußen, Kübelpflanzen 14
– Edelrosen 287

– Klettrosen 287
– Knollen 261
– Kübelpflanzen 272 f, **273**
– Seerosen 270, **271**
– Stammrosen 287
– Strauchrosen 287
– Teichpflanzen 244
– Topfkräuter 291
– Topfpflanzen **274**
– Wasserpflanzen 275
– Zweijährige Sommer-
 blumen 286
– Zwiebelblumen 261
Überwinterungstemperaturen 274
Umtopfen
– Kräutern **108**
– Kübelpflanzen **62**, 61, **96**
Unbeheiztes Gewächshaus 16, 74
Unkräuter bekämpfen 146
Unkrautvernichtungsmittel 212
Unterlage 105
Utricularia vulgaris 164

Vaccinium vitis-idaea 250
Ventilator 72
Verbascum Hybriden **116**, 156
Verbena spec. 20
Verbena-Hybriden 140
Verbene 140
Veredelung, Obstgehölze 105
Vereinzeln, Reihensaaten 167
Vergissmeinnicht **117**, 156
Verjüngung, Stauden 232
Verjüngungsschnitt 31
Vermehrung
– Beerenobst 106, **106**, **198**
– Liebstöckl 109
– Lilien 208
– Pelargonien **61**
– Pfefferminze 109
– Schnitt-Knoblauch 109
– Schnittlauch 109
– Seerosen 94
– Stauden 232
– Wermut 109
– Ziergehölze 54
– Zitronenmelisse 109
Vermehrungsbeet **17**
Veronica beccabunga 131
Verrieseln 150, 199
Vertikutieren 59, **93**
Viburnum lantana 240
Viburnum rhytidophyllum 211
Viburnum spec. 244
Vicia villosa 241
Vinca minor 260
Viola odorata 260
Viola-Wittrockina-Hybriden 156,
 271
Virginische Bergminze 152
Vitis vinifera 250
Vliesabdeckung 64
Vogelbeeren 240
Vogelfraß 172
Vogelmiere 147, 212
Vogelnährgehölze 239 f
Vogelschutznetz 172
Vogel-Stern-Miere **146**
Volldünger 165
Vorkultur, Sommerblumen 20
Vortreiben
– Begonien 62
– Indisches Blumenrohr 62
– Tagblume 62

Wacholder 240
Wachstumsleuchten **29**
Waldgedenkemein 158
Waldgeißbart 158
Waldrebe, Schnitt **26**
Waldsteinia ternata 81, **81**
Waldstorchschnabel 158
Walnuss 249
Walnussbäume 249
Wandelröschen 142, **166**, **190**
Wanderkasten 34
Wärmedämmung **17**, 293
Warmer Kasten 35
Warmhaus 16
Warmwasserheizung 16, 37
Wasseranalyse 60, 213
Wasserbedarf, Ziergehölze 184
Wasserfeder 164
Wasserflecken **185**
Wasserfrosch **134**
Wasserhahnenfuß 131, 164
Wasserhyazinthe 130, 244
Wasserknöterich 131
Wasserlinsen 214
Wassermangel, Gemüse 167
Wasserminze 131
Wassernuss **131**
Wasserpest 164
Wasserpflanzen überwintern 275
Wasserqualität, Verbesserung 164
Wassersalat 130
Wasserschlauch 164, 184
Wasserschnecken 135
Wasserschosser 171, 197
Wasserstern 164
Weichhautmilben 107
Weide 240, 244
'Weiki' **281**
Wein, Wilder 240
Weinraute **200**, 201
Weintraube 250
Weißdorn 240
Weiße Fliege 177, 182, 190, **191**
Weiße Johannisbeeren 224
Weiße Margeriten **137**, 233, **233**
Weißer Senf 99, 192
Weißklee 146
Weißkohl **101**, 220, 277, 290
– auspflanzen 168
– ernten 193, 218
– pflanzen 63, 99
Weißtorf 95
Wellpapperinge 281
Wermut 109
– vermehren 109
Weymouthskiefer 199
Wieseniris **133**
Wiesenknöterich 131
Wiesenschaumkraut 146
Wilder Wein 240
Wildobst 279, 280
Wildrosen 51, 86
Wildrosenhecke **56**
Wildstauden 119, 158
Wildtriebe
– an Ziergehölzen 13
– an Rosen **124**
Wintergründüngung 246
Winterjasmin **26**
Winterling 23, **23**, **120**, 236
Winterpflege, Balkonpflanzen 14
Winterportulak 15, **15**

Winterquartier, Einräumen 290
Winterrettiche 220
– Lagerfähigkeit 277
Winterschnitt, Obstbäume 30, 31
Winterschutz
– Beete 296
– entfernen, Rosen 48
– entfernen, Ziergehölze 55
– Hochstammrosen **287**
– Obstgehölze im Topf 291
– Stauden 286
Wintersteckzwiebel 278, 290
Wintervorbereitungen, Teichrand
 271
Winterwicke 241
Winterzwiebeln säen 221
Wirsing 277
Wirsingkohl 218, 220, 290
– auspflanzen 168
– ernten 193
– pflanzen 63, 99
Wisteria spec. **90**
Wolliger Schneeball 240
Wollläuse 177, 190
Wucherblume 43
Wühlmäuse 23, 103, 297
Wunderblume 98
Wundverschlussmittel 105
Wurzelälchen 124
Wurzelausläufer entfernen **163**
Wurzelgemüse 65, 100, 169, 194,
 220, 277
Wurzelkletterer **89**
Wurzelschosser **66**
Wurzelstecklinge, Stauden 22
Wurzelunkräuter 147, 267, 286
Würzkräuter 176

Ysop 152

Zaubernuss **24**, 268
Zaunwinde 147
Zeigerpflanzen 145
Zieräpfel **106**, 240
Zierfischteiche 269
Ziergehölze
– Düngung 87
– Einkauf 52
– gießen 184
– Pflanzenschutz 127
– Samen lagern 240
– Samen sammeln 240 f
– Samenbehandlung 240
– Schneebruch 13
– Steckhölzer 54
– Stecklingsvermehrung 210
– Vermehrung 54
– Wasserbedarf 184
– Wildtriebe entfernen 13
– Winterschutz entfernen 55
Ziergräser
– für Balkonkästen 244
– für Kübel 244
– zurückschneiden **44**
Zierkirschen 53, 240
Zierkohl 271, 286
Zierquitten **88**, 240, 272
Zierrasen 92
Ziertabak 20
Zimmerpflanzen, einräumen
 244
Zinnia elegans 44

Zinnien 44, **204**
Zirbelkiefer 199
Zitronenmelisse vermehren
 109
Zitronenmonarde 152, 254
Zitronenthymian 283
Zitronenverbene **151**, 152
Zittergras 244
Zucchini **193**
– ernten 219, 277
– pflanzen 144
– vorkultivieren 99
Zuckererbsen
– ernten 168
– säen 100
Zuckerhut 220
– ernten 290
– säen 168, 193
– schneiden 277
– wässern 247
Zuckermais
– ernten 277
– Ernteife 219
– pflanzen 144
Zusatzbelichtung, Aussaat 30
Zusatzbewässerung, Rasen 186
Zweijährige
– Blumen 20
– Kräuter 109
– Sommerblumen aus-
 pflanzen 20
– Sommerblumen über-
 wintern 286
Zwergbirke 244
Zwergiris 236
Zwergkiefer 273
Zwergmispel 272
Zwergrohrkolben 131
Zwergrosen 50
Zwergseerosen **94**
Zwergwacholder 273
Zwiebelblumen
– auspflanzen 46
– Beete, Planung 235
– Blütezeit 121
– Blütezeit-Gruppen 121
– die schönsten 236
– Einzug des Blattlaubs 46
– herbstblühende 183
– nicht winterharte 261
– Pflanzkörbe **234**
– Pflanztiefe sommer-
 blühender 120
– Pflanzzeit 208, 234
– sommerblühende 46, 120,
 183
– sommerblühende setzen 23
– Speicherorgane 12
– verwildern 235
– vortreiben 37
Zwiebelgemüse 64, 100, 145, 169,
 194, 249
– lagern 278
Zwiebeln 169, **193**
– ernten 194
– Lagerung 221
– überwintern 261
– Winterlagerkontrolle 23
Zwiebelpflanzen, sommer-
 blühende für den Balkon 98
Zwiebelpflanzer 234, **234**
Zwiebelzopf 221

Gabriele Bickel

Die besten Rezepte der Sternenfelser Kräuterhexe

Mit ihrem außergewöhnlichen Engagement um den Erhalt von überliefertem Kräuterwissen und ihrem Heilwissen steht Gabriele Bickel in der Tradition wissender Kräuterhexen von Jahrhunderten. Die allerbesten Rezepte der bekannten Sternenfelser Kräuterhexe zu Gesundheit und Wohlbefinden gibt es jetzt in einem Band. Vom Anbau und der Verwendung von Kräutern über Schönheitstipps bis zur hohen Kunst der Kräuterhexe: Heilen mit Kräutern und Heilsteinen. Die richtige Wahl für alle, die sich in unserem hektischen Alltag mit Kräutern und Gewürzen etwas Gutes tun wollen.

Meine Kräuterhexen-geheimnisse

160 S., 250 Abb., geb.
ISBN 3-440-08245-8

Meine Kräuterhexen-gesundheit

155 S., 231 Abb., geb.
ISBN 3-440-07634-2

Mein Kräuterhexen-wissen

155 S., 228 Abb., geb.
ISBN 3-440-07277-0

Mein schöner Garten

Jürgen Wolff (Hrsg.)
Mein schöner Garten

320 Seiten
647 Abbildungen
gebunden

ISBN 3-440-07532-X

Das umfassende Standardwerk für alle Fragen rund um den Garten. In besonderem Maße wurden dabei Fragen und Probleme berücksichtig die immer wieder und in fast jeden Garten auftreten können. Für alle Gartenfreunde, die mehr Erfolg im eigenen Garten haben wollen. Mit über 1.000 Pflanzenbeschreibungen Jahresarbeitskalender, Gartenpläne und vielem mehr.

Jürgen Wolff (Hrsg.)
Mein schöner Bio-Garten

312 Seiten
605 Abbildungen
gebunden

ISBN 3-440-07606-7

Das gesamte Gärtnerwissen über den biologischen Gartenbau, zusam mengefasst von den Redakteuren von „mein schöner Garten", der größten europäischen Gartenzeit- schrift. Mit Pflegebeschreibungen fü über 1.500 Pflanzen, praktischem Arbeitskalender, Aussaattagen bis 2005, leckeren Rezepten und Tipps und Tricks, die sonst nur über den Gartenzaun weitergegeben werden. Aktuelles Wissen für alle, die natur- gemäß und schonend gärtnern möchte.

Erlebnis Garten

Die geheimen Gartentipps

Bruns/Stammer
Was Großvater noch wußte

184 Seiten
167 Abbildungen
gebunden

ISBN 3-440-07150-2

Herbert Bischof
Großvaters Alte Obstsorten

185 Seiten
216 Abbildungen
gebunden

ISBN 3-440-07398-X

Paul Seitz
Großvaters Kräuterwissen

183 Seiten
246 Abbildungen
gebunden

ISBN 3-440-07295-9

Joachim Mayer
Großvaters Wetter- und Bauernregeln

155 Seiten
128 Abbildungen
gebunden

ISBN 3-440-07603-2